普通高等学校“互联网 +”立体化教材

当代大学体育教程

主编　张楠　等

北京体育大学出版社

策划编辑：吕常峰
责任编辑：姜艳艳
责任校对：宋志华
版式设计：李宇霞

图书在版编目（CIP）数据

当代大学体育教程 / 张楠等主编 . -- 北京 : 北京体育大学出版社 , 2016.7（2022.7 重印）
ISBN 978-7-5644-2361-2

Ⅰ . ①当… Ⅱ . ①张… Ⅲ . ①体育－高等学校－教材 Ⅳ . ① G807.4

中国版本图书馆 CIP 数据核字 (2016) 第 182179 号

当代大学体育教程 **张楠　等　主编**
DANGDAI DAXUE TIYU JIAOCHENG

出版发行：北京体育大学出版社
地　　址：北京市海淀区农大南路 1 号院 2 号楼 2 层办公 B-212
邮　　编：100084
网　　址：http://cbs.bsu.edu.cn
发 行 部：010-62989320
邮 购 部：北京体育大学出版社读者服务部 010-62989432
印　　刷：天津奥丰特印刷有限公司
开　　本：787mm × 1092mm　1/16
成品尺寸：185mm × 260mm
印　　张：20.5
字　　数：534 千字
版　　次：2016 年 7 月第 1 版
印　　次：2022 年 7 月第 7 次印刷
定　　价：37.00 元

《当代大学体育教程》编委会

主　编　张　楠　张　志　李洪玉

副主编　侯丽红　盖如彬　刘　溥　倪金永

编委会　王　岩　丁　震　于晓梅　于　铎
王久晖　王韬光　叶　奇　成　冰
刘贵博　刘铁岩　刘培华　刘　铭
衣　兵　孙　峥　孙　涛　李　丹
李　宇　李　英　吴　云　汪宇承
张占英　陈洪年　陈　然　尚佳伟
岳　楠　周兰翠　周茜茜　胡　毅
徐俊国　唐燕红　梁　放　董立武
薄延婷　戴红燕

前　言

为了切实贯彻落实 “健康第一”和《体育产业发展“十三五”规划》要求的“全民健身” 的指导思想，积极发挥学校体育在促进学生身心健康、提高学生体质方面的主导作用。北华大学在全面推行素质教育的过程中，根据学校和学生的实际情况及学校所在地的地域特点，并结合时代发展的特征，组织编写了本教材，以教育并引导大学生正确地看待健康及体育，并付诸实际行动，引领社会新风尚。

本教材分为理论篇和实践篇。理论篇共6章：第一章是体育概述，第二章是健康概述，第三章是体育与健康，第四章是体育锻炼的科学方法，第五章是体育锻炼的卫生保健，第六章是体育欣赏；实践篇共14章：第七章是田径运动，第八章是足球运动，第九章是篮球运动，第十章是排球运动，第十一章是乒乓球运动，第十二章是羽毛球运动，第十三章是网球运动，第十四章是武术与搏击运动，第十五章是体操，第十六章是形体健美，第十七章是冬季体育运动，第十八章是定向越野与野外生存，第十九章是龙舟，第二十章是休闲体育。在本教材的最后，我们还增加了最新的学生体质健康测试、《高等学校体育工作基本标准》和《学生伤害事故处理办法》。

本教材有以下特点：

1. 内容丰富、全面

本教材不仅涉及了体育、健康、保健等各方面的理论知识和方法，还介绍了一些常规的运动项目及一些特色运动项目，可以让学生学习和掌握更多的运动项目，提高多方面的素质。

2. 实用性、科学性强

本教材从体育与健康的科学理论，到各个运动项目的概论及技战术，都做了详细的介绍和说明，并且都和学生的体育锻炼息息相关，不仅可以使学生更容易、快速地掌握各种运动技能，还可以使学生在运动时保护好自己，做好预防和处置。这些知识都经过了时间和实践的考验，并参考了各类文献资料，具有一定的科学性。

3. 版式新颖、活泼

本教材文字精练，通俗易懂，图文并茂，使学生能更直观清晰地学习各项运动项目的技术和方法。在每个章节的后面还设有思考题，学生在学习完一章内容后可以对知识点进行梳理，有助于学生掌握重点。

本教材紧紧围绕大学生的健康与体育锻炼，对体育理论与运动技能做了详细介绍。我们希望通过本教材，可以让学生积极投身于正确的、健康的体育锻炼中，促进学生身心健康，提高各方面素质。

在本教材的编写过程中，我们参阅和借鉴了一些文献资料。在此，谨向文献的作者表示衷心的感谢。

由于编写人员水平所限，本教材若有不妥之处，恳请广大读者给予批评与指正，以便我们对本教材进行修订和完善。

目　录

第一章　体育概述

第一节　体育的概念、内容与功能

一、体育的概念

体育是随着人类社会的发展而产生和发展的。人类在进化过程中，为了生存同自然界做斗争，发展了走、跑、投掷、游泳、攀登等多种技能。人类早期的生产和生活技能与现代人的体育活动均是身体活动，生产过程的身体活动旨在谋生，而生活过程的身体活动多为锻炼身体。

在古希腊时期，体育活动往往用“体操”表示。但是，古希腊词语的“体操”，其含义不同于现在的“体操”。它是包括当时所进行的全部身体操练，如拳击、跳跃、奔跑、投掷和角力等。在我国古代，类似体育的活动用养生、导引、武术等名词标记。

据史料记载，1760年法国的一些报刊上发表的有关文章中出现“体育”和“肉体体育”的字样。这是体育一词的首次出现。当时，这两个词虽然形式不同，但都是指对儿童进行身体的养护、培训和训练内容，因此，它们的含义是相同的。1762年，卢梭在法国出版了《爱弥尔》一书，他也使用“体育”一词来描述对爱弥尔的身体教育过程。由于这本书激烈地批判了当时的教会教育，在世界上引起了很大的反响。因此，“体育”一词在世界各国流传开来。从这里我们可以清楚地看到，“体育”一词的最初产生是源自于“教育”一词，它最早的含义是指教育过程中的一个专门领域。到了19世纪，欧洲提出“体育”一词，其含义是指同维持和发展身体的各种活动有关联的一种教育活动。19世纪中叶以后，德国和瑞典体操传入我国。随后在兴办的“洋学堂”中设置了“体操科”。1902年左右，一些日本留学生从日本带回了“体育”这一术语。随着西方文化不断地涌入我国，学校体育的内容也由单一的体操向多元化发展，课堂上出现了篮球、田径、足球等。许多有识之士提出不能把学校体育课称为体操课了，必须理清概念层次。1923年，在《中小学课程纲要草案》中，正式把“体操课”改为“体育课”，从此“体育”一词成了标志学校中身体教育的专门术语。

当今，广义的体育概念是体育是以发展身体、增强体质、促进健康为基本特征的教育过程和社会文化活动，它是一种特殊的社会现象。体育是为一定的社会、政治、经济服务的，也受一定的社会、政治、经济的影响和制约。

二、体育的内容

通常体育的内容包含体育教育、竞技体育、社会体育三个方面。

（一）体育教育

体育教育在我国通常又称“学校体育”。学校体育是体育的重要组成部分，也是学校教育的重要组成部分，也是全民体育的基础。学校体育作为体育和教育的交叉点和结合点，是整个国家体育事业发展的战略重点。从教育和发展身体的总目标出发，不同层次的学校体育按学生不同年龄阶段、年龄特点和教育阶段借助于体育课程、课余体育活动和课外体育运动训练这三种基本组成，围绕“增强体质”这一中心，全面实现学校体育的各个任务。由于学校体育处在学校这个特定环境中，将其实施内容纳入学校的总体，实施效果又有相应的措施得以保证，从而与其他教育环节共同构成了一个完整的教育过程，而目的就在于使学生能够在德、智、体、美等方面得到全面发展。

（二）竞技体育

竞技体育亦称竞技运动，它是在实践中派生出来的。竞技体育是在全面发展身体素质的基础上，最大限度地挖掘体力、智力与运动才能，以夺取优异成绩为目标而进行的科学训练和各种竞赛活动。它在追求“更快、更高、更强”的目标的同时，提倡“公平竞争”和“参与比取胜更重要”等原则。为应对激烈的赛场竞争，各国正广泛地采用先进的科学训练方法和手段，以探索人类竞技运动的极限。

竞技体育的最高国际组织是国际奥委会，在国际奥委会的推动下，体育运动项目不断发展，目前已有50多种用于国际比赛的运动项目，并设有相应的国际体育组织和单项运动协会。传统的中国武术也被奥委会所接纳，即将成为奥运大家庭中的一员，这将成为中国为世界竞技体育项目作出的重大贡献。

竞技体育具有很强的观赏性，运动员以其高超的技术、娴熟的战术、默契的配合、精湛的表演、宏大的场面吸引着广大观众，欣赏高水平的竞技比赛已成为人们生活中不可缺少的一部分。同时，作为一种极富感染力的精神力量，在活跃社会文化、振奋民族精神、增进各国人民之间的友谊和促进团结等方面都有着特殊的作用。

（三）社会体育

社会体育亦称大众体育，健身体育、娱乐体育、休闲体育、余暇体育、养生体育和医疗体育等均可列入社会体育范畴。它的对象主要是一般民众。其中，包括男女老幼及伤病残者，活动领域遍及整个家庭乃至社会，堪称是活动内容最广、表现形式多样、适应性较强、参加人数最多的一项群众性体育活动。社会体育开展的广泛性和社会化程度，取决于一个国家经济的繁荣、生活水平的提高、余暇的增多及社会安定等因素。从世界发展趋势看，社会体育作为现代体育发展的重要标志，无论普及程度或开展规模，都不亚于竞技体育，大有跃居第二股国际体育力量的势头。我国的社会体育正在蓬勃发展，特别是自《全民健身计划纲要》实施以来，全民体育意识逐步增强。除廉价型的“公园体育”仍旧不减外，不少人逐渐改变了体育观念，注重健康投资，开始把健身器械引入家庭，并涉足台球、网球、保龄球、高尔夫球等消费水平较高的休闲、娱乐体育项目。各种体育俱乐部、体育游乐园、健身娱乐中心也都竞相开办，吸引了大批体育爱好者，这表明我国社会体育已经进入了一个新的历史发展阶段。

三、体育的功能

体育的功能是指它对人类本身和人类社会发展的作用及影响。了解体育的功能，才能有目的、有意识、积极主动地发挥其功能，使体育更好地为人类自身和人类社会的发展服务。体育具有多功能性、多目标性、多层次性等特征，体育的功能取决于体育的自身特点和社会需求。随着人类社会的发展、实践活动的丰富和科研水平的提高，人们不仅认识到体育在增强人的体质方面所具有的医学和生物学作用，而且逐步认识到体育对人的精神、教育和文化等方面亦具有特殊的价值与功能。

（一）体育的健身功能

科学实验和实践证明，体育锻炼是增进健康、增强体质最积极和最有效的方法。合理、科学地参加体育运动，可以改善和提高人体新陈代谢水平、体内营养物质的分解与合成能力，促进人体健康和增强体质，使人体自身得到有效发展。这种有效发展表现于：体育运动可改善与提高人体神经系统功能，尤其是中枢神经系统的机能能力；体育运动可促进人体的生长、发育，提高人体心血管系统和呼吸系统的机能；体育运动能改善和提高人体消化系统的机能；体育运动可提高人体对外界环境的适应能力；体育锻炼可增强身体素质。

（二）体育的教育功能

体育的教育功能是体育派生出来的最基本的功能，就体育教育功能所起作用的广泛性而言，它对人类社会的影响是体育的其他功能所无法比拟的。世界各国的社会制度、政治观念、宗教信仰和意识形态不尽相同，然而都很重视体育在教育中的独特作用。体育的教育功能主要表现在两个方面：一是在社会中的教育作用；二是在学校中的教育作用。

1. 体育在社会中的教育作用

体育具有活动性、竞争性、技艺性、群聚性、礼仪性和国际性等特点，这使得它在振奋民族精神、激发爱国热情、培养社会公德等方面，具有特殊的社会教育意义。当人们置身于竞赛体育场中，庄严的赛前仪式、紧张激烈的竞赛对抗氛围、令人叫绝的精湛技艺和竞赛胜负结果等自然而然地激发起人们的荣誉感、集体观念、民族意识和进取精神。这种借助于体育事件所激发出的社会情感教育因素及它所产生的社会影响和社会教育作用是难以估量的。例如，中国女排在奥运会、世锦赛、世界杯等国际级大赛中的出色表现，全国人民为之欢呼，焕发出浓重的爱国主义激情，这些体育赛事可以对中国人民进行很好的社会教育。

2. 体育在学校中的教育作用

体育一词自问世以来，人们最先看到的是体育能帮助人们强身健体，并将体育归纳为学校教育的重要内容，为培养全面发展的人才服务。中国古代教育家孔子就提出在教育中要学习“六艺”，即指“礼、乐、射、御、书、数”。其中，射、御就是指现今的体育技能和锻炼。可见，早在2000多年前，孔子已经将体育列入学校教育的重要组成部分。作为一种教育思想，古希腊的大哲学家亚里士多德曾率先提出，体育、德育、智育是相互联系的整体，体育应先于智育，只有健全的身体才能有健全的智力。恰恰如此，毛泽东“德智皆寓于体”的教育名言一直流传至今，世界各国政府也都认为体育在学校教育中起着重要作用。

实践证明，体育在学校教育中的多功能性是其他学科所不具备的。因此，体育在学校教育中占有不可替代的位置。培养与教育学生在未来社会担任角色所具备的体育素养，以适应未来社会工作和生活的需要，这是体育在学校发挥教育作用的主要使命。学校体育采用体育教学、课外体育活动和课余运动训练等组织形式，使学生获得科学锻炼的体育理论知识，掌握一些普遍、必要的运动技能，学会科学锻炼身体的方法，提高运动实践能力，养成系统从事体育锻炼的习惯，树立终身体育思想。

（三）体育的娱乐功能

体育的娱乐功能较早地被人类认识和利用。娱乐身心恰当地说明了体育的娱乐功能。

原始社会体育初具雏形时，即人们在渔猎闲暇时所进行的游戏和嬉戏活动，在潜意识中了解了体育的娱乐功能。《帝王世纪》曾载“击壤而歌”，记录了原始人在休闲时伴之歌唱的一种游戏活动。《太平清话》则记载了始于黄帝时用于调节兵士生活的蹴鞠游戏。在体育形成早期，即古代开展民间体育阶段，一些娱乐消遣的身体活动、游戏，通常在节日庆典和技艺表演中出现，它对丰富和调节人的生活起着重要作用。欧洲文艺复兴时期，新兴资产者和人文主义者以“改善和提高人类生活”为宗旨，亦曾大力提倡开展娱乐消遣活动，且利用多种体育娱乐手段，广泛开展社交活动。以竞技体育为主的奥林匹克运动，是人们最先偏重的也正是“随心所欲”的娱乐功能。

我国自改革开放以来，人民的物质生活水平日益提高，精神生活也开始受到重视，人们的业余体育活动和文化生活日渐丰富。现代大都市生活让人远离大自然，而从事体育活动，如游泳、爬山、越野等，不仅调节了紧张的生活，而且使人们重返大自然，在大自然中陶冶情操。此外，从事一些惊险体育项目，如攀岩、蹦极和汽车越野等，不仅可以挑战人体自身极限，同时又向大自然挑战，从中体验了人生价值与乐趣。现今，我国人民的“全民健身计划”正在实施，人们在寻找适合中国国情的最佳体育娱乐方式，以便更快、更好地消除学习和工作中的身心疲惫，使心境情绪调节到最佳状态，以净化情感、享受生活，达到健康与长寿的目的。

英国一位学者曾说过：“不能教会学生支配余暇时间的教育是一种不完整的教育。”所以，我们要发展一种符合中国国情的，以体育方式为主要内容的消遣娱乐方式，并要对全社会特别是对青少年进行余暇消遣、体育娱乐的教育，使之真正成为能适应社会发展的全面人才。

欣赏高水平体育比赛，已经成为人们日常娱乐消遣的重要组成部分。经常欣赏体育比赛与表演，诸如体操、艺术体操、跳水和花样游泳等一些充满运动美感的项目，可以从中得到美的艺术感受与享受，也可受到美学教育。

（四）体育的军事功能

体育军事功能的存在，主要源于战争和训练士兵的需要。冷兵器时代的军事训练，某种程度上可以说就是体育锻炼，为了取得战争的胜利，必须进行跑、跳、投掷、摔跤、搏斗等训练。当时，体育的军事功能尤为突出。现代的体育竞技项目就是由古代军事训练手段演变而来。

现代社会，随着尖端武器的发展，部队武器机动性的提高，以及新战略战术的运用，更需要士兵在短期内掌握复杂的军事技能，并最大限度地动员人的精神和身体能力。因此，进行全面的体力训练，掌握部分体现军事实效的体育项目，如游泳、爬山、攀岩、滑雪、划船、摔跤、格斗、擒拿、拳击和队列操练等，已成为现代军事训练所必需的内容。由此，还衍生出军体拳、警察防卫格斗术等。

（五）体育的经济功能

体育的经济功能是近期才被认识和开发的社会功能，它是由体育和经济的相互促进作用所决定的。经济学家认为，劳动生产力的提高是社会经济发展的重要标志，尤其在对生产力的价值进行评价时，人的素质又是最主要的衡量标准。在人的诸多素质中，身体素质显得至关重要，世界各国都格外重视体育对发展劳动生产力的作用。它最初是由体育本身发展，并间接通过提高国民身体素质，从而转化为劳动生产力。

体育发展对国民经济的促进作用，还表现在高度发展的商品经济社会，并伴随体育社会化、娱乐化和终身化程度的提高而不断提高。为满足体育人口不断扩大的需要，各种运动器材、体育场馆设施、体育用品的生产和供应，乃至体育健身、体育娱乐和体育旅游业都在迅速发展，并有可能在国民经济中逐渐形成一个庞大的体育产业。

（六）体育的政治功能

体育运动可以增强民族团结。体育能够使人们在各种活动中加强人际交往，满足人们交往的需要。例如，各种群众性的竞赛活动，群众性的登山、野营活动，业余课间的余暇体育活动，街头公园中老年人的健身活动等，通过这些活动可以改变人们的观念，加深家庭和邻里之间的感情，密切单位与单位之间的联系。

此外，体育运动中竞赛活动有一种内聚力，可以加强一个团体的向心力，促进团结。家庭运动会可以使家庭更加和睦、幸福；一个学校的班级赛，可以加强班级的团结；各种产业系统的比赛，可以促使企业职工爱厂意识的加强；全国少数民族运动会，不仅可以促使各民族的文化互相交流，互相了解，还可以增进各民族的自豪感和对本民族文化传统的理解。

第二节　现代社会与高校体育

一、现代社会与人的发展

大学生是国家的宝贵财富。德、智、体、美全面发展的大学生将会有效地推动与促进我国生产力的快速提高和社会的进步与发展。他们对国家和人民的贡献乃至对整个人类的价值都可谓难以估量。如何确保我国大学生的健康成长，使他们成为21世纪合格的高科技人才，如何使大学生为国家、为人民健康地工作，是党和国家关注、重视的大问题。多年来，国家各主管和相关部门采取了诸多强有力、切实可行的措施，目的在于改善与提高我国大学生的健康状况，并且取得了显著成效。

当今社会是高度信息化的时代，多种多样的传播媒体以其丰富多彩的传播内容，令世人眼花缭乱。电视为人们提供多种多样的体育节目，诸多体育报刊为人们提供多种多样的体育信息。随着社会的进步、经济的快速发展，人们愈来愈关注和珍视自身的健康，且意识到体育与人的密切关系。体育涵盖的内容也更加广泛，其表现形式也更加多种多样，越来越多的人被新世纪体育的大环境所熏陶、感染，从而更加关注和热爱体育，积极投身于体育运动中。大学生们渴望从理论上认识体育、了解学校体育的概况、明确高等院校体育的目的和组织形式、学习体育锻炼的科学知识、掌握体育锻炼的技能和方法、进行自我保健，从而为其树立现代体育价值观、构建在校期间的体育自主锻炼模式、树立终身体育意识奠定基础。

（一）现代社会生活的特征与挑战

1. 现代社会生活的特征

现代社会，因为科学技术的不断发展与进步、社会的更新与开放，使人们的生活环境、工作和劳动条件发生了巨大的变化。比如，生活电器化，汽车、电梯代步化，食物半成品化、快餐化，劳动生产过程的机械化、自动化等，共同创造与构成了人们享受生活的物质条件。正是现代科技的高速发展，才使得人们的生活和生产过程变得日趋效率化和合理化。研究表明，社会的可持续发展、社会资产投入的无形化、知识化、教育终身化、生产方式集结化、信息传递网络化的趋势和特征，对人才适应未来社会发展与生活需要等提出了新的要求。

对于我们国家来讲，社会生活的方方面面相对于过去已经发生了或正在发生着巨大的变化，现代社会生活的诸多特征已经突显出来。

（1）科学技术迅速发展。

新的知识、新的技术、新的产业和新的产品层出不穷，这些不仅改变了人们的生产方式，也改变着人们的生活方式。例如，信息交流借助先进的电讯设备变得十分快捷，时间和空间相对缩短、缩小，人们的生活节奏大大加快；高技术产品的研制需要各方面人士协同合作，因此对专业人才提出了更高的要求，既要具备必要的专业知识、技能，还要具有良好的人际沟通、协调和组织能力。

（2）商业活动日益频繁。

商业行为几乎触及了社会生活的每一个角落，每一个人都会或多或少、直接或间接地追求一定的经济利益。在此过程中，人们不可避免地会参与各种竞争，承担各种风险和压力。当出现不正当的竞争，或者因利益的诱惑而与法律的规范相抵触时，人们的心理将面临严峻的考验。

（3）城市化进程加快。

我国居民生活水平不断提高，大量农村人口进入城市，城市规模不断扩大，城市基础设施建设不断完善，如住房、供水、交通、能源、卫生、教育等各方面需求日益增加，推动城市化进程不断加快。

（4）社会生活呈现多元化。

生产和经营方式越来越灵活多样，职业分工越来越细致，教育也呈现出多渠道、多类型、多层次的办学方式，鼓励自主择业和人才流动，青少年接受教育、选择职业有了多种选择的自由。

（5）价值观念出现明显转变。

现代社会的生产方式和生活方式的变化，必然会引起价值观的某些方面发生变化。例如，从单纯强调群体意志，到尊重个人价值；从利益分配的平均主义，到鼓励竞争、多劳多得；从推崇片面的利他主义，到提倡公平的利益互换；从注重行为受外在强制力的约束，到注重行为受内心需要的引导；从重视家庭结构的完整到重视婚姻的质量等。这些观念的变化，无疑为人们个性的发展、自我价值的实现提供了更大的空间，但如果把握不好，也容易使人的心理陷入矛盾冲突之中，导致行为上的进退失据。

2. 现代社会带来的挑战与危机

现代社会生活给人们提供了方便和舒适，与此同时，带来了诸多挑战、危机和不利因素。总结起来，可分为五大方面。（表1–2–1）

表 1–2–1 现代社会带来的挑战与危机

五个方面	要 素
高科技的挑战	信息、生物、空间、材料、能源、海洋、环境、管理等学科的发展及影响
精神过度紧张	对单一劳动方式的厌倦感；就业竞争的危机感；媒体传播及信息的紧迫感；城市生活快节奏的抑郁感
道德和情感的困顿	人口流动使教育出现真空；情感交流的障碍；公共场所人文环境不佳；利益驱动下的价值取向
生态危机	居住条件及空气、水的污染；自然环境的人为破坏；生态环境的不平衡
社会公害	假冒伪劣产品充斥市场；各种欺诈行为、违法犯罪现象；利用职务谋私等腐败问题

高科技的挑战：信息时代，大众传媒的覆盖面越来越广；电脑被广泛应用，信息大爆炸，人们则需不断地获得、挑选和应用诸多信息，学习正确面对崭新的环境。

精神过度紧张：以机械化、自动化为代表的生产方式虽然大大减轻了劳动者的身体负荷，久而久之就会产生厌倦感，增大心理负荷。伴随着机器工作，人的精神紧张度也会越来越高，精神疲劳大大增加；城市中的人口密度大，交通拥挤、噪声增大，加之以广告为代表的宣传泛滥等，均可成为使人产生疲劳的因素。

道德和情感的困惑：现代社会以互联网用户构成的社区也将逐渐成为城市日常生活的主流，这些超越时空的因素使人与人之间的交往、交流方式变得复杂化，这种情感的交流是不完全的。此外，办公家庭化、信息个人化等因素，使人类应有的、面对面直接的情感交流越来越少，这种情况阻断了人对直接交流的渴望，使有些人不可避免地产生了道德和情感困顿。

生态危机：由于人的居住条件的不断改善，人口相对集中，人与大自然的距离日渐拉远，加之生产过程中的多种失误，使人们在生活过程中不可缺少的水、空气受到污染，生态环境遭到不同程度的破坏，直接危及人的健康与生命。

社会公害：在现代社会中，由于利益的驱动，一些人为追求“疯狂的效益”，常知法犯法、损人利己，这些往往给社会生活的稳定繁荣带来一定程度的负面影响。

3. 现代社会生活方式对人体健康的影响

科学技术的高速发展，使生产过程自动化、电气化和智能化的过程加快，繁重的体力劳动减少。在有些情况下，人体甚至不直接参与生产过程，昔日的大强度、大幅度、高负荷的劳动操作则由小肌肉群参与的极小强度的小动作所取代。人体是高度复杂、高度统一、高度有机的完整机体，现代生产方式的变化带来的身体肌肉活动机会和强度的减少和下降，必然导致人体各大系统、器官的功能下降。此外，物质的丰富、饮食结构的不合理导致营养的摄入过剩，使人肥胖，一些人随肥胖程度的加大，体能日趋降低，而一些体质衰弱者则成为“亚健康人”。现代社会生活中妨碍健康的要素见表1-2-2。

表 1-2-2　现代社会生活妨碍健康的要素

社会要素	妨碍健康要素	对健康的影响	疾　患
劳动机械化 交通工具发达 电视普及 丰富的食品 信息化 竞争激烈 工业化 国际化	运动不足 精神紧张 营养过剩 环境污染 人际关系淡漠	隐性的（功能老化） 体力低下 储备低下 抵抗力低下 衰弱 肥胖 情绪不稳定 意志力低下 神经症	显性的（病态） 心脏病 高血压 肥胖症 动脉硬化 腰疼 糖尿病 肺病 精神疾病

（二）未来社会背景下人的发展

国际经济竞争，其本质就是人才的竞争。决定国家经济繁荣稳定的首要因素就是人才因素。《中国教育改革和发展纲要》曾指出：“世界范围的经济竞争、综合国力的竞争，实质上是科学技术的竞争和民族素质的竞争。”从这一含义出发，如果哪个国家和地区拥有符合现代社会发展的人才，那么，那个国家和地区则能在国际竞争中处于战略主导地位。可见，未来社会对人才的需求十分迫切，各种教育也必须顺应未来社会对人才的要求。为此，每个大学生都应有使命感、责任感，且应努力地去适应未来社会对人才的要求。

未来社会的人才应具备哪些素质？未来人才必须具备良好的思想道德品质、良好的科学文化素养、良好的身体素质。

1. 良好的思想道德品质

现代社会的发展要求人才应具有良好的人生观、价值观；应具有良好的社会道德和职业道德；应具有较强的社会责任感、集体主义精神和协作精神；应具有较强的民主和自主意识。现今，世界多种民族文化不断交流，日渐融合，所需的人才应具有爱国主义和国际主义精神，只有具有这种思想道德素质的人，才能适应现代社会的高速发展。

2. 良好的科学文化素养

21世纪是知识快速更新、知识量剧增和科技发展迅猛的世纪。现代人才时时刻刻面临着多重巨大的挑战，这就要求现代人才要全面系统地掌握多学科的基础理论知识，且能在实践中熟练运用这些知识；现代人才必须保持良好的求知欲和不断学习的能力，以使自身知识水平、科学文化水平与社会发展需求相适应。

3. 良好的竞争意识和创新能力

随着社会的不断发展，对人的要求也越来越高，要想在未来社会中有所成就，就必须具备良好的进取心和竞争意识，没有竞争意识和竞争能力的人将会被淘汰。创新能力是一种综合能力，必须有坚实的知识基础作铺垫，还要有敏锐的观察能力、较强的动手操作能力、好奇的心理与不断探索实践，才能使自己的创新能力不断地提高。

4. 良好的心理素质

实践与研究表明，良好的心理素质是每个人在学业和事业上取得成功的重要因素之一。现代社会对人才的心理素质要求越来越高，尤其强调人的认识和思维的创新性，更要求人才具备较好的应变能力和较强的心理承受能力。只有具备上述良好的心理素质，现代人才才能更好地适应复杂多变、快速发展的社会、经济、科技和文化等多方面的需求，推动社会、经济、科技和文化的发展。

5. 健康的体魄

“身体是载知识之舟”，健康的体魄是人各方面素质存在和发展的基础。未来社会对人才的健康水平要求更高。未来社会人才的身体应是健康的，对周围不断变化着的社会环境和自然环境要有良好的适应能力，对疾病有抵抗力，对突发的各种灾难具有高度的承受力。

总之，现代社会要求人才应从思想道德情操、知识能力、科学素质和身心素质等各方面和谐发展。

二、体育与人的身心发展关系

体育作为一种社会现象，是人类文化的组成部分。体育既是教育的一部分，又是生活的一部分，是属于人的社会生活条件之一。因此，它对人的身心发展起着重要作用。

（一）体育对人机体发展的作用

1. 促使大脑清醒、思维敏捷

大脑是人的指挥部，人体的一切活动信息、指令都是由大脑发出的，大脑的重量虽然只占人体重量的2%，但它的需氧量却要求心脏总血量的20%才能满足，可见脑力劳动消耗从某种意义上说不小于体力劳动。长期地进行体育锻炼，尤其是在大自然的新鲜空气中进行锻炼，可使疲劳的大脑获得积极休息，改善大脑的供血情况，使大脑保持正常的工作能力。总之，体育活动能促使中枢神经系统及其主导部分大脑皮层的兴奋性增强，抑制性加深，从而改善神经过程的均衡性和灵活性，提高大脑的综合分析能力。

2. 促进血液循环，提高心脏功能

人体的心血管系统就像一张运输网，心脏是这张运输网的动力器官，血液通过运输网将养料、氧气运送到全身。因此，心血管系统机能对人体健康有着举足轻重的影响。进行体育活动加速血液循环，以适应肌肉活动的需要，这样就能从结构上和功能上改善心血管系统机能。经常从事体育运动，能使心脏产生工作性肥大、心肌增厚、收缩有力、心搏徐缓、血容量增大，这就大大减轻了心脏的负担，而且运动心率和血压变化比一般人小，表现出心脏工作的“节省化”现象。

3. 改善呼吸系统功能

呼吸是重要的生理现象，肺是呼吸系统的重要器官，具有气体交换的功能。经常运动能使呼吸肌发达，呼吸慢而深，每次吸进氧气较多，每分钟只要呼吸8～12次，就能满足机体需要。体育运动可使人体更多的肺泡参与工作，使肺泡富有弹性，增加肺活量。

4. 促进骨骼肌肉的生长发育

适当的体育活动能为骨骼和肌肉提供足够的营养物质，促进肌纤维变粗，肌肉组织有力，骨骼生长，骨密质增厚，提高抗弯、抗压、抗折能力。

5. 调节心理，使人朝气蓬勃，充满活力

从事体育运动，特别是从事那些自己感兴趣的运动项目，能使人产生一种非常美好的情感体验，使人心情舒畅，精神愉快。由于体育运动的激励效果，还可以增强人的自尊心、自信心和自豪感，增添生活情趣。体育运动还能调整人们某些不健康的心理和不良情绪。

6. 提高人体对外界环境的适应能力

从事体育运动能提高人体应变能力，使人善于应付各种复杂多变的环境。因为经常参加体育锻炼，大脑皮层对各种刺激的综合分析能力增强，感觉敏锐、视野开阔，判断空间、时间和方位能力增强，因而能判断准确，反应灵活。同时，由于经常在严寒和炎热环境中运动，可以提高机体调节体温的能力，增强身体对气温急剧变化的适应能力。

7. 增强机体免疫能力

经常运动可使白细胞数量增加、活性增强，增强机体免疫能力，提高人体对疾病的抵抗力，可以使中老年人保持充沛的精力和旺盛的生命力，延缓老化过程，健康长寿。

（二）体育要适应人的身心发展规律

1. 适应人的身心发展的统一规律

人的生理发展，包括人的机体的正常生长发育和体质的增强。机体的生长是指细胞的繁殖增长，表现为身体各部分的组织器官以及身体的大小、高矮、体重增长。机体发育是指器官形态的改变和机能改善。人的机体正常生长发育才能使体质增强，体质增强又有助于机体的正常生长发育。

人的心理发展，包括感觉、知觉、注意、记忆、思维、想象、情感、意志和个性等方面的发展。人的心理是大脑对客观现实的反映，脑是心理器官，心理是脑的机能，心理反应有知觉能动性，是在社会实践中在言语参与下进行的。

人的心理和生理的发展是统一的，是密切联系、相互影响的。离开了生理发展，特别是大脑发展，不可能有人的心理发展；同时，人的心理发展也必然能影响生理的健康发展。体育教育工作，必须注意学生身心发展的统一性，促进他们的身心得到全面发展。

2. 适应人的身心发展的顺序性、阶段性规律

不同年龄阶段的人，具有不同的身心发展特点。儿童少年时期，同化作用占优势，各器官系统主要表现为生长时期；青壮年时期，同化作用和异化作用基本平衡，有机体处于比较稳定的阶段，各器官系统生长发育基本完成，是人一生中生命力最旺盛的时期；中老年时期，有机体功能缓慢衰退。因此，体育工作就必须从受教育对象的实际出发，针对不同年龄的教育对象，提出不同的任务，采用不同的教育内容和方法。同时，还应当正确而循序渐进地对受教育者提出合理要求，既不迁就现有水平，又要根据他们的年龄特征，在已有的基础上，促进他们身心发展，以达到更高的水平。

3. 适应人的身心发展的不均衡性和个别差异性规律

在人的身心发展过程中，由于遗传、环境、教育和其自身的主观能动性不同，人的身心发展存在着不均衡和个别差异。其不均衡表现在两个方面：第一，在同一个方面发展上，不同年龄阶段的发展是均衡的；第二，在不同方面的发展也是不均衡的。

由于身心发展的不均衡性，体育工作者要了解教育对象在不同方面的发展成熟水平时期，使教育者与受教育者实际情况相适应。由于身心发展的个体差异性，体育工作者既要照顾年龄特征，又要重视每个人的个体差异，因材施教。

三、高校体育

现代科学技术的发展，经济的振兴，乃至整个社会的进步，都取决于劳动者素质的提高和大量合格人才的培养。《建设有中国特色社会主义高等教育理论要点》（1997年9月）指出："体育是培养德、智、体全面发展人才的有机组成部分，是加强素质教育的重要内容。高等学校体育，应从人才培养的整体素质要求出发，全面提高青年学生的身心素质。"这一要求表明了普通高校体育教学的发展目标和努力方向。

（一）高校体育与大学生的发展

1. 学校体育是向学生进行生存教育的重要组成部分

联合国教科文组织在1972年年度报告《学会生存——教育世界的今天和明天》中提出："我们再也不能刻苦地、一劳永逸地获取知识，而需要终身学习如何建立一个不断演进的知识体系——学会生存。"24年后，联合国教科文组织又发表了题为《教育——财富蕴藏其中》的报告。报告在关于终身教育的概念里，提出了教育的四个支柱的观点，"学会生存"就是其中之一。该报告认为学会生存有着十分重要的意义，它包含着极为深广的内容，其中既包括知识的积累、运用，也包括生理上的强健、健康的心理素质及对自然和社会的适应能力。我们认为，在学会生存的教育中，学校体育扮演着重要角色。体育是随着人类社会的发展而发展起来的，没有哪一门学科像体育那样与人类生存的关系如此直接和紧密。我们的祖先在生存斗争中，发展了走、跑、跳、投掷、攀登、游泳等基本的生存技能，在物竞天择的法则下，具有优良运动能力和雄健的体魄成为种群或民族兴旺发达的象征。至今现代体育中许多技能、技巧仍在为人们的生存斗争作贡献。提高或改善人类生存质量是社会发展的首要课题。在物质文明和科学技术发达的现代社会，随着物质生活越来越丰富，人们必然要求有更多、更好的精神文化生活，而展现人们意志、智慧与自信的各种体育运动也走进人们的生活，成为我国现代化进程中的一道风景。与此同时，随着生产和生活自动化、电气化程度的提高，人们的体力活动越来越少，缺少运动成为现代社会"文明病"的根源之一。国家体育总局曾指出："经常参加体育锻炼的人，体质状况优于不参加体育锻炼的人。经常参加体育锻炼的人群合格率以上的为73.8%，其中优良率为41.5%。不经常参加锻炼的人群合格率以上为69%，其中优良率为34.3%，分别相差4.8和7.2个百分点。"目前，科学的体育锻炼与合理的营养、良好的生活习惯并列为保持健康的三个基本要素。学校体育的主要任务之一就是使学生掌握科学锻炼身体的知识和技能，养成参加体育锻炼的习惯，为他们终身参加体育锻炼奠定基础。从生存教育的角度来看，学校体育将交给学生一把提高和改善生存质量、开启健康之门的钥匙。

2. 学校体育是学生接受教育获得自我发展的过程

学生时代是一个接受教育、发展自我能力的过程。大学生自我能力的发展包括两个方面：一是身体或生理方面的发展；二是心理方面的发展（包括文化知识、性格、意志品质等）。从人的生理过程看，人的生理发展是第一位的，身体不存在，知识道德就都不存在。人的心理上的发展是在生理发展基础上向更高层次的发展，是生理上和心理上和谐的发展。学校体育从人才培养的整体素质出发，把学生作为一个社会的、文化的人来看待，最大限度地开掘其潜力，全面发展学生身心素质，有着其他手段不可替代的作用。目前，世界上各国的科学家开始把目光转向人体潜能的开发上。一个人的机械能到底有多大？美国科学家一项科研报告指出：假若一个人的体内潜能充分发挥出来，其力量可以推动一辆载重5吨的卡车。实验证明，当一个人用拉纤的方法拖动重物时，其肌肉内90%的力量没有发挥出来；另外，人脑有150亿个神经细胞（即85%）没有用上，而人体的微血管则尚有25%被封闭着。科学家认为，要使人的潜力充分发挥出来，就要通过锻炼把未被充分发挥的内在力量调动起来，从这个意义上来理解体育运动的价值是十分重要的。

3. 学校体育是向学生进行品德教育的课堂

体育是对学生进行品德教育的重要手段之一。在学校教育中，很难把体育与德育、智育、美育分开。例如，在体育教学中，学生必须承受一定的生理负荷，需要克服一定的困难，这对培养学生吃苦耐劳、坚忍不拔的意志品质有一定的作用；竞争是体育的鲜明特点之一，现代奥林匹克“更快、更高、更强”的口号就是这种精神的体现。在激烈的对抗与竞赛中，要求学生具有不屈不挠、拼搏进取的竞争精神；体育教学与各项竞赛活动，都要求学生按一定规则、制度进行，对于培养学生服从指挥、遵纪守法、团结协作、关心集体等优良品质有着积极的作用。此外，体育还以它丰富的内容、独特的形式培养学生的审美观，使之不仅练就灵活的动作、健壮匀称的体格、端庄健美的姿态，而且使学生懂得什么是美的动作、美的仪表、美的心灵，从而提高对美的感受、鉴赏、表达和创造的能力。

（二）高等学校体育的目标与任务

1. 高等学校体育的目标

（1）高校体育的总体目标。

培养大学生的体育意识，提高体育能力，促进身心素质的全面发展，使之成为社会主义现代化建设所需要的身体健康的高层次合格人才，是高校体育的总体目标。

这个总体目标，从根本上反映了体育的本质特征，制约和影响高校体育的全过程，切实体现了我国社会教育、体育发展的基本要求和大学生的需要。

（2）高校体育的具体效果目标。

① 掌握体育锻炼和卫生保健的基本知识和技能，正确地认识体育对人类及当代社会的重要意义和作用，增强大学生的体育意识，学会选择符合个体兴趣和需要的科学的锻炼原理和方法，养成经常锻炼身体的习惯，提高体育能力，为终身坚持体育锻炼打下良好的基础。

② 有效地增强大学生的体质，促进身心健康发展，达到《国家学生体质健康标准》中规定的指标和规格要求，身心愉快地学习和工作，更好地完成学习任务。

③ 通过体育活动对学生进行政治思想和道德及意志品质教育，加强主体性教育、体育审美教育，促进大学生的个性发展。

④ 对具有运动才能的学生进行课余训练，并适当地组织比赛，提高他们的运动技术水平，满足他们对运动竞技的需求，为社会体育培养骨干人才，促进全民健身运动的开展。有条件的院校可组织高水平运动队或运动俱乐部，参加国际大赛，为国争光。

上述高校体育的具体效果目标是一个相互联系、相互促进的统一整体，需要综合实现，决不能为追求一时效果，片面地突出其中的部分因素，而造成长期的负面影响。

2. 高等学校体育的任务

为了有效地增强学生体质，达到学校体育教育的目的，学校体育要完成下列基本任务。

（1）全面锻炼学生身体，增进健康，提高抗病与适应环境变化的能力。

（2）激发学生参加体育锻炼的兴趣，培养学生运用所学知识、技术、技能和方法，独立进行锻炼的能力和习惯，提高体育文化素养与自我生存能力，为终身体育奠定基础。

（3）在普及的基础上提高运动技术水平，为国家培养优秀体育人才。

（4）通过体育对学生进行意志品质的教育，树立良好的体育道德风尚。

上述各项任务是密切联系、相互促进和辩证统一的。学校的体育工作和各项措施应围绕面向全体学生、增进学生体质这一根本目标进行组织与安排。

（三）实现高等学校体育目标的基本要求

1. 学校体育必须严格执法

中华人民共和国成立以来，党和国家对青少年的健康十分关心，制定和发布了一系列有关学校体育工作的文件和指示。例如，1956年高等教育部、国家体育运动委员会（简称“国家体委”）、卫生部、青年团中央发出的关于加强领导进一步开展一般高等学校体育运动的联合指示；1964年教育部、国家体委、卫生部针对学生课程多、作业多、考试多、负担过重、片面追求学生升学率而影响了学生身体健康等问题向国务院提出《关于改善中小学生健康状况和改进学校体育卫生工作的报告》，国务院批准了这个报告并采取了一系列措施改进学校体育工作。这一切为学校体育的蓬勃开展，为青少年健康成长奠定了良好的基础。特别是1978年党的十一届三中全会以来，教育部、国家体委、卫生部联合发出《关于加强学校体育卫生工作的通知》，同时颁布了《高等学校体育工作暂行规定》，把高等学校体育工作提到全面育人的一个重要方面的高度来认识。在贯彻执行《高等学校体育工作暂行规定》的十多年间，国家教育委员会、国家体委共同拟订了《学校体育工作条例》（以下简称《条例》），经国务院批准于1990年3月12日正式发布实施，这是中华人民共和国成立以来我国正式发布的学校体育工作的第一个法规性文件。正如在关于实施条例的通知中所说：“《条例》是学校体育工作的基本法规。条例的制定与施行，体现了国家对学校体育的重视和关心。《条例》中规定的各项任务、内容及要求是指导学校体育工作的重要依据，是全面加强学校体育工作的有力措施。”1990年10月11日，国家教委根据《学校体育工作条例》制定的《大学生体育合格标准》及《大学生体育合格标准实施办法》两个文件印发到各高等学校。在印发这两个文件通知中指出：《大学生体育合格标准》是促进大学生德、智、体全面发展的教育手段；是学生接受体育教育的个体评价标准；也是学生能否毕业的一项必备条件。《中华人民共和国体育法》是中华人民共和国成立以来第一部由国家最高权力机关制定的体育法律。《中华人民共和国体育法》于1995年8月29日第八届全国人民代表大会常务委员会第十五次会议上获得全票通过，时任国家主席江泽民于同日签署第55号主席令，公布该法于1995年10月1日起施行。《中华人民共和国体育法》共八章，56条，对体育工作的基本内容进行了全面的规范。其中第三章学校体育，共有七条。对学校体育进行立法，是教育、体育现代化发展的一个重要标志。它必将对学校体育工作产生深远的影响。学校体育工作既然有法可依，我们就必须严格执法。

2. 学校体育工作必须处理好三个方面的关系

（1）处理好体育课与课外体育锻炼的关系。学校体育的目的、任务是通过体育课、课外体育锻炼、运动训练和竞赛等多种形式来实现的，而体育课是学校体育工作的主要组织形式。教学质量的高低对完成体育任务有决定性的作用。因此，《学校体育工作条例》中规定：普通高等学校一、二年级必须开设体育课，对三年级以上学生开设体育选修课；把体育课作为学生毕业、升学的考试科目，要求每名在校学生首先要上好体育课，达到体育教育的基本要求，否则就不能毕业。与此同时对于病残学生的体育活动也做出相应的规定：学生因病、因残免修体育课或者免除体育课考试的，必须持医院证明，经学校体育教研室（组）审核同意，并报学校教务部门备案，记入学生健康档案。但是，仅靠每周一次2学时的体育课是不够的，这就要求教师根据体育课与课外活动的特点及各自的任务适当安排早操、课外锻炼、达标测验及多种多样的竞赛活动，利用假日闲暇时间到郊外远足、野营等。保证学生每天有1个小时体育锻炼和体育娱乐的时间，使课内、课外、假日休闲有机地结合起来，互为补充、相互促进。

（2）处理好普及与提高的关系。学校体育的主要任务在于增强学生体质，因此其着眼点应该是面向全体学生，通过有计划、系统的体育教育和课外锻炼，全面增强学生体质。实践证明：群众体育活动搞好了，就会涌现出一批运动技术水平较高的运动员，对他们再加以重点训练，使其达到一个更高的水平。运动水平的提高，又进一步指导和推动群众性体育运动的开展，激发群众参加体育锻炼的热情。

目前，已有部分高校建立了高水平运动队和单项体育俱乐部。高校办高水平运动队，这不仅是高等教育本身的需要，而且也是我国体育发展战略的需要。高校办高水平运动队，形成小学、中学、大学一条龙的训练体制，打破过去仅仅由体校、运动队培养优秀运动员的单一体制，使体育与教育接轨，必将迅速壮大我国优秀运动员队伍。另外，高校师资力量雄厚、文化层次高、科研能力强，只要学校重视，组织各方面力量，创造必要的训练条件，优秀运动员在训练中需要解决的问题就不再难。因此，高等学校在广泛开展群体活动的基础上，训练好各项目的体育训练队，逐步建立一支既有高文化素养，又有高运动水平的优秀运动员队伍是完全有必要的，它必将为我国在21世纪成为世界体育强国作出积极贡献。

（3）处理好学校体育与卫生保健的关系。学校体育工作与卫生保健工作是保证学生健康成长不可分割的两个方面，应当紧密结合起来。学校体育教师与保健医生相互配合，根据大学生的生长发育规律和体育本身的运动规律，向学生进行有关体育卫生保健知识的教育，使学生在体育活动中懂得自我医务监督，以便进行科学的锻炼。特别是《大学生体育健康标准》中把学生的身体形态、身体机能、视力状况作为评价学生体育合格的标准之一，并由校医院负责测试和评定成绩，从而把学生的体育锻炼与卫生保健有机地结合起来。

3. 学校体育工作必须十分重视学生心理素质的提高

学校体育的根本目的是增强学生体质，提高其健康水平，而健康的标准不仅局限于身体无病，心理健康也是其中重要的组成部分。有的心理学家认为：随着经济的发展和社会的进步，现代化程度的提高，由心理不健康引起的心理疾病越来越威胁着人们的健康。当前在我们的大学生中，由于种种原因，存在着大量心理不健康的现象，从而导致心态失衡，出现心理健康疾患。在学校体育教育中，把学生的心理健康及良好品格的养成放在重要位置上来抓，具有十分重要的意义。

（四）高校体育对大学生的基本要求

1. 建立正确的体育意识

随着现代科学文化的迅速发展，体育在现代社会中的地位和作用越来越被人们所重视，体育的作用和影响远远超出了文化和教育的范畴，具有广泛的社会学意义和心理学意义。体育意识是一种复杂的社会现象，体育意识作为人们的大脑对这一社会现象的反映是十分丰富的。用通俗易懂的方式可将体育意识表述为：人们对体育及其重要性的认识，以及由此产生的思想观念、心理活动的总和。大学生的体育意识则是指大学生对体育的认识和理解，主要包括理解体育运动的意义和作用，具有参与体育活动的欲望和要求等。

2. 提高体育能力

能力，是指人在顺利地完成某一活动时所表现出的身心统一、协调配合的才能。能力除与先天因素有关外，还需要一定时间的培养。个体的生理素质是能力发展的自然前提，教学训练及从事实践活动对能力发展又具有决定意义，生活的社会环境则是能力发展的根本保证。

体育能力是从事身体活动所必需的知识、身体素质、技能和方法。它应包括体育的认识能力、体育的审美能力、身体的基本活动能力、运动能力、自我锻炼能力、自我评价能力等。学生的体育能力也可称之为学生“自学自练的能力”。一定量的体育运动对其他能力的发展也有积极作用，通过体育运动能增强肌肉的活动力量，使循环呼吸功能得到改善。

3. 培养体育锻炼习惯和爱好

（1）兴趣是人们积极探究某一事物的认识倾向。

人们总是对自己感兴趣的事物进行积极的探究，并常常带有情绪色彩和向往的心情。人们对体育的兴趣往往首先是从对多姿多彩的运动竞赛、运动游戏、身体练习和运动场馆设施的关注开始的，通过对体育诸多的具体内容、方法、手段、设施等的关注与向往，人们的认识活动就会逐渐集中地指向与体育有关的事物。

对体育的兴趣，首先是人们在对体育需要的基础上产生和发展的，因为需要的对象正是兴趣的对象。同时我们还必须明白，在较低级需要的基础上的兴趣才会是持久的，在需要得到满足后又会产生更加浓厚的兴趣，也就是我们常说的高级需要。高文化层次的大学生对自然事物的理解和判断力都很强，理应将自己对体育的兴趣建立在高级需要的基础之上。

（2）爱好是从事某种活动的倾向。

当人们对体育的兴趣进一步发展成为从事体育活动的倾向时，就发展成了对体育对象运动的爱好，这样实在难以使体育运动真正地进入自己的生活，当然也就很难养成参与体育运动的良好习惯。

（3）正确对待体育的兴趣和爱好。

首先，从教育的角度出发对待兴趣。学生有兴趣的，要发扬；学生无兴趣但有价值的，还必须加以引导。其次，培养学生参加体育锻炼的兴趣、爱好与习惯。这不仅是一种工作般的体育教育过程，更要强调这是一个培养、教育的过程。不仅要求在体育课上进行体育教育，而且更应课内外结合，校内外配合，共同实现。“人的本性是爱运动的。”毛泽东同志在《体育之研究》一文中强调“欲图体育之有效，非动其主观，促其对体育之自觉不可”。领会其含义，使我们进一步认识到培养学生对体育的兴趣、爱好和养成经常从事体育锻炼的习惯在奠定终身体育中的战略意义。以终身体育思想考查今日学校体育给我们的新的启迪，那就是培养兴趣、发展爱好、形成习惯这一人们步入终身体育的三部曲，将与增强体质、传授“三基”、培养思想品德等学校体育的重要目标放在同等地位来考虑。

4. 努力塑造强健的体魄

增强体质，增进健康，努力塑造强健的体魄，这应视为我们接受体育教育的直接目标或首要任务。它既受高校体育本职功能的制约，又充分反映了现代社会对提高人类自身素质的现实需要，自然也是新世纪对合格人才的基本要求。

（1）大学阶段是塑造强健体魄的关键时期。

大学生正处于青春后期和青年期，同化作用和异化作用基本平衡，生长发育日趋稳定，生理功能和适应能力达到较高水平，是性发育成熟、生命活动最旺盛、身心健康加速发展的关键时期。在此关键时期，必须十分重视通过科学的身体锻炼过程来提高身体素质和基本活动能力，增强对疾病的抵抗力和对环境的适应能力，谋求塑造强健的体魄。

（2）认真接受体育教育。

高等学校体育教育的过程主要是在教师的指导下，大学生主动积极地学习和掌握体育与运动基本技巧、基本技能的过程，是促使大学生获得参与运动、掌握技术、发展智力、增强体力的综合过程。同时受高等学校校园体育文化整体氛围的影响，建立正确的体育意识，提高体育的基本能力，培养体育的兴趣和习惯，塑造强健体魄的基本要求，定会在潜移默化的体育教育过程中，通过教师的引导和学生自身的主动陶冶而圆满达到，促使学生终身受益。

（五）高校体育教育的发展方向

1. 体育教育思想应从“唯生物体育观”向“三维体育观”转变

我国现代体育教育思想的形成受前苏联的影响十分严重。在过去几十年里，以传授体育运动的基本知识、基本技术、基本技能（简称“三基”）为教学目标的体育教育思想，否定与排斥自然主义体育思想和体育的娱乐性，导致体育教育机械地追求生物训练和单纯地传授运动技能，这种“唯生物体育观”过分强调教育价值，忽视学生的心理，限制学生的个性发展。虽然在不同发展时期，我国补充了一些民族传统项目，但其本质特征没有改变，运动负荷、运动技能依然是评判体育教学的重要指标。随着社会经济的高速发展，社会生活发生了深刻的变化。体育作为一种文化对于人们追求在运动过程中的心理愉悦和满足，提高生活质量与健康水平发挥着积极作用，形成了包括生物、心理、社会三方面因素的“三维体育观”。“三维体育观”以人为本，注重学校体育在心理、社会和文化等方面的功能，是适应现代社会发展的新型体育观、教育观。高校体育教育思想必须适应形势、更新观念，实现“唯生物体育观”向“三维体育观”的转变，致力于提高学生的体育能力，发展学生的个性，促进学生的全面发展。

2. 教师的主导性应向学生的主体性转变

体育教学是在教师的指导下，学生参加身体练习而达到教育目的的一种教学形式。它是参与性、主动性极强的学习过程。然而，一直以来，在高校体育教学中，教师的主导地位十分突出。在教学计划的实施过程中对学生的学习心态、个体差异考虑不足，师生间缺乏正常的交流与沟通，为实现真正意义上的“双边活动”，体育教学的效果欠佳。为配合教育改革，贯彻素质教育思想，高校体育的教学模式应由教师的主导性向学生的主体性转变。教学计划的制订应从学生的实际情况出发，尽量考虑学生的需求，激发其学习的欲望与热情，视学生为教学活动的主体，充分发挥学生的主观能动性。在教学过程中，应淡化教师的权威性，技术的传授以单独的辅导为佳，这既符合区别对待的教学原则，又能体现以学生为中心的教学理念。

3. 优化课程结构，倡导“快乐体育”

（1）要改革传统的教学模式，充分发挥学生的主体作用和教师的主导作用，努力倡导开放式、探究式教学，努力拓展体育教学的时间和空间，注重学生的个性发展。

如目前部分大学试行的“三自主”体育教学和“体育俱乐部”型教学模式，其特点：在教师的指导下，学生应具有自主选择课程内容、自主选择任课教师、自主选择上课时间的自由度，营造生动、活泼、主动的学习氛围。这样可以从学生兴趣、特长、爱好等出发，因人而异、因材施教，拓展学生学习体育知识、运动技能的层面，更多更好地掌握终身从事体育锻炼的项目，使学生个性得以发展，学习能力和创造潜能也将进一步地被激发。

（2）要优化课程结构，培养实践能力，其关键是教学内容、教材结构及教学方法的改革。

在教学内容的选择上，兼顾学生的兴趣和终身锻炼的价值；在教材结构上，丰富科学锻炼知识和培养健身意识，理论与实践相结合，满足各层次学生的需求；在教学方法上，发挥教师的引导、启发作用，注重学生实践能力的培养。为实现体育课程目标，应使课堂教学与课外、校外的体育活动有机结合，学校与社会紧密联系。要把有目的、有计划、有组织的课外体育锻炼、校外活动、运动训练等纳入体育课程，形成课内外、校内外有机联系的“一体化”课程结构。

（3）改革传统的评价方式，培养学生的创新意识。

学生的学习评价应是对学习效果和过程的评价，主要包括体能与运动技能、认知、学习态度与行为、交往与合作精神、情意表现等，通过学生自评、互评和教师评定等方式进行。评价中应淡化甄别选拔功能，强化激励发展功能，把学生的进步幅度纳入评价内容。注重学生在体育运动中的过程评价，体育课程结果评价也应设置能力评价分值。理论评价要充分发挥学生思维想象创造力，以言之有理、拥有新意的答案作为评定成绩的主要依据。

倡导“主动教育”“快乐教育”，使学生在健康向上的体育活动中宣泄情感、陶冶情操，尽情体会体育运动的魅力。在运动技术的学习上，提倡“亚技术理念”，淡化技术、淡化考试，采用鼓励性的评分方法进行考核，促使不同水平的学生愉快地投入到体育活动中来，调节和改善学习生活，使高校体育为全面育人服务，为提高整体国民素质发挥重要的作用。

第三节　体育文化

一、体育文化的含义

“文化”是指人类所创造的物质财富与精神财富的总和及其创造过程。体育文化是关于人类体育运动的物质、制度、精神文化的总和，大体包括体育认识、体育情感、体育价值、体育理想、体育道德、体育制度和体育的物质条件等。体育的技术方法属于体育认识的范畴，它是人类认识过程的一种特殊形式。各种运动形式（如奥林匹克运动项目）、各种竞赛规则、运动服装、运动场地、运动器材，以及运动仪式、运动精神（如奥林匹克仪式、奥林匹克精神）

等，都属于体育文化。

一般情况下，文化包括心理、行为、物质三个要素，它们处于不同层面。体育文化也不外乎三个要素：体育文化的心理要素，也就是文化的精神和观念层面，有时称为精神文化；体育文化的行为要素，也就是文化的行为方式和制度规范层面，有时称为行为制度文化；体育文化的物质要素，也就是文化的物质实体层面，有时称为物质文化，包括凝结体育文化特质的各种物质产品。一般而言，物质文化是最外表的层面，行为制度文化次之，精神文化是核心。

二、体育文化的表现形式

从体育的活动主体、活动方式和活动目标来分析，体育文化表现为：学校体育文化、竞技体育文化和社会体育文化。学校体育文化是以培养学生的体育意识、体育精神和体育技能为主要形式，以增进学生身心健康和提高学生的体育能力为主要目标的文化过程，它主要是作为文化教育的一部分而存在；竞技体育文化是人类追求生命价值过程中不断挑战自身极限的一种文化过程；社会体育文化是以大众参与为主要特征，以健身、健美为主要目的的社会文化生活过程，它是社区文化最重要的内容之一。

从体育发展演进的历史过程来看，体育文化表现为古代体育文化、近代体育文化和现代体育文化三大类。古代体育文化的宗教性、民族性、地域性、自发性和工具性较强，而其商业性和自觉性较弱。近代体育文化以学校体育文化的崛起为主要特征，其宗教性基本消失，民族性、地域性弱化，商业性、工具性和自觉性都明显增强。现代体育文化具有鲜明的国际化、产业化和人性化特点，内容更加全面，形式日益丰富，影响不断扩大，它已是现代人生活方式的重要组成部分。

从体育的空间分布来看，体育文化可以从宏观上分为东方体育文化和西方体育文化两大类，还可以微观地将其分为企业体育文化、社区体育文化、军营体育文化、校园体育文化和村镇体育文化等。区域性文化的交融与发展已成为现代人体育文化和生活的主旋律。

体育文化从内在品质上表现为体育观念、体育思想、体育理论、体育科学、体育精神、体育艺术、体育道德、体育法规和体育风尚等若干方面。体育观念是在体育实践活动中形成的一般的体育意识，它对人们的体育活动有一定的影响和制约。体育思想是体育观念的进一步升华，是指导人们从事体育活动的高级的体育意识，比体育观念更加全面、系统。体育理论是体育实践经验的科学总结，是理论化、系统化的体育观念和揭示体育本质和规律的体育思想，在这个意义上也有人把体育理论称为体育哲学。体育科学是侧重于技术上研究体育现象之间内在的、本质的、必然的联系的科学，它与体育理论的区别在于它是技术科学，而体育理论是理论科学。体育精神是人们在长期的体育实践活动过程中形成的一种内涵厚重、指向明确、易于体验、认同率高的人类精神，是一种顽强拼搏、公平竞争、团队协作、超越自我的精神。现代奥林匹克之父顾拜旦曾明确提出："奥林匹克精神首先是一个文化概念。"这是关于体育精神的文化性质的权威论断。体育艺术是体育和艺术高度完美的结合，是人们在体育活动过程中有意无意创造并展现出来的独特的美。体育道德是体育活动过程中规范人与人之间关系的行为准则，通常表现为一种自觉的主体意识。体育法规则是保证体育活动有序进行的强制手段，正是由于这种内在自觉和外在约束的统一才使体育活动能够按照一定的程序和习惯顺利开展。体育风尚是由于学校体育的有意识教育和竞技体育的有效引导，而在大众体育中表现出来的人们从事体育活动的阶段性、区域性倾向和嗜好。

从体育活动所依附的文化载体上看，体育文化表现为体育场馆文化、体育用品文化和体育影视文化等。体育场馆文化是由体育建筑艺术、体育竞赛的氛围和现场媒体宣传（包括广告艺术）等内容构成的综合文化。体育场馆文化建设是体育文化硬件建设与软件开发的最佳结合点。体育用品文化主要包括体育器材文化、体育服饰文化、体育证照文化和体育纪念品文化，这是现代体育文化繁荣的一个十分重要的方面，也是体育文化产业化的最具前景的增长点。体育影视文化是现代影视文化非常重要的内容之一，它不仅是那些以反映体育活动为主要内容的影视作品，还包括体育现场直播、现场采访和现场评论。体育影视文化的崛起为体育文化的发展开辟了新的空间。

思考题

1. 简述体育的概念、内容及功能。
2. 简述体育与人的身心发展的关系。
3. 简述体育文化的含义及表现形式。

第二章　健康概述

第一节　健康的科学内涵

一、健康的概念

联合国世界卫生组织于1948年在其宪章中明确提出："健康不仅为疾病或羸弱之消除，而系体格、精神与社会之完全健康状态。"因此，健康概念大大超出了无病的范围，无疑是一个极大的进步。随着人类追求更高层次的健康，有学者于1989年又为健康的概念注入了新的内容——道德健康。至此，现代健康观包括躯体健康、心理健康、社会适应和道德健康。

二、现代健康观的内涵

（一）躯体健康

从一般意义上理解，躯体健康就是要有一个发育正常而又强壮的体魄，没有疾病和不虚弱；发育正常，体重合适，身体匀称而挺拔；有良好的食欲和睡眠；精力充沛，应变能力强，能适应环境的各种变化；能从容不迫地应对日常生活和工作压力而不感到过分紧张；能抵抗普通感冒和传染病；眼睛明亮，反应敏锐；头发具有光泽而少头屑；牙齿清洁，无龋齿，牙龈无出血而颜色正常；肌肤富有弹性，走路轻松有力。

关于躯体健康，在公众的心目中常以是否有病作为分界线，有病为不健康，无病则为健康。现代对健康的科学定义是指机体与自然环境和社会环境的动态平衡，是一种身体、精神和社会的完美状态。实际上，大多数人不同程度上处于不完美健康又没有患病的状态。这种既不完美健康又不患病的状态，医学上称之为"第三状态"或"亚健康状态"。"第三状态"是健康与疾病的交接地带，是健康与疾病相互转化的"中介点"。资料显示：有50%～60%的人群处于轻度失调和慢性病的潜伏期，即"第三状态"或"亚健康状态"。因此，要预防疾病就必须采取有效措施，延缓“第三状态”的出现，以利于增进人民健康。

（二）心理健康

现代健康不仅要求躯体健康，而且要求心理健康。这是因为人不仅是具有生物性的有机实体，而是具有各种复杂心理活动的社会成员。心理健康到目前为止还没有一个世界公认的、一致的标准。然而心理健康的人也有一些基本的特征，归纳起来有三点：具有健康心理的人，人格是完整的，自我感觉是良好的，情绪是稳定的，积极情绪多于消极情绪，有较好的自控能力，能保持心理上的平衡，能自尊、自爱、自信，而且有自知之明，能正确评价自己；一个人在自己所处的环境中有充分的安全感，且能保持正常的人际关系，能受到别人的欢迎和信任；对未来没有恐惧感，有明确的生活目标，切合实际，不断进取，有理想和追求。

心理因素的异常改变可诱致植物神经系统和内脏机能的变化，表现出某一器官或组织的功能性改变，称为“心身症”。如果进一步发展导致躯体的功能失调，同时发生组织结构损害，可引起“身心疾病”，如溃疡病、高血压病、偏头痛、支气管哮喘、甲状腺功能亢进、口吃、神经性皮炎，甚至癌症等都属于身心疾病的范畴。因此，保持心理健康对人体的健康是必不可少的。

（三）社会健康

社会健康是健康组合中最活跃、涉及范围最广泛和最不确定的一部分。最活跃是因为社会的每个发展阶段和变革都会注入新的内容；涉及范围最广是因为社会健康不仅涉及每个个体，还涉及一个群体乃至整个社会的健康评价，并受到社会环境的各方面影响；最不确定性是因为每一个特定的条件下的社会都有不同的政治、经济、文化、道德观，在全球范围内难以形成一个公认统一的评价标准。

人有自然人和社会人的双重属性，现代健康观强调人体的整个统一性，既考虑到人的自然属性，又强调人的社会属性。人体的一切疾病和生命活动不仅是一种生物现象，更重要的是一种十分复杂的社会现象。因此，人体健康必须包含对社会的适应。社会适应良好是指个体对所处的社会环境有一个正确的认识，使自我与社会环境之间保持良好的协调和均衡关系，处理好人与人之间的关系、人与环境的关系是社会适应良好的主要表现。扮演好各种社会角色，如同窗、朋友、邻居、公民、恋人、配偶、子女或父母等，并承担起相应的责任，是处理好人际关系的基础。

（四）道德健康

道德健康是指人与人交往的过程中应遵循的健康行为准则，它着重于健康的维护和促进。人体的道德健康不仅要求对自己的健康维护和促进负责，如建立良好的生活方式，保持良好的心境等，而且要求个体应对他人的健康负有责任，将维护和促进整个人群的健康行为转化为自觉的行为，如为拯救他人的生命，自觉履行公民义务献血；为维护他人的健康，不在公共场合吸烟、吐痰等。既保证社会的存在和发展，又能满足每个人的需要，是衡量行为是否道德的基本原则。一个道德健康者起码应在不伤害社会和他人利益的前提下，满足自己的需要和发展自己的个性，如在竞争激烈的社会里，提倡公平竞争是符合道德原则的，否则个人乃至整个社会都将付出沉重的代价。

第二节 大学生的身心特点

大学生的年龄大体在17～22岁，这是一个人生长发育走向成熟的关键时期。大学生的身体形态、生理机能、身体素质和心理素质都遵循着一定的规律不断发展变化，并具有明显的年龄阶段性特点。

一、生理特点

（一）运动系统

运动系统由骨骼、关节、肌肉三部分组成。随着年龄的增长，坚固性增强，韧性降低，骨骼软骨逐渐骨化，到大学高年级时，骨化基本完成，身高不再增加。在这一时期，由于骨骼柔软且可塑性较大，应注意保持正确的身体姿势和身体的全面发展，避免一侧肢体或局部用力过多，造成肢体特别是脊柱出现病理性弯曲。同时，注意适宜的运动负荷，防止负荷过大造成骨化提前，影响身高继续增长。

这一时期的关节软骨较厚，关节囊韧带伸展性大，关节周围的肌肉细长，关节活动范围大，但牢固性较差，在外力的作用下易脱位。因此，要提高柔韧素质，重视发展关节的坚固性，以防关节脱位。

随着年龄的增长，肌肉中水分明显减少，有机物增多，肌纤维增粗，横向发展较快，肌肉重量不断增加，肌力增强。因此，可以进行较多的力量练习，以促进肌肉继续生长。

（二）心血管和呼吸系统

大学生心脏的结构和机能正逐步完善。心脏的重量已达到成人水平。心率减慢，心脏收缩压增加，每搏输出量增多。肺的机能也逐步提高，肺活量也接近成人水平。但是最大摄氧量和负氧债能力较成人低，女生又比男生低。此时期的体育锻炼可适当增多静力性练习和耐力练习，以有效提高心肺的功能。

（三）神经系统

神经系统的发育最早最快，其功能在少年期已日趋完善，但大脑皮质中兴奋和抑制两个过程不够均衡，兴奋过程占优势而抑制过程相对较弱。到大学阶段第二信号系统得到发展，抽象思维能力不断提高。

根据上述特点，大学生在运动实践中应注意多样化，避免单调的训练内容，多安排些竞争性的游戏和小型比赛，以提高兴趣。在活动安排上应适当提高密度，相应缩短时间，可增加些技术分析，以培养其思维能力。

（四）身体素质

在生长发育过程中，身体素质的发展存在着自然增长的现象。到大学阶段，男生的腰腹力量领先，其次是下肢爆发力，臂肌静力力量、耐力增长较晚。而女生腰腹肌的增长比其他素质要差。因此，发展身体素质和运动能力十分重要。

二、心理特点

（一）智力水平迅速提高

大学生的智力发展日趋成熟，其观察力、记忆力、想象力和思维能力迅速接近并达到成人水平。感知能力更富有目的性、系统性、深刻性和全面性；记忆力的发展开始进入鼎盛时期，意义记忆快速发展并居主要地位；想象的目的性、有意性发展突出，能够围绕现实问题进行思考；思维方式显著变化，辩证逻辑思维占优势，能运用科学要领对某些事物和现象进行抽象性和理论性思维；思维的独立性和批判性明显增强，喜欢独立地提出问题和寻找解决问题的办法，对事物的认识开始有自己的独立见解，开始用怀疑和批判的眼光看待周围的事物，喜欢争议、辩驳和提出一些新奇的想法。

虽然这一时期的智力水平提高较快，但由于个人阅历比较浅，知识经验不足，辨别能力尚不够强，思维的独立性和批判性不够完善，因而，容易产生一定的片面性和表面性，缺乏深思熟虑，过分自信，固执己见，易走极端。

（二）情感丰富而强烈

大学生的生活和学习活动范围日益扩大，处在体力和精力旺盛的时期，因此，他们的情感丰富多彩，又带有强烈而瞬息万变的色彩。情感的体验以肯定、乐观与振奋为主要特征。他们的爱国主义、集体主义、责任感、义务感、友谊感、荣誉感等情感均有较高的发展。对美的体验表现得更为复杂而深刻，爱憎分明。情绪的两极化比较突出，极易出现高度的兴奋、激动、热情，或是极端的愤怒、泄气、绝望。既有活泼、愉快、奋发向上等积极倾向，又有低沉、悲观、颓废等消极倾向。

由于和社会生活的接触日益增多，各种社会行为规范使大学生逐渐具有了调节和节制自己情绪的能力，因而他们的情感又往往表现出内隐性和闭锁性，他们或将自己的真实情感隐蔽起来，表露出一种与内心体验并非一致的情绪状态；或有选择地暴露给不同的对象，这对了解他们的真实思想带来了一定的困难。

（三）自我意识不断增强

自我意识是指人对自身的认识。大学生的自我意识的特点：① 自我认识和评价水平大为提高，表现在自我认识的自觉性和主动性较强，能根据周围的人对自己的各种态度来评价认识自己，也能将自己与别人进行对比来评价自己，自我评价的客观性有所提高；② 自我控制的愿望非常强烈，水平明显提高，有了明显的自觉性和主动性，并逐渐以社会标准、社会期望、社会条件为转移；③ 自尊心十分突出，表现为对真诚的赞扬和受到尊重的喜悦，批评常使自己感到内疚和羞愧，嘲笑更是使他们难以忍受；④ 独立意向十分强烈，要求自主和独立，要求摆脱对成人的依赖，当这种意向因某些原因受阻时，他们会产生不满、对立情绪或反抗行为；⑤ 自信心、好胜心增强，在接受新任务时表现为跃跃欲试，不甘人后。

第三节　影响大学生健康的因素

一、影响大学生健康的主观因素

主观因素是影响大学生健康的内在因素，主要包括大学生的认知态度、自我意识、性格特点。这些因素的不同会使人对同一事物采取不同的态度，从而对心理健康产生不同的影响。

（一）认知态度

人的心理健康受情绪影响，而情绪受人的认知态度支配。不同的学生，由于家庭出身和教养不同，所受的学校教育及生活经历不同，形成了不同的认知态度与价值观，产生不同的情感体验，从而对心理健康产生不同的影响。例如，经过高考录取入校的学生，对所录取的系与专业不满意是比较常见的事。有些学生经过一段时间的学习，逐步转变了认知观念，对所学专业适应了；但有的学生因现在的专业和其原来理想的专业与抱负存在较大差异，产生了激烈的冲突，感到痛苦万分。

（二）自我意识

外界事物和生活事件对心理健康的影响，都要通过个人自我意识进行调节。当人们对自我的力量有充分的估计，对自我有信心时，便会冷静、沉着地面对现实，凭借自我的力量去战胜困难和挫折，夺取胜利；如果个人对自我失去信心，就无力面对现实的挑战。许多事实表明，有些学生无力应付学习上的困难和生活上的打击，并非由于智力或能力低下，而是由于自卑，对自我丧失了信心。

（三）性格特点

性格特点对应付生活事件的发生有着重要作用。有研究发现，那种处事稳重、自制力强的人，不善于应付突发事件；而那种攻击性强、容易激动的人，却往往能机智灵活地应付突发事件，并保持心理的平衡。

（四）自控自理能力

由于大学生活较为自由，学生的自控自理能力决定了学生的学习习惯和生活习惯。大学生要有足够的自控能力去抵制抽烟、赌博等不良习气，有足够的自理能力处理好休息、学习、娱乐、健身之间的关系，做到“劳逸结合、适当运动、节制上网、按时作息”。

二、影响大学生健康的客观因素

客观因素是影响大学生健康的外部环境因素。不同于小学、中学的封闭环境和单纯的人际交往，大学生处在一个与现实社会联系和相互作用的环境之中，环境的变化必然带来个人生理和心理的变化。

（一）社会因素

市场经济大潮冲击着每一个人的头脑，许多人的行为方式和思维方式发生了变化。时代的变迁把各种复杂的矛盾呈现在人们面前，如职业选择的矛盾、理想与现实之间的矛盾、自强意识与攀附关系之间的矛盾以及合理需要与现实条件之间的矛盾等。由于青年学生缺乏社会生活磨炼，心理承受力差，面对这么多的问题，不知所措，这时就极易产生严重的心理失衡现象，甚至导致心理疾患。影响心理健康，造成心理健康障碍的社会因素比较复杂，主要有早期教育与家庭环境、生活事件与环境变迁、心理冲突和不良人格等。

（二）学校因素

如今有个别学校提高了升学率，而忽视对学生进行必要的人生观、价值观教育和良好的行为训练，致使一些学生既不能对自己的行为做出客观评价，也不能对复杂的社会现象做出恰当的反应。许多学生为在激烈的高考竞争中取胜而“两耳不闻窗外事，关起门来死读书”。家长的过度溺爱、学校的保护性教育和自身生活阅历的缺乏，使这些学生的心理异常脆弱，心理承受能力差。特别是近年来，随着生活水平的提高，一些学生在家过分依赖家长，与高校生活独立自主、公平竞争、优胜劣汰的环境要求形成了强烈的反差。现实与理想之间的差距使他们深深地感到失落，内心极为焦虑不安。

（三）人际交往因素

人际交往包括与老师和同学的关系、与朋友和伙伴的相处方式、恋爱问题等。由于大学提倡自由和自理。因此，大学中的人际关系比中学要复杂和多变。正确处理好与他人的关系，将自己融入学校自由、活泼、积极、上进的氛围之中，不将自己孤立于集体之外，这是保证身心健康的重要因素。

目前，许多学校对恋爱问题保持中立态度，因此，恋爱问题成为大学中人际交往的一个重要部分，不少大学生都将恋爱称为大学的“必修课程”。由于大学生尚未建立起对情感的理性认识，没有处理感性问题的经验，遇到挫折又不能及时地调整自己的心态，因此恋爱问题成为影响大学生心理健康的重要问题。

思考题

1. 简述健康的概念及内涵。
2. 简述大学生的身心特点。
3. 影响大学生健康的因素有哪些？

第三章　体育与健康

第一节　体育与生理健康

一、体育运动有助于运动系统的发展

运动系统是大学生正常生活、工作、劳动和运动不可缺少的系统。运动生理学研究表明，进行体育活动有助于人体骨骼的发育和生长；有助于关节的灵活，增加动作的幅度；有助于增大肌肉的体积和力量。

人体的身高主要与骨骼的发育水平有关。大学生在经历了青春发育的高峰期后，骨骼发展进入了缓慢的发展阶段，但骨化过程尚未结束，身高的变化仍存在着相当大的可塑性。因为，经常参加体育活动，可有效地刺激和促进人体的新陈代谢水平，使骨骼的新陈代谢加强，血液供应充分，骨细胞生长能力增强，从而使骨的长度增加，骨密质增多，骨变粗，骨组织的排列更加整齐有规律，机械稳定性加强。影响身高增长的因素除体育活动之外，还有营养、作息、遗传、卫生等。

关节是构成人体形态、连接骨骼的组织结构。运动时，韧带和肌腱的柔韧性和力量都得到增强，关节的稳定性和活动的范围得到加强，从而使动作舒展大方、优美协调。

肌肉是人体运动的动力组织，也是构成健美体型的外在组成部分。俄国诗人马雅可夫斯基曾这样赞美："世界上没有任何一件衣裳比健康的皮肤和发达的肌肉更美丽。"大学生的肌肉发展特点是肌纤维纵向发展转向横向发展。体育锻炼中，肌肉的不断伸缩可使肌球蛋白不断增加；可使肌肉贮存水分的能力增加而有利于肌肉的氧化反应；可使肌纤维的供能中心线粒体数量增加，不易产生疲劳；可使肌肉结缔组织增厚，肌纤维的数量增加和横断面增大，肌肉的力量增大，肌肉更结实丰满。研究表明，经过长期的运动，人体肌肉的重量可由占体重的40%（女性约占35%）左右改变为50%左右，可以明显地改善身体的形态结构。

二、体育运动能促进心血管系统机能的提高

人的心血管系统是由心脏、血管和血液三部分组成的，它担负着人体内新陈代谢过程的运输任务。心脏是血液循环的总动力中心。成年人的心脏重量为300～400克，心脏容积240～250毫升，心跳频率65～75次/分，血液总量占体重的7%～8%。大学生的心脏在形态结构和功能上，均已接近成人水平。

在进行体育锻炼时，心脏毛细血管开放的数量增多，心肌的血液供应和新陈代谢加快，增加了心肌中蛋白质和糖原的贮备，心肌纤维变粗，心肌增厚，心脏的形态发生良好的变化。随着心肌收缩力量增大，心脏容量也得以增加。心脏每搏输出量和每分输出量也会增加。有资料表明，每搏输出量一般人为70～90毫升，经常锻炼的人为100～120毫升。安静时一般人心率为70～80次/分，经常锻炼的人可减少到50～60次/分；剧烈运动时，一般人的心率只能达到180次/分，而经常锻炼者的心率可达200次/分。这些变化都是心血管系统机能增强的表现。

此外，经常参加体育活动还会影响血管壁的结构，改变血管在器官中的分布状态，使冠状动脉口径变粗、心肌毛细血管的数目增加，因而它是预防一些心血管系统疾病、保护心脏健康的积极手段。

三、体育运动能提高呼吸系统的机能

人体的呼吸系统是由呼吸道（包括鼻、喉、气管和支气管）和肺组成的。呼吸道是呼吸时气体的通道，肺是进行气体交换的场所。大学生肺的结构和机能迅速生长发育，呼吸肌力量逐渐加强，呼吸差、肺活量已接近成人。呼吸频率逐渐减慢，一般约为16次/分，呼吸深度相应增加，呼吸系统已经达到健全程度。

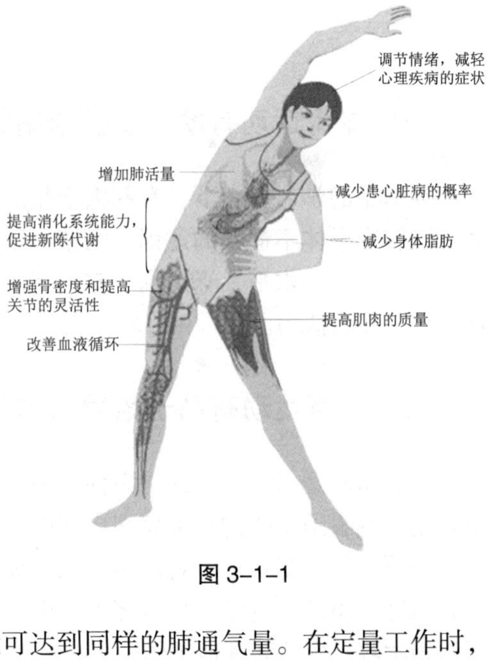

图 3-1-1

经常参加体育活动可以使呼吸系统的机能得到改善。因为运动可保持肺组织的弹性，改进胸廓活动范围，使呼吸深度加大，肺活量增加。一般成年男子肺活量为3500毫升左右，女子为2500毫升左右，而经常锻炼的成年男子肺活量可达到4000～7000毫升，女子可达到3500毫升左右。运动也可以使呼吸系统的通气和换气功能得以增强。安静时一般人的呼吸频率为12次/分，肺通气量为4～7升，经常锻炼的人呼吸频率仅8～10次/分就可达到同样的肺通气量。在定量工作时，呼吸机能还能表现出节省化现象，能够较长时间地保持高效率工作，以适应和满足较大运动负荷对呼吸系统的要求。（图3-1-1）

四、体育运动能改善神经系统的机能

神经系统包括中枢神经系统和周围神经系统。中枢神经系统负责整个机体的活动。周围神

经系统散布于机体各处，上连中枢神经，下连各器官、系统，把各种刺激传给中枢神经，也把中枢系统的指令传到人体的各部分。人体任何一个器官、系统的活动，都是在神经系统的调节和控制下完成的。大学生的神经系统处于脑细胞建立联系的上升期，大脑神经细胞的分化机能迅速发展，大脑皮质的结构和功能发生着巨大变化。

经常参加体育活动可以使人的头脑清醒，思维敏捷。因为大脑虽然只占人体重的2%，但它所需要的氧气却要由心脏总血流量的20%来供应，比肌肉工作时所需的血流量还要多。进行体育活动，特别是到大自然中去活动，可以改善大脑供血、供氧状况，促使大脑皮层兴奋性增强。

另外，进行体育活动是调节大脑皮层兴奋和抑制过程的积极有效措施。因为，人体神经系统的活动就是兴奋和抑制过程的相互转换。人体进行运动时，需要肌肉不停地做出收缩和放松的反应，这一过程本身就是对神经系统兴奋与抑制机能很好的锻炼，从而使人的动作敏捷，反应灵敏迅速，思维灵活，精细果断，也改善神经系统对心血管系统、呼吸系统、运动系统等器官系统的调节功能，从而更好地保证大学生在校期间的学习。

第二节　体育与心理健康

一、体育运动有助于改善情绪状态

在繁重的学习压力下，有些大学生经常会产生忧愁、紧张和压抑等情绪反应，参加体育活动可以转变个体不愉快的意识、情绪，因为运动能够提高人的情绪唤醒水平。唤醒水平是指一个人情绪兴奋的水平，当达到一定的运动负荷时就会导致唤醒水平的提高，使人精神振奋、乐观自信、充满活力。

二、体育运动有助于培养意志品质

意志品质是指一个人的果断性、坚韧性、自制力以及勇敢顽强和主动独立等精神。意志品质既是在克服困难的过程中表现出来的，又是在克服困难的过程中培养起来的。在体育活动过程中需要不断克服各种客观困难（如气候条件的变化、动作的难度、运动损伤等）和主观困难（如惰性、胆怯、畏惧、疲劳等），坚持参加体育活动可以培养坚强的意志品质，并能够将其迁移到学习、生活和其他工作中去。

三、体育运动有助于培养人际交往能力

人际交往是指在社会活动中人与人之间进行信息交流和情感沟通的联系过程。人际交往能力强是一个人心理健康的重要标志之一。经常参加体育活动有助于培养学生的人际交往能力。

因为体育活动增加了人与人接触和交往的机会。很多体育运动项目是以集体参与的方式表现出来的，参加运动的过程就是个人与他人紧密协作和配合的过程。

四、体育运动有助于防治心理卫生问题和心理障碍

体育锻炼被公认为是一种有效的心理治疗方法。美国的一项调查显示，在1750名心理医生中，80%的人认为体育锻炼是治疗抑郁症的有效手段之一，60%的人认为应将体育锻炼作为一种治疗方式来消除焦虑症。学习压力和其他方面的挫折因素，导致焦虑症和抑郁症成为大学生常见的心理疾病，而通过体育运动可以减缓和消除这些心理疾病。

第三节　体育与社会适应能力

一、什么是社会适应能力

社会适应能力是指个体与他人及社会环境相互作用，具有良好人际关系和实现社会角色能力。社会适应能力水平高的人在交往中有自信心和安全感，与人友好相处，心情舒畅，少生烦恼，知道如何结交朋友、维持友谊，知道如何帮助别人和求助别人，能聆听他人意见，表达自己的思想，能以负责的态度行事并在社会中找到自己合适的位置。社会适应能力水平低的人与他人交往时，总是牢骚满腹，不能耐心听取他人的劝告或建议，拒绝从他人立场考虑问题，也有些人对人际关系表现出恐惧，害怕与他人接触，使自己形成孤僻的性格，不被社会接受。

二、社会适应能力的评价标准

社会适应能力有主观的评价标准，综合国内外的一些研究成果，可以从以下几个主要方面对个人的社会适应能力状况做出评价。

（1）接受与他人的差异。

（2）能与同性或异性交朋友。

（3）主动与人交往，有稳定而广泛的人际关系。

（4）与家庭成员和睦相处。

（5）当自己的意见与多数人不同时，能保留意见，继续工作。

（6）有一两个亲密朋友。

（7）共同学习、工作时，能容纳他人，能接受他人的思想和建议。

（8）交往中客观评价别人，能自我批评，取人之长，补己之短。

三、体育锻炼对社会适应能力的促进作用

体育锻炼对于提高人的社会适应能力水平具有重要的促进作用，这是由体育锻炼的社会特性所决定的。人在体育锻炼时，既需要交往与合作，又存在相互竞争的现象。这种在体育锻炼过程中形成的交往、合作、竞争的意识与行为会迁移到日常的生活、学习和工作中。

（一）体育锻炼有助于建立和维护社会人际关系

人际交往是指在社会活动中，人与人之间进行信息交流和情感沟通的联系过程。体育锻炼能增加人与人接触和交往的机会，通过参与体育活动，可以使人忘却烦恼和痛苦，消除孤独感，并逐渐形成与人交往的意识和习惯。有研究表明，外向性格者比内向性格者的社会交往需要更强烈，这种社会需要可通过集体性的体育活动得到满足。性格内向者更应该参与集体性的体育活动，使个性逐步得到改变。

研究表明，个体坚持体育锻炼的一个重要原因是为了与他人交往或参与群体活动。个体参与群体活动可增加群体认同感、社会化强度及参与活动的机会。参与体育活动者要比中途退出者更能与他人形成亲密关系。

青少年参与运动的程度与家庭成员、好朋友的运动程度紧密相关。好朋友比家庭成员更能影响青少年的运动参与程度。对个体参与运动程度而言，同性别家庭成员相比，异性成员更能影响青少年的运动参与程度；家人、朋友喜欢体育锻炼的青少年更易形成朋友支持网，并形成良好的人际关系。

由此可见，体育锻炼能促进人的社会交往活动，同时，体育活动的社会交往特性会吸引人们参与和坚持体育锻炼。

（二）体育锻炼有助于培养社会合作精神

合作能力既是体育活动者的必备素质，也是通过体育活动发展的一种能力。小到百米比赛，要参与者和教练员的合作，大到一场足球比赛，需要场上11人的合作。从事体育活动，特别是集体性的体育活动，需要与他人通力合作，这不但能使集体的目标得以实现，而且个人的作用也能充分发挥。

合作是建立在团体成员对团体目标认识相同的基础上的。在合作的社会情境中，个人所得有助于团体所得。合作的优越性体现在个人与他人一起工作时所获得的社会效益，如增加交流、相互信任等。在一些相互依赖性的任务（如足球运动、篮球运动）中合作会使运动变得更有效，因为团体要获得成功，团体成员就必须相互协作、共同努力。

经常性地参与体育锻炼，特别是从事集体性的体育锻炼，有助于人们加强合作的意识，培养人们的团队精神。

（三）体育锻炼有助于形成社会竞争意识

竞争是指为了自己的利益和需要而同他人争胜的行为。在竞争的社会情境中，一方的得益会引起另一方的利益损失，而且个人对个体目标的追求程度高于对集体目标的追求程度。一般而言，在独立性的任务中，竞争有优越性，因为在这样的任务中，对成员之间相互协作的要求不是很高，个体的活动目标不是击败别人，而是指向任务的成功。现代社会竞争日益激烈，努力培养竞争意识和能力有助于大学生走出校门、走向社会后能更好地适应社会。

竞争是体育运动的主要特征之一。奥林匹克的格言是“更快、更高、更强——更团结”，它所体现的就是竞争，竞争能给人带来美的享受。在体育运动过程中，时时刻刻都充斥着竞争，既有对自己运动能力的挑战，也有与他人的争胜；既有人与人之间的竞争，也有团体与团体之间的竞争。

需要注意的是，在运动中与他人竞争时，要有良好的体育道德，要遵守一定的规则，争胜主要靠自己的能力，而不是不择手段地通过伤害他人或不公平的竞争来达到目的，要通过竞争来培养自己积极进取、顽强拼搏的精神。

思考题

1. 体育对人的生理健康的促进作用有哪些?
2. 体育对人的心理健康的促进作用有哪些?
3. 体育锻炼对人的社会适应能力的促进作用有哪些?

第四章　体育锻炼的科学方法

第一节　体育锻炼的基本原则

体育锻炼的原则是体育锻炼过程中客观规律的反映，是人们成功经验的总结和概括，是人们参加体育锻炼所必须遵循的准则。它包括FITT原则、超负荷原则、循序渐进原则、安全性原则和运动强度的适时监控原则。

一、FITT-VP 原则

FITT-VP是频率（Frequency）、强度（Intensity）、时间（Time）、运动形式（Type of Exercise）、运动量（Volume）和运动进程（Progression）这六个英文单词首字母的缩写，它是我们从事以健康为目的的运动所必须采用的基本监控原则。要想在安全的锻炼过程中取得良好的效果，就必须科学地控制锻炼的频率、强度和时间等，科学选择运动项目。

（一）频　率

频率表示每周进行身体锻炼的次数。要想获得良好的体育锻炼效果，每周至少应该进行3～5次体育锻炼。

（二）强　度

对有氧运动的强度控制可以通过测量心率来实现。在进行有氧运动时，心率应该控制在最大心率的60%～80%为宜。运动强度大小的监控必须遵守循序渐进的原则，必须充分考虑自己目前的身体状况和现有的身体健康水平。

（三）时　间

时间是指每次运动的持续时间。为了提高心肺循环系统的耐力，至少应持续进行20～30分钟的有氧运动。练习的强度会直接影响持续运动的时间，而在大多数情况下，控制运动时间要比控制运动强度容易得多。在高校的中长跑课中所采用的教学手段就是控制运动强度和运动时间最好的例子，有的时候要求学生在固定的时间里进行持续的有氧运动（控制时间），有时教师要求学生在规定的时间内完成特定的距离（控制强度）。

（四）运动形式

运动形式是指不同的运动类型，可分为有氧运动、无氧运动和柔韧运动。有氧运动是指人体在氧气供应充分的情况下进行的耐力运动，其特点是强度低、不中断、持续时间较长，常见的项目包括步行、远足、慢跑、游泳、骑自行车、划船等。无氧运动是指当氧供应不足时利用糖的无氧酵解供能的运动，包括举重、短跑、跳高、跳远和投掷等。柔韧性运动可以帮助改善人体关节活动度以及关节韧带、肌腱、肌肉、皮肤和其他组织的弹性和伸展能力，一般是一些缓慢、伸展的运动，包括瑜伽、拉抻操等。

（五）运动量

运动量是由运动的频率、运动强度和运动时间（持续时间）共同决定的, 即训练的FIT。运动量对促进健康/体适能的重要作用已被证实，它对身体成分和体重管理的重要性尤为突出。每周的运动量可以用来评价运动量是否到达了促进健康体适能的推荐量。

（六）运动进程

在运动计划的开始阶段，建议逐渐增加运动的时间/持续时间（即每次训练的时间）。推荐给一般成年人的较合理的进度是在计划开始的4～6周中，每1～2周将每次训练的时间延长5～10分钟。当运动者规律锻炼至少1个月之后，在接下来的4～8个月里，逐渐增加频率、强度和时间，直到达到推荐的量。训练时，应该遵照循序渐进的原则，这样可以将肌肉酸痛、运动损伤、过度疲劳的发生以及过度训练的长期风险降到最低。

二、超负荷原则

超负荷原则是指在进行体育锻炼时，身体或特定的肌肉所受到的刺激强于不锻炼时或已适应的刺激强度。在进行体育锻炼时只有遵循超负荷原则，身体健康水平才能在现有的基础上逐渐得到提高。发展有氧耐力水平可以通过增加每周的练习次数、每次练习的持续时间和练习的强度来达到超负荷的锻炼目的。

发展肌肉力量练习的超负荷，可通过增加器械的重量、增加练习的次数或组数，以及缩短每组练习的间歇时间。超负荷原则同样也适用于发展关节和肌肉的柔韧性，可通过增加肌肉的拉伸度、持续的时间和加大关节活动的幅度来实现。

虽然超负荷锻炼可以使身体健康素质得到提高，但这并不意味着每次必须练到筋疲力尽，有时也要科学地进行锻炼，锻炼时每个人根据自己的情况适宜掌控锻炼强度。掌控方法有：百分之十原则、过度疲劳自我判断。

百分之十原则：是指锻炼者既运用超负荷原则，又避免因过度运动而造成损伤的一种监控方法。其含意为：每周的运动强度或持续运动时间的增加不得超过前一周的10%。例如，你本周每天坚持跑步20分钟，下一周要超负荷练习，跑步的持续时间不应超过22分钟。

过度疲劳自我判断：锻炼后第二天肌肉非常酸痛；肌肉的酸痛感随着锻炼的次数增多而逐渐加强；没有主动降体重而体重却下降了；本能完成的练习任务现在完不成了；安静状态下的心率增加了8～10次（每天在相同的时间和状态下测量）；感冒、头疼等病状增多；食欲下降；颈、腋、腹股沟的淋巴肿大；便秘、腹泻；毫无原因地放弃正常的锻炼。

另外，在实际体育锻炼中我们还要注意到，即使不进行超负荷的练习，一般性的锻炼也能促进和保持身体健康水平的提高，只不过需要花在锻炼上的时间更多，取得良好的锻炼效果所用的时间增加而已。

三、循序渐进原则

循序渐进原则是超负荷原则的延伸，是指在安排体育锻炼内容、难度、时间及负荷等方面要根据人体发展的规律和超量负荷原理，有计划、有步骤地逐步提高要求。人体在不断适应、不断调整的过程中，体质逐步增强，从而提高健康水平。

体育锻炼的循序渐进原则是保持体育锻炼的动机和欲望以及预防运动损伤的重要条件。体育锻炼力戒急于求成，必须根据锻炼者自身的实际情况确定运动负荷的大小，合理安排运动负荷，在渐进的基础上提高锻炼水平。保持良好的身体健康素质是一个坚持不懈并且需要终身追求的漫长历程。

四、安全性原则

安全性原则是指在体育锻炼的过程中要始终注意保护自己，做到安全第一。其主要内容包括以下几点。

（1）在制订或实施锻炼计划前，一定要经过体检和医生认可。如果你患有某种疾病或有家族遗传病史，就需要找医生咨询，在有医务监督的情况下按照医生的建议进行锻炼。

（2）在有条件的情况下，请运动医学专家根据你的体质健康状况给你制订运动处方，它可以指导你有目的、有计划地进行安全、科学的锻炼。

（3）每次锻炼前必须做好充分的准备活动，克服内脏器官的生理惰性，预防运动损伤的发生。

（4）饭后、饥饿或疲劳时应暂缓锻炼；病后初愈不宜进行较大强度的锻炼。

（5）每次锻炼后，要注意做好整理、放松活动。这样有利于促进身体的恢复，以便再投入到学习活动中去。

（6）在锻炼过程中，不要大量饮水，以免加重心脏的负担或引起身体及肠胃的不适反应。运动后，不宜立刻洗冷水澡。

五、运动强度的适时监控原则

心率可以帮助了解和控制体育锻炼过程中的运动强度，它可以准确地告诉你运动强度是需要增加还是需要减少。触压桡动脉或颈动脉就可以测量心率。

为了准确地测量运动时的心率，必须在停止运动的5秒内进行测量，测量10秒钟的心率再乘以6算出运动时1分钟的心率。

最大心率是指人体做极限运动时的心搏频率。一般运动强度都采用最大心率的百分数来表示，但要直接测出每一个人的最大心率不仅是困难的，而且还具有一定的危险性。因此，无论人们年龄的大小还是性别的差异，都可以采用下列公示来估算出自己的最大心率：

最大心率＝220－年龄

靶心率是指通过有氧运动提高人体心血管系统机能时有效且安全的运动心率范围。为了提高心血管的有氧耐力水平，运动时心率必须保持在靶心率的范围。靶心率的下限是最大心率的60%，上限是最大心率的80%。成年人靶心率的上限为最大心率的80%；青少年靶心率的上限为最大心率的85%。

靶心率为人们确定了以健康为目的的运动必须保持的每分钟心率的上限和下限。一旦自己的靶心率被确定后就可以监控自己运动时的练习强度，如果运动时心率超过了自己的靶心率的上限，就应该通过减速来降低运动强度；相反，如果运动时心率低于自己靶心率的下限，就应该通过加速来增加运动强度。

第二节　体育锻炼的内容选择

一、体育锻炼内容的分类

体育锻炼的内容是多样的、丰富的，而每位锻炼者的锻炼条件又是不同的。所以，每个人进行运动时必须进行有针对性的选择，方可达到锻炼健身的目的。

（一）按不同的锻炼目的和要求分类

（1）健身运动。健身运动主要是指促进身体正常发育，身体各部分协调发展，增强各器官系统的功能，提高身体素质和基本活动能力的体育活动。其内容可以从竞技体育和民族体育项目中选用，以增强心肺功能的项目为主，如走、跑、健身操、武术、骑自行车、游泳、滑冰及各种球类活动。

（2）健美运动。健美运动是指人们为形体的健美而进行的体育活动，健美运动在促进形体健美的同时，还可以培养审美能力和身体的表现能力，全面提高健康水平。随着各年龄锻炼者的增加，健美运动普及率逐年大幅度提高，并逐渐成为人们所喜爱的锻炼项目。如为使肌肉发达，人们进行器械体操、俯卧撑、仰卧起坐、原地纵跳等简便易行的练习；为形成良好的形态和姿势进行的舞蹈、健美操、艺术体操等一些身体练习。

（3）娱乐性体育。娱乐性体育是指为调节精神、丰富文化生活、增进健康而采用的体育活动。如活动性游戏、渔猎、体育舞蹈、高尔夫球、保龄球、台球、门球、爬山、郊游、划船、钓鱼等。

（4）格斗性体育。格斗性体育是指掌握和运用格斗的攻防技术，通过锻炼能达到强身、健体、自卫的体育活动。如擒拿、散打、拳击、跆拳道等。

（5）医疗与康复体育。医疗与康复体育是指为预防和治疗某些疾病而进行的体育锻炼活动，如散步、慢跑、太极拳、按摩、保健操等。这种活动必须在医生或专业的教师指导下进行。实践证明，体育锻炼对心血管疾病、糖尿病、高血压等疾病的治疗能起到积极作用。

（二）按竞技项目分类

竞技体育的项目有田径、游泳、球类、体操、举重、摔跤、滑冰、滑雪等，绝大部分项目在学校体育课程中开设。

（三）按不同身体素质的要求分类

身体素质主要包括速度、力量、耐力、灵敏和柔韧等素质，其中力量、速度、耐力是发展体能的主要素质，锻炼时要根据发展不同素质的要求，选择相应的锻炼内容。

二、体育锻炼内容与负荷量的选择

（一）正确选择日常锻炼时间

1. 时　间

在一天之中选择合适的时间进行体育锻炼是非常重要的。要根据每天的学习、工作时间来安排身体锻炼，还要考虑到当时的天气和环境情况。在紧张的学习之余，只有合理地利用业余时间进行锻炼，才会使生活变得更加绚丽多彩。由于大部分高校上午上课的时间一般安排在八点钟，下午下课的时间安排在大约四五点钟，因此大学生除了在学校安排的体育课和课间进行锻炼身体外，也可利用的业余时间主要是清晨和下午的课外活动时间。如果学校课程排不满，还有其他的时间可以进行选择。

清晨，是一天的开始。在公园内，街道上，操场里，经常会看到成千上万的人以各种各样的形式进行着体育锻炼。由于人体从睡眠中醒来，大脑皮层处于由抑制转向兴奋状态。为了使人体快速地进入最佳工作状态，有组织地开始一天的学习和工作，进行一定的体育锻炼是很有必要的。夏、秋季一般在清晨五六点钟，春、冬季六七点钟起床进行体育锻炼效果较好。清晨进行体育锻炼，一定要量力而行。由于清晨五六点钟时人的血压比较低，因此不宜做剧烈活动。如果有的同学晨练后，上午犯困想睡觉，这是由于锻炼中不注意自己身体的实际情况，盲目增大运动量，使身体消耗过大，身体恢复的时间过长造成的。晨练后，也不要回宿舍睡“回笼觉”，这样既无益于健康，也会削弱锻炼效果。另外，锻炼时要选择比较开阔的地带，远离污染源。

大学生最重要、效果最好的锻炼时间是下午的课外活动时间。环保专家研究证明，下午的空气质量较清晨好。人体经过一天的学习、工作后，无论在生理和心理能力上都进入了最佳状态，适合进行负荷较大的体育活动。

2. 周频率

周频率是指每周锻炼的次数。在一周内，究竟锻炼几次为好，根据日本池上晴夫的研究证明，一周运动1次，运动效果不积累，肌肉酸痛和疲劳每次都发生，运动后1～3天身体不适，易发生伤害事故。一周运动2次，疼痛和疲劳减轻，效果有一定积累，但不显著。一周运动3次，基本上是隔日运动，不仅效果明显，也不易产生疲劳。如果一周运动增加到4～5次，效果也有提高。根据国家体育人口标准，大学生在教师的指导下，坚持每天1小时体育活动者为一个体育人口。然而是否每日都参加运动最好视情况而定，因为只有小运动量或次日不留有疲劳的运动才是可取的。如果疲劳持续积累，运动效果就会降低。因此不同的人要根据自身的身体状况和运动习惯来选择适合自己的锻炼次数，但每周不应少于3次。

（二）合理选择运动项目

运动项目种类繁多，具有不同的锻炼价值。锻炼者从中找出适合自己的运动项目是科学锻炼的基本要求之一。在选择项目时，要注意以下几点。

1. 根据自身的生理特点来选择运动项目

在不同的年龄阶段，各项运动素质增长的速度是不同的。某项身体素质增长速度快的年龄阶段，称为该项身体素质发展的敏感期。大学生正处在青春发育期，要根据身体素质的发展敏感期，有计划、分步骤地进行体育锻炼。例如，在青春发育中期，要选择一些速度力量为主的运动项目，如短跑、短距离游泳等，以增强肌肉活动的强度；在青春发育后期，身体各器官、系统的发育接近于成年人，体育锻炼可增加一般耐力、速度耐力等力量性练习，如长跑、各种球类、俯卧撑、仰卧起坐、引体向上等，可发展心肺功能；另外，大学生也可选择一些伸展性项目，如健美操、广播操、跳绳、跳皮筋、体操等练习，以发展机体柔韧、协调素质。

2. 在全面发展身体素质的基础上，根据兴趣来选择运动项目

参加体育锻炼时，要尽量采用各种形式、手段、内容与方法进行全面锻炼，包括各器官、系统的速度、力量、柔韧、协调等各项素质的协调发展。由于每个人都有自己所喜好的运动项目，在同一类项目中可以根据自己的兴趣来进行重点选择。

3. 根据自身的体质情况和锻炼基础来选择运动项目

发育正常、身体健康的人，可选择一些激烈、运动量较大的运动项目，如球类和各种跑的项目。如果身体有残疾或有其他运动障碍的人，要参加运动量较小的运动项目，如慢跑、太极拳、太极剑等项目。另外选择锻炼项目时，还要考虑到对该项目是否了解，是否有一定的锻炼基础来定。实践证明，大学生选择锻炼项目时，往往对自己有一定锻炼基础的项目更感兴趣。

4. 根据学校的学习生活状况和锻炼环境来选择运动项目

大学生学业负担重，经常采用坐姿进行学习。时间久了，就会出现腰酸背痛、疲劳乏力、视力下降、工作效率不高等症状。大学生要在实践中针对自己的学习生活状况，利用学校现有的体育设施，有目的地选择适合的锻炼项目。在学习一定的时间后，可以通过一些体育活动来进行积极性休息，如做课间广播体操、眼保健操、游戏、舞蹈及慢跑等。有助于消除学生在学习中产生的疲劳，使原来持续兴奋的大脑细胞得到完全、充分的休息，防止身体畸形，提高视力与学习效率。如果长时间采用坐姿进行学习，做一些大运动量为主的项目，如各种跑类、跳类、球类等练习，有助于血液循环。

（三）科学把握适宜的运动负荷

运动负荷包括负荷强度与运动时间。在锻炼时，如果运动负荷过大，会使练习者过度疲劳和造成运动损伤，影响身体健康。如果运动负荷过小，对身体机能起不到锻炼作用。因此掌握适宜的运动负荷，对提高锻炼效果、增强体质具有非常重要的意义。

1. 负荷强度

在练习中，以周期性动作为主的项目，如跑、游泳等，其负荷强度往往以跑速或游速来表示。而非周期性的练习，如举重等以负重大小来表示负荷强度。

怎样控制锻炼时的运动强度？下面介绍两种方法。

（1）测定10秒钟脉搏来控制运动强度。

方法：用手指触摸颈动脉或桡动脉，在运动中或运动后即刻进行测定。判定标准：10秒钟脉搏在30～35次，属于大强度运动。25～28次，属于中等强度运动；20次以下，属于小强度运动。

一般认为，体育锻炼中10秒钟的脉搏以25～28次为适宜运动强度。同时，在运动中，我们也可以采用靶心率法或运动适宜心率来确定适宜运动强度。

（2）主观运动强度法（RPE）。

这是由瑞典科学家博格提出的表示运动强度的分类系统。所谓“主观运动强度”是指由自己来判断运动时身体负担度的方法，并把这些自我感觉进行量化，把量化值扩大10倍，来推算即时心率，从而推算运动强度和掌握体育锻炼的负荷量。如进行某运动感到“稍费劲”时，RPE值在12～13，即可得到当时运动的大概心率在120～130次/分。

2. 运动时间

运动时间是每次持续运动的时间。每次运动持续时间的长短要根据负荷强度的高低而定。强度大，时间短一些；强度小，时间长一些。特别指出的是，耐力练习产生效果的时间，应是呼吸和循环系统功能的适应过程所需的时间（表4-2-1）。因此，运动持续时间要不少于5分钟，一般应控制在15～30分钟。

表 4-2-1　运动时间与强度组合

运动强度	运动时间（分钟）				
	5	10	15	30	60
小强度	70	65	60	50	40
中强度	80	70	70	60	50
大强度	90	80	80	70	60

第三节　发展身体素质的主要方法

一、发展身体素质的锻炼方法

身体素质是衡量人体质的重要标志之一，力量、速度、耐力、灵敏和柔韧是五项基本素质，也是在校学生通过《国家学生体质健康标准》所需要具备的素质。下面是发展身体素质的练习方法。

（一）力量素质

1. 力量素质的练习方法

力量素质是指人体神经肌肉系统紧张或收缩时对抗或克服阻力的能力，这种能力按肌肉收缩的形式可分为静力性力量和动力性力量。

（1）静力性力量是指肌肉做等长收缩时产生的力量。即使肢体维持或固定为一定的位置和姿势，肢体环节固定，肌肉长度不变，以改变张力克服阻力，如体操项目中的支撑、平衡、倒立、悬垂等。

（2）动力性力量是指肌肉做扩张收缩时产生的力量。即使人体相应环节运动，肌肉张力不变，改变长度，产生收缩力以克服阻力，从而产生加速度，如田径的跑、跳和球类运动各种动作等。

选择阻力（负重）大小是关键，如果不进行系统地克服相当大阻力的练习，肌肉的最大力量就不会增长。采用大重量、次数少、阻力大的练习最有利于发展力量素质。阻力的大小一般用最大力量的百分数或一次练习中能重复的次数来确定。发展最大力量用能重复1～3次阻力（相当于本人最大力量的85%～95%的强度）进行3～5组练习，组间休息1～3分钟，隔天练习一次效果最佳。

综上所述，力量练习与重量、次数、组数和间歇有密切的关系，只有科学地掌握了它们之间的规律，才能收到预期的锻炼效果。

2. 力量素质练习负荷的安排

不同的重量、次数、组数和间歇时间的组合，能引起不同的锻炼目的和效果。

（1）大重量、少次数、高组数、长间歇——主要用于提高绝对力量。

（2）中大重量、中次数、中组数、中间歇——主要用于增加肌肉围度。

（3）中重量、中次数、高组数、短间歇——主要用于突出肌肉线条。

（4）中小重量、高次数、中高组数、短中间歇——主要用于加强耐力和心肺血管功能。

（5）小重量、超高次数、高组数、长间歇、配合合理节食——主要用于减肥。

3. 力量练习应注意的事项

（1）练习前应充分做好准备活动。

（2）力量练习应循序渐进，肌肉力量增长后，必须随之加大负荷。

（3）力量练习应注意安全，避免受伤，练习结束应充分整理放松或者按摩。

（二）速度素质

速度素质是指人体快速运动的能力，包括对外界信号刺激快速反应的能力、人体快速获得高速度完成动作的能力、最短时间完成单个动作的能力、最短时间重复多次动作的能力、最短时间移动身体到达最长距离的能力。

1. 速度素质的练习方法

（1）追逐跑或追逐游戏接力跑。

（2）高速跑或高速做其他投掷、跳跃练习，这种方法的目的在于使练习者体会和建立在高速情况下完成各种动作的能力。

（3）助力训练法。借助于外界的助力，迫使练习者做快速动作，建立新的动作节奏，从而达到提高速度的目的（顺风、下坡等）。

（4）缩小作业难度的练习方法（缩小动作幅度的小步跑）。

（5）诱导法。采用听觉、视觉信号诱导练习者伴随信号快速运动的训练，这种方法有助于建立新的动作节奏，例如节拍器、看录像模仿动作等。

（6）测验比赛法。通过测验或比赛，提高练习强度，引起练习者高度的兴奋性，这有助于建立快速完成练习的条件反射。

（7）速度练习方法。依次用5～20秒做原地快速摆臂练习；依次用5～20秒做手扶肋木架快速高抬腿练习；进行20～80米加速跑6～8次；200米变速跑；30米下坡跑；追逐跑；不同距离的接力游戏或比赛；30～60米听枪声起跑6～8次。

2. 速度素质练习应注意的事项

（1）发展速度应在身体状况较好、体力较充沛的情况下进行，一般安排在一次练习课的前半部。

（2）发展速度应与发展力量相结合。

（3）速度练习对中枢神经系统的负荷较大，因此要注意重复次数不宜太多，并应注意速度练习之间的间歇时间。

（三）耐力素质

耐力素质是指机体坚持长时间运动的能力，可分为肌肉耐力（又称力量耐力）和心血管耐力（分为有氧耐力和无氧耐力）。

1. 耐力素质的练习方法

以健身为目的的耐力练习方法与运动员的训练方法不同。一般来说，耐力练习主要采用长时间持续低负荷的方法，如长时间跑步这种方法，强度在中等水平，对大学生来说，心跳、脉搏应该维持在130～160次/分为宜，有疲劳的感觉但不难受，运动后心情舒畅、精力充沛。这种时间较长的跑步可以匀速进行，也可变速进行。长跑持续的时间、距离和速度应根据自己锻炼水平以及通过《国家学生体质健康标准（2014年修订）》要求而定。

2. 耐力素质练习应注意的事项

（1）耐力练习应持之以恒、循序渐进。

（2）应培养自己坚持不懈、勇于克服困难的品质。

（3）应逐步掌握正确的摆臂方法和呼吸方法，克服“极点”的不适感。

（4）由于耐力主要的训练目标是心血管系统，所以必须坚持长时间的运动才能奏效。

（5）训练心血管呼吸系统必须严格控制速度（强度），控制速度最好的指标是用心率。

（6）一般耐力训练比较单调，宜成组进行；为了呼吸新鲜空气，不宜在公路上跑，宜在野外跑。

（四）灵敏素质

灵敏素质是指在各种突然变换的条件下，练习者能够迅速、准确、协调地改变身体运动的空间位置和运动方向，以适应变化着的外界环境的能力。在人的身体素质中，灵敏性占有特殊的地位，它以多种方式与其他身体素质发生联系，也与动作熟练性密切相关，因而它具有特殊的综合特性。

1. 灵敏素质的练习方法

发展灵敏素质应从培养各种能力入手，如掌握运动能力、反应能力、平衡能力、观察判断能力、节奏感等，一般可采用以下的方法进行练习。

（1）首先要提高大脑皮质神经过程的灵活性，采用变换条件的各种练习，如变向跑、闪躲跑等。

（2）提高灵敏性应加强肌肉的力量及关节的柔韧性，尤其应注意发展爆发力和培养协调性及放松能力。

（3）多进行体操、球类、技巧、摔跤、击剑、拳击、跳跃等项目锻炼，能有效地发展灵敏素质。

2. 灵敏素质练习应注意的事项

（1）发展灵敏素质要与速度、力量、柔韧等素质综合进行。

（2）灵敏性练习应在大脑处于适宜兴奋、心理状态良好时进行，一般安排在练习课前半部分。

（3）发展灵敏素质与年龄、性别、个体差异关系较大，应根据具体情况进行锻炼。

（4）女子进入青春期，灵敏素质会出现明显下降的趋势，这是由于体重的增加，有氧能力下降所致。锻炼者应适应这一规律，不要急躁，只要锻炼方法得当，青春期过后灵敏素质仍可恢复和发展。

（五）柔韧素质

柔韧素质是指人体关节在不同方向上的运动能力以及肌肉、韧带等软组织的伸展能力。柔韧素质是掌握运动技术的重要条件，人体所表现出的各种姿势和运动幅度的大小，往往与柔韧素质有着直接的关系。

1. 柔韧素质的练习方法

发展柔韧素质有两种形式，即在助力作用下进行关节活动的运动形式和主动控制肌肉紧张与放松进行关节活动的运动形式。

发展肩部、腿部、臂部和脚部的柔韧性的主要手段有压、搬、劈、摆、踢、绷及绕环等练习；发展腰部的柔韧性主要手段有站立体前屈、俯卧背伸、转体、甩腰与绕环等练习。可以徒手、持器械或在器械上进行主动和被动的各种练习。

2. 柔韧性练习应注意的事项

（1）与力量素质结合，训练后注意放松练习，使肌肉柔而不软、韧而不僵。

（2）准备活动要充分，使身体发热，减少肌肉的阻力。

（3）动作幅度与强度要由小到大，且每次练习应达到最大活动范围。如果不逐渐增大，则柔韧性发展效果不明显，甚至减退。

（4）不同部位的练习要交替进行，练习中一般应先拉压、后振踢，先主动、后被动，由小到大，由弱到强。

（5）坚持每天练习。

第四节　运动处方与锻炼计划

一、运动处方的概况与原理

（一）运动处方概述

运动处方类似医生给病人开的医药处方，是由指导医师或教练员给参加运动锻炼的人，按其年龄、性别、心肺或运动器官的功能、运动经历和健康状况等特点，用处方的形式，规定其适当的运动内容和运动负荷，称为运动处方。

随着运动处方应用范围的日益扩大，其种类也逐渐增加。一般根据运动锻炼的目的不同，因人而异。有针对运动员训练的竞技性运动处方和一般人的健身运动处方；有针对某些慢性疾病和创伤病人康复期治疗的运动处方和健康人的预防性运动处方等。

制订运动处方时，首先要掌握病史，了解身体健康状况，是否患有疾病和有无运动禁忌证，因而必须进行系统的体格检查，并要进行心肺功能或运动器官功能的检查。若有条件时，应利用自行车功率计算或利用跑台做心电图检查。运动基础尚好者也可根据12分钟跑测试。对有运动器官伤病的患者，应对肢体运动功能进行检查。根据各项检查结果，按照不同的性别、年龄及运动经历等制订出运动处方，并进行具体指导。运动者根据处方进行锻炼一个时期后，必须重复接受上述项目的复查，以评定运动效果及为制订下阶段的运动处方提供依据。

（二）运动处方的原理

人体在运动时，体内会发生各种变化，如脉搏和呼吸频率加快、血压升高、体温上升等。这种在运动中和运动刚结束时发生的变化，称为“一时性适应”，表明通过运动，身体产热过程已经调动，身体功能通过调节已经动员起来。

“一时性适应”的多次重复，可产生“持续性适应”。“持续性适应”也因运动方法不同而有差异。例如，反复进行强烈的用力运动，会使肌肉变粗，肌肉力量增强。而反复进行长跑，则可能增强心肺系统和血液循环系统的功能，可使更多的氧被摄入人体内。但是，并不是重复进行什么运动都可以引起“持续性适应”，收到训练效果。运动强度过小或时间过短，则不会引起适应，或者即使引起适应，也很小；如果重复间隔时间过长，也不会收到效果。相反，如果运动强度过大，超过身体能够适应的界限，也会使身体陷入危险状态。为了能收到更好的训练效果，在确定运动强度和运动时间时，要注意安排好适宜的运动负荷。

二、运动处方的优点与内容

（一）运动处方的优点

实践证明，按照运动处方进行有计划的科学锻炼，可以使人们获得比较理想的锻炼效果。运动处方有以下优点。

1. 效益高，收效快，普及面广

运动处方可广泛用于男女老少不同体力水平的人群，持续坚持6～8周的锻炼，就能提高全身的耐力水平，最长不出16周即可以收到良好的锻炼效果。

2. 科学性强，节省时间

按照锻炼者本人的运动适宜心率强度，锻炼20～30分钟，花费很少时间，就可以获得最佳的锻炼效果。

3. 安全可靠，针对性强

可以科学地监控运动量和评价运动效果，并能有效地防止运动损伤。

4. 有计划性，目的明确，容易坚持

可以使运动安排得当、锻炼得法，做到让锻炼者心中有数，进而提高锻炼的兴趣，易于长期坚持。

（二）运动处方的主要内容

1. 运动项目

运动项目主要根据运动者所要达到的目的而设定。一般健身或改善心血管及代谢功能、预防冠心病、肥胖症等，可以练习耐力性（有氧训练）项目，如走、慢跑、自行车、游泳、爬山及原地跑、跳绳、上下楼梯等；改善心情、消除身体疲劳或防治高血压病和神经衰弱等，可选择运动负荷较小的放松练习，如太极拳、散步、放松功或保健按摩等；针对某些疾病进行专门性的治疗，必须选择有关疾病的医疗体操，如慢性支气管炎、肺气肿患者就应做专门的呼吸体操，内脏下垂者应做腹肌锻炼，脊柱畸形、扁平足者应做矫正体操等。

2. 运动强度

运动强度对运动效果与安全有直接的影响，拿捏适宜的运动强度是执行运动处方的主要措施之一。这是保证达到锻炼效果，预防发生意外事故所必须规定的。运动强度可分为三级：较大、较小、小。反映运动强度的生理指标通常采用测定心率。在运动处方中应规定运动中应达到和不应超过的心率指标。其标准应根据锻炼者的实际情况而有所不同。（表4-4-1）

表 4-4-1　不同年龄段运动强度心率指数表　次 / 分

运动强度	年龄（岁）				
	20～29	30～39	40～49	50～59	60岁以上
较　大	150～160	145～160	140～150	135～145	125～135
较　小	125～135	120～135	115～130	110～125	110～120
小	110	110	105	100	100

运动时常用计脉搏跳动的次数来掌握运动强度（即测10秒脉搏次数，再乘以6，为1分钟脉搏次数）。

3. 每次运动的持续时间

耐力性运动（有氧练习）可进行15分钟～1小时的练习。其中，达到适宜心率的时间应该在5～10分钟以上，医疗体操持续的时间视具体情况而定。运动中应常有短暂的休息，计算运动负荷时要注意运动的密度，并扣除休息的时间。运动强度和运动持续时间决定其运动负荷。运动负荷确定后，运动强度大时练习持续时间相应缩短。采用同样的运动负荷时，年轻和体质好的人宜选择大强度、持续时间短的练习；中老年及体弱者应选择强度小而持续时间较长的练习。

4. 运动次数

最好每天都安排锻炼。这样可调剂每天的生活节奏。也可以安排每周3～4次练习，即隔日锻炼1次。不论采用哪种方式，都应该注意的是，负荷量较大时，休息间隔要长一些，反之则可以短一些。总之，以上次锻炼的疲劳消除后，再进行下一次锻炼为宜。

5. 运动量

运动量是由运动的频率、运动强度和运动时间（持续时间）共同决定的。运动量对促进健康体适能的重要作用已被证实，它对身体成分和体重管理的重要性尤为突出。每周的运动量可以用来评价运动量能否达到了促进健康体适能的推荐量。

人们可以考虑使用以下方法估算总运动量：① 以100步/分的速度步行大约相当于中等强度的运动；②每天以中等强度步行30分钟，相当于每天走3000～4000步。如果运动者的目的是通过运动来管理体重，那么他/她需要走得更多。以维持正常体重为目的的男性运动者可能需要每天步行11000～12000步，女性需要8000～12000步。

6. 运动进程

运动计划的进度取决于运动者的健康状况、健康体适能、训练反应和运动计划。专业人员在实施进度计划时，可以通过增加运动的频率、时间和强度中任何一项或几项来达到目的。在运动计划的开始阶段，建议逐渐增加运动的时间/持续时间（即每次训练课的时间）。推荐给一般成年人的较合理的进度是在计划开始的4～6周中，每1～2周将每次训练课的时间延长5～10分钟。当运动者规律锻炼至少1个月之后，在接下来的4～8个月里，逐渐增加运动频率、运动时间或运动强度直到达到推荐的数量和质量。训练时，应该遵照循序渐进的原则，避免大幅度增加运动频率、运动时间或运动强度等。这样可以将肌肉酸痛、运动损伤、过度疲劳的发生以及过度训练的长期风险降到最低。若因运动量增加而产生了不良反应，如运动后的呼吸急促、疲劳和肌肉酸痛，运动者无法耐受调整后的运动计划时，应降低运动量。

知识窗

什么是运动时的适宜心率？怎样自我检测脉搏？

运动时的适宜心率：健康成人按照70%～80%最大心率的运动强度进行锻炼，效果较好。此时的心率在120～160次/分，生理学上称为“适宜心率”。

脉搏的自我检测：

（1）大运动量。运动结束即刻的脉搏达150～180次/分，经过50～60分钟才能恢复到安静时的脉搏次数。

（2）中运动量。运动结束时的脉搏达120～150次/分，经过20～30分钟可以恢复到安静水平。

（3）小运动量。运动结束即刻的脉搏达90～120次/分，经过5～10分钟即可恢复。

三、常用运动处方和锻炼计划

运动处方中的锻炼方式大体分为以有氧代谢为主的一般耐力性运动和力量性运动。有氧运动对增强呼吸系统摄氧的能力、心血管系统荷载、输送氧的能力，以及组织的有氧代谢、利用氧的能力都有显著的作用，从而增强全身的耐力水平和体力。此外有氧运动可将血液中、细胞内蓄积的脂质作为能量消耗掉，从而可以减肥，改善高脂血症，并且可以很好地利用糖原，改善糖尿病。

力量性运动锻炼则主要用于骨骼系统和神经系统等有肌肉力量减弱、神经麻痹或关节功能障碍的人群，以及通过力量锻炼达到肌肉发达健美的人群。前者主要以恢复肌肉力量和肢体活动功能为主，后者主要为发展自己的肌肉力量、增粗肌肉纤维而达到健美的锻炼目的。

如果为了达到放松精神、消除疲劳、防治高血压病和神经衰弱等目的，则可采用慢跑、太极拳和保健按摩等运动锻炼方式。

（一）步行运动处方

步行是一种简便易行而且十分有效的有氧锻炼方法和延年益寿的最佳途径。步行的优点在于任何人在任何时间和地点都可以进行，而且动作柔和不易受伤。因此，特别适合身体肥胖、体弱、患慢性病的人和中老年人。

步行的唯一不足是比较花费时间，一般要花上慢跑的2倍时间，才能获得与慢跑同样的健身效果。

步行锻炼的基本要求如下。

（1）进行步行锻炼一般安排在清晨、睡觉前、饭后半小时或自己方便的时候。地点宜选在小路、河边、海岸、公园、林荫道等环境清幽、空气新鲜的地方。

（2）为提高步行的健身效果，要注意基本姿态和动作要领：身体放松，抬头，眼看前方，挺胸稍收腹，两臂前后自然摆动，身体重心落在脚掌前部，配合脚步节奏自然呼吸。

（3）步行的形式不同，对增进健康的效果也不一样。例如，在步行中穿插上、下坡，必然增加运动的强度，而上、下坡步行不仅对呼吸循环系统有益，同时可增强腰部和腿部力量，在松软的沙地、沙滩和草地步行也有同样的作用。年轻人为了增加锻炼效果，也可肩负25千克的背包，这样锻炼效果会更好一些。

（4）步行的速度与步行的时间，决定了运动强度和运动量的大小。步行的形式可慢可快，也可快慢交替，不管如何组合，要达到健身效果，每次锻炼至少需要20分钟以上的持续运动。这样才能对身体各器官产生刺激，获得运动效果。

（二）健身跑运动处方

健身跑又称慢跑，自从1947年德国学者阿肯提出“长、慢、远”的现代健康跑步方法以来，慢跑活动被列为有益健康、抗病延年的有效手段，被视为“有氧代谢运动之王”，而风行全球。美国心脏学家乔治·希汉博士是这样评价健身跑的：“跑步从运动生理学角度说，是一项全面的运动……也是十分安全的，是可最大限度增强心肺功能所需要的运动。”

慢跑有别于一般中长跑，运动强度大于步行，是一种中等强度的运动，适用于各种健康人群和有一定运动基础的慢性病患者。

健身跑锻炼的基本要求如下。

（1）刚开始参加健身跑时可走跑交替锻炼，即先走后跑。一般是走3分钟，跑3分钟，交替进行，每隔1～2周逐渐增加运动量。

（2）慢跑虽然说是比较安全的运动项目，但个别人由于跑步动作不合理，使下肢关节受力较大，容易引起膝关节疼痛，发生某些运动损伤。

（3）为了避免发生运动损伤，掌握跑步的技术要领是很重要的。正确的跑步姿势是，上体正直或稍前倾，颈部肌肉放松，两眼平视。两臂摆动时，肩部放松下沉，肘关节处自然弯曲成90°，两手半握拳，轻松自然地前后摆动。下肢动作要求蹬地腿的蹬地与摆动腿的摆动协调一致。摆动腿的脚落地，尽可能做到全脚掌着地，同时注意脚掌落地后的缓冲。跑的过程中要求动作轻松自然、重心平稳、节奏性强、肌肉用力和放松的交替能力好。

（4）进行健身跑时掌握好呼吸节奏是十分重要的。呼吸节奏就是有规律地与步频配合好。一般采用“两步一吸，两步一呼或三步一吸，二步一呼”的呼吸方法。掌握好呼吸的节奏，跑起来就会感觉轻松自如多了。

（三）游泳运动处方

游泳是一项全身运动。不论何种游泳姿势，人的肢体都要不停地进行运动，使身体各部分关节和肌肉得到良好的锻炼。尤其是胸大肌、背阔肌和腰腹肌，经过不断地运动后，逐步发达起来。因此，经常参加游泳锻炼不仅能使身材匀称，富于曲线美，而且对提高内脏器官，特别是血液循环系统和呼吸系统的功能，有积极的促进作用。

此外，水的导热性比空气快28倍。游泳时人体热量散发很快，所以必须尽快调动体内能量来补充身体所失去的热量，以抵抗冷水的刺激。因此，在同样的时间、强度下运动，水中要比陆地上消耗能量大。若肥胖者每天游泳30分钟，而不增加饮食，就会收到很好的减肥效果。

（四）有氧运动项目综合运动处方

有氧运动的项目有很多，如步行、慢跑、游泳、跳绳、划船、健美操、自行车以及各种球类运动等。面对众多的体育项目，如果我们采用单一的形式进行锻炼，对青年人来说难免容易产生枯燥乏味的感觉。而且有时会因气候的关系，使锻炼计划无法落实。因此，采用综合运动处方来锻炼身体，就相对单一的运动项目而言，优势就大得多。所谓综合运动处方，就是不局限于一个运动项目，把自己喜欢的、能够参加的体育项目组合起来，因地适时地进行锻炼。这样既可以提高锻炼者的兴趣，又可达到锻炼的效果。例如，夏季气温较高，健身跑出汗太多，可以采用游泳项目，冬天不能游泳但可以健身跑和骑自行车。再如，遇上天气不好不能在户外活动时，可以爬楼梯和跳健身操等。总之，有氧运动项目的综合运动处方有利于锻炼者更广泛地选择，而且不受外界环境的影响，可以达到持之以恒的健身目的。

采用综合运动项目锻炼，一般对青年人和大学生比较合适。一是时间有保证，二是可以比较全面地发展人的力量、速度、耐力、灵敏，以及柔韧等综合素质。而这些素质的发展和提高又为人体健康打下了良好的基础。

综合运动项目锻炼的基本要求如下。

（1）采用多种运动项目进行锻炼，首先要根据自身状况以及体育基础，选择一些适合自己的并有兴趣的运动项目，同时要掌握这些项目的基本要领和方法，以便运动时比较轻松自如，并且又能收到实效。

（2）球类运动项目游戏性和趣味性较高，同时具有一定的竞争性，特别是与同伴一起运动时，不易控制运动负荷和运动强度。因此，主观感觉很重要，当自己感觉疲劳时要及时进行调整，避免造成运动损伤。

（3）如果前一次球类活动运动负荷较大，这次是健身跑，可以进行一下负荷调整，将跑的速度和距离适当减低，时间缩短，这样有利于身体的积极恢复。

（4）每次运动或锻炼前一定要做好充分的准备活动。锻炼结束后要做一些整理活动，使身体尽快恢复到安静时状态。

（5）锻炼一定要保证经常性，中断锻炼后起点要适当降低。健康在于锻炼，锻炼贵在坚持，不是特殊情况，一般不要停止锻炼。

第五节　体适能

一、体适能的定义

体适能是从体育学角度评价健康的一个综合性指标，是指机体执行自身机能的能力，也是机体适应环境（包括自然环境和心理环境）的一种能力。理想的体适能状态是能够精力充沛地从事日常工作，有余力享受休闲的娱乐生活，并能抵抗因运动不足引发的疾病和应付突发的紧急状况。

二、体适能的分类

体适能除与日常生活、工作有关外，它和运动技能也有密切关系。因此，体适能因对象和个人的需求不同，可分为与运动技能相关的体适能和与健康相关的体适能，即运动体适能和健康体适能。

（一）运动体适能

运动体适能是指能成功地执行各种运动竞技的身体要素，它以运动技能为核心，受遗传因素的影响较大，主要包含敏捷、平衡、协调、力量、反应和速度等要素。

（二）健康体适能

健康体适能是指偏重于身体方面的健康状态，是促进健康、预防疾病和增进工作效率的身体要素，主要包括心肺耐力、肌力、肌耐力、柔韧性和合理身体成分五项要素。

心肺耐力是指心脏、肺脏、血管和血液等循环系统将维持生命的氧气有效地输送到全身，供肌肉组织进行新陈代谢活动，并产生能量的能力。心肺耐力，可通过长时间的有氧耐力运动得到改善，它是五项要素中最重要的一种体适能。

肌力是指肌肉一次收缩所爆发的最大力量。人体的肌群都应得到适度均衡的发展，以满足

（适应）日常工作与生活的需要。若肌力不足，不但动作效率差，且肌肉易产生疲劳，甚至导致运动损伤。肌力不足，还可以导致因长期的不良姿势所引起的病痛。通过抗阻力练习可有效地提高肌力。

肌耐力是指肌肉反复地收缩或维持某一固定用力状态的持久能力。它和肌力既各自独立，又互有联系。家务劳动、走步、上楼梯、开长途车等，均需要良好的肌耐力体适能，它是享受休闲与居家生活的重要基础。采用小负荷强度、较多重复次数的力量练习，可促进肌耐力体适能的发展。

柔韧性是指人体关节的活动幅度。影响柔韧性的因素除关节本身的结构外，还有肌肉、肌腱、韧带、软骨组织和皮肤等。具备良好的柔韧性，身体可比较灵活地做扭转、回旋、弯曲等动作。柔韧性体适能欠缺，易造成肌肉拉伤、关节扭伤等运动伤害。不明原因的腰背疼痛，常与某些肌群伸展性差有关。10～30秒缓慢静态伸展活动是提高柔韧性的较好方法。

合理身体成分是指人体脂肪与瘦体重、肌肉骨骼和其他无脂肪组织的比例，一般用体脂百分数表示。合理的体脂率，女性为20%～25%，超过30%属于肥胖；男性为10%～18%，超过25%为肥胖。

三、体适能锻炼的重要意义

（1）体适能较好的人有充沛的体力应对日常的学习、生活。良好的体适能使人们学习时精神专注、效率高。相较之下，有氧耐力体适能较好的人，大脑获取氧的能力强，学习时间更持久。

（2）体适能较好的人，健康状况较好，不易生病。拥有良好体适能的人，身体的运动能力会较好，身体活动能力也较强，身体健康状况也较好。

（3）有助于各方面的均衡发展。身体、心理、情绪、智力、精神、社交等皆相互影响，有了良好的体适能，对其他各方面的发展皆有直接和间接的正面影响。

（4）提供快乐、健康的生活方式。体适能锻炼能使人们从运动和活动中享受快乐，易于养成健康的生活方式。

思考题

1. 体育锻炼的基本原则有哪些？
2. 简述体育锻炼内容的分类。
3. 发展身体素质的锻炼方法有哪些？
4. 简述运动处方的概况与原理。
5. 简述体适能的定义及分类。

第五章　体育锻炼的卫生保健

第一节　体育锻炼卫生常识

一、体育锻炼过程中的卫生要求

（一）正确的呼吸方法

在剧烈运动时，只靠鼻孔呼吸比较困难且吸氧量不充足，因此可采取口鼻共同呼吸方式。另外，在力量练习中，练习进行到最困难的阶段要呼气，进行到轻松阶段要吸气，如举重上举的一刹那要呼气，放下杠要吸气；或者在练习前吸气，开始阶段屏住呼吸，完成2/3练习时呼气。这种呼吸方式能让大量血液回流到心脏，从而减少心脏的负担。

（二）运动着装要适合运动要求

运动着装的选择应保证衣料透气、便于散热、柔软舒适。夏天应穿浅色、单薄服装；冬天提倡类似“剥洋葱”式着装，外穿羽绒服等保暖性良好的服装，内穿便于运动的运动服装，运动中脱掉羽绒服，运动前后穿上羽绒服，鞋袜大小要合脚，并选择富有弹性、透气、舒适的运动鞋。

（三）注意清洁卫生

运动后由于身体排出大量汗液，所以有条件的应该洗澡，但不宜洗冷水澡。因为运动后，大脑皮质仍处于兴奋状态，为了向外散热，体表的毛细血管扩张，大部分血液仍在皮肤肌肉内，如果用冷水洗澡，皮肤肌肉的毛细血管遇冷收缩，使血液很快流向心脏，增加心脏的负担，可能出现心慌、气短和头晕现象。最好洗温水澡或用温水擦洗。温水能使皮肤、肌肉的毛细血管扩张，血液循环加快，促进代谢产物的排泄，有益于身体健康。

（四）消除运动后疲劳

运动后疲劳的消除和身体的恢复很重要。消除运动后疲劳的常用措施有以下几点。

（1）建立合理的生活制度，规定作息时间，创造良好的睡眠条件，注意饮食卫生。

（2）调整运动负荷，适当减少练习内容与降低练习强度。

（3）采用温水浴、热敷、按摩、药物（维生素B_1、维生素B_6和维生素C，中药黄芪、刺五加、参三七等）。

（4）采用心理手段，学会自我暗示。

（5）合理补充营养。

二、体育锻炼中的自我医务监督

（一）主观感觉

1. 一般感觉

它是人体功能状态尤其是中枢神经系统功能状况的反映。身体健康的人就会精力充沛、活泼愉快；若患病或过度疲劳就会精神不振、软弱无力、疲倦、易激动。在记录时，若精力充沛可记为"良好"；若未出现不良感觉可记"平常"；若精神不振、疲倦等可记为"不好"。

2. 锻炼心情

心情与精神状况有关。在锻炼过程中，若出现对体育运动不感兴趣，甚至厌倦，这可能是锻炼方法不当或疲劳的表现，也可能是过度疲劳的早期征象。可根据自己的锻炼心情，可分别记录为"很想练""愿意练""不想练""冷淡"或"厌倦"等。

3. 不良感觉

在健身活动时出现肌肉酸痛是正常的，经过适当减少运动量酸痛就会消失。若锻炼后出现头痛、头晕、胸闷、恶心、呕吐或其他部位的疼痛，说明运动量过大，健康状态不佳。在记录时，应写清具体感觉。

4. 睡　眠

经常进行健身运动的人，入睡快，睡得好。

5. 食欲情况

一般由于运动锻炼消耗能量较多，所以食欲往往很好。但有时由于运动量过大出现过度训练或健康不佳时，也可能出现令人食欲下降的情况。在自我监督日记上可记下食欲"良好""一般""减退"或"厌食"等情况。

6. 排汗量

训练或比赛时，能量代谢水平较高，产热量多，所以排汗成为散热的一种重要方式，但排汗量受很多因素的影响，如运动量、训练水平、气温、湿度及神经系统的状态等。记录时可以记下汗"正常""减少""增多"等情况。

7. 体　征

锻炼时的外部体征，一般可从以下三个方面去观察：精神（锻炼者的精神、表情、言语、眼神、注意力等）、躯体（面色、呼吸、嘴唇、排汗等）、动作（动作质量、准确性、步态等）。

运动量适宜时，锻炼者一般表现为精神良好、面色稍红、步态轻快等。运动量过大时，锻炼者一般表现为面色红、气喘、满脸流汗、精神差、眼神无光、反应迟钝、动作不稳等，此时必须减量运动。

8. 其他情况

运动量过小的表现：运动后身体无微汗、无发热感，脉搏也无大的变化，在运动后2～3分钟即恢复至安静状态，说明运动量过小。

运动量适宜的表现：锻炼后有微汗、轻松愉快、感觉良好、睡眠、食欲良好，或虽然稍感疲乏、肌肉疼痛，但休息后会很快消失，次日体力充沛，渴望锻炼，表明运动量适中。

运动量过大的表现：锻炼后大汗淋漓、头晕眼花、胸闷、身体疲倦、睡眠差、食欲下降，脉搏在运动后15分钟尚不能恢复，次日仍觉乏力，不想锻炼，这些表明运动量过大，此时应注意减少运动量。其症状表现为以下几个方面。

（1）出现胸闷、胸痛、晕眩等症状。

（2）出现心悸、头晕、血压过于升高或下降。

（3）明显的呼吸困难、嘴唇发紫、脸色苍白、出冷汗、头晕、恶心、呕吐等。

（4）四肢肌肉剧痛、关节疼痛、步态不稳、动作不协调等。

（二）客观检查

1. 安静时脉搏

每天早晨醒后，先不起床而立即仰卧测1分钟的脉搏数，这就是安静时的脉搏，也有把它称为“晨脉”。用这个脉搏来检查身体机能状态十分必要，若安静时脉搏比平时高12次以上，可能和过度训练有关，应立即改变锻炼方法和减少运动量；若比平时高6～8次，说明运动量过大了，应当进行调整；若比平时高4～5次，就不要再增加运动量了。

2. 锻炼后即刻脉搏

此项指标应控制在锻炼法规定的脉搏数以内。若连续几天超过规定数，身体又有不适感，说明运动量大了，应进行调整；若几天均未达到规定数，身体感觉良好，可适当增加运动量。

3. 体重变化情况

刚进行健身活动锻炼，体重会逐渐减轻，尤其身体肥胖者，这就是由于机体的水分和脂肪减少的缘故。随后体重应逐渐趋于稳定。若出现体重不断减轻，并有其他异常感觉，可能与过度训练或患有慢性消耗性疾病有关，应减小运动量并到医院检查。体重每周测1～2次，测体重在每天的同一时间进行，穿的衣服也应一致。

4. 血压、肺活量、心电图

健身运动爱好者的血压应趋于稳定。锻炼后收缩压上升20～25毫米汞柱，舒张压下降5～10毫米汞柱，应视为正常。测肺活量时应连续5次，每次测的结果是逐渐上升的，说明呼吸机能良好，若逐渐下降，说明呼吸肌耐力差，是反应不良的表现。若血压突然升高、肺活量明显下降、心电图异常则应减小运动量并到医院进行检查。

知识窗

你知道打嗝是怎么回事吗?

打嗝，医学上叫“呃逆”，是膈肌和肋间肌突然收缩引起的一种普遍现象，俗称“打嗝”。

呃逆分良性自限性和顽固难治性两类。前者是因为食用过冷过热食物或过度紧张兴奋所致，无迁延性，可以自愈，不需要特殊治疗；后者多由饮食不节、损伤胃气、情绪抑郁、胃气上逆、病后体虚、劳累过度、药物过敏引起。

将麝香壮骨膏药剪成2厘米见方，贴敷于膈俞、内关或中脘穴，贴敷时间不要超过12小时，贴敷一次即可见效。或点按合谷穴也可以收到一定疗效。

第二节　常见运动损伤的预防与处理

运动损伤分为开放性损伤和闭合性损伤。对于运动损伤的处理，一般分为前、中、后处理原则。对于急性损伤前期（在24小时以内）的处理原则是制动、止血、防肿、镇痛，即减轻炎症。可根据具体情况选用一种处理方法或几种处理方法并用。

一、一般处理方法

（1）一般先冷敷，加压包扎并抬高伤肢。这种方法应在伤后立即使用，有制动、止血、止痛及防止或减轻肿胀的作用。冷敷一般使用冰袋、自来水或氯乙烷。冷敷之后，用适当厚度的棉花或海绵置于伤部，立即用绷带稍加压力进行包扎。

（2）伤后24小时打开包扎，可进行理疗、按摩，如热疗，外敷活血化瘀和生新的中草药，贴活血膏等，也可用几种方法进行综合治疗。

（3）损伤组织已基本恢复正常，肿胀和压痛已消失，但锻炼时仍会感到酸胀、无力，因此要进行功能性的恢复治疗，这时仍以按摩、理疗以及增加肌肉、关节功能的锻炼为主。

二、开放性软组织损伤的处理方法

常见的开放性软组织损伤有擦伤、切伤、刺伤和撕裂伤，局部皮肤或黏膜破裂，伤口与外界接触，常见组织液渗出或血液自伤口流出。紧急处理的原则是及时止血和处理伤口，预防感染。

（一）擦　伤

擦伤多发生在摔倒时，对于伤口较脏的擦伤可先用生理盐水洗净伤口，然后再用酒精棉球或碘酒消毒，伤口较浅、面积较小的擦伤无须包扎。

（二）切伤与刺伤

切伤与刺伤的伤口往往较深、较小。如果伤口较脏，除了进行伤口的止血、消炎、包扎外，还要注射破伤风抗菌素。

（三）撕裂伤

撕裂伤中头面部皮肤伤较多见，例如拳击运动中，眉弓被对方肘部碰撞而引起眉际皮肤撕裂等。若撕裂的伤口较小，经消毒处理后，贴上创可贴即可；若撕裂伤口较大，则须止血，缝合伤口；若伤情和污染较重，应注射破伤风抗菌素。

三、闭合性软组织损伤的处理方法

急性闭合性软组织损伤是运动损伤中较常见的一类，肌肉拉伤、挫伤、韧带拉伤等都属于这类损伤。

急性闭合性软组织损伤的特点是皮肤黏膜完整。该类损伤由暴力引起，损伤部位因组织的撕裂、血管损伤等导致出血，组织液渗出、肿胀。在急性闭合性软组织损伤发生后，首先要检查有无合并伤，如腹部挫伤后是否有内脏破裂；肌肉挫伤后有无断裂，有无明显血肿；头部挫伤后有无脑震荡等。如果有，应先处理合并伤，然后处理软组织损伤。在确定没有严重的合并伤后，在急性闭合性软组织损伤后应进行冷敷、加压包扎、制动和抬高伤肢，24小时以后解除包扎，并进行局部热敷、理疗、按摩等，以改善血液循环，促进局部代谢，加速损伤部位的修复。当损伤部位基本恢复后，开始进行肌肉、韧带的伸展性练习，以及加强局部力量练习，以恢复受伤部位的肌肉力量及肌肉、韧带的柔韧性。

四、几种常见运动损伤的征象、原因和处置

（一）挫　伤

1. 征　象

挫伤多发生在头部、胸部、四肢，因为这些地方经常暴露在外，常会遇到碰、跌、撞、打、摔等，受伤后局部红肿、疼痛，皮肤破裂的当时就出血，没有破裂的会出现青紫瘀血。

2. 原　因

首先是运动前准备活动做得不够，肌肉关节没有得到充分活动；其次是活动时用力过猛，超过了肌肉、关节和韧带的负荷限度。

3. 处　置

对挫伤应根据情况及时处理。如果皮肤出血应立即停止运动，先用酒精或碘酒将伤口消毒，用净布包扎。如果受伤部位红肿疼痛，可先用冷水或冰进行局部冷敷，抬高受伤部位，必要时加压包扎，防止继续出血。24小时以后改用热敷，用按摩来活血、消肿、止痛。伤势减轻后再做针对性的活动，使关节、肌肉恢复功能，如做下蹲、弯腰、举腿等，可以避免伤后关节不灵或发生肌肉萎缩。

（二）肌肉损伤

1. 征　象

如果是细微的肌肉损伤，则症状较轻；如果是肌纤维完全断裂，则症状较重。一般表现为伤处疼痛，局部肿胀、压痛，肌肉紧张或抽筋，伤后肌肉功能减弱或丧失。

2. 原　因

准备活动不充分，肌肉的生理机能尚未达到剧烈活动所需的状态就参加剧烈活动；体质较弱，运动水平不高，肌肉的弹性、伸展性和力量较差，疲劳过度也可能导致肌肉损伤。

3. 处　置

肌肉损伤治疗要根据具体情况而定，少量肌纤维断裂者，应立即采取冷敷、局部加压包扎等措施，并抬高伤肢。对于肌肉大部分或完全断裂者，应在加压包扎后立即送医院进行手术缝合。

（三）关节韧带损伤

1. 征　象

关节韧带损伤后，一般表现为压痛、自感疼痛，轻者发生韧带部分纤维的断裂，重者韧带纤维完全断裂，引起关节半脱位或完全脱位，从而出现关节功能障碍。

2. 原　因

上肢关节以肩关节、肘关节、腕关节损伤最为常见，如掷标枪引枪后的翻肩动作错误造成肩、肘关节扭伤；下肢关节以髋关节、膝关节、踝关节损伤较多，如从高处跳下，平衡缓冲不够，使膝、踝关节受伤；做“下桥”练习时，过分提腰造成腰椎损伤等。

3. 处　置

发生关节、韧带扭伤应当在24小时内采用冷敷，必要时加压包扎，24小时后采用理疗、热敷、按摩、针灸治疗。待疼痛减轻后可增加功能性练习。对急性腰部损伤，如果出现剧烈疼痛，切不可轻易处理，可让患者平卧，并用担架送至医院就诊。

（四）骨　折

1. 征　象

骨折分为完全性骨折（骨完全断裂）和不完全性骨折（骨未完全断裂，如裂缝骨折），是运动中一种比较严重的损伤。主要症状表现为肿胀和皮下瘀血、功能障碍，出现畸形和假关节，并有压痛和阵痛感。

2. 原　因

因身体某部位受到直接或间接暴力，或肌肉强烈收缩所致。常见的骨折部位有肱骨、尺（桡）骨、手指、小腿和肋骨等。

3. 处　置

一旦出现骨折，切勿随意移动伤肢，而应先用夹板或其他代用品固定伤肢，动作要轻巧、缓慢，不要乱拉乱拽，以免造成错位，影响整体修复。如果是上肢骨折，可用木板托住伤肢，用绷带扎紧骨折处的上、下两端；如果是下肢骨折，先将伤腿轻轻放好，然后用宽布条或褥单将两条腿缠在一起，慢慢抬到硬板担架上，送往医院救治；如果是头部、颈部或脊椎骨发生骨折，运送时就更要小心，以免损伤神经和脊椎而造成肢体瘫痪。搬运时头部用枕头或衣服垫住，防止移动，固定好以后，告知患者不要扭动伤肢。送往医院时要注意做到迅速、平稳。

（五）关节脱位

1. 征　象

因受外力作用，关节面失去正常的连接关系，叫作关节脱位，又称脱臼。关节脱位可分为完全脱位和半脱位（或称错位）两种。

2. 原　因

运动中发生的关节脱位大都是间接外力撞击所致。如摔倒时用手撑地，引起肘关节或肩关节脱位。关节脱位后常出现畸形，与健肢相比不对称，表现为局部疼痛、压痛和关节肿胀，并失去正常活动功能，甚至发生肌肉痉挛等现象。

3. 处　置

用长度和宽度相称的夹板固定伤肢。如果没有夹板，可将伤肢固定在自己的躯干或健肢上，防止震动，随后及时送医院治疗。必须指出的是，如果没有把握做整复处置，切不可随意做整复手术，以免增加伤害。

第三节　常见运动性疾病的预防与处理

一、延迟性肌肉酸痛

（一）产生原因和临床表现

延迟性肌肉酸痛是运动时肌肉活动量过大引起局部肌纤维及结缔组织的细微损伤，以及部分肌纤维的痉挛所致。这种酸痛不是发生在运动结束后的即刻，而是发生在运动结束后1～2天，称为延迟性肌肉酸痛。由于这种酸痛现象只是局部肌纤维的细微损伤和痉挛，不影响整块肌肉的运动功能，所以，酸痛后经过肌肉内部对细微损伤的修复，肌肉组织会变得更加强壮，以后受到同样负荷将不易再发生酸痛。

一般在运动后的24小时之内出现肌肉僵硬、酸痛和自觉酸痛部位肿胀，有压痛，多发生于双下肢主要伸、屈肌群，而肌肉远端和肌肉—肌腱移行处症状一般较重，严重者肌肉会发生疼痛，且以肌腹为主。在24～48小时之内，酸痛达到高峰，之后可自行缓解，5～7天消失。

（二）处置和预防

1. 处　置

对酸痛部位进行热敷或按摩，还可配合做一些伸展练习，也可口服维生素C以缓解症状。另外，针灸、电疗等也有一定作用。

2. 预　防

锻炼时，要充分做好准备活动，把握运动强度及运动负荷的递进性原则，根据自身的身体状况安排锻炼负荷，尽量避免局部肌肉负担过重。锻炼后，要对主要的工作肌肉及时地进行推拿、按摩。

二、运动中腹痛

（一）产生原因和临床表现

运动中腹痛多数在中长跑时发生。主要因准备活动不够充分，开始时运动过于剧烈，或跑得过快，内脏器官功能尚未达到运动状态，致使脏腑功能失调，引起腹痛；也有的因运动前吃得过饱，饮水过多，以及腹部受凉，引起胃肠痉挛而出现腹痛；少数因运动时间过长或过于剧烈，使下腔静脉压力上升，引起血液回流受阻，或者因肝脾瘀血，膈肌运动异常，致使两肋部胀痛而出现腹痛。

（二）处置和预防

1. 处　置

如果没有器质性病变迹象，一般可采用减慢跑速、加深呼吸、按摩疼痛部位或弯腰跑等方法处理，疼痛常可减轻或消失。如疼痛仍不减轻，甚至加重，就应停止运动，并口服十滴水或溴丙胺太林（每次1片），或揉按内关、足三里、大肠俞等穴位。如仍不见效，应到医院做进一步检查。

2. 预　防

饭后1小时可进行运动，但要做好准备活动，运动负荷要循序渐进，并注意呼吸节奏；夏季运动要适当补充盐分；对于各种慢性疾病引起的腹痛应就医检查，病愈之前，应在医生和体育教师指导下进行锻炼。

三、运动性贫血

（一）产生原因和临床表现

血液中红细胞与血红蛋白数量低于正常值，称为贫血。因运动引起的这种血红蛋白数量的减少，即称为运动性贫血。

其发病的主要原因有以下两点。

（1）运动时肌肉对蛋白质和铁的需要量增加，一旦需要得不到满足，即可引起运动性贫血。

（2）剧烈运动时血流加速，易引起红细胞破裂，致使红细胞从新生到衰亡之间的平衡遭到破坏，从而导致运动性贫血。

运动性贫血发病缓慢，其临床表现有头晕、恶心、呕吐、气喘、体力下降，运动后心悸、心率加快、脸色苍白等。

（二）处置和预防

1. 处　置

在运动中（后）出现头晕、无力、恶心等现象时，应适当减小运动负荷，必要时暂停运动，并补充富含蛋白质和铁的食物，口服硫酸亚铁，这对缺铁性贫血的治疗有明显效果。

2. 预　防

遵循循序渐进和个别对待原则，合理调整膳食。如运动时经常有头晕现象出现，应及时诊断医治，以利于正常参加体育锻炼。

四、运动性昏厥

（一）产生原因和临床表现

在运动中，因脑部突然血液供给不足而发生的暂时性知觉丧失现象，叫作运动性昏厥。运动性昏厥产生的原因是，剧烈运动或长时间运动使大量血液积聚在下肢，回心血量减少；或者是剧烈运动后引起低血糖。

运动性昏厥表现为全身无力、头昏耳鸣、眼前发黑、面色苍白、失去知觉、突然昏倒、手足发凉、脉搏慢而弱、血压降低、呼吸缓慢等。

（二）处置和预防

1. 处　置

应立即使患者平卧，脚略高于头部，并进行由小腿向大腿、心脏方向按摩或拍击；同时用手指点压人中、合谷等穴位，必要时给氨水闻嗅。如有呕吐，应将患者头偏向一侧；如停止呼吸，应立即进行人工呼吸。轻度休克者，应由同伴搀扶慢走一段时间，帮助进行深呼吸，即可消除症状。

2. 预　防

平时要经常坚持体育锻炼，以增强体质；久蹲后不要突然起立；不要带病参加剧烈运动；疾跑后不要立即停下来；不要在饥饿的情况下参加剧烈运动。

五、肌肉痉挛

（一）产生原因和临床表现

在体育锻炼时，肌肉受到寒冷的强烈刺激，可能发生肌肉痉挛。它常在游泳或冬季户外锻炼时发生。准备活动不够，或肌肉猛力收缩，或收缩与放松不协调，均可发生肌肉痉挛；也有的肌肉痉挛是因情绪过分紧张所致。

肌肉痉挛时，肌肉突然变得坚硬、疼痛难忍，而且一时不易缓解。

（二）处置和预防

1. 处　置

对痉挛部位的肌肉做牵引。例如，腓肠肌痉挛时，即伸直膝关节，并配合按摩、揉捏、叩打以及点压委中、承山、涌泉等穴位，以促使痉挛缓解和消失。

2. 预　防

运动前做好准备活动，对容易发生痉挛的部位，事先应做适当按摩。夏季进行长时间运动时要注意补充盐分；冬季锻炼时要注意保暖；游泳下水前应先用冷水淋浴；游泳时不要在水中停留过长时间；疲劳和饥饿时，不要进行剧烈运动。

六、运动中暑

（一）产生原因和临床表现

在高温环境中长时间进行体育锻炼易发生中暑，尤其在气温高、通风不良、头部缺乏保护、被烈日直接照射的情况下，最容易发病。

中暑早期表现为头晕、头痛、呕吐，随后逐步发展为体温升高，皮肤灼热干燥，严重者可出现精神失常、虚脱、抽搐、心律失常、血压下降，甚至出现昏迷而危及生命。

（二）处置和预防

1. 处　置

首先将患者扶送到阴凉通风处休息，同时采取降温消暑手段，如解开衣领、额部冷敷做头部降温，喝些清凉饮料、十滴水，并补充生理盐水或葡萄糖等。对于严重患者，经临时处理后，应迅速送医院进一步治疗。

2. 预　防

在高温炎热季节锻炼时，应适当减小运动负荷，缩短锻炼时间；避免在烈日下长时间锻炼；夏天在室外锻炼时，应戴白色帽子，穿宽松薄衣；在室内锻炼时，应保持通风，并备有低糖含盐的饮料。

七、低血糖症

正常人的血糖维持在一定的水平（0.8 ~ 1.2克/升）。当血糖低于0.5 ~ 0.6克/升时，机体会出现一系列症状，称为低血糖症。

运动时肌肉收缩要消耗能量，而能量主要来源于体内糖的氧化，因而运动过程伴随着体内糖的消耗。长时间剧烈运动时，葡萄糖大量消耗可产生低血糖症，此病多发生于长跑、超长跑、长距离滑冰、滑雪以及自行车等运动比赛过程中或结束后。

（一）产生原因和临床表现

运动中发生低血糖症，主要是由于长时间剧烈运动时体内血糖大量消耗和减少，调节糖代谢的机制紊乱。赛前饥饿，情绪过分紧张或身体有病，都是引起本病的重要原因。

病员会感到非常饥饿，极度疲乏，并伴有头晕、心跳、面色苍白、出冷汗等症状。较重者可出现神志模糊、语言不清、四肢发抖、心律不齐或精神错乱（如赛跑者返身向相反方向跑），甚至出现惊厥、昏迷等症状。检查时，脉搏快而弱，血压或无明显变化，或昏倒前升高而昏倒后降低，呼吸短促，瞳孔扩大。若验血，则血糖明显降低（0.5克/升以下）。

（二）处置和预防

1. 处　置

使病员平卧，注意保暖。神志清醒者可给其饮用浓糖水或姜糖水，并吃少量食品，一般短时间后即可恢复。若昏迷，可针刺或用指掐点人中、百会、涌泉、合谷等穴，并迅速请医生处理。这时若能静脉注射50%葡萄糖溶液50 ~ 100毫升，提高血糖浓度，就会使病情迅速好转。

2. 预　防

平时没有锻炼基础，或患病未愈，或空腹饥饿时，不要参加长时间的剧烈运动（如万米跑、马拉松赛跑、长距离滑冰等）。举行马拉松赛跑时应准备一些含糖的饮料，供运动员比赛途中饮用。

第四节　女子运动卫生保健

一、女子生理特点

（一）女子运动系统的特点

女子身高、体重一般低于男子。女子躯干长，四肢短，肌肉比重小（女子32%～35%、男子40%～45%），脂肪比重大（女子28%、男子18%），胸廓小；但女子盆骨宽，重心低，关节韧带富有弹性，椎间盘厚，脊柱柔韧性好。

（二）女子呼吸系统的特点

女子的胸廓和肺的容积都小，男子肺总容量为3.61～9.41升，而女子仅为2.81～6.81升。加上女子呼吸肌肉力量较弱、胸廓狭窄、耐力差、呼吸深度浅、肺通气量小，因此肺活量小于男子（女子2500～3000毫升，男子3500～4000毫升），最大吸氧量和氧债最大值均低于男子。

（三）女子心血管系统的特点

女子心脏体积较小，心脏重量较男子轻10%～15%，心脏容积也比男子小，所以女子的心血输出量小，安静时的脉率比男子高（女子77.5次/分，男子75.2次/分），心脏收缩力量比男子弱，血压比男子低。

此外，女子还有月经、妊娠、分娩、哺乳等生理过程和特点。

二、女子运动卫生

（1）女子进入青春期以后，身体形态、机能、素质和心理等方面均发生了变化，尤其是生殖系统变化最大。因此，男女生必须分班上体育课。

（2）由于女子运动器官系统、心血管系统和呼吸系统的机能都不及男子，因此，运动项目、运动内容、运动负荷和体育教学手段与方法，一定要符合女子的特点。

（3）女子的胸廓小、肩带窄，肌肉力量差、重心低，故不宜做单纯支撑、悬垂摆动和静力性练习。

（4）女子的有氧与无氧代谢功能较差，在进行速度和耐力练习时，应掌握适宜的运动强度和持续时间。

（5）注意发展女子的肩带肌、腰背肌、腹肌、骨盆底肌和骨盆后肌。这些肌肉是女子的薄弱环节，有意识地加强以上肌肉的锻炼，有利于保持子宫的正常位置。

三、月经期的体育锻炼

在月经期间，人体一般不会出现异常的变化。因此，月经正常的女子在月经期间可以随班上体育课，但只做些轻微活动，如做广播操、打乒乓球、打羽毛球或软式排球等。通过这些活动，不仅可以改善盆腔的血液循环，减轻盆腔的充血现象，而且还有助于经血的排出。此外，丰富多彩的体育活动，还可以调节大脑皮质的兴奋和抑制过程，从而减轻全身的不适反应。

一般情况下，月经期间身体的反应能力、适应能力、肌肉力量、神经调节的准确性等可能下降。因此，月经期间运动量的安排要适量减少，运动时间不宜过长，还要避免做剧烈运动。月经期的体育活动应注意以下几点。

（1）避免进行剧烈的、震动大的跑跳动作和静力性力量练习，如中长跑、快速跑、跳高、跳远、负重蹲起、举重、排球中的扣球和拦网、篮球中的跳跃等，以免造成子宫的移位和经血过多。

（2）凡有痛经、腰背酸痛、下腹痛、经血过多或过少、经期不正常、盆腔有炎症者，均应暂停体育活动。

（3）月经期一般不宜游泳，以免引起细菌侵入而发生炎症病变和因冷刺激引起子宫痉挛、收缩而不能顺利行经的现象。

（4）月经期可否参加训练或比赛，应根据个人的习惯而定。若平时有参加比赛和训练的习惯，是可以参加的，但应采取慎重的态度。如果经血过多、月经过频和痛经，应当停止月经期的比赛和训练。

（5）月经期参加体育活动，应特别加强医务监督，注意经期身体的反应和活动后的反应，以便发现问题，及时解决。

思考题

1. 体育锻炼过程中应从哪些方面进行自我医务监督？
2. 简述开放性软组织损伤和闭合性软组织损伤的处理方法。
3. 简述常见运动性疾病的产生原因、临床表现及预防与处理。
4. 简述女子的生理特点。

第六章　体育欣赏

第一节　体育欣赏的意义

随着社会的进步和竞技体育以及新闻传媒的迅速发展，欣赏体育比赛已成为人们业余生活中的重要组成部分，特别是在职业体育发达的国家，体育的欣赏不但丰富着人们的生活，而且对体育的了解和爱好还成为一个人教育水平高低的标志。

体育欣赏在人们现实生活中所占的分量越来越重，人们的文化生活也越来越离不开它，体育比赛所独有的审美价值是任何文化娱乐活动所不能取代的。体育欣赏能调节情绪、愉悦身心、陶冶情操，满足人们追求高节奏完美生活的要求，它能振奋民族精神，启迪和加强大众的体育意识，使人们积极全面地投入到全民健身活动中去。

具体说来，体育欣赏的意义在于以下几点。

一、体验欣赏不同体育文化

体育比赛作为人类智慧的结晶，集中反映了不同国家、不同民族的风俗民情和意识观念。例如，极富内向、务实和封闭性色彩的东方体育比赛，与表现外向竞争和开放性特征的西方体育比赛，就属于两种风格迥异的体育文化形式。体育文化的外在表现，则反映在围绕体育比赛而进行的文化艺术活动中。它包括比赛期间的文艺演出、绘画展览、火炬接力、新闻报道、电视转播、发行邮票及纪念币等内容。由于这些活动的开展，使色彩各异的体育文化形式得以在世界各地传播。因此通过欣赏体育比赛，人们除了可以了解各种人文景观外，还能欣赏到独具风采的文化艺术形式。

二、陶冶美好情操

当代人把欣赏体育比赛作为社会文化生活中一项重要的内容。因为在现实生活中，人们追求的是完美的、高节奏的生活，而体育比赛恰恰适应和迎合了现代人生活的这种要求。

任何一项比赛都是通过个人或集体，发挥其体格、体能、运动能力、心理和智慧等方面的潜能进行的角逐。通过体育比赛，观众不仅能欣赏到运动员健康、强壮、匀称、优美的体形，而且可以欣赏到运动员所展现出来的准确、干净、利落、新颖、洒脱的动作造型，给人以愉悦的享受，同时还激发欣赏者热爱体育、追求美好生活的愿望。

三、振奋民族精神

欣赏体育比赛，可以强化集体主义观念、激发爱国主义热情、振奋民族精神。各式各样的比赛，其参赛者都具有一定的社会群体的代表性，他们在比赛场上，一要实现自己的价值，二要为所代表的群体争取荣誉；而观赏者往往与运动员有着千丝万缕的社会关系，因此，运动竞技的成败、胜负荣辱都与欣赏者有着息息相关的联系。例如，在美国洛杉矶举行的第23届奥运会上，中国体育健儿实现了金牌“零”的突破，赢得了“东方巨人”的称号，此时，全国人民无不为之欢欣鼓舞，激发了全国人民“团结起来，振兴中华”的热情，同时也感染了海外侨胞，他们把祖国体育健儿夺得金牌看成是中华民族的光荣。

四、激发体育意识

体育意识是人们对体育这一社会现象及其功能、作用的认识和反映。体育比赛能启迪和激发人们的体育意识。

（一）健康意识

举办各种体育比赛的主要目的是启迪群众对体育意义的认识，激发群众积极参加体育活动，以提高全民族的体质和健康水平。

（二）拼搏意识

运动员在场上表现出的高超的技艺、灵活多变的战术和充沛的体力，都是多年大负荷运动训练、战胜身体上和精神上的疲劳及努力拼搏的结果。没有拼搏意识和拼搏精神，就不可能夺得金牌。这种拼搏意识，是激发人们在各项事业中取得优异成绩的保证。

（三）创新意识

一个运动员或一个运动队要在场上战胜对手，除了要靠自己真实的硬功夫外，还要根据自身的特点，不断改进和创新技术、战术。具有创新意识才能争得和保持冠军的称号，这种创新意识可以促进各项事业不断地向前发展。

（四）道德意识

道德一般是指在社会生活中处理人与人、个人与集体以及社会中各种各样的规范和准则。在赛场上胜不骄，败不馁，互相尊重，团结友爱，文明礼貌，遵守纪律，光明正大，这些良好的道德规范，将成为观赏者学习的榜样，从而影响整个社会风气。

（五）法制意识

在任何运动项目的比赛中，要求运动员都要严格遵守比赛规则，服从裁判的裁决，否则就要受到惩罚。如果运动员服用了兴奋剂，还要受到严厉的制裁，这种法制意识能使比赛有序进行，同时也对社会产生积极的影响。

（六）竞争意识

体育比赛具有强烈的竞争性。双方对垒，毫不含糊，胜负立见分晓。这种竞争意识，对于当今社会中的每一个人来说都是一种不可缺少的素质。

第二节　体育欣赏的方法

一、不同体育审美的欣赏

（一）形体美的欣赏

美学家认为，人的美感最先产生于对“轮廓”的良好印象。这里说的“轮廓”是指人体的外观形象，简称为形体，包括人的体形、姿态和风度等内容。体育比赛作为人体生理性对抗的一种运动方式，通常以空间活动表现人的体形、姿态和风度，故具有复杂多变、造型奇特、动作鲜明等特点。因此，由人体运动姿态、艺术造型和表演风格构成的形体美，离不开对身体匀称、曲线和姿势，肌肉形态、皮肤色泽、面部表情和气质风度等内容进行综合评价。特别是那些艺术造型强的竞技项目，往往通过超凡的力量、动作技巧和造型艺术，把运动员匀称的肌肉、矫健的身姿、优美的体形雕刻得玲珑剔透；通过极富神韵的表演风格，把运动员的外在动作和内在情感展现得淋漓尽致，使观赏者体验到运动员的蓬勃朝气和青春活力。

形体美包含着人体的强壮美、体态美、体形美这些外形的美，同时也包含一些内在美的因素，如素质美、风度美等。此外，运动员的皮肤色泽、发型和服装等也都是构成形体美的因素。

（二）动作美的欣赏

在运动过程中，人的形体或部位的造型所展现出的美称为动作美。在比赛中，运动员的动作都是在“动”中进行的，所以我们在欣赏时，应把“动”作放在首要地位。体育通过各种人体动作展示多姿多彩的动作美，各种运动项目以优美、细腻、柔韧、精巧、刚健、雄劲、明快、敏捷的动作组合来塑造美、创造美、表现美。动作美的特点在于准确、干净、协调、连贯、敏捷、舒展而富有节奏，给人以完美无瑕的感觉。

刚柔对比是形成动作美的重要手段。在体育活动中，我们一般把男性化的刚毅、强壮、雄健、豪放、壮丽、剧烈的动作表现视为阳刚之美；而把女性化的柔和、优雅、纤巧、缠绵、秀丽、平缓的动作表现视为阴柔之美。

（三）技术美的欣赏

当你看到优美的高、难、险、新的运动技术时，将获得赏心悦目的美的感受和精神的享受。对技术美的欣赏往往是和对动作美的欣赏联系在一起的。

技术美是人们对体育活动真实性的审美要求，是人体美和动作美的综合体现，具有准确、协调、连贯、节奏感强以及平衡性、实效性高等特点。技术美充分显示了人的本质力量，它以特有的魅力使人们欣喜、愉快、惊奇和赞叹。

为了提高运动技术水平，必须寻求能合理有效地完成动作的方法，于是“技术”又成为体育比赛的关键因素。而运动员为追求理想的动作模式，在高、难、险、新技术方面所做的努力，又使“技术”更添美的魅力。

（四）战术美的欣赏

战术美是在复杂多变的运动中，充分发挥运动员的素质和技术特点，在争取胜利中体现出来的一种美。战术在激烈的比赛对抗中，被称之为发挥技术的先导、驾驭比赛的灵魂，是夺取比赛胜利的法宝，也是反映运动员的知识、技术和心理、智力因素的综合指标，特别是在一些集体项目的比赛中，其表现得尤为突出。

由战术表现的美感，可在比赛双方对战术的选择、应用和变化中得到反映。要特别注意运动员根据各自情况，合理调配力量，扬己之长，充分发挥良好的素质、绝妙的技术和环环相扣的战术配合。欣赏他们巧施计谋，在比赛中以柔克刚和出奇制胜，从而领略巧妙战术带给我们以美的感受，从更高层次体验美的意蕴。

（五）健康美的欣赏

欣赏体育比赛可以体验健康美。当观众见到运动员体态匀称、肌肉强健、动作敏捷、技艺超群、肌肤圆润等外观形象时，就能产生“由表及里”的视美效果，并把这些体育健康美的感觉印刻于心。如果按“启迪自我”的高标准要求，还可以从自我健康的对比中，接受活泼、欢快、纯洁、开朗和创造热情等健康因素的感染，进一步认识体育锻炼对塑造人体健康所起的作用，由此树立追求健康的信念，从中获得改善自我健康的勇气和力量。

（六）风格美的欣赏

1. 思想风格、行为作风等综合社会意识美

在比赛中欣赏到运动员（队）良好的思想风格，不仅是一种美的享受，而且能受到道德修养的教育。体育比赛，实质上是一种复杂的社会活动，因此，在比赛中所表现出的各种思想、道德、行为都不是虚构的，而是一种真实的社会行为表现。

2. 技术风格美

技术风格美是指运动员（队）在技术、战术上所表现出来的特长与特点，即技术、战术风格和风貌上的个性之美，每个运动员（队）根据各自的特点和具体条件，创造出与众不同的风格，构成了自己独特的技术风格美。

（七）内在美的欣赏

体育是人类在几千年发展过程中创造出来的宝贵的文化财富。随着人类社会的高度发展，现代体育已成为一种影响广泛的全球性文化活动。现代体育比赛的内涵更加明确，外延更加丰富、深刻，充满了时代精神和人生的哲理。因此，作为文化层次较高的大学生，把欣赏体育比赛仅仅当作娱乐活动是不够的，还应在欣赏中深入地思考，使我们的观念、思维、情趣等都能得到启迪和升华。

从技术、战术等多角度来欣赏体育比赛可以得到美的享受，这主要是体育比赛洋溢着形式的外在美。那么，我们从体育比赛的多方位、多层面来欣赏就会感受到一种无形的内在美。运动员经过长期科学、艰苦地训练和多次临场比赛的经验积累，有的已达到或接近尽善尽美的程度而获得成功时，他们发自内心的巨大快感、自豪感和自我价值以及愿望完全实现的幸福感，旁观者也会有所感受。当我们的欣赏水平和审美能力进一步提高时，体育比赛中某些似乎不美甚至残酷的东西，如汗水、泪水、血迹、损伤，以及那些历尽千辛、奋发进取、顽强拼搏而最后却榜上无名的失败者也会被我们所认可、理解和欣赏，并融化在我们的审美范围之内。

二、对不同运动项目的欣赏

随着竞技体育的广泛发展，有利于体育竞赛的运动项目也日益增多，它们以其不同的竞赛规则、独有的竞技方式和表现风格，吸引着世界数以亿计的观众，为我们提供了丰富的文化、艺术享受内容。显而易见，要对如此众多的运动项目作全面介绍，实在是件很难的事。但无论是怎样形式的运动项目竞赛，都有其共性。在我们欣赏体育的时候，无不被运动员在比赛或表演中动作的美、力量的美、速度的美、战术巧妙运用以及运动员们顽强拼搏、团结协作的优良品质所吸引。

（一）欣赏测量类项目

当欣赏测量类项目时，此类项目的共性是以高度、远度、重量和通过一定距离所需要的时间确定比赛成绩的，因此具有最大限度克服生理障碍、挖掘人体潜能的特点。

（二）欣赏评分类项目

欣赏评分类项目是按一定标准，对完成动作质量进行评分确定比赛成绩的项目，包括竞技体操、艺术体操、竞技健美操、技巧、健美、跳水、花样滑冰、花样游泳等。它们以一连串的动作组合为基本的表现形式，具有空间运动、动静变换、神形兼备等特点。观赏这类运动项目的比赛，应把动作准确、娴熟、协调、完美放在首位，注意编排结构、艺术造型和完整套路的变化，并从中领悟刚柔相济以及蕴含于风姿绰约中的内在魅力。

（三）欣赏得分类项目

得分类项目是根据规则按每局得分达到规定数目确定比赛胜负的项目，包括乒乓球、羽毛球、网球、排球等。由于比赛双方各占场地一方，隔网相对，并根据得失分转换，速度较快，具有运动员可在重新发球或接发球间歇中有较充裕时间思考的特点。观众应针对性地欣赏攻、防技术和战术的应用，注意观察运动员的想象力、创造性和心理自制能力。

（四）欣赏命中类项目

命中类项目是以命中目标数确定比赛成绩的项目，包括设防型和无防型两个分类。

1. 设防型项目

在设防型项目中，运动员通常按技术规范和事先布置的战术，在规则的严格控制下参与比赛，具有直接对抗、攻防变换、竞争激烈等特点。为了取得比赛胜利，运动员的个人技术和体力固然重要，但更强调勇敢顽强、集体配合和战术意识，其中包括观察、判断和预测能力，如篮球、足球等项目，具有较强的观赏性。

2. 无防型项目

无防型项目是在无人防守、干扰的情况下，运动员凭借个人技术和体力优势，以命中目标多少计算成绩的项目，具有单兵作战、内紧外松的特点。沉着冷静、耐心细致、意念集中是取胜的关键，如射击、斯诺克台球等。

（五）欣赏制胜类项目

制胜类项目决定成绩的方法比较特殊，它既含命中对方而得分的因素，又可直接制服对手而获胜。如在欣赏拳击项目比赛时，要欣赏运动员是如何利用各种组合拳突然向对方发起进攻，并给予对手致命一击的精彩场面；在欣赏摔跤项目比赛时，主要欣赏在攻防中采用的过胸摔、过背摔、跪撑、搭桥等技巧，以及运动员的个人“绝技”和顽强的意志品质；在欣赏柔道项目比赛时，主要欣赏运动员如何占据合理位置，使用关节技、绞技、固技和巧劲，摔倒并制服对手的精彩场面。

思考题

1. 简述体育欣赏的意义。
2. 体育欣赏的方法有哪些？

第七章　田径运动

第一节　跑

一、短距离跑（短跑）

短跑是田径运动的基础项目。它具有速度快、时间短、强度大的特点，是典型的以无氧代谢为主的运动项目。它包括60米、100米、200米、400米。短距离跑全程技术可分为起跑、起跑后的加速跑、途中跑和终点跑四个紧密相连的部分。

短　跑

（一）起　跑

起跑的任务是对发令信号做出迅速的反应，使身体迅速摆脱静止状态并获得一个较大的向前冲力，为起跑后的加速跑创造有利条件。《田径竞赛规则》规定，400米（含）以下的短跑比赛必须使用起跑器，采用蹲踞式起跑。无论采用哪种方式，都应从运动员的实际情况出发，以能发挥最大肌肉力量、获得最大起跑速度为原则。

起跑过程包括“各就位”“预备”和鸣枪三个环节。

听到“各就位”口令后，运动员在起跑器前下蹲，两脚放置在起跑器上，脚尖触地，有力腿在前，后膝跪地，两手于起跑线后撑地，两肩前移，身体放松，目视前下方40～50厘米处。

听到“预备”口令时，两脚紧贴起跑器，慢慢提臀并稍高于肩，身体重心前移，重心主要落在两臂和前腿之间，注意力高度集中等待发令枪声。

听到枪声后，两手迅速离地，屈肘做有力的前后摆臂，两脚用力蹬起跑器。后腿迅速向前摆出，同时前腿充分蹬直，身体保持较大的前倾角度向前冲出，如图7–1–1所示。

图 7–1–1

（二）起跑后加速跑

起跑后加速跑是指从前脚蹬离起跑器而进入途中跑之前这一段距离。其任务是在较短的距离内（通常在20米左右），尽快发挥较高速度，迅速转入途中跑。起跑后加速跑技术要求三个“逐渐”：步长逐渐加大、上体逐渐抬起、两脚落点逐渐靠近一条直线，如图7–1–2所示。

图 7–1–2

（三）途中跑

途中跑是短跑全程跑中距离最长、速度最快的一段，其任务是继续发挥并保持高速度跑。跑的动作结构分为后蹬与前摆、腾空、着地缓冲等阶段。在跑的过程中，要求动作轻松、有力、协调自然、幅度大、频率快、重心平衡、直线性好，如图7–1–3所示。

图 7–1–3

（四）终点跑

终点跑包括终点冲刺和撞线，其任务是尽力保持途中跑的高速度跑过终点。在距离终点15 ~ 20米时，上体前倾，增强后蹬力，同时加大摆臂幅度和速度。在距离终点线最后一步时，上体前倾，用胸部或肩部撞线。过终点线后调整步频和步幅，逐渐减速，以免发生伤害事故。

（五）弯道跑技术特点

短跑中的200米和400米，有一半以上距离是在弯道上跑进的，与直道相比，弯道跑技术有相应变化。

（1）弯道起跑和起跑后加速跑的技术特点：为了便于加速，起跑后应尽可能有一段直线跑进距离。因此，弯道跑时起跑器的安装位置应靠近外侧分道线并正对里侧分道线的切点方向。起跑时，右手撑在起跑线后，左手撑在起跑线后5～10厘米处。起跑后的加速跑阶段，上体要早些抬起，以利于跑入弯道时和在继续跑进中保持身体平衡。

（2）弯道跑的技术特点：弯道跑时，为了产生一定的向心力，整个身体应向内倾斜。摆动腿前摆时，左膝稍向外展，右膝稍向内扣，并加大右腿前摆的幅度。左脚以前脚掌外侧着地，右脚以前脚掌内侧着地。左臂摆动幅度较小，靠近体侧摆动。右臂摆动幅度和力量都稍大，且前摆时稍向左前方，后摆时肘关节稍向外。弯道技术中身体内倾程度与跑的速度和弯道半径有关，速度越快、弯道半径越小，则身体倾斜及其他技术变化程度越大。

（六）练习方法

（1）起跑练习：听信号起跑，并加速跑30～40米。

（2）原地弓步前后摆臂练习：两脚前后站立，上体稍前倾，肩部、手腕放松，大小臂约成90° 弯曲，以肩关节为轴，以大臂发力前后有力摆动。

（3）小步跑练习：身体稍前倾，大腿抬起与水平线成35° ～45° 角，膝关节放松，然后大腿下压、小腿顺下压地惯性前伸，并很快以前脚掌积极着地，脚趾完成最后“扒地”动作；两臂前后摆动配合两腿动作，小步跑要求步幅小、频率快而放松。小腿自然伸开用前脚掌着地，支撑腿充分伸展，骨盆前送。两臂前后摆动。

（4）高抬腿跑练习：上体正直稍前倾，大腿高抬与上体成直角，小腿放松与大腿自然折叠。蹬地腿的髋、膝、踝关节充分伸直，髋部前送。落地时大腿积极下压，用前脚掌着地。两臂自然前后摆动。身体重心要提起。

（5）后蹬腿跑：上体稍前倾，支撑腿后蹬并充分蹬直，而摆动腿膝关节领先向前摆出，然后大腿积极下压，用前脚掌着地，两臂前后摆动配合两腿动作。

（6）加速跑练习：以最快的速度完成一定的距离（一般为30米或50米），也可采用顺风跑进行练习。

（7）终点跑技术练习：中速、快速跑20～30米，体会上体前倾冲刺撞线的感觉。

二、接力跑

接力跑是田径径赛项目中以规定人数、限定距离并以接力棒为传接工具的集体项目。接力比赛是田径运动赛场上最引人关注和令人兴奋的项目，由于是在高速运动中完成传接棒的任务，队员间配合默契、团结协作、相互鼓励是非常重要的。接力跑成绩的好坏，不仅决定于每个队员跑的成绩，而且在很大程度上取决于队员之间的密切配合和传接棒技术的好坏。

（一）4×100 米接力跑技术

接力跑

1. 起　跑

（1）持棒起跑：第1棒运动员采用蹲踞式起跑，通常用右手持棒，以中指、无名指和小指握住棒的末端，用大拇指和食指分开撑地，但接力棒不得触及起跑线或起跑线前的地面。起跑技术与短跑的起跑技术基本相同，如图7–1–4所示。

（2）接棒人起跑：第2、3、4棒运动员在预跑线以内自己预先确定的起跑位置上，用站立式或一手撑地的半蹲踞式起跑。第2、4棒运动员应站在各自跑道的外侧用左手准备接棒，第3棒运动员站在自己跑道的内侧用右手准备接棒，如图7–1–5所示。

图 7–1–4

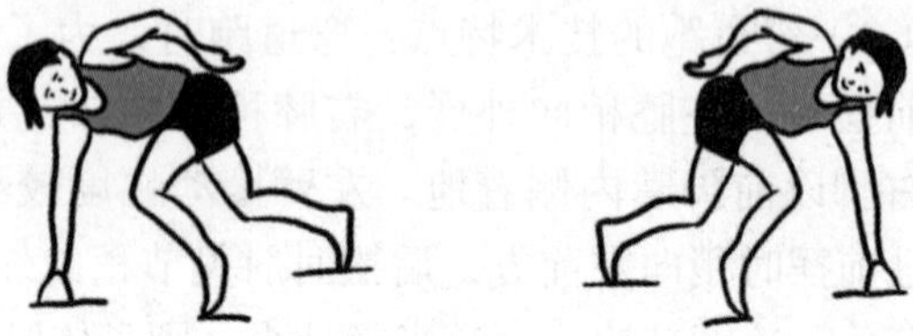

图 7–1–5

2. 传接棒方法

传接棒的方法有上挑式和下压式两种。

（1）上挑式：接棒人的手臂自然向后伸出，掌心向后，虎口张开朝下，传棒人将棒由下向上传入接棒人的手中。这种传接棒方法的优点是传接棒运动员的手臂动作比较自然，因而传接棒速度快，并容易掌握。缺点是接棒运动员接棒后，手已握在接力棒的中段或前段，不利于下一棒的传接，并容易造成掉棒，如图7–1–6所示。

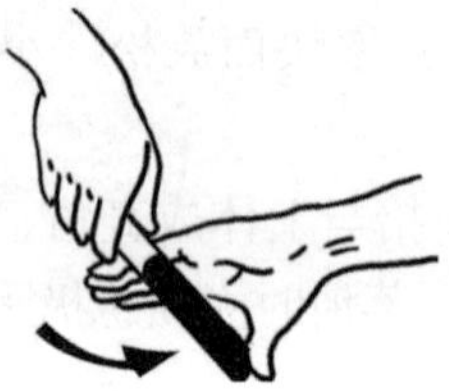

图 7–1–6

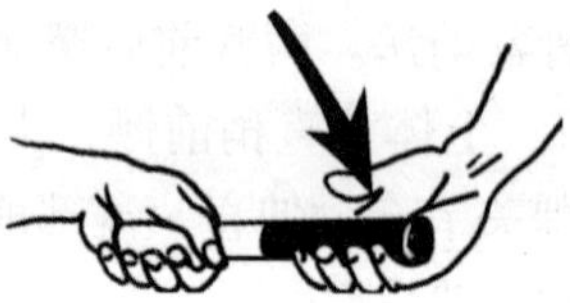

图 7–1–7

（2）下压式：接棒人的手臂后伸，掌心向上，虎口张开朝后，拇指向内，其余四指并拢向外，传棒人将棒前端由上向前下方传入接棒人手中。这种传接棒方法的优点是接棒人接棒时握住棒的一端，在下一次传棒时就把棒的另一端送到接棒人手中，能够充分利用接力棒的长度和接棒运动员手臂的长度，如图7–1–7所示。

3. 传接棒的时机与位置

传接棒应该在传棒人跑速不下降和接棒人已发挥出接近自己最高跑速，两人相距约1. 50米，跑速相等的瞬间完成。这个时机的位置应在距接力区前沿4 ~ 5米处为宜。

（二）4×400 米接力跑的技术特点

第1棒运动员用蹲踞式起跑，第2、3、4棒运动员用站立式起跑。传接棒方法可采用上挑式，也可以采用下压式，但都是右手传棒、左手接棒。因此，第2、3棒运动员在途中跑时，应将接力棒由左手换到右手。

（三）练习方法

（1）原地传接棒练习：两人配合在原地做上挑式和下压式传接棒练习。

（2）慢跑、中速跑传接棒练习。

（3）接力区内传接棒练习。

三、中长跑

中长跑

中长跑是耐力性较强的项目，它要求运动员能在较长的时间内保持较高的速度。中长跑能力的提高以一般耐力练习为训练内容，可改善呼吸系统和心血管系统的功能，促进代谢，并通过重复跑、变速跑等练习提高速度耐力。

中长距离跑简称中长跑，是指800～10000米距离的跑。中跑的比赛项目有800米、1500米和3000米，长跑的比赛项目有5000米、10000米、马拉松和3000米障碍赛。中长跑是以有氧代谢为主的耐力性和周期性的运动项目，作为竞技项目出现，已有100多年的历史，开始只重视提高耐力，采用较大步幅的“摆动式”跑法。发展至今，除了重视耐力外，对速度的要求越来越高。现代中长跑技术已朝着步频加快、步幅相对缩短、节奏性强，尽量减少能量消耗的方向发展。

中长跑还是一项具有较大健身价值的运动项目。经常参加中长跑锻炼，能提高呼吸、循环系统的机能，发展耐力素质，培养坚毅、顽强的意志和克服困难的精神。现代医学观察和研究证明，中长跑还具有预防和治疗某些慢性疾病、增强体质、提高健康水平和延年益寿的作用。由于中长跑锻炼不受性别、年龄、场地、器材、季节等条件的限制，在世界范围内群众性的健康长跑得到了广泛开展。

（一）中长跑技术

中长跑采用站立式起跑。起跑过程经历两个口令：“各就位”和鸣枪。运动员先在起跑线后大约1米远的集合线处等候，发令员喊“各就位”后走至起跑线后。两脚前后开立，有力脚在前，脚尖紧靠起跑线后沿，上体前倾，目视前面4～5米处，两膝弯曲，两臂自然一前一后，身体重心主要落在前脚上，身体保持稳定姿势。“鸣枪”后，两脚向后用力蹬地，后面的腿迅速前摆，两臂配合两腿快速、有力摆动，使身体迅速向前冲出。

起跑后应达到预定的速度，并占据有利于发挥自己战术的位置，然后转入匀速、有节奏的途中跑。

途中跑时要注意动作轻快、步伐均匀，既要注意动作的实效，又要注意体力的节省。跑进过程中脚着地有两种方法：一种是用前脚掌着地；另一种是用全脚掌着地，由屈膝缓冲很快过渡到前脚掌。快到终点时，运动员根据自己的训练水平确定冲刺的距离和速度，要以全部的力量，以顽强的拼搏精神向终点冲刺，获得更好的成绩。

（二）中长跑呼吸方法

中长跑距离长，对氧的需求量大。因此，正确的呼吸方法对改善氧气供应条件、增强血液循环速度、提高跑的能力起着重要作用。

中长跑一般采用口和鼻同时呼吸，呼吸的节奏要与跑的节奏配合，一般按步伐节奏3步1

吸、3步1呼或2步1吸、2步1呼的呼吸方法。具体采用哪种方式根据个人的情况而定。

（三）练习方法

（1）变速跑：根据实际情况安排不同距离快慢相结合的跑的练习。一般是快的距离大于慢的距离。

（2）重复跑：在训练中可使用变化距离或相同距离的重复跑训练，如2×150米，休息3分钟；5×200米，休息5分钟等。

（3）间歇跑：采用的距离以100～400米为宜，练习强度以练习后脉搏达到180次/分为宜，当脉搏恢复到120～140次/分时，即可开始第二次练习。

（4）匀速跑。根据专项要求，在一定的距离内匀速跑进。

四、跨栏跑

跨栏跑是技术较复杂、锻炼价值较高的短距离竞赛项目。它是在快速的奔跑中，连续跨过规定数量、高度的栏架的竞赛项目。练习跨栏，能培养勇敢、顽强、果断、机智等意志品质和不屈不挠、勇于克服困难的精神。

跨栏跑是由障碍跑演进而来的，起源于牧羊人的劳动和生活。我国跨栏跑运动经历了较长时间的发展。我国第一个男子110米栏的全国纪录是1956年周连立创造的，成绩仅为16.6秒。1991年，李彤在第3届世界田径锦标赛获男子110米跨栏跑的第8名，以13.37秒的成绩列为当年世界第10名。在2006年瑞士洛桑田径超级大奖赛上，刘翔以12.88秒的成绩刷新了这个项目的世界纪录，并获得金牌。2008年，该纪录被古巴小将罗伯斯以12.87秒的成绩打破。2012年，美国人梅里特以12.80秒的成绩打破世界纪录。

（一）跨栏跑技术

1. 直道栏技术（男子110米栏和女子100米栏技术）

（1）起跑和第一栏前的加速跑：迅速而准确地起跑和加速跑在全程跨栏跑中占有重要地位，起跑的任务不仅是尽快地发挥速度，而且要在加速跑中顺利地跨过第一架栏，为建立良好节奏打下基础。大多数运动员从起跑线到跨第一栏要用8步，此时将起跨腿放在前起跑器踏板上。步幅大、速度快的运动员起跑时应把摆动腿放在前起跑器踏板上。跨栏运动员必须在起跑后第4～5步形成正常的途中跑姿势。因为受第一栏前固定距离和固定步数的制约，步频是这段距离速度的决定因素。

（2）过栏：是在高速跑中完成“跨栏步”动作，包括起跨、腾空和下栏着地等动作阶段。合理的过栏技术节时省力、速度快，并能为栏间跑创造有利条件，应符合以下几点要求：第一，过栏速度虽低于栏间跑速度，但相差不大，跑与跨动作连贯，有良好节奏。第二，起跨时减小腾空角度以获得较大的水平速度，缩短腾空时间。第三，起跨和栏后着地保持高姿支撑，减小栏间跑与过栏时身体重心的起伏。第四，动作连贯、积极、协调、平衡，符合直线性要求，既有一定动作幅度又有较高的速度，如图7-1-8所示。

（3）栏间跑：栏间跑必须保持良好的短跑技术，但此时的加速度是靠步频来完成的。栏间三步的节奏是第一步小、第二步最大、第三步小于第二步。

（4）冲刺跑：运动员跨过最后一栏后应保持良好的短跑姿势冲过终点。

图 7–1–8

2. 弯道栏技术（男、女400米栏技术）

（1）起跑到第一栏前的加速跑：同400米跑的起跑姿势。从起跑到第一栏通常要用22 ~ 26步，保持较准确的步长以适合自己的速度跨过栏架，对全程跑有重要意义。

（2）过栏：运动员过栏时身体前倾角度较小，因为全过程跑的距离较长，过栏时节省体力的要求更为突出，跨栏步的大小因运动员技术水平和栏间跑步数不同而有明显差别。一般起跨点在2.10 ~ 2. 30米，下栏点在1. 5米左右。

（3）栏间跑技术：大多数男运动员栏间跑15步，女运动员栏间跑17步。栏前3步和栏后3步必须稳定准确。调整步子不应在这几步中进行。

（4）全程跑及速度分配：在保持栏间合理节奏和顺利过栏的前提下，全程采用匀速跑，对全程跑的成绩比较有利，前、后200米的速度差保持在2 ~ 3秒。

（二）练习方法

1. 摆动腿屈腿摆动和直腿下栏的技术（原地和行进中做“摆压”练习）

（1）原地攻摆练习：栏前直立，面对栏架，摆动腿屈膝高抬大腿，膝超过栏板高度，迅速前摆小腿，接着积极下压大腿，使脚靠近栏板下落，摆动腿直腿还原，熟练后连续做。

（2）走步行进中做摆动腿“鞭打”攻摆动作，强调大腿高抬下压，熟练后走一步完成一次。

（3）先进行走步行进练习，之后在慢跑中做摆动腿经栏上（起跨腿不过栏）的鞭打练习。

2. 学习起跨腿过栏技术

（1）原地提拉起跨腿过栏：双手扶肋木（或墙壁）站立，在体侧距肋木（或墙壁）1 ~ 1. 2米处横放一个架栏，做起跨腿提拉练习。也可将栏架纵放，栏板由低向高斜向放置，起跨腿经栏上做滑行提拉动作。

（2）走动中连续做“跨栏步”。

（3）慢跑中做起跨腿栏侧过栏，可逐渐减少步数，如5步—3步—1步。

3. 学习有节奏的跨栏跑

（1）缩短栏间距离，用3步或5步跨跑过放倒的栏架，弯道栏练习5步、7步过栏。

（2）用8 ~ 9步助跑4 ~ 5个低栏架，可尝试不同的栏间距离。

（3）同上，逐渐过渡到标准栏高。

4. 改进全程跨栏跑完整技术

（1）站立式或蹲踞式起跑跨过缩短栏间距离的6 ~ 8栏。

（2）站立式或蹲踞式起跑跨过降低高度的5 ~ 8栏。

（3）标准栏高的半程反复跨栏跑。

第二节　跳

一、跳　高

背越式跳高

早在1864年，英国就把跳高列为正式比赛项目。背越式跳高已被公认为最先进的跳高技术。目前，男子跳高世界纪录为2.45米，由古巴运动员索托马约尔创造。女子跳高世界纪录为2.09米，由保加利亚运动员斯·科斯塔迪诺娃保持。

我国跳高运动员在世界跳高史上也曾取得辉煌的成绩。1957年，我国运动员郑凤荣以剪式越过1.77米，创造了当时的女子跳高世界纪录。1970年，倪志钦用俯卧式以2.29米的成绩改写了当时的男子跳高世界纪录。1983年—1984年，朱建华采用背越式接连创造了2.37米、2.38米、2.39米的世界纪录。

（一）跳高的技术分析及动作要领

跳高是田径运动中克服垂直障碍的跳跃项目。完整的跳高技术可以分为：助跑、起跳、腾空过杆和落地四个部分，如图7-2-1所示。

图 7-2-1

1. 助　跑

助跑的目的是使运动员以一种与自己的力量和技术相协调的速度进入最理想的起跳位置。

助跑的作用是为了获得一定的水平速度，借以提高起跳的速度，增强起跳的力量，并为起跳创造有利条件。

（1）跨越式跳高：助跑是直线助跑并且与横杆成35° ～ 45° 角，起跳点到横杆垂直线的距离一般在60～80厘米。助跑的步数用步法测定，即走出的步数是助跑步数的2倍减2。

（2）背越式跳高：其助跑的路线一般呈“J”形，即直线加弧线。背越式跳高丈量步点的方法是“走步丈量弧线法”。

2. 起　跳

起跳的任务是充分利用助跑的水平速度，使人体获得最大的腾起高度，为过杆创造有利条件。

（1）跨越式跳高的起跳，采用的是直腿摆动。起跳时，为了更好地向上起跳，发挥制动作用，在起跳前最后一步，上体要后仰，并且将起跳脚向前踏在身前。左脚起跳得从右侧助跑，右脚起跳得从左侧助跑。

（2）背越式跳高的起跳，采用屈腿摆动。背越式跳高用远离横杆的脚起跳，起跳时用起跳脚跟外侧先接触地面向前滚动并全脚着地，结合起跳腿的蹬伸，摆动腿的髋带动大腿迅速向前方异侧肩方向屈膝摆动，带动骨盆扭转。同时，两臂配合腿的动作向上提肩提髋摆臂。

3. 过杆与落地

在最大限度获得腾空高度的情况下，以最有利的姿势，使身体各部位依次合理地越过横杆。不论采取哪种跳高技术，运动员在空中的运动情况主要是由起跳的性质（腾空瞬间的重心高度、速度和角动量）直接决定的。

落地技术在跳高中对成绩虽然没有直接影响，但是合理的落地技术可以使身体得到较好的缓冲，减轻冲击，避免受伤，节省体力。同时，掌握了正确的落地技术，过杆时不犹豫，能够集中精力做好起跳和过杆动作。

（二）跳高技术练习步骤和方法

（1）学习起跳技术，先学习迈起跳腿、摆动腿和摆臂等分解动作，然后学习起跳时各部位动作的配合技术。

（2）学习起跳前的最后两步助跑、再与起跳的动作相结合，然后逐渐延长助跑的距离，使助跑技术与起跳技术紧密结合起来。还可以将整个助跑分段单独进行练习。

（3）学习自己选定的过杆姿势。学习哪一种过杆技术，主要是根据助跑与起跳技术掌握的程度，特别是起跳技术和身体素质的水平，因为起跳与过杆是互相关联的，许多过杆技术的错误往往是起跳技术不正确引起的。

（4）延长助跑距离，并且把这个距离固定下来，确定助跑节奏，改进各个阶段的技术细节。

二、跳　远

挺身式跳远

跳远是在田径运动中开展最早的项目之一。跳远能发展人的速度、弹跳力和灵巧性。

在男子跳远史上，最伟大、最有影响的人物是美国的欧文斯和比蒙。欧文斯在20世纪30年代用蹲踞式首破8米大关，以8.13米创造世界纪录，并保持了25年；比蒙在1968年墨西哥奥运会上，用走步式奇迹般地跳出8.90米的世界纪录，并保持了

23年，直到1991年8月30日在东京奥运会上才被美国的麦克·鲍威尔以8.95米打破。

（一）跳远的技术分析及动作要领

一般的跳远方式可分为蹲踞式、挺身式、走步式等。跳远技术由助跑、踏跳、腾空和落地四个部分组成，如图7–2–2所示。

图 7–2–2

1. 助跑和步点丈量

正确合理的助跑技术，能够最大限度地发挥水平速度，并使之与快速踏跳技术相结合，以获得最大腾空初速度和腾起角度，要求助跑快、跨板准、动作稳。

（1）预备姿势：助跑出发前的预备姿势直接影响助跑的稳定性与准确性。出发时的预备姿势有两种：一是站立式起动出发，二是走几步或走跳结合踩上第一标志点开始。

（2）设置标志：设置标志的目的，是为了作为跳完以后检查助跑是否正确的一种标志，而不应作为助跑时调整自己步伐的标志。

（3）助跑距离的选择：助跑距离的选择要根据个人的加速能力来调整确定，高水平运动员助跑距离有延长的趋势。这是根据在起跳的一瞬间，助跑速度必须达到最大速度这一需要而定的。

助跑距离的标准：男子为35～40米（18～24步）；女子为25～35米（16～20步）；大学生为20～30米（14～16步）。

（4）助跑节奏：助跑节奏主要是指跳远运动员发挥助跑水平速度到最高速度，并合理地与快速起跳相结合的能力与方式。一种方式是助跑一开始就积极加速，另一种方式是逐渐平稳地增加跑速。

（5）助跑距离有两种丈量方法：一种是踏跳板前沿开始，以站立式起跑姿势，向助跑起点按助跑的节奏和速度跑至所需的步数，最后一步（起跳脚落地点）即为起点，然后从此标记以同样节奏、速度、步数进行反复练习调整，确定助跑距离；另一种是练习者先根据自身的速度水平，在跑道上或助跑道上试跑，确定适合的步数后丈量出助跑距离，并以此距离在助跑道上反复练习、调试并作最后确定。

2. 起　跳

起跳是在助跑时获得的身体的水平速度、向前的惯性尽量少受损失的条件下，发挥最大起跳力量，加强上升速度，达到最高的高度。起跳前的最后一步要小些，为摆动腿的积极蹬摆和起跳腿的积极下压打好基础。

3. **腾　空**

腾空的任务是保持身体平衡，防止回旋和后倒，为合理地伸腿落地创造条件。在动作技术上要保持上体正直、腿臂协调配合，在起跳后，摆动腿高抬前移，小腿放松，膝部弯曲，起跳腿留在身后，上体伸直，髋关节向前送出，两臂继续做踏跳动作，保持着身体在空中的平衡。

4. **落　地**

跳远的最佳落地应该是充分利用身体重心的腾空抛物线轨迹使两脚落得更远；尽可能加大脚与重心之间的水平距离；着地时身体不后倒。落地方法有两种：折叠式和滑坐式。

（二）跳远的练习步骤和方法

（1）学习助跑技术：自然放松，逐渐加速，最后几步加快步频，步点准确。

（2）学习起跳技术：起跳脚踏上起跳标志后，体会蹬伸用力起跳，摆臂摆腿配合。

（3）学习腾空技术：腾空步后，起跳腿向前上方提举，身体呈团身蹲踞姿势落地练习。

（4）短距离助跑起跳成腾空步后，起跳腿向摆动腿靠拢，双腿越过一定的高度（横拉的皮筋或栏架），然后落入沙坑。

（5）进行中程和全程助跑蹲踞式跳远练习，体会完整的技术动作。

第三节　投

一、投实心球

（一）握球与持球

双手持球于头后，两脚开立，原地双手用力将实心球从头后向前抛出。握球和持球是抛实心球完整技术的组成部分，对抛实心球的方向、力量和速度都有影响。练习中要充分发挥手指力量对实心球的作用，保证球的稳定性，尽力控制球的方向。

1. **握　球**

双手五指自然分开，手型呈半球状，将实心球完全放在手掌中，两手大拇指相对，小指护于实心球底部，这样可以防止球滑动，利于手指用力。

2. **持　球**

将球握好，持于体前下方，双臂伸直放松，预摆后将球持于头后，肩关节尽可能后伸，肘关节弯曲放松。

（二）技术要点

1. **站　位**

站位的正确与否将直接影响技术的发挥，因此，站位要正确。站位分为两种：两脚前后站位，两脚与肩同宽，重心落在后腿上，这种站法有利于全身协调用力；两脚左右站立，与肩同宽，重心在两腿上，这种站法要求腰腹力量好。

2. 支　撑

支撑要求牢固，便于腿部发力，双脚不能离开地面；蹬地时，两腿稍弯曲，前后站位，后腿要发力蹬地，蹬地方向应和发力方向一致。

3. 发　力

发力包括“送”“挺”和“挥打”三个动作。送：包括发力时送髋、上体向前送、手臂在发力前应向头后远端送，以加大做功半径。挺：在发力后胸部充分前挺，使人上体与球形成“超越器械”。挥打：要求两臂特别是小臂快速挥动将实心球从头的上方“打”出，要求以胸带臂快速有力。

4. 避免出线犯规

站位时前脚与投掷线之间留一定距离。球出手后，以前脚用力制动和支撑。

二、推铅球

（一）握球与持球

背向滑步推铅球

握球和持球是推铅球完整技术的组成部分，对推铅球的方向、力量、速度都有一定影响。正确握球和持球可以充分发挥手指、腕关节力量，保持球的稳定性。

1. 握球的方法

五指自然分开，把铅球放在食指、中指和无名指的指根上，大拇指和小指扶于球的两侧，手腕背屈，这样可以防止球体滑动，便于手指及手腕充分用力。手指、手腕力量差的人可以采用食指、中指和无名指靠拢，大拇指和小指扶球两侧的握法，这种握法可免于推球时挫伤手指，是女同学更多采用的握法。

2. 持　球

握球后，将球放在锁骨窝处，贴着颈部，右臂屈肘，掌心向前，持球臂的大臂同肩齐平或略低于肩，如图7–3–1所示。

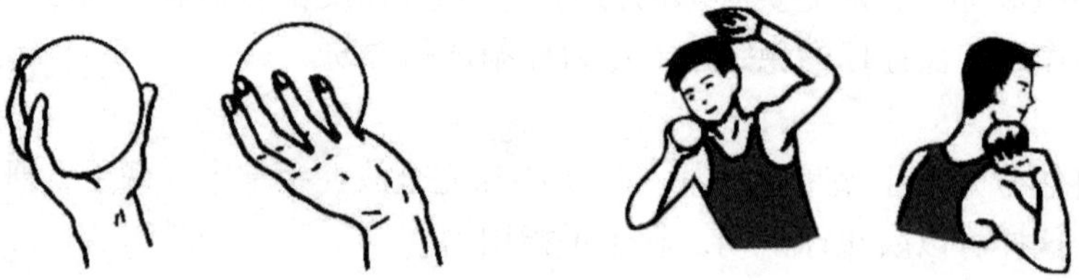

图 7–3–1

（二）预备姿势

预备姿势是推铅球的准备动作，它对后面技术的运用起着很重要的作用。身体侧对投掷方向，两腿开立与肩同宽，左脚脚尖和右脚脚跟在一条直线上，右腿自然放松弯曲，身体向右扭紧，重心落在右腿上，略低头含胸，左臂自然上举，两眼看正前方2～3米远的地方。身体应自然放松，上体稍向右倾倒而与下肢保持扭紧状态，为最后用力做准备。

（三）用力姿势

推球时，右腿快速有力地蹬地、送髋，上体和髋转向投掷方向。上体抬起，在转髋之后重心移至前腿时，左臂向体侧摆动，转头展胸，躯干做鞭打动作，右肩积极前送，右臂快速有力推球。当球即将出手时，快速有力地屈腕，手指拨球，加快出手速度。推球角度一般是38° ~42° 。

铅球离手后，两腿交换弯曲，降低重心，缓冲向前冲力，维持身体平衡，防止出圈犯规。

【侧向滑步推铅球技术】

滑步是为了更好地使球获得尽可能大的水平速度，并为最后用力创造条件，是提高成绩所必须掌握的技术。滑步和原地技术又是紧密相连的。不论如何滑步，最后都要回到原地推这个技术动作上来，才能完成推铅球的过程。因此，在学习中要注意两者的有机结合。

1. 基本技术

（1）握球和持球：同原地推铅球技术。

（2）预备姿势：高姿势和低姿势两种。

① 高姿势：持球后，身体侧对投掷区，站在投掷圈后沿，两脚开立30 ~ 40厘米。右脚外侧靠近投掷圈内沿，左脚尖着地，膝部自然弯曲。上体正直放松，左臂自然上举，重心落在右腿上。

② 低姿势：两脚左右开立，略宽于肩。两腿弯曲，上体前屈。其余同上。

（3）滑步：在滑步前，左腿可做1 ~ 2次的预摆，然后左腿平稳缓慢地向上摆起，右腿弯曲。无论高姿势或低姿势，当左腿回收向右腿靠近时，臀部微向投掷方向移动，使身体重心移离支撑点，便于滑步和避免在滑步中身体起伏。此时，左腿快速有力地向抵趾板方向摆出，同时右腿蹬地，推动身体移动。左腿快速摆动和右腿用力蹬伸动作要协调配合。右腿蹬地后，迅速拉收右腿，膝和大腿内扣，前脚掌落在圆圈中心附近，与投掷方向成90° 角。右腿落地后，左腿积极下落，脚尖稍向外转，带动髋部微向左移动，左脚前脚掌内侧与投掷方向约成45° 角。两脚着地，相隔时间越短越好，保证迅速过渡到最后用力。两脚着地后，距离稍宽于肩，左脚尖与右脚跟在一条直线上，这样有利于两脚支撑，充分发挥蹬地力量。

在滑步中，左臂和左肩内扣，头部始终保持原有姿势，切勿向左转动，保持上体与下肢处于扭紧状态，重心起伏要小，身体在滑步中要平稳。

（4）最后用力：是推铅球技术的关键之一，与滑步紧密相连，其任务是充分利用滑步所获得的速度，结合最后用力中身体各部分发挥的力量，通过臂、手腕和手指作用于铅球上。其要领为：最后用力与滑步紧密结合，不能停顿。身体各部分用力顺序要正确、连贯。左侧支撑要牢固，保证躯干“鞭打”动作效果。动作结构应做到滑步结束后，身体努力保持原地预备状态，重复原地推球动作，如图7–3–2所示。

图 7–3–2

图 7-3-2（续）

2. **练习方法**

在进行滑步练习时，要注意与原地推铅球技术相结合练习，才能保证动作质量和练习的效果，两者相辅相成，紧密衔接。

（1）徒手练习法。

① 低姿势预备姿势，做左腿的收摆练习（原地）。

② 低姿势预备姿势，做左腿收摆带动身体前移，重心落在两腿之间。

③ 拉收右腿练习，低姿势，右腿用力向左腿着地位置快速拉收。同时，左腿向体侧迈出一步，两脚几乎同时着地，恢复到预备姿势，反复做。

④ 右腿蹬地和收腿结合左腿的收摆练习，完成滑步。

⑤ 反复做完整的侧向滑步练习。

（2）持球练习法。

① 持轻的器械做分解动作练习，体会发力要领。

② 持轻的器械做完整侧向滑步练习，结合最后用力，反复做。

③ 持标准球做完整侧向滑步推铅球技术练习（在圈内），注意用力顺序，不要犯规。

第四节　田径趣味活动

一、淘汰赛跑

【目的】发展速度耐力，提高弯道跑技术。

【准备】在一块划有直径9 ~ 12米的一个圆的场地上，在圈外划一条斜线为起跑线。

【方法】游戏开始，学生站在起跑线上。当教师发令后，可规定每人跑两圈，最后一个人被淘汰，其他人继续跑。然后再规定每人跑一圈，最后一个人被淘汰，其他人再继续跑。直到游戏进行到只剩6～8人跑时结束，最后剩下的6～8人为优胜者。（图7-4-1）

【规则】

（1）听到信号后才能跑。

（2）超越别人时，应从右边越过。

【教法建议】根据人数适当安排场地的大小和规定跑的圈数。

图 7-4-1

二、十字接力

【目的】发展速度和灵敏性。

【准备】在场地上划一个边长为10米的正方形，再将正方形的对角线划好。标杆4根，分别插在正方形的角顶处。接力棒4根。

【方法】教师可将学生分成人数相等的4个队，各成纵队，分别对准角顶处的标杆站在对角线上，各队排头的学生手持接力棒做好准备。

游戏开始，听到教师发令后，排头的学生绕过标杆沿逆时针方向绕四边形跑一圈后，将接力棒传交给本队第2人之后，站到队尾。第2人按同样的方法进行，直到全队跑完，以先跑完的队为胜。（图7-4-2）

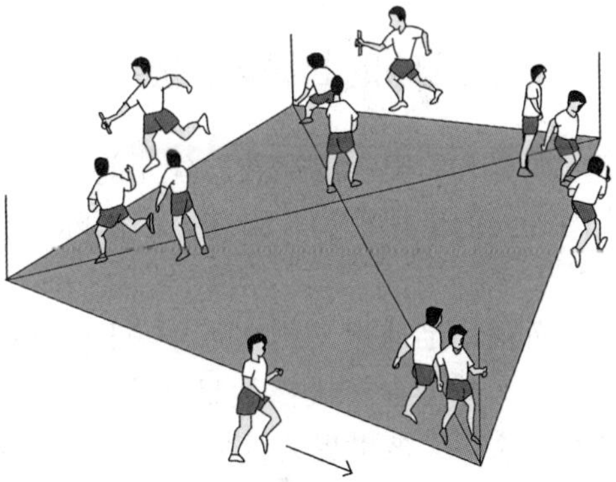

图 7-4-2

【规则】

（1）绕四边形跑时，必须依次绕过标杆的外侧跑。

（2）递交接力棒后，要迅速离开跑动路线，不得妨碍他人。

（3）超越别人时，必须从外侧绕过，不得拉撞，挡人。

（4）如果掉棒，必须由本队将棒拾起，再继续跑。

【教法建议】此游戏可以进行运球形式的接力赛。

思考题

1. 简述跑的分类及方法。

2. 跳高的动作要领及技术方法有哪些？

3. 简述推铅球的基本姿势、基本技术和练习方法。

第八章　足球运动

第一节　足球运动概述

一、足球的起源与发展

根据有关史料的记载，公元前475—公元前221年的战国时代，我国就有了古代足球运动，我国古代把足球称为“蹴鞠”。国际足联前主席布拉特先生在其所做的报告中就说明了“足球起源于中国”。

而现代足球运动则兴起于英国。1863年10月26日，由伦敦11个最主要的俱乐部和学校举行会议，并创立了英格兰足球协会，与此同时也产生了世界上第一个统一的足球规则，共有14条。这一天被世界公认为现代足球的诞生日，世界各国也公认现代足球起源于英国。

随着现代足球运动的普及和发展，各国相继成立了自己的足协。1904年5月21日，在法国巴黎的体育运动联合会总部，国际足球联合会（FIFA，简称国际足联）正式宣告成立，经过101年的发展，如今国际足联已经成为最具影响力的国际单项体育组织。

目前，国际上规模较大的足球比赛有2种：一种是由国际足球联合会举办，每4年1次的、水平最高、影响最大的世界杯足球比赛；另一种是奥林匹克运动会的足球赛。为了培养后备力量，国际足联还从1977年起，举办2年1届的世界青年足球锦标赛；从1981年起，举办世界少年足球锦标赛。

中国女足迄今为止共晋级世界杯决赛圈8次，参加女足世界杯7次1996年，在美国亚特兰大奥运会上获得亚军。2022年，中国女足在2022印度女足亚洲杯决赛中3-2击败韩国队，时隔16年再夺女足亚洲杯冠军。

二、足球的健身特点

足球运动是一项参与性极强、群众喜闻乐见的体育健身活动。在进行足球运动的过程中，可以发展速度、灵敏、耐久力、弹跳等身体素质，提高人们的神经系统及各内脏器官的生理机能，增强体质；可以培养勇敢、顽强、积极果断的品质和团队意识；人民群众参加足球运动可以放松心情，在体验足球运动乐趣的同时增加了人与人之间的交流，可愉悦身心，缓解工作及生活中的压力。

第二节 足球基本技、战术

一、足球基本技术

（一）踢 球

踢球的方法有很多种，按触击球时脚的部分可分为脚内侧、脚背外侧、脚背内侧、脚背正面、脚尖和脚跟踢球几种方法。

1. 脚内侧踢球

脚内侧踢球如图8-2-1所示。

脚内侧踢球的动作特点是触球面积大，可控性强，出球平稳准确，是短距离传球和射门常用的脚法。

动作方法：踢定位球时，直线助跑，支撑脚踏在球侧约15厘米处，膝微屈，脚趾指向出球方向。踢球腿以髋关节为轴由后向前摆动，膝踝外展，脚尖稍翘，以脚内侧部位对准来球，当膝关节接近球体上方时，小腿加速前摆，击球刹那，脚跟前顶，脚型固定，用脚内侧部位击球的后中部。

脚内侧踢球

图 8-2-1

2. 脚背正面踢球

脚背正面踢球如图8-2-2所示。

脚背正面踢球的动作特点是踢摆幅度大，动作顺畅，便于发力，但出球路线及性能缺乏变化，适用于远距离的传球和大力射门。

动作方法：踢定位球时，直线助跑，支撑脚踏在球侧约15厘米处，脚趾指向出球方向，膝微屈，眼睛注视球。在支撑脚前跨的同时，踢球腿大腿顺势后摆，小腿后屈。前摆时，大腿以髋关节为轴带动小腿前摆，当膝关节摆近球体上方时，小腿加速前摆，脚背绷直，脚趾扣紧，以脚背正面击球的后中部。击球后踢球腿顺势前摆落地。

脚背正面踢球

图 8-2-2

3. 脚背内侧踢球

脚背内侧踢球的动作特点是踢摆动作顺畅，幅度大，脚触球面积大，出球平稳有力，且性能和线路富于变化，是中远距离射门和传球的重要方法。

动作方法：踢定位球时，斜线助跑，助跑方向与出球方向约呈45°角，支撑脚踏在球侧后方约25厘米处，膝微屈，脚趾指向出球方向，重心稍倾向支撑脚一侧。在支撑脚踏地的同时，踢球腿以髋关节为轴，大腿带动小腿由外后向前内略呈弧线摆动，膝踝关节稍外旋，当膝关节摆至接近球的内侧上方时，小腿加速前摆。击球时，膝向前顶送，脚背绷直，脚趾扣紧斜下指，以脚背内侧击球的后中下部，击球后踢球腿顺势前摆着地。

脚背内侧踢球

4. 脚背外侧踢球

脚背外侧踢球的动作特点是预摆动作小、出脚快，能利用膝、踝关节的灵活变化改变出球的方向和性质，是实用性较强的技术手段。

动作方法：脚背外侧踢球的动作方法类似脚背正面踢球，只是摆踢时，脚面绷直，脚趾向内扣紧并斜下指，用脚背外侧击球的后中部，击球后踢球腿顺势前摆着地。

脚背外侧踢球

5. 学练方法

（1）模仿性练习。练习者对标志物或固定球做上步摆踢动作，也可有针对性地做分解动作练习。

要求：初步体会做动作的感觉，确立击球脚型和摆踢方式。练习中身体要放松，注意摆踢的速度节奏，控制好击球部位和脚型。

（2）踢定位球练习。可面对足球墙、网自练，也可采用各种形式的对练；练习距离可由近至远；由踢固定目标到踢活动目标。

要求：在模仿练习的基础上，加深学生对触击球的动作体会。练习时注意力应放在动作的准确性上，而不是踢球力量上。

（3）踢地滚球练习。可踢从正面、侧面或侧后方传来的地滚球；可限定脚法，也可视来球任意选用脚法练习。

要求：使学生掌握地面活动球的动作调整能力。练习时要注意观察、判断来球的速度和方向，并根据出球目标选择支撑脚位置，调整击球的速度和角度。

（4）踢空中球或反弹球练习。可对足球墙、网自抛自踢，也可2人配合，进行抛踢练习。可从正面抛球，也可从侧面抛球。

要求：培养学生踢空中球和反弹球的动作协调能力。练习时应根据来球的速度、高度或落点进行相应的动作调整，以保证准确的击球时机和部位。

（5）移动中踢球练习。可在前后左右移动中完成踢球动作；可踢地滚球，也可踢空中球；可限定脚法，也可视来球情况选择适当的脚法练习。

要求：培养学生积极移动踢球的主动性和在移动中调整踢球动作的能力。练习时要根据球的运行方向及时移动到位，移动中眼睛应始终注视球，并做好踢球的动作准备。

（二）接　球

脚内侧接地滚球　　脚内侧接空中球　　脚背正面接球

接球是指运动员有目的地用身体的合理部位把运行中的球接下来，控制在所需要的范围内，以便更好地衔接下一个技术动作。

比赛中来球性质、状态不同，所以接球应根据不同情况采用不同的动作方法。接球按触球部位可分为脚部、腿部、胸部、腹部和头部接球。

1. 脚部接球

（1）脚内侧接球：脚内侧接球技术的特点是接球平稳，可靠性强，动作灵活多变，用途广泛。

动作方法：接地滚球时，身体正对来球，判断来球的速度和方向，选好支撑脚位置，膝关节微屈。接球脚根据来球的状态相应地提起，膝、踝关节旋外，脚趾稍翘，用脚内侧对准来球，触球刹那，接球部位做相应的引撤或变向接球动作，将球控制在所需要的位置上。接反弹球时，接球腿小腿应与地面形成一定的夹角，向下做压推动作时，膝要领先，小腿滞留在后面。（图8–2–3）

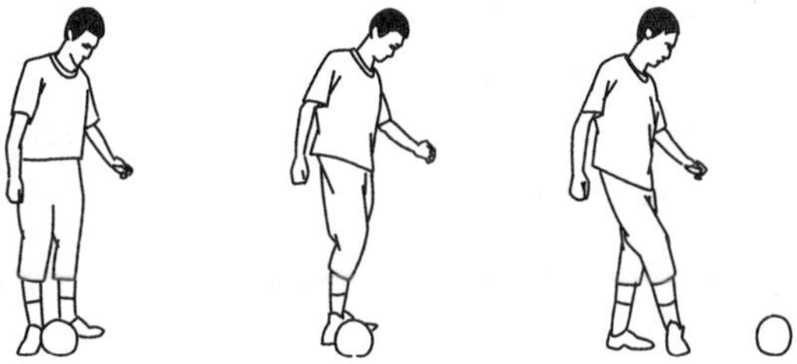

图 8–2–3

接空中球时，接球腿要屈膝提起，可根据需要采用引撤或切挡动作，并在球落地时随即将球控制住。

（2）脚背正面接球：脚背正面接球技术的特点是迎撤动作自如，关节自由度大，接球稳定，但变化较少，适于接下落球。

动作方法：身体正对来球，判断来球路线和速度，支撑脚稳固支撑，接球腿屈膝提起，以脚背正面迎球，触球刹那，接球脚引撤下放，膝、踝关节相应放松，以增强缓冲效果。（图8–2–4）

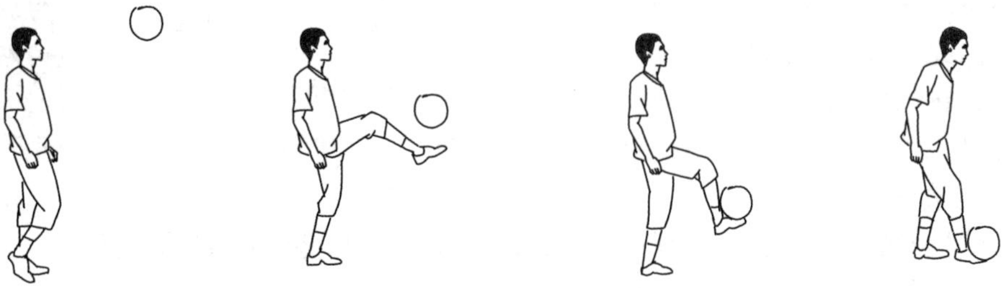

图 8–2–4

用脚背正面向体前或体侧前接球时，接球脚脚跟稍提，触球刹那踝关节适度紧张，通过触球面角度的调整，控制出球方向。欲将球接至身后时，接球脚脚尖要勾翘，踝关节适度紧张，接球刹那引撤速度要快，身体随之转动，用脚背顺势将球引至身后。

（3）脚掌接球：脚掌接球技术的特点是动作简单，控球稳定可靠，适用于接地滚球或反弹球。

动作方法：判断来球路线或落点，选好接球位置并稳固支撑，接球腿屈膝提起，脚尖微翘，使脚掌与地面形成一定的仰角，球临近或落地刹那，接球腿有控制地下放，用前脚掌部位触压球的中后部，将球控制在脚下。

采用脚掌接球时，为便于完成下一动作，通常在脚掌触压球后连带一个拉引或推送动作，使球处在需要的位置上。若要将球接向身后，多用拉引动作。欲将球控制在体前或体侧，则可用推送的方法，做这些动作时重心要随之移动。

（4）脚背外侧接球：脚背外侧接球技术的特点是动作幅度小，速度快，灵活机动，隐蔽性强。但动作难度较大，接球时常伴随假动作和转体动作，适用于接地滚球和反弹球。

动作方法：接地滚球时，判断来球状况，选好支撑脚位置，接球腿屈膝提起，膝踝关节内翻，以脚背外侧对准来球，当球临近时，接球脚以脚背外侧拨球的相应部位，将球控在所需位置上。

接反弹球时，要判断好球的落点，接球腿小腿应与地面形成一定的夹角，以膝关节领先做扣压动作，防止球的反弹。脚背外侧接球后的动作衔接速度相对较慢，因此支撑脚与接球腿的蹬摆动作要协调连贯，保证接球后身体重心随球快速跟进，缩短动作衔接时间，加快后继动作速度。

脚背外侧接地滚球

脚背外侧接反弹球

2. **胸部接球**

胸部接球技术的特点是触球点高、面积宽、接球稳定，适用于接胸部以上的高空球。

动作方法：挺胸式接球适用于接有一定弧度的高球。接球时，身体正对来球，两腿自然开立，膝微屈；两臂在体侧自然抬起，上体稍后仰与来球形成一定的角度；触球刹那，胸部主动挺送，使球触胸后向前上方弹起落于体前。（图8–2–5）

挺胸式接球

缩胸式接球适用于接齐胸的平直球。缩胸接球与挺胸接球的动作差异在于触球刹那，靠迅速收腹、缩胸缓冲来球力量，使球直接落于体前。

图 8–2–5

胸部接球的触球点高，接球后球下落反弹。因此，做完胸部动作后，需及时跟进，将球控在脚下。如要将球接向两侧时，身体在触球的刹那要向出球方向转动，带动球的变向。

缩胸式接球

3. **大腿接球**

大腿接球技术的特点是接触球部位面积大，且肌肉丰厚有弹性，动作简便易做，适用于接有一定弧度的落降高球。

动作方法：身体正对来球，选好支撑脚位置并稳固支撑，接球腿屈膝上抬，以大腿中前部对准来球。触球刹那，接球腿积极引撤下放，接球部位的肌肉保持功能性紧张，以对抗来球冲力，使球触腿后落于体前。

接力量较小的来球，还可采用大腿垫接的方法，即接球腿屈膝上抬迎球接球，触球刹那大腿相对稳定，接球部位肌肉适度紧张，将球向上垫起。用这种方法接球，可在球落地前处理球，也可待球落地后将球控在脚下。

大腿接球

4. 学练方法

（1）基本部位接球练习：脚内侧、脚背外侧、脚背正面、脚掌、大腿、胸部等接球练习。

要求：使学生全面了解和掌握6个基本部位的接球方法。注意体会不同部位接球动作的技术特征，以利于精细分化，准确掌握各部位接球技术。

（2）接地滚球练习：可规定接球部位，也可视来球情况选用相应部位接球；可将球接控在脚下或体前、体侧。

要求：发展学生接控地面球的基本能力。接球前身体要放松，脚步保持不停地移动，接球时要掌握好动作的时机和方向。

（3）接空中球练习：可根据教学进度安排脚部、腿部、胸腹部及头部接球的练习。练习可由原地接球向移动中接球发展。

要求：培养学生接空中球的基本能力。接空中球时，支撑脚要稳定，时机要准确，对接球后弹起落下的球，应用连贯动作将其控在脚下。

（4）接反弹球练习：可自抛自接练习，也可采用各种抛接或传接的对练；给球的弧度可由低到高，或高低交替；给球的落点可由近至远。

要求：培养学生接控反弹球的基本能力。练习时要求能准确判断来球点，把握好动作的时机，控制好接球部位与地面的适宜角度。

二、足球基本战术

（一）个人进攻战术

个人进攻战术指的是在对方紧逼防守的情况下，采取有效措施，摆脱自己的对手，跑到有利的位置，接应控制球的同伴巧妙的传球配合，以达到进攻的目的。个人进攻战术包括摆脱与跑位、运球过人等。下面以摆脱与跑位为例进行分析。

摆脱与跑位时，要突然起动，变向、变速要快，观察敏锐，随球动而动，特别是近球者的跑动更易牵制对手，制造空当。摆脱与跑位的一般方式有以下两种。

1. 反　切

⑦向后跑佯装接球，把防守队员引诱出来，再突然转身切入摆脱防守，接同队⑥传出的球。（图8-2-6）

2. 先压后回

⑧向前插进佯装接球，突然转身回跑，摆脱防守队员，接同队⑦的传球。（图8-2-7）

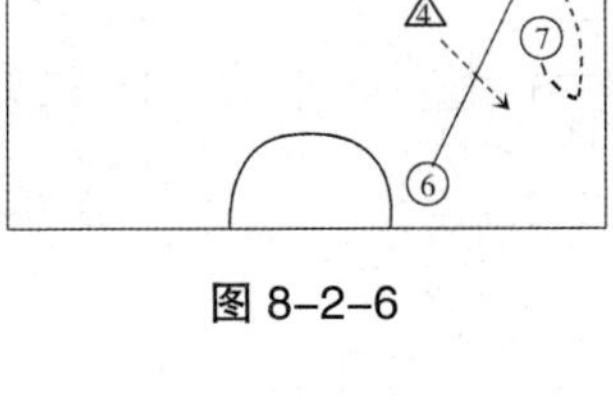

图 8-2-6

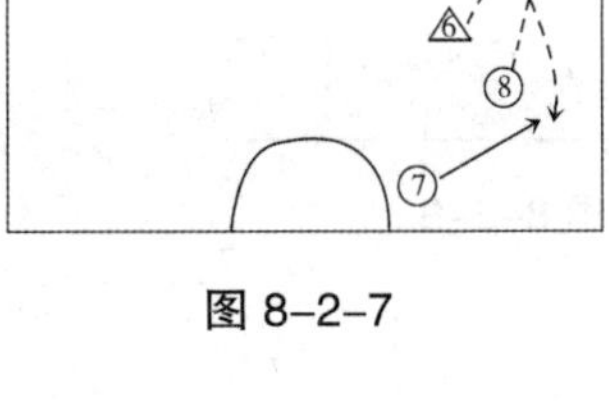

图 8-2-7

（二）局部进攻战术

局部进攻战术是指进攻中两个或几个队员之间的配合方法。它是集体配合的基础。基本配合形式有传切配合、交叉掩护配合和2过1配合。

1. 传切配合

传切配合是指控球队员将球传给切入的进攻队员的配合方法，是局部进攻战术中运用最多的方法。

2. 交叉掩护配合

交叉掩护配合是指在局部地区两名进攻队员在运球交叉换位时，以自己的身体掩护同伴越过防守队员的配合方法。

3. 2过1配合

2过1配合是指局部地区2名进攻队员通过2次连续传球配合，越过1名防守队员的配合方法。

（三）全队进攻战术

全队进攻战术是指为了完成进攻战术任务所采取的全局性的进攻配合方法。全队进攻战术的具体配合千变万化，大致可归纳为边路进攻和中路进攻两大类。（图8-2-8）

1. 边路进攻

边路进攻是指在对方半场两个边线地区发展的进攻，边路进攻主要是沿边线地带快速运球突破，传球推进切入、传中、包抄射门。边路进攻防守人员较少，便于组织进攻，同时还可以利用前卫靠边，后卫插上助攻。

如图8-2-9所示，后卫②传球给边锋⑦，⑦得球斜传给前锋⑧后，接⑧斜传球，⑦得球下底传中，也可以下底回传或直接运球切入罚球区进行射门。

2. 中路进攻

中路进攻是指在对方半场中间地带发动的进攻。在比赛中，中间地区的球比较多，射门角度大，有威胁性，尤其是前锋拉开后，中间空隙较大，便于在中间组织进攻。

如图8-2-10所示，守门员发动进攻传球给⑥，⑥传球给⑨，⑨又传球给⑧，⑧与⑨做“二过一”配合切入射门。

图 8-2-8

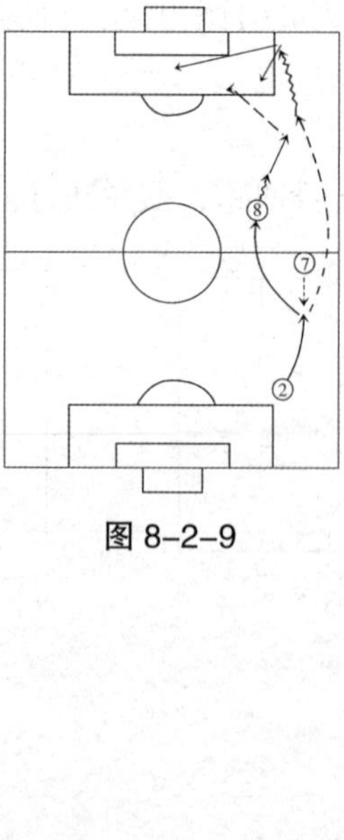

图 8-2-9

图 8-2-10

（四）个人防守战术

1. 选 位

选位是指防守队员在防守时选择占据合理防守位置的行动。

选位应在本方失球后快速回位，并站在对手与本方球门中心所构成的连接线上，随时观察对手和球的位置。与对手的距离要根据场区以及球所处的位置来决定。（图8–2–11）

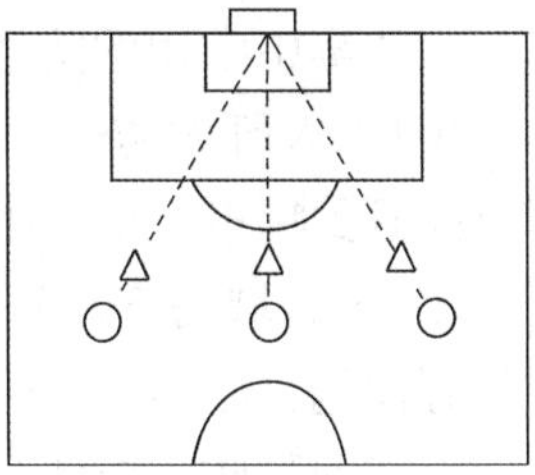

图 8–2–11

2. 盯 人

盯人是指防守队员限制进攻队员所采取的行动。

盯人分为紧逼盯人和松动盯人两种。紧逼盯人时，要做到向前可以抢断球，或不给对手处理球的机会，向后能抢先于对手得球或破坏对手接球。松动盯人时，要做到既能弥补邻近同伴的位置，又能防止对方向背后传球或切入背后。

（五）局部防守战术

1. 保 护

保护是指同伴紧逼控球对手时，自己选择有利位置来保护同伴，防止对手突破的配合。

在防守中，防守队员之间必须相互保护，要根据球在场区的位置及当时攻防局面来选择保护的距离和角度。如果对方有策应队员，保护队员也应对策应队员施加压力。

当控球队员被同伴逼向外线，内线已被同伴封堵时，应撤到同伴的斜后方保护同伴。（图8–2–12）一名防守队员逼抢进攻队员时，另一名防守队员选择有利的位置进行保护。

2. 补 位

补位是指防守队员为了弥补同伴在防守中出现的漏洞时所采取的互相协助的战术配合行动。

补位有补空位和邻近队员相互补位两种形式。

补空位：当后卫线队员插上进攻退守不及时，其他同伴要暂时补他的位置，以防对方利用这一空当进行快速反击。

邻近队员相互补位：当同伴被对手运球突破或对手突然快速插入同伴背后，同伴来不及盯防时，邻近队员进行补位。⑥长传到防守者△4身后，⑦快速切入接球，防守者△4来不及追抢，防守者△3补△4的漏洞，△4补△3的位置。（图8–2–13）

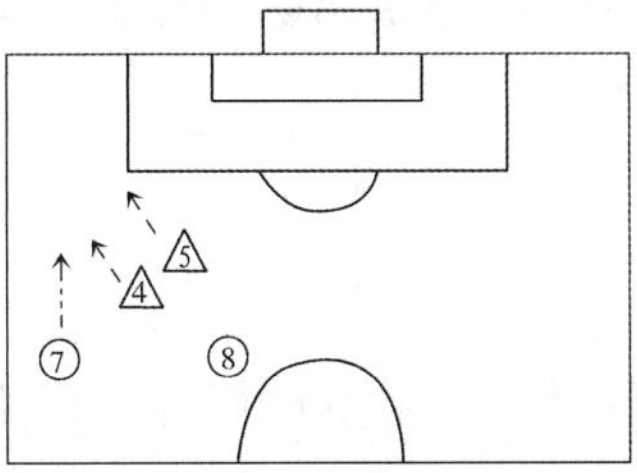

8–2–12

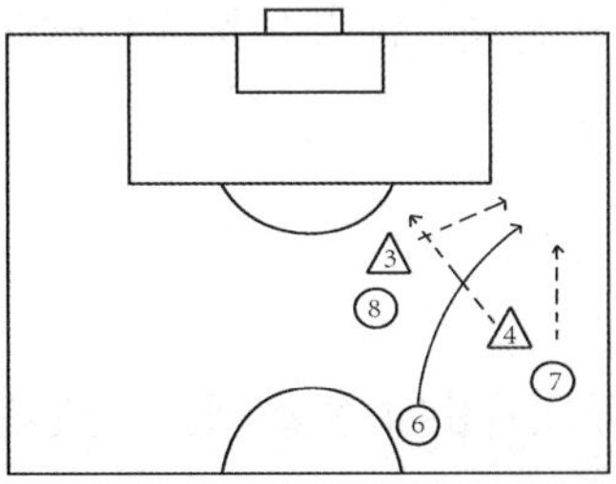

图 8–2–13

（六）全队防守战术

全队防守战术是指全队所采取的防守战术方法。

在比赛中常用的防守方法有人盯人防守、区域防守和混合防守3种。

（1）人盯人防守：除拖后中卫外，每人都有盯住一个指定对手的任务。原则上对手跑到哪里就盯到哪里，拖后中卫（自由人）进行区域防守，执行补位任务。

（2）区域防守：每个队员在自己的防守区域内进行盯人防守，不管是哪个对手进入该区域就盯住他，原则上不越区盯人，拖后中卫（自由人）执行补位任务。

上述两种防守方法各有其优缺点，人盯人防守任务明确，但要有良好的体力和个人防守能力，否则被突破后补位较困难；区域防守有比较固定的位置，但在交换防守时，若配合不好也易出现漏洞。

（3）混合防守：这是当今足球比赛中用得较多的一种方法，就是把人盯人防守与区域防守结合起来。一般3个后卫盯人，前卫和前锋区域盯人，拖后中卫（自由人）执行补位任务。根据对方的具体情况，有时指定某一前卫紧盯对方某一重点人物。

第三节　足球竞赛规则简介

一、比赛时间

正式的国际足球比赛分为上下两个半场，每个半场 45 分钟，中场休息不得超过 15 分钟。

二、队员人数与换人

一场比赛由两队参加，每队最多可有11名上场队员，其中1名必须为守门员。如果任何一队场上队员人数少于7人，则比赛不得开始或继续。

国际足联、各洲际联合会或各国足球协会可决定在其正式赛事中可使用的替补队员人数，但最多不能超过5人次替换，涉及顶级联赛球队一队及国家队A队的男子、女子赛事最多可进行3人次替换。

三、裁判员

一场正式的足球比赛由 4 名裁判员完成裁判工作：1名主裁判员、2名助理裁判员和1名替补裁判员（第四官员）。

（1）主裁判员的职责：有场上最终判决权，决定比赛时间是否延长、比赛是否推迟和中止。

（2）助理裁判员的职责：示意越位及球出界，协助主裁判员进行判罚，但没有最终判决权。

四、比赛判罚

（1）当球员发生以下行为时，判对方直接任意球：

·如果裁判员认为，一名场上队员草率地、鲁莽地或使用过分力量对对方队员实施如下犯规，则判罚直接任意球：冲撞；跳向；踢或企图踢；推搡；打或企图打（包括用头顶撞）；用脚或其他部位抢截；绊或企图绊。

·如果是有身体接触的犯规，则判罚直接任意球。

·如果场上队员实施如下犯规时，判罚直接任意球：手球犯规（守门员在本方罚球区内除外）；拉扯对方队员；在身体接触的情况下阻碍对方队员移动；对在比赛名单上的人员或比赛官员实施咬人或吐口水；向球、对方队员或比赛官员扔掷物品，或用手中的物品触及球。

（2）当球员发生以下行为时，判对方间接任意球：

如果一名场上队员犯有如下行为时，则判罚间接任意球：以危险方式进行比赛；在没有身体接触的情况下阻碍对方行进；以语言表示不满，使用攻击性、侮辱性或辱骂性的语言和/或行为，或其他口头的违规行为；在守门员发球过程中，阻止守门员从手中发球、踢或准备踢球；故意发起施诡计用头、胸、膝等部位将球传递给守门员以逃避规则相关条款处罚的行为（包括在踢任意球或球门球时），无论守门员是否用手触球；如果该行为由守门员发起，则处罚守门员；犯有规则中没有提及的，又需裁判员停止比赛予以警告或罚令出场的任何其他犯规。

五、红黄牌

足球裁判员在判罚时，根据犯规性质不同可出示两种不同颜色的牌。

（1）对于足球比赛中出现的一些严重犯规，裁判员要出示红牌；恶意的犯规或暴力行为要出示红牌；故意手球、辱骂他人或同一场比赛同一人得到两张黄牌时，也要被出示红牌。

（2）比赛中，有违反体育道德的行为，用语言和行为表示不满的队员就要被出示黄牌。连续犯规、故意延误比赛、擅自进出场地的队员也要被出示黄牌。

六、伤停补时

足球比赛根据场上情况在比赛时间上有时需要补时。补时一般为1～5分钟，具体时间长短由主裁判员决定。造成补时的原因主要有以下几种：

（1）处理场上受伤者；

（2）故意拖延比赛；

（3）场内外出现了意外事件。

七、越　位

（1）越位位置。① 队员处于越位位置本身并不构成犯规。② 队员处于越位位置，如果其：头、躯干或脚的任何部分处在对方半场（不包含中线），且头、躯干或脚的任何部分较球和对方倒数第二名队员更接近于对方球门线。③ 队员不处于越位位置，如果其：与对方倒数第二名队员齐平或与对方最后两名队员齐平。

（2）越位犯规。一名队员在同队队员传球或触球的一瞬间处于越位位置，该队员随后以如下方式参与了实际比赛，才被判罚越位犯规。

① 在同队队员传球或触球后得球或触及球，从而干扰了比赛；② 干扰对方队员，包括：通过明显阻碍对方队员视线，以妨碍对方队员处理球，或影响其处理球的能力，或与对方队员争抢球，或有明显的试图触及近处的来球的举动，且该举动影响了对方球员；做出影响对方队员处理球的能力的明显举动；③ 在如下情况发生后触球或干扰对方队员，从而获得利益：球从球门柱、横梁、比赛官员或对方队员处反弹或折射过来；球从任一对方队员有意救球后而来。

八、暂停比赛

正式足球比赛一般场上不能暂停，只有在极特殊的情况下，如队员受伤或发生意外纠纷才鸣哨暂停。恢复比赛时，一般是将球踢给哨响前的最后控球方。

九、进　球

（1）当球的整体从球门柱之间及横梁下方越过球门线，且进球队未犯规或违规时，即为进球得分。

（2）如果守门员手抛球直接进入对方球门，则由对方踢球门球。

（3）如果裁判员在球的整体还未越过球门线时示意进球，则以坠球恢复比赛。

十、计胜方法

在比赛中，进球数较多的队为胜者。若两队进球数相等或未进球，则比赛为平局；必须淘汰一支队伍时，按规定进行加时赛，若仍未决出胜负则需进行“点球大战”，直至决出胜负。积分赛时，积分为胜一场积 3 分，平 1 场积 1 分，负 1 场积 0 分，最终以积分多少决定名次。若积分相等，则根据竞赛规程确定的不同名次判定标准来排定名次。

第四节　足球趣味活动

一、踢球出圈

【目的】提高判断和反应能力。

【准备】在场地上分别划半径50厘米，半径为4米的同心圆。足球一个。

【方法】先选出一人站在小圈内，其他人面向圈内，手拉手站在大圈上。

游戏开始时，站在小圈上的人控制球，并设法将球踢出大圈外。站在大圈上的学生，则用脚或除手臂以外身体的各部位挡截球，并将球传给小圈内的人。如果小圈内的人把球踢出大圈，则球从谁的右边出圈，谁就替换小圈内的人踢球，并继续进行游戏。（图8–4–1）

图 8-4-1

【规则】

（1）踢球时，球不得高于膝部，不得越出小圈踢球，否则踢出圈无效。

（2）拦截球时，不得甩手触球，否则算出圈要与小圈人交换。

【教法建议】此游戏也可以在小圈内再增设一人，两人同时向外踢两球。

二、抢球过人

【目的】提高起动的反应和速度。

【准备】半个足球场，足球若干。

【方法】两个人一组一球。面相对分别站在端线和罚球区线上，球放两人中间。

教师鸣笛后，两人跑上去抢球，得球者带球越过对手的防守和对方界线，即得1分。限时间完成。

也可以在双方端线和罚球区线上各立两标志竿为“门”，在抢球和过人后如能射进“门”得2分。（图8-4-2）

图 8-4-2

【规则】

（1）在规定的时间内和未带球越过对方端线或罚球区线前，可以抢球。

（2）抢球规则同足球规则。

（3）犯规者扣1分。

【教法建议】

（1）各组之间要有较大的距离，以利活动。

（2）每次练习的时间不宜过长。

思考题

1. 简述足球运动的起源与发展。

2. 足球的基本技、战术有哪些？

3. 简述足球的竞赛规则。

第九章　篮球运动

第一节　篮球运动概述

一、篮球运动简介

篮球运动是1891年由美国人詹姆斯·奈史密斯发明的。当时，他在马萨诸塞州斯普林菲尔德市一所国际训练学校任教。由于当地盛产桃子，这里的儿童又非常喜欢玩将球投入桃子筐的游戏，这使他从中得到启发，并博采足球、曲棍球等其他球类项目的特点，创编了篮球游戏。

1932年国际业余篮球联合会成立，男子篮球被国际奥委会承认为奥运会正式比赛项目。1946年，美国出现职业篮球联赛，并发展为目前的NBA。女子篮球运动到20世纪初才开展起来。1976年，女子篮球被列为奥运会正式比赛项目。20世纪90年代以来现代篮球进入了创新飞跃和攀登高峰的新时期。由于受地域的限制和人种的影响，当代先进的篮球大体可分为：美洲风格的篮球，以美国为代表；欧洲风格的篮球，以立陶宛、希腊等为代表；亚洲风格的篮球，以中国和韩国为代表。随着世界篮球交流的增多，现代篮球各流派之间出现了逐渐融合的趋势，表现出了向更加综合化方向发展的趋势。

1895年篮球传入中国，首先在天津、北京等城市开展起来。在1910年中华人民共和国成立前的首届全国运动会上，篮球首次被列为表演项目。1913年，篮球被列为我国正式比赛项目。篮球自1951年起一直是亚运会的正式比赛项目，在全国各地的团体中迅速地开展起来，并且成为广大人民群众喜闻乐见的体育项目。在20世纪50年代初，我国就成立了篮球管理机构，积极开展国际交往。在此时期，我国的篮球曾取得较好的成绩。到了20世纪60年代，我国的篮球形成了自己的战术风格，在世界上打出了一定的影响。在1995年举办了全国男篮甲级联赛，在1998年中国大学生体育协会成立中国大学生篮球联赛，以及开展了其他形式的篮球推广活动，中国的篮球事业开始进入了全新的发展阶段。随着篮球运动的发展，我国的篮球也逐渐开始接受外来的先进篮球理念，并且努力与世界保持联系与沟通，在不断的学习与交流中，逐渐总结出适合自己的技战术打法。

中国男子篮球队在2004 年第28届奥运会和2008年第29届奥运会上获得第八名；中国女子篮球队在1992年第25届奥运会上获得亚军，在2008 年第29 届奥运会上获得第四名，在2021 年第

32 届奥运会上获得第五名。2021年7月28日，在东京奥运会女子三人篮球比赛中，中国队击败法国队，历史性夺得铜牌。

二、篮球的健身功能

篮球运动是身心俱用的活动项目。运动时参与者既能够享受轻松愉快，又能够体验到紧张与刺激。篮球不仅能强身健体，还可以使人的个性、潜能和创造力得到充分的展示。

篮球运动持续的时间可长可短，但需要参与者快速的奔跑、突然连续的起跳、敏捷的反应与力量的对抗。经常参加篮球运动，可使身体各个部分的肌肉结实、体形匀称、体格健壮。篮球运动能促进力量、速度、耐力、弹跳、灵敏等运动素质的发展。篮球运动对抗项目，要求机体的新陈代谢能力旺盛，体内的物质能源转换快捷。因此，能促进心脏、血管、呼吸、消化等器官的功能，提高机体内部系统的工作能力。篮球比赛错综复杂，要求运动员具有良好的分配与集中注意力的能力，以及对空间、时间的掌握和控制能力，要有正确的本体感觉能力。由于参加者在比赛中经常转换动作，对神经系统的灵活性、提高神经中枢有良好的作用。

篮球运动对培养集体主义精神有积极的作用。队员之间只有团结协作、默契配合，才能保证比赛的胜利。篮球运动有利于运动员良好的心理品质的培养。通过比赛，运动员的个性、自信心、情绪控制、意志力、进取心、自我约束力都能得到很好的发展。篮球运动还有利于提高道德品质，通过训练和比赛，培养运动员的拼搏精神、文明自律、尊重裁判、尊重观众的高尚体育道德。

此外，篮球运动还具有其他诸如文化、艺术、观赏、学科等方面的价值。

第二节　篮球基本技、战术

一、篮球基本技术

（一）传、接球

双手胸前传球

1. 双手胸前传球

动作要领：双手持球，两拇指位于球后侧且成“八”字形，其余四指分开置于球侧，掌心不要触球；传球时，迅速向传球方向伸臂，重心前移、翻腕、拨指。（图9-2-1）

2. 双手胸前接球

动作要领：手指自然分开，手心空出，双臂向前伸出；在手触球时，双臂顺势随球后引，缓冲来球的力量。（图9-2-2）

图 9-2-1

图 9-2-2

3. 单手肩上传球

动作要领：双手将球移至肩上或稍外，传球手手心向前，用手臂向前伸展和手腕向前扣的力量将球传出。（图9-2-3）

练习方法：

（1）2 ~ 3人为一组进行原地传、接球练习。

（2）2 ~ 3人为一组进行移动中传、接球练习。

（3）在有防守的情况下，2 ~ 3人为一组进行传接球练习。

运球急停急起

（二）运　球

1. 运球急停、急起

快速运球中运用两步急停，目视前方，同时按拍球的前上方。急起时，后脚用力蹬地，上体迅速前倾，手按拍球的后上方，快速起动。（图9-2-4）

体前变向运球

练习方法：

（1）原地运球。使手腕和手指流畅地拍按球，注意不要猛力地拍打球，手腕和手指要灵活，学会体会球感，而不是依靠视觉帮助运球，然后逐渐过渡到行进间运球。

（2）不断地变换运球的高度、方向及做各种运球姿势、动作。

（3）同一名试图从你那里抢截球的对手一起进行运球练习。经常进行此方法的练习，可使你的运球技术更适合于实战。

图 9-2-3

图 9-2-4

2. 体前变向运球

动作要领：在行进中运球，右手按拍球的右上方，使球弹向左侧，右腿迅速向左侧前方跨步，上体左转，侧肩贴近防守者，然后换左手拍球的后侧上方，突破防守者。（图9-2-5）

图 9-2-5

（三）投　篮

篮球比赛是在积极防守情况下的投篮。投篮是篮球比赛中唯一的得分手段，是一切进攻战术的最终目的。要想练好投篮必须有正确的投篮方法、恰当的瞄准点、合适的飞行路线和球的旋转，并且全身要协调用力。随着篮球技术的发展，投篮技术越来越多，下面给大家介绍一些常用的投篮方法。常用的投篮方法主要有原地肩上单手投篮和行进间单手低手投篮等。

1. 原地单手肩上投篮

这是比赛中应用最广泛的投篮方法，是行进间单手肩上投篮、跳起单手肩上投篮的基础。右手投篮时，右手五指自然分开，手心空出，屈肘持球于右肩上，左手扶住球的左侧，两脚开立，右脚稍前，重心落在两脚之间。投篮出手时，下肢蹬地发力，右臂抬肘伸臂，手腕前屈，食指、中指用力拨球，使球向后旋转，身体随投篮动作向前上方伸展，脚跟微提。（图9–2–6）

原地单手肩上投篮

2. 行进间单手低手投篮

这是切入篮下时运用较广泛的投篮方法，它具有速度快、伸展距离长的优势。右手投篮时，步法同上，起跳后右手托球下部，手心向上，指尖向前，手臂充分向球篮方向伸直，接着屈腕，食指、中指、无名指向上拨球，碰板或空心投篮。（图9–2–7）

行进间单手低手投篮

图 9–2–6

图 9–2–7

练习方法：

（1）队员排成一列纵队站于罚球线后，原地单手肩上投篮练习，自投自抢，排头的队员做完后站到队尾，依次进行。

（2）2人一组在一侧的底线位置，行进间传球到对侧篮下，行进间低手上篮，然后抢篮板球，传球返回篮下，另一队员行进间低手上篮，排到队尾，依次进行。（图9–2–8）。

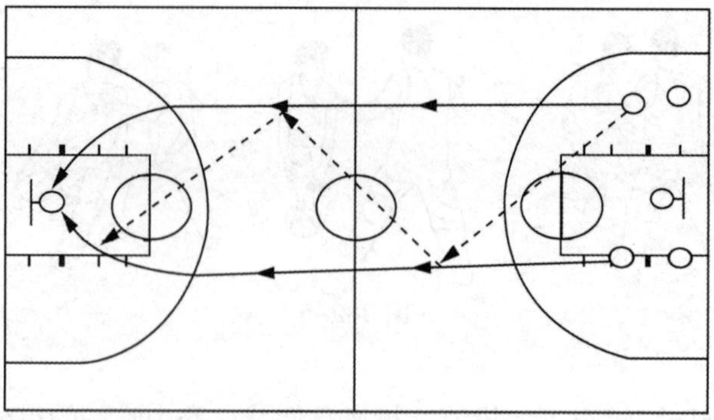

图 9-2-8

（四）突破技术

突破是一种攻击性很强的技术，是完成个人进攻的主要手段。它是以运球和脚步动作为基础，由蹬、跨、侧身、探肩、推放球和加速等动作组成。运用时应结合投篮、传球、跨步等假动作，使之更具攻击性和灵活性。突破方式主要有同侧步突破和交叉步突破。

同侧步持球突破

交叉步持球突破

1. 同侧步持球突破

左脚内侧蹬地，右腿迅速向右前方跨出，同时上体右转探肩用右手推放球，左脚迅速前迈，超越对手。

2. 交叉步持球突破

先用假动作使防守队员中心左移，然后右脚内侧蹬地并向左侧前方迈出，上体左转探肩，左手推放球于右腿前侧，快速超越对手。（图9-2-9）

图 9-2-9

练习方法：

（1）每人1球，从一侧底线到另一侧底线，做交叉步和顺步的突破。

（2）2人一组，每组1球，一名队员防守，另一名队员做突破练习，到底线后交换。注意防守者消极防守，目的是练习突破。

（3）队员分成2组，分别站成2列。A组持球，A组第一名队员A1将球传给B1上篮，A1抢篮板球，然后到B队的队尾，B1做完后排到A队队尾。（图9-2-10）

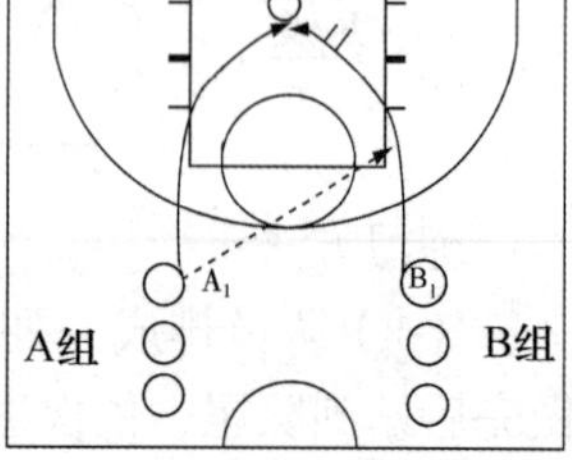

图 9-2-10

二、篮球基本战术

（一）基本进攻配合

进攻配合是指两三个人之间有目的、有组织地协同作战的配合方法。它是运动员在场上制造、捕捉不同战机，相互协同、相互配合制造机会达到进攻的目的。

1. 传切配合

传切配合是指进攻队员间利用传球和切入技术所组成的配合方法。主要包括一传一切和空切2种方式。

练习方法及操作：参加者分2组。A组④传球给B组⑤后做向左切入的假动作，然后变向从右侧切入，⑤接球后回传给⑥，并做向底线下切入的假动作，然后变向从内侧横切。④切入后至B队的队尾，⑤至A队的队尾，依次进行练习（图9–2–11）。要求：变向切入动作要快，切入过程中要侧身看球。

传切配合

2. 突分配合

进攻者持球突破或运球突破对手后，遇到对方补防或“关门”时，及时将球传给空隙地带的同伴。这种在突破中区别情况及时传球给无人防守同伴的配合叫突分配合。突分配合的要点是同伴之间要有良好的配合默契，突破者在突破过程中要注意观察攻守队员的位置变化，既要做好投篮准备，又能在遇到对方补防时巧妙地分球给同伴投篮。

突分配合

练习方法及操作：学生分2组。开始时A组④持球突破，在突破中跳起分球传向两侧移动的B组⑦，⑦在接球后示意投篮动作，然后传球给⑤，⑤接球后切入底线或内侧突破，跳起传球给接应的⑧。位置交换④到B队的队尾，⑦到A队的队尾。练习一定次数后，改换从左边突破分球练习。（图9–2–12）

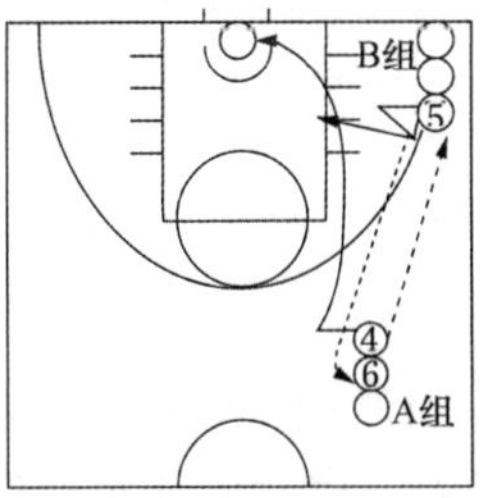

图 9–2–11

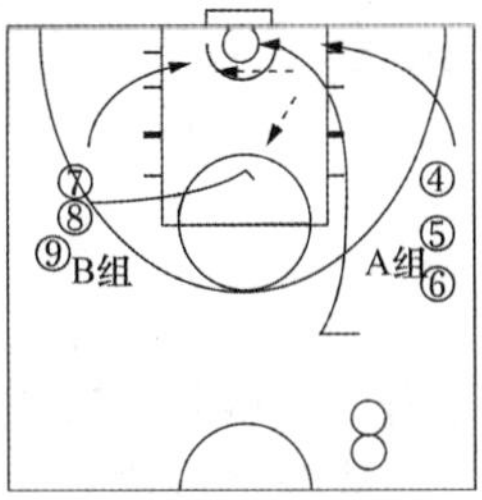

图 9–2–12

掩护配合

3. 掩护配合

掩护配合是指进攻者以合理的行动，用身体挡住同伴防守者的通路，为同伴摆脱防守，创造接球和投篮机会的一种配合方法。

练习方法及操作：学生分2组，教师站在④身前做防守，⑥跑到侧后方给④做掩护，④先做向左跨步切入假动作，待⑥做好掩护后，及时向另一侧切入，⑥适时地后转身跟进。然后，2人互换位置，轮流进行练习。（图9–2–13）

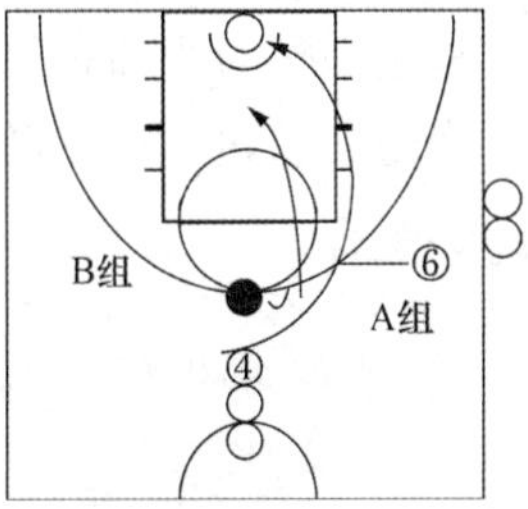

图 9–2–13

（二）基本防守配合

基本防守配合是指防守队员之间为了破坏对手的进攻配合，或当同伴出现防守困难时及时相互协作和帮助的行动方法。主要有“关门”配合、夹击配合、挤过配合、穿过配合、交换防守配合等。

“关门”配合

挤过配合

穿过配合

1. “关门”配合

“关门”是2名防守队员靠拢协同防守突破的配合方法。如图9-2-14所示，当⑤从正面突破时，❹❺或❻进行关门配合。

关门配合的要求：防守队员应积极堵截进攻者的突破路线，临近突破一侧的防守队员要及时向同伴靠拢进行“关门”，不给突破者留有通过的空隙。关门配合也常运用于区域联防。

2. 穿过配合

穿过配合是破坏掩护配合、及时防住自己对手的一种配合。当进攻队员进行掩护时，防守去做掩护的队员要及时提醒同伴并主动后撤一步，让同伴及时从自己和掩护队员之间穿过，以便继续防住各自的对手。如图9-2-15所示，⑤传球给⑥后去给④做掩护，❺要提醒同伴，并离⑤远一点。❹当⑤掩护到位前一刹那主动后撤一步，从⑤和❺中间穿过，继续防守④。

穿过配合的要求：防守掩护的队员及时提醒同伴并主动让路，穿过队员要迅速穿过，并调整防守位置和距离。穿过配合，一般在无投篮威胁时运用。

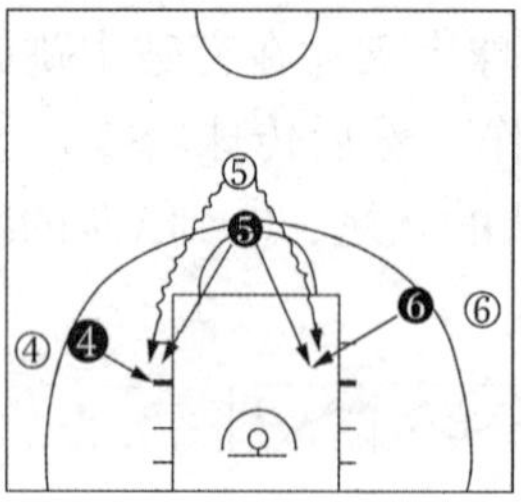

图 9-2-14

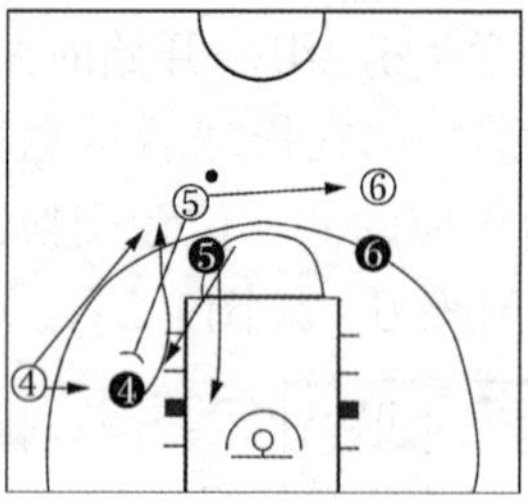

图 9-2-15

3. 挤过配合

对方采用掩护进攻时，防守者为了破坏对方的掩护配合，当掩护者临近的一刹那，被掩护的防守者主动靠近自己的对手，并从两个进攻者之间侧身挤过去，继续防住自己的对手。

4. 交换防守配合

是指破坏对手掩护时，防守队员之间及时地互换防守队员的一种配合方法。

穿过、挤过、交换防守配合练习方法：3对3徒手练习。根据教师要求练习挤过、穿过和交换防守配合。

第三节 篮球竞赛规则简介

篮球场地

一、篮球场地

篮球比赛场地为长28米、宽15米的长方形。罚球线距端线为5. 80米，长度为3. 60米，中圈半径为1. 80米，篮筐离地高度为3. 05米，篮板宽为1. 80米，高为1. 05米，如图9–3–1a、图9–3–1b所示。

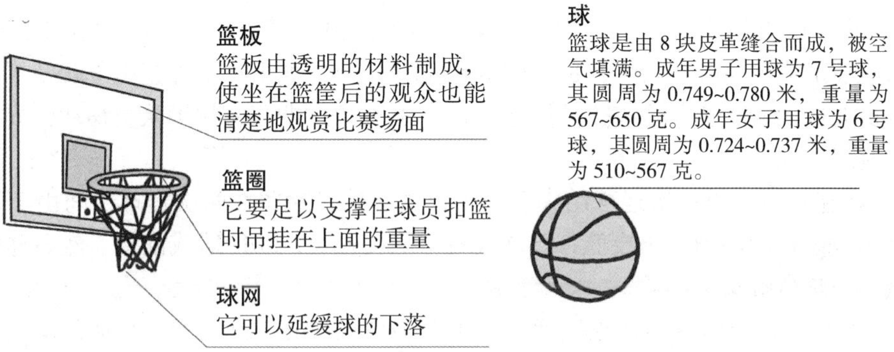

图 9–3–1a

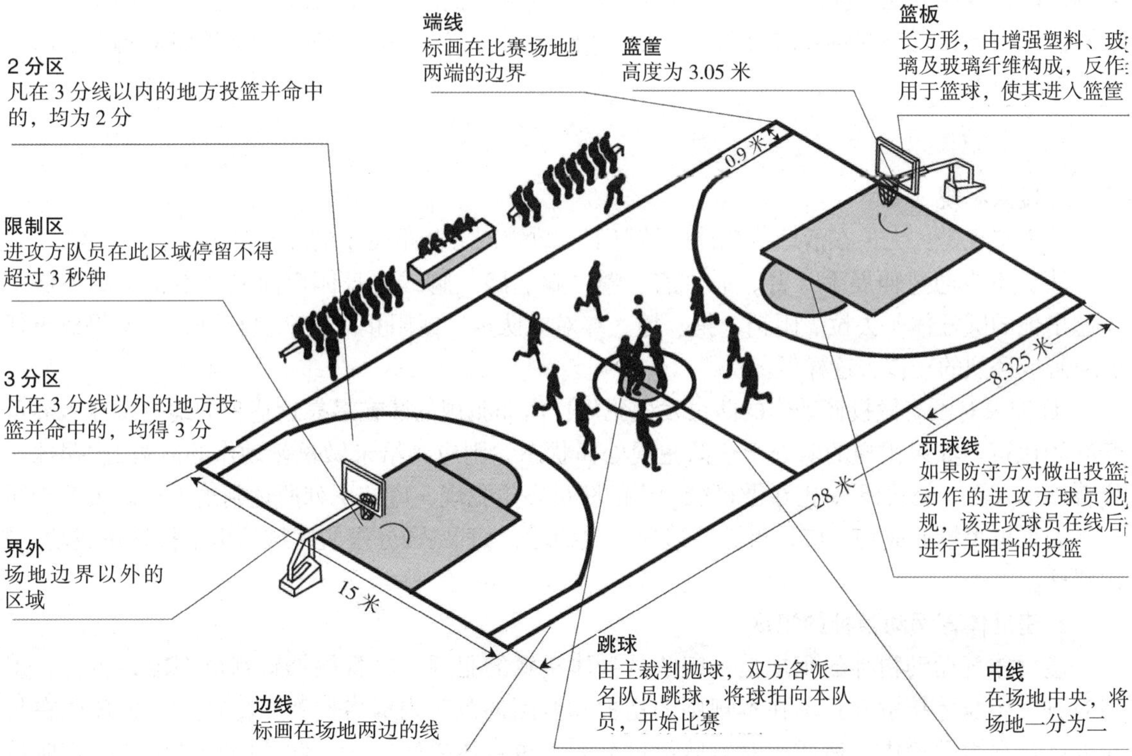

图 9–3–1b

二、比赛时间

篮球比赛由4节组成，每节10分钟。上半时的任何时间每队可准予2次暂停，下半时的任何时间每队可准予3次暂停，以及每一决胜期的任何时间可准予1次暂停。在第四节比赛时间终了时若比分相等，则增加一个或多个5分钟的决胜期，直至决出胜负。

三、规　则

（一）违　例

（1）队员出界和球出界：① 在球出界，以及球触及了除队员以外的其他物体而出界之前，最后触及球或被球触及的队员是使球出界的队员；② 如果球出界是由于触及了界线上或界线外的队员或被他所触及，是该队员使球出界；③ 在争球期间，如果队员移动到界外或他的后场，一次跳球情况发生。

（2）运球：队员第一次运球结束后不得再次运球，除非在两次运球之间由于下述原因他已在场上失去了控制活球：①投篮；②球被对方队员触及；③传球或漏接，然后球触及了另一队员或被另一队员触及。

（3）3秒钟：① 某队在前场控制活球并且比赛计时钟正在运行时，该队的队员不得在对方队的限制区内停留超过持续的3秒。② 队员在下列情况中应被默许：他试图离开限制区；他在限制区内，当他或他的同队队员正在做投篮动作并且球正离开或恰已离开投篮队员的手时；他在限制区内已接近3秒时运球投篮。③ 为证实队员自身位于限制区外，他必须将双脚置于限制区外的地面上。

（二）犯　规

1. 侵人犯规

侵人犯规是：无论在活球或死球的情况下，攻守双方队员发生的非法身体接触的犯规。

队员不应通过伸展手、臂、肘、肩、髋、腿、膝、脚或将身体弯曲成“不正常的姿势”（超出他的圆柱体）去拉、阻挡、推、撞、绊对方队员，或阻止对方队员行进；也不得放纵任何粗野或猛烈的动作去这样做。

① 如果对没有做投篮动作的队员发生犯规：由非犯规的队在最靠近违犯的地点掷球入界重新开始比赛。如果犯规的队处于全队犯规处罚状态，则应判给未做投篮动作的队员2次罚球，代替掷球入界。② 如果对正在做投篮动作的队员发生犯规，应按下列所述判给投篮队员若干罚球：如果出手投篮成功，应计得分并追加一次罚球；如果从2分投篮区域的出手投篮不成功，2次罚球。

2. 违反体育运动精神的犯规

违反体育运动精神的犯规是一起队员身体接触的犯规，并且根据裁判员判定，包含：①与对方发生身体接触并且不在本规则的精神和意图的范畴内努力比赛；②在尽力抢球或在与对方队员尽力争抢中，造成与对方队员过分的严重身体接触；③一起攻防转换中，防守队员为了中断进攻队的进攻，与进攻队员造成不必要的身体接触。该原则在进攻队员开始他的投篮动作之前均适用；④一起对方队员从正朝着对方球篮行进的队员身后或侧面与其造成的非法接触，并且在该行进队员、球和对方球篮之间没有其他队员，该原则在进攻队员开始他的投篮动作之前均适用；⑤在第4节和每一决胜期比赛计时钟显示2:00分钟或更少，当掷球入界的球在界外并且仍在裁判员手中，或掷球入界队员可处理时，防守队员在比赛场内对进攻队员造成身体接触。

当登记了一名队员2次违反体育运动精神的犯规或2次技术犯规，或一次技术犯规和一次违反体育运动精神的犯规时，应该取消他本场剩余比赛的资格。

3. 技术犯规

技术犯规是没有身体接触的犯规，行为种类包括但不限于：① 无视裁判员的警告；② 与裁判员、技术代表、记录台人员、对方队或允许坐在球队席的人员讨论和/或交流中没有礼貌；③ 使用很可能冒犯或煽动观众的粗话或手势；④ 戏弄或嘲讽对方队员；⑤ 在对方队员眼睛附近挥手或手保持不动妨碍其视觉；⑥ 过分挥肘；⑦ 在球穿过球篮之后故意地触及球，阻碍迅速地掷球入界或罚球以延误比赛；⑧ 伪造被犯规；⑨ 悬吊在篮圈上，致使队员的重量由篮圈支撑，除非扣篮后，队员瞬间抓住篮圈，或者根据裁判员的判断，他正试图防止自己受伤或另一名队员；⑩ 在最后一次的罚球中防守队员干涉得分，应判给进攻队得1分，随后执行登记在该防守队员名下的技术犯规罚则。

如果判罚队员技术犯规，应作为队员的犯规登记在该队员名下，并计入全队犯规中。判罚球队席人员，应登记在主教练名下，并不计入全队犯规次数中。应判给对方队员 1 次罚球。

第四节　篮球趣味活动

一、冻　人

【目的】提高机智、灵活和快速反应的能力。

【准备】一个篮球、一块篮球场地。

【方法】把学生分成人数相等的两个队，分散在篮球场内。

游戏开始，各队先出一人在中圈跳球，得球的人便可掷击对方，被击中者必须原地不动，即为“被冻”。双方都可在场内跑动捡球或掷击。“冻人”如果在原地获得球，便为“解冻”，可继续参加游戏。在规定的时间内，被冻人数较少的一队为胜。（图9–4–1）

【规则】

（1）获球人只能原地掷击对方，不准运球、传球。

（2）只能掷击对方膝部以下，违者击中无效。

（3）球出界，由对方掷界外球。“争球”，由教师主持跳球。

【教法建议】可根据学生控制球的能力，改变要求。

二、运　球

【目的】提高运球能力，发展灵敏素质。

【准备】篮球场一块，划三条标志线，篮球两个。

【方法】将学生分成人数相等的两队，站成两路纵队。

教师发令后，各队第一个队员左手运球到第1条横线处，换右手运球到第2条横线处（即中线处），换成地滚球到第3条横线处，再经自己腰后传球3次。然后用右手运球回本队把球交给本队第二人，自己站到本队的排尾。最后以哪队先完成为胜。（图9–4–2）

【规则】

（1）按照教师规定的方法运球。

（2）球在哪里丢失，应在哪里捡起来继续运球。

【教法建议】

（1）此游戏可作为一般运球练习，也可作为篮球运球的辅助练习。

（2）可根据学生水平规定运球前进过程中做各种练习。

图 9–4–1

图 9–4–2

思考题

1. 简述篮球运动的起源与发展。

2. 篮球的基本技术和战术有哪些？

3. 简述篮球的竞赛规则。

第十章　排球运动

第一节　排球运动概述

一、排球的起源与发展

排球运动始于1895年，由美国马萨诸塞州的霍利沃克城的威廉·摩根发明。排球最初作为一种消遣游戏，称为“空中飞球”，后来由美国的驻外军官及士兵带到了世界各地。1905年传入中国，先后经历了16人制、12人制和9人制。中华人民共和国成立后，为了适应国际交往的需要，才改为6人制，一直沿用至今。1964年，第18届奥运会把排球列为正式比赛项目。

排球运动世界大赛主要有世界锦标赛、世界杯赛、奥运会排球赛、世界沙滩排球锦标赛巡回赛、残疾人奥运会排球赛。中国女排在20世纪80年代夺得“五连冠”，极大地鼓舞了全国人民的民族精神，对促进我国现代化建设起了巨大作用，也极大地激发了全民学排球的热情，在全国形成了轰轰烈烈的排球热潮。近些年来，中国女排又在2003年世界杯排球赛、2004年雅典奥运会排球比赛、2015年排球世界杯、2016年里约热内卢奥运会排球比赛、2019年世界杯排球赛上5次夺冠，极大地振奋了中国人的精神。中国女排所体现出来的顽强奋斗、勇敢拼搏的精神激励着一代代中国人不断奋斗。

二、排球的健身特点

（一）场地设备简单，运动量可大可小

排球场地设备简单，比赛规则容易掌握。既可在球场上比赛和训练，也可以在一般空地上活动，运动量可大可小，适合于不同年龄、不同性别、不同体质、不同训练程度的人。

（二）参加排球运动能增强体质，增进健康

排球运动可以发展弹跳、速度、灵敏、耐力等身体素质，提高人们的神经系统及各内脏器官的生理机能，增强体质；可以培养勇敢、顽强、积极果断、机敏、守纪、团结友爱等品质和集体主义精神；参加排球运动还可以放松心情、愉悦身心，缓解工作、生活中的压力，增强社交能力。

第二节 排球基本技、战术

一、排球基本技术

（一）传 球

传球是排球基本技术，是利用手指手腕的弹击动作将球传至一定目标的击球动作。下面只介绍正面传球。面对出球方向的传球动作，称为正面传球（图10–2–1）。正面传球是最基本的传球方法，是其他一切传球技术的基础。

图 10–2–1

传 球

1. 正面传球

准备姿势：稍蹲，上体适当抬起，双手自然弯曲，放松置于面前，两眼注视来球。

手型：两手自然张开呈半球状，使手指与球自然吻合。手腕稍后仰，两拇指相对呈“一”字或“八”字形，以拇指内侧、食指全部和中指的二三指关节触球，承担来球的主要冲力，无名指与小指在球的两侧辅助控制传球的方向，两肘分开，自然下垂。

击球：击球点保持在额前上方一球处。在来球接近额前时开始蹬地、伸膝、伸臂，两手经脸部前向前上方迎球。击球部位一般在球的后下方。

用力：传球力主要靠伸臂、蹬地的力量，通过球在手上使手指和手腕产生的反弹力将球传出。传球要根据来球的力量和传出球的远近，适当控制手指和手腕的紧张度。

2. 学练方法

（1）徒手模仿传球的蹬地、伸膝、伸臂，在额前上方用正确手型做推送动作。

（2）2人一组，一人持球保持正确击球点和手型，向前上方做推送动作；另一人用单手压住球，给球一定的力量。

（3）自抛球至额前上方，用正确的手型将球接住，然后将球放掉，检查手型和击球点正确与否。自抛球后传球给对面同学。

（4）2人一抛一传练习。

（5）2人对传球练习。

（二）垫　球

垫球是通过手臂或身体其他部位的迎击动作，使来球从垫击面上反弹出去的击球动作。这里介绍正面双手垫球（图10–2–2）和挡球。

垫　球

图 10–2–2

1. 正面双手垫球

正面双手垫球是双手在腹前垫击来球的一种垫球方法，适合于接各种发球、扣球和拦回球，在困难时可以用来组织进攻。

准备姿势：两脚前后开立，半蹲站立，重心稍前倾，双臂自然弯曲置于腹前。

手型、击球点和触球部位：当球接近腹前时，两手重叠，掌根靠拢，合掌互握，两拇指平行前伸，手臂伸直，手腕下压，肘关节外旋，用小臂的前部击球的后下部。击球点应保持在腹前，以便于控制用力和根据垫球的方向调整手臂与球的角度。

击球：两臂靠拢前伸，插到球下，击球时压腕挺小臂，靠手臂上抬力量增加球的反弹力，同时配合蹬地转腰动作，使身体重心向前上方移动。击球过程中两臂要摆平，肩关节要适当放松，避免动作僵硬而影响迎击动作的准确性和控制能力。

2. 挡　球

当来球较高或力量大、弧度平，不便于传、垫球时，用双手或单手在胸、肩部以上挡击来球的方法称为挡球。

双手挡球有并掌法和抱拳法两种。并掌法：两臂抬起，两肘弯曲，两手虎口交叉或前后重叠，两手手掌外侧稍向外展，合成弧形或勺形；抱拳法：一手半握拳，另一手抱于掌外侧朝前。

单手挡球：适用于挡头部以上或侧上方的高球。单手挡球的手法采用半握拳式，击球瞬间手腕要突然后仰并保持紧张，用拳心部位击球的后下部。对于飞到身后的高球，也可以跳起用单手挡球。

3. 学练方法

（1）徒手练习：徒手两臂插夹练习；徒手模仿垫球练习。

（2）2人一组击固定球练习：一人双手持球于对方的正确击球点，另一人用垫球动作击球（不把球击出）；持球者将球自上向下运动，垫球者用正确动作击球后中下部，持球者可以稍加压。

（3）自垫：每人一球自己抛球后，连续向上自垫。

（4）2人一组相距3～5米，一抛一垫。

（5）2人一组相距3～5米对垫。

（三）发　球

发球是在端线后自行抛球，并用一只手将球直接击入对方场区的技术动作。发球是比赛的开始，也是进攻的开始。发球可以直接得分，也可以破坏对方的战术进攻，起到先发制人的作用。攻击性强的发球，不但可以鼓舞士气、振奋精神，而且可以挫伤对方的锐气，打乱对方的部署，在心理上给对方造成很大的压力。发球的方法很多，这里重点介绍正面上手发球、正面下手发球和侧面下手发球技术。

1. 正面上手发球

准备姿势：面对球网，两脚自然开立，左脚在前，左手托球于体前（均以右手为例）。

抛球与引臂：左手将球平稳地抛于右肩上方，同时右臂抬起，屈肘后引，肘部与肩部平，上体稍向右侧转动，抬头，挺胸，展腹，手掌自然张开。

挥臂击球：击球时，利用蹬地，使上体向左转动，同时收腹，带动手臂向前上方快速挥动。在右肩前上方伸直臂的最高点，用全手掌击球的后中下部。手触球时，手指和手掌与球要吻合，手腕要迅速做推压动作，使击出的球呈上旋飞行。击球后，随着身体重心前移迅速入场。

正面上手发球

2. 正面下手发球

正面下手发球如图10–2–3所示。

准备姿势：面对球网，两脚前后自然开立，左脚在前，两膝弯曲，上体前倾，左手持球于腹前。

抛球：左手将球轻轻抛起在右肩前下方，球离手约一球高度，同时右臂伸直后摆。

正面下手发球

击球：击球时，右脚蹬地，手臂以肩为轴，由后经下向前摆动，身体重心随之前移，在腹前以全掌击球的后下部。手触球时，手指手腕紧张，手呈勺形击球。击球后，随身体重心前移迅速入场。

图 10–2–3

3. 侧面下手发球

侧面下手发球如图10–2–4所示。

准备姿势：左肩对网，两脚前后开立约与肩同宽，两膝微屈，重心落于两脚之间，上体稍前倾，左手持球于腹前。

抛球：左手将球垂直抛至身体正前方，离胸前约一臂之距，球离手高度约一个半球，在抛球的同时，右臂摆至右侧后下方。

摆臂击球：利用右脚蹬地向左转体的力量带动右臂向前上方摆动，在体前腹部高度用全掌、虎口或掌根击球的后下方。

图 10-2-4

4. 学练方法

（1）模仿练习：做徒手模仿练习或击固定球练习，以体会协调用力和挥臂动作的要领。

（2）抛球练习：左手持球，反复做抛球动作，要求掌心向上，平稳地向上抛球，使球不旋转。

（3）近距离对墙或挡网练习，距离由近及远，体会抛球与击球时的手臂挥动配合。

（4）隔网发球。2人一组隔网发球，距离逐渐加大。

（5）发球区发球。

正面扣球

（四）正面扣球

扣球是队员跳起在空中，用一只手臂做鞭打动作，将高于球网上沿的球有力地击入对方场区的一种击球方法。正面扣球是最基本的扣球方法，本节主要介绍正面扣球。（图10-2-5）

图 10-2-5

1. 动作方法

准备姿势：稍蹲准备姿势，两臂自然下垂，站在离球网3米左右处，身体稍转向来球方向，以便于观察球并向各个方向助跑起跳。

助跑：以2步助跑为例，左脚先向前迈出一步，右脚跨出一大步。支撑点在身体重心之前，并以脚跟先着地，两臂由体前经体侧摆至体后下方，上体前倾，重心前移，着地的右脚跟过渡到脚掌，同时左脚随即在右脚的前方着地，身体重心下降，两膝弯曲，上体稍向左转准备起跳。助跑总的要求是连贯、轻松、自然，速度由慢到快，步幅由小到大，只要脚一动就要有相应的手臂协同动作。

起跳：助跑最后一步脚的落地就是起跳的开始，常用的起跳方法有2种：（1）并步法，即一脚跨出后，另一脚迅速向前并步，落于该脚之前，随即蹬地起跳；（2）跨跳法，即一脚跨出的同时，另一脚也跨跳出去，使两脚有一腾空阶段，两脚几乎同时着地和蹬地。不论哪种方法起跳，在踏跳脚着地的瞬间，手臂摆至身体侧后方并开始向前摆动，当两腿弯曲至最深时，手臂摆至体侧，而后随蹬直两腿向上画弧上摆，两脚迅速蹬地，双膝猛伸，向上跳起。

空中击球：起跳后，挺胸展腹，上体稍向右转，右肩向上方抬起，身体成反弓形。挥臂时，以迅速转体、收腹动作发力，依次带动肩、肘、腕各关节成鞭甩动作向前上方弧形挥动，在右肩前上方最高点击球。击球时，提肩、伸臂，五指微张呈勺形，以全掌包满球，击中球的后中部，力量通过球中心，手腕有推压动作，使球向前下方旋转飞行。

落地：空中完成击球后，身体自然下落，尽量用双脚的前脚掌先着地，以缓冲身体与地面的冲击，根据移动距离的远近采用并步、交叉步、跑步等不同的移动步法。

起跳：移动后，两膝弯曲，重心下降。起跳时，两脚迅速用力蹬地，两臂在体侧画小弧用力向体前上方摆，带动身体垂直向上跳。起跳后，身体应稍微收腹，以控制身体平衡和延长腾空时间。

空中拦击：在起跳过程中判断好拦击点，两手从额前上方迅速伸出，同时提肩，充分伸直手臂，两手自然张开，并稍紧张屈指、屈腕呈勺形，两手之间的距离应略小于1个球的直径，要防止两手距离过大或过小，前臂靠近球网上沿，两臂保持平行。在对方击球的一瞬间，两手伸向对方上空尽量接近球。当两手触及球时，手掌和手腕要突然紧张，手腕迅速用力下压“盖帽”捂住球，如在2、4号位拦网时，外侧手掌要内转“包球”，防止打手出界。

落地：空中拦击落地时，身体应稍收腹，以保持身体的稳定，以前脚掌先着地，屈膝缓冲下落的力量。落地后，要迅速做好下一个动作的准备或接应来球。

2. 学练方法

主要以徒手动作为主。

（1）徒手原地模仿拦网动作，体会拦网的伸臂和拦击球动作。

（2）网前做原地起跳徒手拦网动作。

（3）网前2人一组，隔网相对，做并步、交叉步等徒手移动拦网。要求移动迅速，两人密切配合。

（4）2人一组，徒手移动配合拦网。

（5）网前3人站在本方高台上，分别持球在本区上空网上沿，多人在对方网前轮流移动拦网。要求起跳后在空中压腕“盖帽”并触球。

二、排球基本战术

排球基本战术

排球战术是场上队员在比赛中根据排球规则、排球运动的规律及敌我双方的具体情况和临场的发展变化，有意识地运用技术配合，所采用的有目的、有预见性的行动。排球基本战术中有阵容配备、进攻战术和防守战术。这里只介绍最简单、最常见的几个阵容配备、进攻战术和五人接发球阵型。

（一）阵容配备

1. 四二配备

即由4个进攻队员和2个二传队员。其优点是便于组织“中一二”进攻战术，若二传手攻击力量强，每一轮都可以采用“插上”进攻战术。缺点是每个进攻队员都必须熟悉两个二传队员的传球特点，配合较困难。

2. 五一配备

即1个二传队员和5个进攻队员。其优点是进攻力得到加强，全队进攻队员只需要熟悉1个二传，配合上容易建立默契，由二传后，做出战术决定，便于统一指挥。缺点是有3轮只有两点进攻，二传体力消耗较大。

（二）“中一二”进攻战术

由前排中间3号位队员作二传，2、4号位队员进攻。这种战术简单易学，适合于水平较低的队采用（图10–2–6）。其缺点是两点进攻，战术变化少。

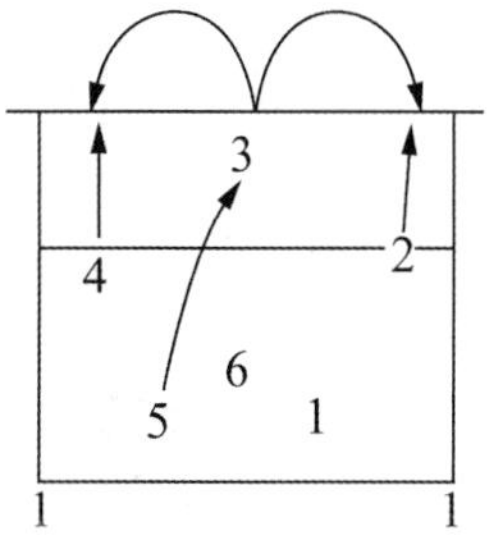

图 10–2–6

（三）5 人接发球站位阵型

除站在网前1名二传队员或由后排插上二传不接发球外，其余5名队员都按接发球阵型站位。

（1）“W”型站位：前面3名队员接前场区的球，后排2名队员接后场区的球，也称“一三二”站位。

（2）“M”型站位：前面2名队员接前场区的球，中间队员接中区的球，后面2名队员接后区的球也称“一二一二”站位。

第三节　排球竞赛规则简介

一、发球规则

发球规则

必须在发球区内将球抛起后，在球落地前用一只手或手臂的任何部位将球击出，发球队员不得踏及场区（包括端线和发球区以外的地面），鸣哨后在8秒内将球发出；发出的球必须由过网区进入对方场区内。

二、四次击球犯规

每队最多击球3次（拦网除外），将球从球网上成功击回到对方场区，超过规定次数的击球判为四次击球犯规。无论是主动击球或被动触球，均作为该队击球一次。

三、持球和连击犯规

没有将球击出，使球产生停滞，为持球犯规。同一人连续击球为连击犯规，但拦网时的连续触球以及全队第一次击球时的同一动作，击球时产生的球连续触及身体部位除外。

四、过网击球犯规

在对方区场空间触击球为过网击球犯规，但在对方进攻性击球后拦网触球除外。

过网击球

五、过中线犯规

比赛进行中队员的一只（两只）脚或一只（两只）手完全越过中线触及对方场区是允许的，但身体的其他任何部位从网下穿越接触对方场区，为过中线犯规。

过中线

六、触网犯规

比赛进行中，队员触及9米以内的球网和标志杆、标志带为触网犯规。但队员未试图进行击球轻微触网和被动触网除外。

触网犯规

七、拦网犯规

（1）从标志杆外进行拦网并触球。

（2）当对方队员击球前或击球的同时，在对方场区空间拦网触球。

（3）后排队员或后排自由防守队员完成拦网或参加了完成拦网的集体，包括球触及前排队员。

（4）拦对方发球。

（5）拦网出界。

拦网犯规

八、进攻性击球犯规

（1）后排进攻犯规：后排队员在前场区内或踏及进攻线及其延长线，将整体高于球网上沿的球击入对方场区。

（2）过网击球犯规：在对方场区空间内击球。

（3）扣击发球犯规：在前场扣对方发来的、整体高于球网上沿的发球，完成进攻性击球。

（4）自由人进攻性击球犯规：队员在高于球网处对同队自由防守队员在前场区用上手传出的球完成进攻性击球，后排自由防守队员完成对高于球网上沿的球的进攻性击球，均为自由人进攻性击球犯规。

第四节　排球趣味活动

一、三球归一

【目的】发展判断、反应、协同配合的能力。

【准备】排球场一块，排球三个，排球网一副。

【方法】人数相等的两队，各在球场一边。其中一队持两个球，另一队持一个球。教师鸣笛开始，双方把球从网上向对方场内抛。如果一队场上同时有三个球存在，判为失一分。（图10–4–1）

图 10–4–1

【规则】

（1）掷向对场的球必须落在场内，掷向界外者为犯规，判罚失1分。

（2）不得持球停留3秒钟以上，违者判失1分。

【教法建议】用球多少可根据场上人数及学生控制球的水平而定。

二、滚球接力

图 10–4–2

【目的】发展下肢力量和身体的协调性。

【准备】排球场一块，排球若干个。

【方法】将学生分成人数相等的2～3组，每组以纵队站在端线后，排头学生两手各持一球。

教师鸣笛开始，队员依顺序用两只手各滚一个排球前进，从端线起到中线返回端线。交下一学生后站到排尾。依次用同样方法运球，直至全队做完，先完的一队为胜。（图10–4–2）

【规则】

（1）运球者双手不得离球，不得用力将球推动一段距离然后追上去再推，必须扶着球边滚。

（2）运到中线时要绕过标志，返回时球必须越过端线，下一人才能开始。

【教法建议】

（1）可根据学生的身体情况，适当进行练习。

（2）进行的路线可改为曲线。

三、来回球

图 10-4-3

【目的】提高传球的能力。

【准备】排球场一块，排球若干个。场地中距边线各4米处划两个直径1米的圆圈。

【方法】将学生分成人数相等的两队，各选队长一个。球放在两队之间。教师鸣笛后，队长拿一个排球站到队前圆圈内，用上手传球将球传给本队排头，排头用同样方法传给队长后跑到排尾，依次进行，全队传球完毕后，队长把球放回原处回到本队。先完成的队为胜。（图10-4-3）

【规则】

（1）传球必须按顺序完成。

（2）队长传球不得出圈，但可接住再传。

（3）传失者必须自己捡回，重新开始，别人不得代替捡球。

【教法建议】

（1）每做完一轮，可更换队长。

（2）传球方式可有变化。

思考题

1. 简述排球运动的起源与发展。

2. 排球的基本技、战术有哪些？

3. 简述排球的竞赛规则。

第十一章　乒乓球运动

第一节　乒乓球运动概述

一、乒乓球运动的简介

乒乓球运动起源于英国，由网球运动派生而来。19世纪后期，英国一些大学生在室内以桌为台，书为网，酒瓶软木塞为球，在桌上推来挡去，形成"桌上网球"游戏。1890年左右英格兰著名越野跑运动员吉布从美国带回空心赛璐珞球，代替软木塞。因赛璐珞球击在木板拍上发出乒乓声响，故称"乒乓球"。1891年英国的巴克斯特申请乒乓球商业专利。1904年，上海一家文具店的老板王道平，从日本买回10套乒乓球器材，把乒乓球引入了中国。

目前，世界乒乓球重大赛事有世界乒乓球锦标赛、世界杯乒乓球赛（又称"埃文斯杯赛"）、奥运会乒乓球赛和世界明星巡回赛。除此之外，还有亚洲运动会乒乓球赛、亚洲锦标赛。国内赛事主要是全国运动会乒乓球赛，是我国乒乓球最高水平的角逐。

在2020年东京奥运会上，中国乒乓球队取得4枚金牌、1枚银牌的好成绩。2021世界乒乓球锦标赛，中国队获得男单、女单、混双、女双四枚金牌，中国男乒实现在世乒赛男单项目上的9连冠。

世界乒乓球技术将朝着"更加积极主动，特长突出，技术比较全面，战术变化多样"的方向发展。世界男队的打法是在技术全面的基础上，把速度和旋转结合得更好，向着更快、更新、更猛的方向发展。目前，欧洲横拍两面拉弧圈球加速度的打法，是世界乒乓球运动技术的一个发展方向。

二、乒乓球运动的健身价值

（一）在全面发展身体素质的基础上可突出发展灵敏和快速反应能力

在乒乓球运动中，乒乓球的飞行速度平均可达20米/秒，通常对方攻出的快球只需0.15秒左右的时间就可到达本方球台，在如此短的时间里，不仅要迅速、准确地判断出对方的击球点、旋转、速度以及战术意图，而且要迅速、果断地做出还击措施。因此，长期从事乒乓球运动，能使锻炼者的中枢神经系统得到改善和提高，从而提高情绪的稳定性和反应速度及身体协调能力。

（二）有利于提高智力水平

乒乓球比赛过程错综复杂，要求参赛者要善于观察对方的技术特点，分析对方的心理，揣摩对方的战术规律，根据赛场上的实际情况决定技战术对策，果断地给对方出其不意的一击。可以说，双方参赛的运动员在智力上的角逐是非常激烈的。因此，长期从事乒乓球运动的锻炼，有利于培养人们独立分析问题和解决问题的能力，使智力得到全面的开发，心理潜力得到充分的挖掘。

第二节　乒乓球基本技、战术

一、乒乓球基本技术

（一）握　拍

1. 直拍握拍法

快攻型握拍法。拍前食指第二指节和拇指第一指节在拍的前面呈钳型，两指间的距离1～2厘米，拍柄贴住虎口，另外3指自然弯曲贴于球拍后的1/3上端。（图11–2–1）

直拍握拍法

图11–2–1

弧圈型握拍法。弧圈型握拍法与快攻型握拍法基本相同，其区别是：拇指和食指形成一个小环状，扣住拍柄，其他3指在拍背面自然重叠，由中指的第一指关节顶于拍柄的延长线上。

2. 横拍握拍法

横拍握拍法如图11–2–2所示。

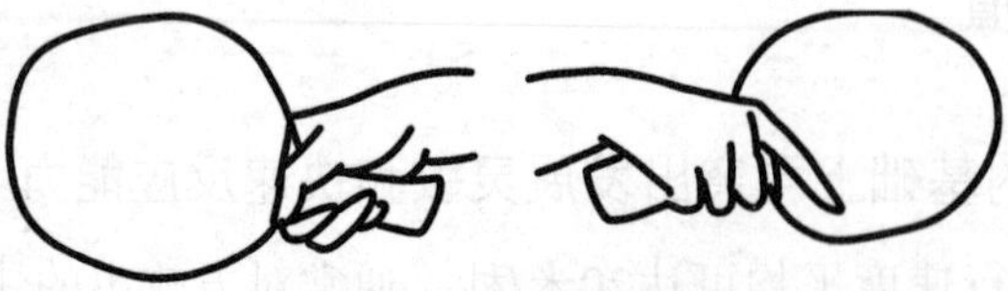

图 11–2–2

横拍握拍法

横拍握拍法如同握手一样。中指、无名指、小指自然弯曲握住拍柄，大拇指在球拍正面靠近中指，食指自然伸直，斜放于球拍背面。正手攻球时，食指稍向上移动；反手攻球时，拇指稍向上移动。

（二）准备姿势

（1）进攻型打法的基本姿势（以右手执拍为例）两脚开立与肩同宽或比肩稍宽，左脚在前，右脚稍后，脚后跟微提，前脚掌内侧有力着地，两膝弯曲，上体稍前倾，略含胸收腹，重心在两脚之间，两肩放松，执拍手自然弯曲置于身体右侧，两眼注视来球。

（2）削球型打法与进攻型打法的准备姿势基本相似，不同之处在于两脚间距稍宽，重心略低，右脚在左脚前，身体稍前倾，执拍手位于胸腹前。

（三）步　法

1. 单　步

移动方法：击球时以一只脚为轴，另一只脚向前、后、左、右不同方向移动，身体重心随之落在移动脚上。

2. 跨　步

移动方法：击球时一脚蹬地，另一脚向移动方向跨一大步，蹬地脚随后跟上半步或一小步，身体重心即移到跨步脚上。

并　步

3. 并　步

移动方法：击球时一脚先向另一脚并半步或一小步，另一脚在并步脚落地后随即向来球方向移动一步。

4. 跳　步

移动方法：以来球异侧脚用力蹬地，两脚同时离地向来球方向跳动。

交叉步

5. 交叉步

移动方法：以靠近来球方向的脚作为支撑脚，该脚的脚尖调整指向移动方向，远离来球方向的脚在体前交叉，向来球方向跨出一大步，身体随之向来球方向转动，支撑脚跟着向来球方向再迈一步，这是前交叉步。后交叉步是在体后完成交叉动作。

（四）发　球

1. 发平击球

要点（以右手为例，下同）：正手发平击球，站位近台，右脚稍后，重心在右脚，执球手与执拍手均在身体右侧前方。抛球后，执拍手稍向后引拍，拍形稍前倾，在球约与球网同高时，触球中部，向前挥拍，重心移至左脚。（图11-2-3）

发平击球

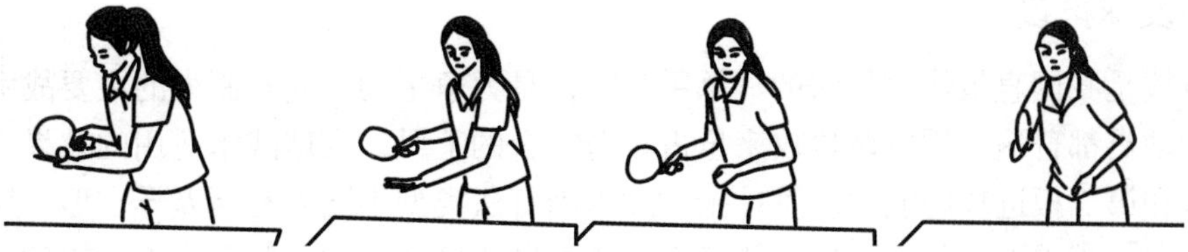

图 11-2-3

2. 正手发奔球

要点：左脚稍前，身体稍向右转，球向上抛起后，执拍手随即向后上方引拍，击球时前臂由后方向左前方挥动，拇指压拍，拍面稍前倾并向左方偏斜，球拍沿球的右侧中部向上部摩擦；击球后前臂和手腕随势向前挥动。

正手发奔球

3. 反手发急球与发急下旋球

要点：左脚稍后，身体稍向左转，击球时执拍手以肘关节为中心，前臂向右前方横拍发力击球，拍面稍前倾，击球的中上部；击球后前臂和手腕随势向前挥动。发急下旋球时，大拇指用力压拍的左肩，使拍面稍后仰；触球前，稍向左后方引拍，当球下降低于网口时，前臂快速向前下方用力，拍面触球的中下部；触球瞬间，手腕附加爆发式下切动作。

4. 发短球

要点：只靠手腕和前臂摩擦的发力，控制向前的力量。击球时，手腕的力量大于前臂的力量，发球的第一落点不要离网太近。

5. 学练方法

单一路线练习，先斜线，后直线，再斜、直线结合；单一旋转定线路、定点练习；向特定的区域发球；单一旋转不定线路、不定点练习；发球速度先慢后快；用相似手法发两种不同旋转、不同落点球练习。

（五）接发球

发球判断得正确与否，直接影响接发球的方式和接发球的成败。为了判断发球的旋转性质、旋转强度及来球线路落点，应利用各种信息进行综合分析。接发球技术的具体运用如下。

（1）接上旋（奔球）球可采用正、反手攻球或推挡回接，拍面适当前倾，击球的中上部，调节好向前的力量。

（2）接下旋长球用搓球、削球、提拉球回接，搓或削时多向前用力。

（3）接左侧上、下旋球可采用攻球和推挡（搓球或拉球）回接，拍面稍前倾（后仰）并略向左偏斜，击球偏右中上（中下）部位，以抵消来球的左侧上（下）旋力。

（4）接右侧上、下球可采用攻球或推挡（搓球或拉球）回击，拍面稍前倾（后仰）并向右偏斜，击球偏左中上（中下）部位；回接要点和方法与接左侧上、下旋球相同。

（5）接近网短球用快搓、快点或台内突击回接，主要靠手腕和前臂的力量。

（6）接转与不转球在判断不准的情况下可轻轻地托一板或撇一板，但要注意弧线和落点。

二、乒乓球基本战术

（一）发球抢攻

发球抢攻是我国直板快攻打法的“杀手锏”，是力争主动、先发制人的主要战术。各种类型打法的运动员都普遍采用发球抢攻来抢占每个回合的上风。发球战术运用的效果主要取决于发球的质量和第三板进攻的能力。发球抢攻战术因打法类型不同而有所差异，但常用的发球抢攻战术主要有：正手发转与不转球；侧身正手（高抛或低抛）发左侧上（下）旋球；反手发右侧上（下）旋球；反手发急球或急下旋球；下蹲式发球。

（二）接发球战术

接发球战术与发球抢攻战术同样重要。在某种意义上讲，接发球水平的高低可以反映运动员的实战能力以及各项基本技术的应用程度。事实上，接发球者只是暂时处于被控制状态，如果你破坏了发球者的抢攻意图或者为他制造了障碍，减弱了对方抢攻的质量，也就意味着已经脱离被控制状态，变被动为主动了。控制与反控制是辩证的统一。常用的接发球战术有：稳健保守法；接发球抢攻；盯住对方的弱点处，寻找突破口；控制接发球的落点；正手侧身接发球。

第三节　乒乓球竞赛规则简介

一、发　球

（1）发球开始时，球自然地置于不持拍手的手掌上，手掌张开，保持静止。

（2）随后发球员须将球几乎垂直地向上抛起，不得使球旋转，并使球在离开不执拍手的手掌之后上升不少于16厘米，球下降到被击出前不能碰到任何物体。

（3）当球从抛起的最高点下降时，发球员方可击球，使球首先触及本方台区，然后直接触及接发球员台区。在双打中，球应先后触及发球员和接发球员的右半区。

（4）从发球开始，到球被击出，球要始终在比赛台面的水平面以上和发球员的端线以外；而且从接发球方看，球不能被发球员或其双打同伴的身体或他（她）们所穿戴（带）的任何物品挡住。

（5）球一旦被抛起，发球员的不执拍手及其手臂应立即从球和球网之间的空间移开。球和球网之间的空间由球和球网及其向上的无限延伸来界定。

（6）运动员发球时，有责任让裁判员或副裁判员确信他（她）的发球符合规则的要求，且裁判员或副裁判员均可判定发球不合法。如果裁判员或副裁判员对发球的合法性不确定，在一场比赛中第一次出现时，可以中断比赛并警告发球方。但此后如该运动员或其双打同伴的发球不是明显合法，将被判发球违例。

（7）运动员因身体伤病而不能严格遵守合法发球的某些规定时，可由裁判员做出决定免于执行。

二、击　球

对方发球或还击后，本方运动员必须击球，使球直接越过或绕过球网装置，或触及球网装置后再触及对方台区。

三、得1分

除被判重发球的回合，下列情况该运动员得一分：

（1）对方运动员未能正确发球。

（2）对方运动员未能正确还击。

（3）运动员在发球或还击后，对方运动员在击球前，球触及了除球网装置以外的任何东西。

（4）对方击球后，球没有触及本方台区而越过本方台区或端线。

（5）对方击球后，球穿过球网，或从球网和网柱之间、球网和比赛台面之间通过。

（6）对方阻挡。

（7）对方故意连续两次击球。

（8）对方用不符合规则的拍面击球。

（9）对方运动员或其穿或戴（带）的任何东西使比赛台面移动。

（10）对方运动员或其穿或戴（带）的任何东西触及球网装置。

（11）对方运动员不执拍手触及比赛台面。

（12）双打时，对方运动员击球次序错误。

四、一局比赛、一场比赛

（1）一局比赛：在一局比赛中，先得11分的一方为胜方。10平后，先多得2分的一方为胜方。

（2）一场比赛：一场比赛由奇数局组成。

五、发球、接发球和方位的次序

（1）选择发球、接发球和方位的权力应由抽签来决定。中签者可以选择先发球或先接发球，或选择先在某一方位。

（2）当一方运动员选择了先发球或先接发球，或选择了先在某一方位后，另一方运动员必须有另一个选择。

（3）在获得每2分之后，接发球方即成为发球方，依此类推，直至该局比赛结束，或者直至双方比分都达到10分或实行轮换发球法，这时，发球和接发球次序仍然不变，但每人只轮发1分球。

（4）双打的第一局比赛，先由有发球权的一方确定第一发球员，再由接发球方确定第一接发球员；以后的每局比赛，由先发球的一方确定第一发球员，第一接发球员则是前一局发球给他（她）的运动员。

（5）在双打中，每次换发球时，前面的接发球员应成为发球员，前面的发球员的同伴应成为接发球员。

（6）一局中首先发球的一方，在该场下一局应首先接发球。在双打决胜局中，当一方先得5分时，接发球方应交换接发球次序。

（7）一局中，在某一方位比赛的一方，在该场下一局应换到另一方位。在决胜局中，一方先得5分时，双方应交换方位。

六、间　歇

（1）在局与局之间，有不超过1分钟的休息。

（2）在一场比赛中，双方各有一次不超过1分钟的暂停。

（3）每局比赛中，每得6分球后，或决胜局交换方位时，有短暂的时间擦汗。

第四节　乒乓球趣味活动

一、你是我的左右腿

【目的】提高协调性和默契度。

【准备】乒乓球台、乒乓球若干、乒乓球拍若干、绳子。

【方法】此游戏为双打，每组派2名（要求必须为一男一女）选手参加，要求将每名参赛选手的其中一条腿和另一人绑在一起，然后这两名同学参加双打比赛，此环节共打11个球，败者淘汰，胜者成为擂主，其他队伍依次挑战，胜者为擂主，最后的擂主所在的组为获胜方。

二、团队乒乓球

【目的】练习接发球。

【准备】乒乓球台、乒乓球若干、乒乓球拍若干。

【方法】两个队队员分别排成一排站于一个乒乓台两侧，每一侧提供两只球拍。游戏开始，任选一队的队首第一个人先发球，发完球这个人立刻走开，当对方将球打回来时，第二个队员马上接球，接完球后也马上离开，两边一直这样循环，直到某一队伍所有成员每人成功接到一球。若中间有人没有接到球，则把球交与对方队，这个人回到队列末尾，继续参与接球。

思考题

1. 简述乒乓球运动的起源与发展。

2. 乒乓球的基本技、战术有哪些？

3. 简述乒乓球的竞赛规则。

第十二章　羽毛球运动

第一节　羽毛球运动概述

一、羽毛球运动的起源与发展

现代羽毛球运动起源于印度，形成于英国。19世纪60年代，一批退役的英国军官把印度的"普那"——一种近似于后来的羽毛球运动的游戏，带回英国，并加以改进，逐渐成为现代的羽毛球运动。1870年，英国出现了用羽毛、软木做成的球和穿弦的球拍。1873年，英国的鲍弗特在格拉斯哥郡的伯明顿庄园里进行了一次羽毛球游戏，这是世界上第一次羽毛球比赛，伯明顿（Badminton）也因此作为羽毛球的英文名称。1934年，由加拿大、丹麦、英国、法国、爱尔兰、荷兰等10多个国家发起成立了国际羽毛球联合会（简称国际羽联），总部设在伦敦，主席为G·A·汤姆斯。国际羽联1948—1949年举办的第1届世界男子团体赛的奖杯，即由汤姆斯所赠。1978年2月，由亚非国家组成的世界羽毛球联合会于中国香港成立，同年11月举办了第1届世界羽毛球锦标赛。国际羽联和世界羽联于1981年5月26日宣布合并，统一称国际羽毛球联合会，其管辖的比赛有汤姆斯杯赛、尤伯杯赛、世界锦标赛、全英羽毛球锦标赛和世界羽毛球系列大奖赛。

羽毛球运动约于1920年传入我国。中华人民共和国成立后，羽毛球运动得到迅速发展。20世纪70年代，我国羽毛球队已跻身于世界强队之林，国际羽坛是印度尼西亚与我国平分秋色。20世纪80年代，优势已转向我国。我国羽毛球技术水平处于世界羽坛领先地位的基础，在一系列世界大赛中他们为祖国夺得了众多的金牌，创造了中国羽毛球历史上的辉煌时期。在1987年北京世锦赛、2010年巴黎世锦赛、2011年伦敦世锦赛和2012年第30届奥运会中，我国羽毛球选手包揽了全部5个项目的冠军。2015年5月17 日，在第14届苏迪曼杯羽毛球决赛中，中国队成功卫冕，实现苏迪曼杯六连冠。在2016年第31届奥运会上，中国羽毛球队获得2枚金牌。在2021年第32届奥运会上，中国羽毛球队获得2枚金牌、4枚银牌的好成绩。

二、羽毛球运动的锻炼价值

（一）有助于培养竞争意识和进取精神

公平竞争是促进社会进步与发展的动力，竞争精神是现代人的重要素质。羽毛球运动特有的对抗性、强负荷的锻炼方式，有助于培养充满自信、不畏困难、顽强拼搏、积极进取的现代人才。

（二）有助于强身健体，提高免疫力，缓解疲劳

羽毛球是一项技能性运动，要求脑、眼、手、脚密切协作，全身心地投入。羽毛球运动量大，速度快，能有效地消耗多余的脂肪，调节肌肉密度，塑造优美形体，还有助于缓解眼睛、大脑和颈椎的疲劳状况。经常参加羽毛球运动，可提高机体的灵敏性、协调性，改善人体代谢功能，提高吸氧能力，提高免疫力。

（三）有益于加强文化修养

参与羽毛球运动，了解羽毛球运动的发展历史和文化背景，学习并遵守运动规则，形成尊重对手和尊重裁判员的赛场作风，对培养协作、忍让、谦虚、豁达等优良品质大有益处，有利于树立正确的人生观和世界观。

（四）有益于陶冶情操，增添生活情趣

参与羽毛球运动能够保持优美潇洒的姿态和朝气蓬勃的精神状态。无论是参加羽毛球运动，还是观看羽毛球比赛，都能从中体会到灵动变化之美，感受到这项运动的魅力。可以说，打羽毛球就是一个发现美和创造美的过程，其乐趣无穷。

第二节　羽毛球基本技、战术

一、羽毛球基本技术

（一）握拍法

羽毛球握拍法正确与否，对于掌握和提高羽毛球技术水平有着重要的影响。羽毛球技术中的握拍法是多样的，但是基本的握拍法有2种，即正手握拍法和反手握拍法。

1. 正手握拍法

握拍之前，先用左手拿住球拍，使拍面与地面垂直，再张开右手，使手掌下部靠在球拍的握柄底托部位，虎口对着球拍柄。小指、无名指、中指自然并拢，食指与中指稍稍分开，自然弯曲并贴在拍柄上。

2. 反手握拍法

在正手握拍的基础上，拇指和食指将拍柄稍向外转，拇指顶点在拍柄内侧的宽面上或内侧棱上，中指、无名指和小指并拢握拍，柄端靠近小指根部，使掌心留有空隙。球拍斜侧向身体左侧，拍面稍后仰。

正手握拍法　　反手握拍法

（二）发　球

发球是运动员在发球区将球由静止状态用球拍击出，使之在空中飞行，落到对方的接发球区的技术动作。

发球可分为正手发球和反手发球两种。若按球在空中飞行的弧线，又可分为发高远球、平高球和网前球。在单打比赛中，以上几种发球应用得较普遍；而在双打比赛中，则以发网前球结合发平快球或者平高球用得最多。

1. 正手发球

（1）正手发高远球。

准备发高远球的时候，站在离前发球线1米左右的发球场区中线附近，面对球网，两脚自然开立。左脚在前，右脚在后。身体重心放在右脚，身体略微向后仰，右手向右后侧举起，肘部稍弯曲，左手拿球置于胸前。发球的时候，左手将球落下，右手的大臂带动小臂，从右后方往左前上方挥动。大臂开始挥动的同时，身体重心随势由右脚移到左脚。当球落到击球人手臂向下自然伸直能触到球的部位的一刹那，握紧球拍，并利用甩手腕的力量，向前上方鞭打击球，在把球击出的同时，手臂向上方挥动，击球之后，身体重心也由右脚移至左脚，身体微微向前倾。（图12-2-1）

正手发高远球

正手发平高球

图 12-2-1

正手发网前球

（2）正手发平高球。

发平高球时动作过程大致与发高远球相同，只是在击球的一刹那，前臂加速带动手腕向前上方挥动，拍面要向前上方倾斜，以向前用力为主。

（3）正手发网前球。

发网前球时，握拍要放松，上臂动作要小，主要靠前臂带动手腕向前切送，球的弧线要贴网而过，落点在前发球区。

2. 反手发球

（1）反手发网前球。

站位靠近前发球线，左脚或右脚在前均可，身体重心在前脚，上体前倾，后脚跟提起。右手反手握拍柄的稍前部位，肘关节提起，手腕稍前屈，球拍低于腰部，斜放在下腹前方；左手持球在拍面前方。发球时，球拍由后向前推送击球，使球运行的弧线最高点略高于网顶，球拍触球时，拍面呈切削式击球，使球落到对方场区的前发球线附近。

反手发网前球

（2）反手发平球。

反手发平球与正手发平球的球路、角度、落点一样。发球时，球拍的挥动方向也与反手发网前球一样，只是在击球的一刹那，手腕有弹性地击球，拍

反手发平球

面与地面角度接近垂直，将球击到双打后发球线以内的区域。

（三）接发球

还击对方发过来的球叫接发球。接发球和发球一样，都是羽毛球最基本的技术，在比赛中同样起着重要的作用。如果说发球发得好是走向胜利的开始，那么也可以说，接发球接得好也是走向胜利的第一步。发球方利用多变的发球来打乱接发球方的阵脚争取主动。接发球方则是通过多变的接发球来破坏发球方的企图。

1. 接发球的站位和姿势

（1）单打站位。

单打站位一般是在离发球线1.5米处。站在右发球区要站在靠近中线的位置，在左发球区则站在中间位置，主要是防备对方直接进攻反手部位。一般左脚在前，右脚在后，双膝微屈，收腹含胸，身体重心放在前脚上，后脚脚跟稍抬起。身体半侧向球网，球拍举在身前，两眼注视对方。

（2）双打站位。

双打发球区比单打发球区短0.76米，发高远球易被对方扣杀，所以双打发球以多发网前球为主。接发球时，要站在靠近前发球线的地方。双打准备姿势和单打的接发球姿势基本相同，略有区别的是身体前倾较大，身体重心可以随意放在任何一脚，球拍举得高些，在球来到网上最高点时击球，争取主动，但要注意右场区对方发平快球突袭反手部位。

2. 接发各种来球

对方发来高远球或平高球时，可用平高球、吊球或杀球还击。一般来说，接发高远球是一次进攻的机会，还击得好，就掌握了主动。一些初学者常因后场技术没掌握好，还击球的质量较差，以致遭到对方的攻击（图12-2-2），虚线为对方发来的高远球，“1”表示还击平高球；“2”表示还击吊球；“3”表示还击杀球。

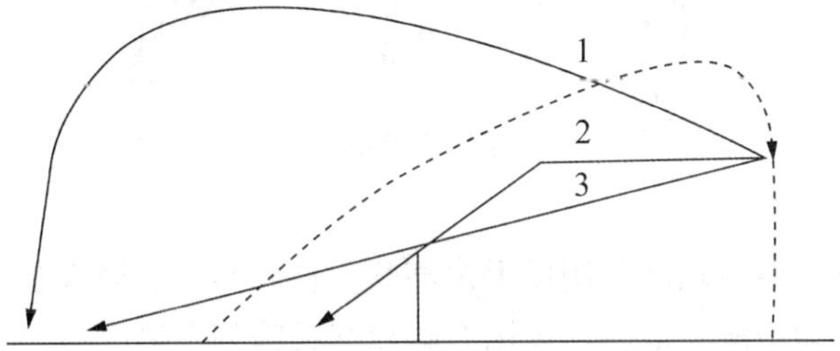

图 12-2-2

对方发来网前球时，可用平高球、高远球、放网前球、平推还击；如果对方发球质量不好，也可用扑球还击。要洞察对方发网前球的意图，如果是要发球强攻，而自己的防守能力又不强。那么，就放网前球或平推球还击，落点要远离对方的站位，控制住球，不让对方进攻。当对方连续发球强攻时，接发球一定要冷静、沉着，若疏忽麻痹，回球质量稍差，就可能让对方强攻得手。

对方发来平快球时，可用平推球、平高球还击，以快制快。由于接球方还击的击球点比发球方高，下压得狠些可以夺取主动。另外，也可以用高远球还击，以逸待劳。不能仓促还击网前球，因为击球质量稍差，就有可能遭受对方的抢攻。

至于接发球中的球路和落点变化，以及如何以己之长攻彼之短，这就关系到战术的运用问题了。

（四）击　球

正手击高球

反手击高球

羽毛球击球技术方法包括击高球、吊球、杀球、搓球、推球、勾球、扑球、抽球、挑球等，每一种技术又可分为正手和反手击球法。依据战术球路的需要，又可击出直线球或斜线球来。

高球是自后场打到对方后场端线经过高空飞行的球。高球分为正手、反手和头顶3种手法。

1. 正手击高球

首先要判断好来球的方向和落点，侧身后退，使球处在自己的右肩前上方的位置。左肩对网，左脚在前，右脚在后，重心在右脚上。左臂屈肘，左手自然高举，右手执拍，手臂自然弯曲，将球拍举在右肩上方，两眼注视来球。击球时，右上臂后引，随之肘关节上提明显高于肩部，将球拍后引至头部，自然伸腕（拳心朝上）。然后在后脚蹬地、转体收腹的协调用力下，以肩为轴，上臂带动前臂快速向前上方甩腕，在手臂伸直的最高点击球。击球后，持拍手臂向左下方挥动并收拍至体前。与此同时，左脚后撤，右脚向前迈出，身体重心由后脚移至前脚上（图12–2–3）。正手高球也可起跳击球，按上述要求做好准备动作，然后右脚起跳，随即在空中转体，并完成引拍击球动作。击球动作是在球将从空中最高点落下的瞬间完成的。

图 12–2–3

2. 反手击高球

当对方将球击到己方左后场区时用反手击高球。首先判断好对方来球的方向和落点，迅速将身体转向左后方，移动步法，最后一步用右脚前交叉跨到左侧底线，背对网，身体重心在右脚上，使球处在身体右上方。击球前，迅速换成反手握拍法，持拍于右胸前，拍面朝上。击球时，以上臂带动前臂，通过手腕的闪动，自下而上地甩腕，将球击出。在最后用力时，要注意拇指的侧压力与甩腕的配合，以及两腿蹬地转体的全身协调用力。（图12–2–4）

图 12–2–4

3. 头顶击高球

动作要领与击正手高球基本相同，只是击球点偏左肩上方。准备击球时，身体向左倾斜。击球时，上臂带动前臂使球绕过头顶，从左上方向前加速挥动，注意发挥手腕的爆发力击球。落地时左脚向左后方摆动幅度稍大些。

头顶击高球

二、羽毛球基本战术

（一）单打战术

1. 发球战术

保持发球技术动作的一致性。做到各种发球技术的前期动作一致，就能使对方无法预先把握球的时机和意图，迫使接发球队员多方防备而造成回球质量差，就有机会发动主动进攻。

要掌握发球的时间差。每次发球，从准备发球到球发出去（球从拍面弹出）的时间长短可能会有差异，这样，往往会造成对方判断错误而被动接球或接球失误（但应注意不要发生击球违例的现象）。

要机动地变换发球点和发球的弧线。将球发向对方接球能力最薄弱的部位，诱使其失误、失分。

要善于发现和把握对方接发球的习惯球路，重点防范，抓住战机，争取尽快结束战斗。

2. 接发球战术

要全面掌握接发球技术，充满信心地迎击各种发球。在接球时能一拍制胜是最理想的，但也不要在条件不允许的情况下勉强进攻。接发球要力争不让对方有直接进攻的机会，把球回击到远离对方所站位置的落点上，或者回击到对方移动方向相反的位置上，又或者回击到对方击球技术薄弱的部位上，迫使对方被动回球。为此，要求在接发球时做到思想高度集中、见机行事、出手果断。

（二）双打战术

双打比赛不仅仅是竞赛双方在技术、战术、体力上的较量，同时也是双打同伴相互间配合默契程度的较量。因此，在学习双打战术之前，首先要了解两人之间站位形式上的配合。

一般情况下，有两人一前一后站位和两人分边（左、右）站位两种形式。一前一后站位即站在后场的人分管后半场的球，站在前场的人则负责前半场的球。这种站位形式有利于进攻而不利于防守。所以，一般在本方进攻时多采用此站法。分边站位多在防守时采用，这样，各人分管半个场地，在防守时就没有空当了。站位形式不是固定不变的，它在比赛中随着进攻与防守之间的不断转换而变化。

1. 发球、接发球战术

双打的发球往往是决定胜负的关键。发球要根据对手的情况，选择好站位，注意球路、落点、变化，争取主动。因双打接发球区比单打短76厘米，不利于发高球，往往以发网前球为主。接发球时，如果对方发网前球弧线较高，最好能快速上网扑杀，不能扑杀的则争取以搓、推技术回击，迫使对方向上挑球，为后场进攻创造机会。接发球应尽量不用挑高球，以避免发球方的进攻。接发球的球路要有变化，不要只用习惯性的固定球路回击。

2. 攻人战术

集中攻击对方中有明显弱点的人，并伺机攻击另一人因疏忽而露出的空当，或对此人偷袭。双打比赛中的配对选手的技术，一般总有一人好，另一人稍差些，即便两人水平相差不多，但若能集中力量攻击其中一人，也可给其造成很大的心理压力，从而使其出现失误。

3. 攻中路战术

当对方分边站位防守时，将球攻击到对方两人的中间；当对方前后站位时，可将球下压或平推两边半场。这样可使对方防守时互抢或互让而出现失误。

第三节　羽毛球竞赛规则简介

一、发　球

（1）一旦发球员和接发球员做好准备，任何一方不得延误开始发球。

（2）发球员球拍头的向后摆动一旦停止，任何对发球开始的迟延都是延误。

（3）发球员和接发球员，应站在斜对角的发球区界线以内，脚不得触及发球区和接发球区的界线。

（4）从发球开始，至发球结束，发球员和接发球员的两脚都必须有一部分与场地的地面接触，不得移动。

（5）发球员的球拍，应首先击中球托。

（6）发球员的球拍击中球的瞬间，整个球应低于距场地地面高度1.15米。

（7）自发球开始，发球员挥拍必须连贯向前，直至将球发出。

（8）发出的球应向上飞行过网，如果未被拦截，球应落在规定的接发球区内（即落在界线上或界线内）。

（9）发球员发球时，应击中球。

一旦运动员站好位置准备发球，发球员的球拍头开始向前挥动，即为发球开始。一旦发球开始，发球员的球拍击中或未能击中球，均为发球结束。发球员应在接发球员准备好后才能发球，如果接发球员已试图接发球，即视为已做好准备。双打比赛发球时，发球员和接发球员的同伴应在各自的场区内。其站位不限，但不得阻挡对方发球员或接发球员的视线。

二、发球与接发球的顺序

（一）单　打

（1）发球区和接发球区。一局中，发球员的分数为0或双数时，双方运动员均应在各自的右发球区发球或接发球；一局中，发球员的分数为单数时，双方运动员均应在各自的左发球区发球或接发球。

（2）击球顺序和位置。一回合中，球应由发球员和接发球员交替从各自场区的任何位置击出，直至成“死球”为止。

（3）得分和发球。发球员胜一回合则得一分，随后发球员再从另一发球区发球；接发球员胜一回合则得一分，随后接发球员成为新发球员。

（二）双　打

（1）发球区和接发球区。一局中，发球方的分数为0或双数时，发球方均应从右发球区发球。一局中，发球方的分数为单数时，发球方均应从左发球区发球。接发球方按其上次发球时的位置站位。接发球员应是站在发球员斜对角发球区的运动员。发球方每得一分，原发球员则变换发球区再发球。

（2）击球顺序和位置。每一回合发球被回击后，由发球方的任何一人和接球方的任何一人，交替在各自场区的任何位置击球，如此往返直至“死球”。

（3）得分和发球。发球方胜一回合则得一分，随后发球员继续发球。接发球方胜一回合则得一分，随后接发球方成为新发球方。

（4）发球顺序。每局比赛的发球权必须如下传递：先由首先发球员从右发球区发球；其次由首先接发球员的同伴从左发球区发球；然后是首先发球员的同伴；接着是首先接发球员；再接着是首先发球员，依此传递。

运动员在比赛中不应有发球、接发球顺序错误或在一局比赛中连续两次接发球（发球区错误的情况除外）。

（5）发球区错误。以下情况为发球区错误：发球或接发球顺序错误；在错误的发球区发球或接发球。如果发现发球区错误，应在“死球”后予以纠正，已得比分有效。

三、违　例

以下情况均属违例。

（1）不合法发球。

（2）球发出后：停在网顶；过网后挂在网上；被接发球员的同伴击中。

（3）比赛进行中，球：落在场地界线外（即未落在界线上或界线内）；未从网上越过；触及天花板或四周墙壁；触及运动员的身体或衣服；触及场地外其他物体或人；被击时停滞在球拍上，紧接着被拖带抛出；被同一运动员两次挥拍连续两次击中，但一次击球动作中球被拍框和拍弦面击中不属“违例”；被同方两名运动员连续击中；触及运动员球拍，而未飞向对方场区。

（4）比赛进行中，运动员：球拍、身体或衣服，触及球网或球网的支撑物；球拍或身体从网上侵入对方场区（击球时，球拍与球的接触点在击球者网这一方，而后球拍随球过网的情况除外）；球拍或身体，从网下侵入对方场区，导致妨碍对方或分散对方的注意力；妨碍对方，即阻挡对方随球过网的合法击球；故意分散对方注意力的任何举动，如喊叫、做手势等。

第四节　羽毛球趣味活动

一、急速运球

【目的】提高速度和奔跑能力。

【准备】羽毛球场一块，羽毛球和球拍若干。

【方法】以羽毛球场为长度，到底线然后折返，参加者拿球拍托一只羽毛球，快速跑完全程。运球者身体不能碰到球，球落地后或身体碰到球需返回起点再重新开始，比赛计时制，用时最短者获胜。

二、定点投准

【目的】提高击球的准确性。

【准备】羽毛球和球拍若干，一个大塑料桶。

【方法】在场地上划一个直径5米的圆，在圆心处放置一个大塑料桶，每人5个羽毛球，在圆圈外面用球拍将球击入塑料桶中，进球多的人获胜。

思考题

1. 简述羽毛球运动的起源与发展。
2. 羽毛球的基本技、战术有哪些？
3. 简述羽毛球的竞赛规则。

第十三章　网球运动

第一节　网球运动概述

一、网球的起源与发展

网球与高尔夫球、保龄球、桌球并称为世界4大绅士运动。网球运动的起源及演变可以用4句话来概括：网球孕育在法国，诞生在英国，开始普及和形成高潮在美国，现盛行全世界。1896年在雅典举行的第一届奥运会上，网球的男子单打与双打被列为正式比赛项目。后来，由于国际奥委会和国际网球联会在“业余运动员”的定义上有分歧，已经连续进行了七届奥运会的网球比赛被取消，直到1984年的洛杉矶奥运会上，网球被列为表演项目，1988年的汉城奥运会上，网球又重新被列为正式比赛项目。

网球运动约在1885年传入我国的上海、广州等几个大城市，但仅在个别学校中开展。从1910年开始，中国虽然举办和参加了多次全国及国际网球比赛，但是参加人数少，运动水平低。中华人民共和国成立后，网球运动不断发展，技术水平迅速提高，特别是近几年，随着国际赛事的增多，中国选手走出国门不断经受国际大赛的洗礼，在技战术水平上有了很大的提高。尤其是在2004年雅典奥运会上，孙甜甜、李婷夺得女子双打冠军，而后在2006年澳网、温网大赛中郑洁和晏紫又夺得女双冠军。李娜作为亚洲第一位大满贯女子单打冠军，亚洲历史上女单世界排名最高的选手，获得了2008年北京奥运会女子单打第四名、2011年法网公开赛、2014年澳网公开赛女子单打冠军。2018年雅加达亚运会，徐一璠/杨钊煊夺得冠军，这是中国队时隔12年再夺亚运会女双冠军，也是历史上第三次登顶。

二、网球的健身特点

网球是一项深受人们喜爱且富有乐趣的体育活动。它既是一种消遣、增进健康的方式，也是一种艺术追求和享受，当然也是一项扣人心弦的竞赛项目。从事网球运动，文明高雅、动作优美，每打出一次好球，都会使人感觉兴奋异常、畅快无比。

网球运动由最初的贵族运动发展成为一项现代老少皆宜的大众体育项目，与其特点分不开。网球运动的特点：空中击球快速有力；发球方法独具一格；积分方式与众不同；比赛时间难以控制；比赛强度大；心理要求高。

网球运动具有较高的健身功能。

（1）增加健康，增强体质。网球运动是典型的有氧为主、无氧为辅的运动。经常参加可以提高人的心血管系统的功能，帮助降低人体的血脂，防止高血压病。运动量的大小可以自己控制。经常打网球可以增强人的灵活性，提高人的反应速度，使人年轻、有朝气、有精力，防止老年痴呆。

（2）锻炼良好的心理素质。经常参加网球运动的训练和比赛，能使人很好地控制自己的情绪和调节自身心理，能很好地锻炼人的意志品质。

（3）培养勤奋好学的优秀品质。网球运动是一项技术性很强的体育项目，对于初学者而言，短期内掌握较难。网球的魅力是无穷的，但是想完全掌握也不是一件简单的事，这就要求初学者认真学习，勤加苦练，多向教练和球友请教，不断提高水平。

（4）陶冶良好的情操。网球场是结识朋友的好地方。小小的网球会使人们相识、交流、交心、知心，没有年龄的障碍，没有性别的阻挡，没有门第的高低。

第二节　网球基本技、战术

一、网球基本技术

（一）握拍法

网球运动有3种基本的握拍方法，即东方式、大陆式、西方式。不同的握拍法可以产生不同的击球效果和打法。实践证明，不同的打法在世界上都获得过较好的成绩。

1. 东方式握拍法

正手握拍：以右手持拍为例。左手先握住拍颈，使拍面与地面垂直，然后手掌也垂直于地面，手握拍柄如同与人握手，又称“握手式”握拍法，即用右手掌根与拍柄右上斜面贴紧，拇指垫握住拍柄的左垂直面，食指微离中指，食指下关节压住拍柄右垂直面。拇指与食指成“V”形，对准拍柄的右上斜面和左上斜面的上端中间。（图13–2–1）

反手握拍：从正拍握法把手向左转动（把拍子向右转动），使拇指与食指成“V”形，对准拍柄的左上斜面与左垂直面的中间条线。用手掌根压住拍柄的右上斜面，食指下关节在右上斜面上。（图13–2–2）

东方式握拍

图 13–2–1

图 13–2–2

2. 大陆式握拍法

正反手均采用同一种握拍法，不需要变换动作，适宜截击和发球。握拍时用手掌根紧贴拍柄上部的平面，食指与其余三指稍微分开，食指上关节紧贴在右上斜面上，拇指垫贴在拍柄的左垂直面上。

大陆式握拍

3. 西方式握拍法

正手握拍：手掌心朝下，手掌的大部分放在拍柄的底部，手掌根贴在拍柄的右下斜面，拇指压在拍柄的上部上面，食指的下关节握住拍柄的右下斜面。拇指与食指的“V”形对准握柄右垂直面。

反手握拍：在西方式正手握拍的基础上，把球拍上下颠倒，用同一拍面击球或手腕顺时针转，使拇指与食指的“V”形对准拍柄的左垂直面。食指下关节压住拍柄的上部手面，手掌根贴在左上斜面。

4. 双手反手握拍

右手为东方式反手握拍法，握在球拍拍柄的底部，手掌根与拍柄对齐，左手握在右手的上方，称作东方式正拍握拍法。该握拍法的优点在于对力量不足的学员双手反手比较容易，同时这种握拍法易于对来球加上旋和发力，且动作的隐蔽性强；缺点在于对步法要求精确。

双手反手握拍

（二）准备姿势

两脚开立略比肩宽，脚掌着地，脚跟抬起，身体重心置于两脚前脚掌之间，两膝微屈，并保持膝关节的良好弹性，上体放松微前倾，两眼注视对手或来球。球拍置于腹前，拍头指向前方略偏左，拍头微翘高于手腕。用正手握拍法轻握球拍，不持拍手轻扶拍颈，稳定球拍，减轻持拍手腕部的负担，辅助引拍，加快引拍速度。

（三）基本移动步法

1. 滑　步

两脚平行站立。向左滑步时左脚先向左侧迈出一步，右脚同时迅速跟上做滑步动作。滑步移动时身体重心变化快而移动速度较慢，宜在短距离移动中运用，通常在来球距体侧稍近时采用。

2. 交叉步

两脚左右开立。向右侧交叉移动时身体稍向右转，左脚从右脚前向右后交叉迈出一步，然后右脚再向右侧方向跨出一大步，同时重心移至右脚，身体转向来球方向，保持击球前的姿势。其特点是步子大，动作快，便于制动。

3. 跨　步

跨步前膝部弯曲，上体前倾，身体重心移至跨出脚上。跨步时，一腿用力蹬地，另一腿向来球方向跨出一大步，后腿随重心前移自然跟上。其特点是跨距大，便于向前、斜前方降低重心回击反弹球或切削击球。

4. 跑　步

跑步时一脚蹬地起动，另一脚迅速向前跟上，两脚交替进行，两臂配合摆动，不要过早做击球动作的准备，直到接近球时才尽力去击球，其特点是移动速度快，便于随时改变方向。

5. 垫　步

垫步是网球运动中常用的一种步法。它是移动过程中最后一步的制动步法，要求两脚同时落地，身体重心下降，两手持球拍于体前，为下一步击球做准备。

（四）基本击球技术

1. 正手击球

准备姿势：面对球网，两脚开立，略宽于肩，稍屈膝，上体稍前倾，重心置于前脚掌。球拍指向正前方，几乎与地面平行。右手握拍（以右手握拍为例），左手托住拍颈。两眼始终盯着来球。

正手击球

转体引拍：当判断球向正手方向飞来时，双脚迅速右转，肩右转90°角，同时转髋，左脚向右前方上步，重心移至右脚，右手引拍至身体右后。肘部要自然弯曲下垂，手腕固定，左手在体前保持身体平衡。

挥拍击球：将球拍迅速向前挥动，手腕固定，球拍从稍低于腰部处开始做弧线运动，逐步上升，向前挥动迎击球，击球时拍面基本垂直地面，同时将身体重心从右脚移至左脚。击球时身体随之转动，腰部带动大臂击球。

随球动作：当球离开球拍后，击球动作不要停止，而是随出球方向挥一段距离，肘关节向前跟进，挥至左肩一侧，拍头指向天空。同时身体完全转过来，面对球网。在完成一次击球后，应立即回到准备姿势，为下一次击球做准备。

2. 双手反手击球

准备姿势：面对球网，双脚向前自然分开与肩同宽，双膝微屈，腰部略向前，用非握拍手轻托拍颈，拍头与下巴齐平，双肘弯曲，将球拍伸在前面，身体前倾，重心落在双脚上。当判断对方来球朝你的反拍方向飞来时，轻握拍颈的左手应该迅速帮助右手握拍变换为反拍握拍法。正拍若使用东方式的正拍握法或西方式握法，在击打球时应变化为相应的反拍握拍法，不然反拍是打不好的。双手握拍的人，大多也需要变化握法。

后摆引球：向左肩转髋带动右手向左后方摆动，左脚向左转90°与底线平行，同时右脚向左前方上步，左肩对着球网，手腕绷紧、后伸，双肩夹紧，右手拇指靠近左腿的上部。后摆时肘关节自然弯曲，下垂，重心移向后方的脚上。反拍的后摆动作应比正拍后摆更早地完成。单手反拍时，左手可轻托拍颈，伴随着向左转的协调动作；若是双手反拍挥臂，需要更充分的转体动作，右肩转向左侧的网柱。

前挥击球：从后摆进入向前挥动时应紧握球拍，手腕固定，右脚与网呈45°，转动双肩、躯干和臀部，挥拍向球，反拍的击球点应在身体的左侧前方，击球时球拍与右脚应在一条直线上。击球瞬间，挥拍头的挥动最快，对准来球把球打正，肘部应伸直，球拍与手齐平，双眼盯住球。随着身体重心从后脚移向前脚。反拍上旋球的击球动作其拍头轨迹是自上而下的。

随挥动作：球击出后，拍面平行于网的时间尽量长些，挥拍沿着球飞行的方向前送，球拍随球向前的距离小于60厘米，重心前移，落在右脚，身体也随之转向球网，挥拍在右肩上方结束，拍头指向上方（削击球则不同），完成好随挥动作有助于控制球的落点和方向。随挥动作要比后摆动作大而充分，从而保证击球动作的完整和稳定。随挥跟进动作结束，身体转向球网，迅速恢复原来的准备姿势，准备下一次击球。

（五）发球与接发球

1. 下手发球

准备姿势：面对球网，两膝微屈，身体重心落在前脚掌，左手持球，右

发　球

手持拍放松。

引拍阶段：上体向右后方扭转，球拍后摆，左脚向前上步，左手将球稍向上抛，两眼始终盯着球。

击球阶段：肩向前扭转，手腕关节微打开，在球落地前，在身体一侧的前面击球。

随挥阶段：击球后，击球手臂和球拍顶端尽可能长地向前上方随挥，重心前移，然后还原成准备姿势，准备下一次击球。

2. 发平击球

准备姿势：侧对球网站立，前脚与端线约呈45°，指向右侧网柱，身体重心在左脚上，左手托住球拍的拍颈，手臂放松，稍微弯曲并保持在胸部的高度。

引拍阶段：双臂同时稍下放，在其最低点抛球，手臂与击球手臂分开，但以不同的速度向上摆动；在眼睛的高度将球抛出，击球臂向后、向下、向上引拍，身体重心移至右腿上；在手臂伸展到最高点时，身体重心又移到左腿上。同时，通过髋关节前移，降低身体重心；左腿支撑身体向前、向上运动。

击球阶段：击球肩膀转向前面，前臂旋内，充分向前、向上伸展击球臂，在最高点击球，击球瞬间，拍面几乎垂直于地面。

随挥阶段：击球后右前臂继续向外转动，球拍随挥至身体的左侧，左臂在体前的位置做相反运动。击球后随球上网或站在端线附近准备击球。

3. 接发球

准备姿势及站位：接发球的准备姿势只要能以最快的速度还击球就行。当对方发球前，可以膝盖弯曲，两腿分开；当对方抛球准备击球时，可以重心升起，两脚快速交替跳动，并判断来球前迎回击。接发球站位要根据对方的发球水平和自己的接发球水平、习惯、场地和战术需要来确定，一般应站在对方能发到内外角的中角线上，接第一发球时站位稍后些，接第二发球时站位略前。

击球动作：根据对方发球好坏、速度快慢而定。动作一般介于底线正、反拍击球动作和截击球动作之间。对发球差的选手，可用自己的底线正、反拍动作来接对方的发球；而对发球好、速度快的选手，可用网前截击球的动作来接对方的发球，这样接出的球很有威胁性。（图13-2-3）

图 13-2-3

二、网球基本战术

初级阶段的战术主要是保护自己的弱点，攻击对方的弱点。

（一）打对方的反手

每个人的反手一般都比正手弱，而且初中级选手的反手可能是他最大的心病所在。所以不管和谁比赛，第一个原则就是打对方的反手。

（二）打对角球

因为球网中间是最低的，就减少了下网的机会；第二是对角的距离是最长的，减少了出界的机会；最后，你打过去以后，对方最好打的球也是对角球，所以你可以比打直线球少跑一些距离。

（三）打高球

在网球比赛中，最应该避免的就应该是下网球了。假如你打的球有3种结果：下网、出界、界内，那么你的成功率为33.33%。如果你把球都打过网，你的球就只有2种结果：界内和出界，那么你的成功率就已经是50%了。

（四）绕到反手位打正手球

绕到反手位打正手球有两个明显的好处：一是保护了你的弱点；二是（如果你能把球打高一点到对方的反手）你攻击了对方的弱点。即使对方打一个直线，把球打到你的正手位的空当，你一般也能跑过去用你正手打一个高球，然后复位。

（五）把球发过网

无论发球有多不利，只要能把它发过网，它有时还能帮你得分。

（六）把球打到界内

在开始学习比赛的阶段，最大的对手与其说是你的对手不如说是球网，把球打过网你就基本成功了一半，而一旦你能成功地把球打到界内，你就已经可以赢得大部分的比赛。

第三节　网球竞赛规则简介

一、站位和发球的选择

在准备活动开始前，通过抛硬币的方式决定比赛的第一局站位和发球/接发球权。抛硬币获胜的运动员/队可以选择：① 在比赛的第一局中选择发球或接发球，在这种情况下，对手选择站位；② 选择比赛的第一局站位，在这种情况下，对手选择发球或接发球；③ 要求对手作出以上任意一种选择。

二、交换场地

运动员应在每一盘的第一局、第三局和随后的每一个单数局结束后交换场地。运动员还应在每一盘结束后交换场地，但当一盘结束后双方所得局数之和为偶数时，运动员须在下一盘第一局结束后交换场地。

在平局决胜局中，运动员应在每6分后交换场地。

三、发　球

（一）发球次序

在常规局结束后，该局的接发球员在下一局中发球，该局的发球员在下一局中接发球。

双打比赛中，在每一盘第一局开始前，由先发球的那队决定哪一名运动员先在该局发球。同样，在第二局开始前，他们的对手也应当决定由谁在该局先发球。第一局发球的运动员的搭档在第三局发球，第二局发球的运动员的搭档在第四局发球。这一次序一直延续到该盘结束。

（二）发球动作

在即将做出发球动作前，发球员必须静止站在底线后（即远离球网的那一侧），双脚位于中心标志的假定延长线和边线的假定延长线之间。

然后，发球员应当用手将球向任何方向抛出并在球落地前用球拍将球击出。在球拍击到球或未能击到球的那一刻，整个发球动作即被认为已经完成。对于只能使用一只手臂的运动员，可以用球拍完成抛球。

（三）发球程序

（1）在常规发球局中，发球员在每一局都应当从场地的右侧半区开始，交替在场地的两个半区发球。

（2）在平局决胜局中，第一分发球应当从场地的右半区发出，然后交替从场地的两个半区发球。

（3）发出的球应当越过球网，在接发球员回球之前落到对角方向的发球区内。

（四）何时发球和接发球

发球员应该在接发球员做好准备以后再发球。但是，接发球员应当按照发球员合理的发球节奏来比赛，并在发球员准备发球时，在合理的时间内做好接发球的准备。

接发球员如果试图回击发球，则视为已做好准备。如果证实接发球员确未做好准备，那么该次发球不能被判为失误。

（五）重新发球

如果出现下列情况则应当重新发球：

（1）发出的球触到了球网、中心带或网带后落在有效发球区内；或在球触到了球网、中心带或网带后，在落地前触到了接发球员或其搭档，或他们穿戴的或携带的任何物品；（2）球发出时，接发球员还没有做好准备。

在重发球时，之前的那次发球作废，发球员应重发，但是不能取消重发前的发球失误。

第四节　网球趣味活动

一、拍球运动

【目的】提高控球能力。

【准备】网球、网球拍若干，秒表，标记物。

【方法】运动员运用网球拍对地拍球，从起点出发到达20米处标记物后绕回拍球到终点总共用时多少为该运动员比赛成绩（另外加上罚时）。

在拍球的过程中选手单手持拍，握拍不能够超过拍柄与拍颈交接处。

在比赛过程中运动员如果将球丢失后找回，回到落球处继续比赛。

在比赛过程中任何一名运动员用非持拍手接触球将罚时一秒。

一场决胜负，按用时先后取名次。

二、喂球打点

【目的】提高击球落点的准确性。

【准备】网球场一块，网球、球拍若干。

【方法】每个人分10个球，参赛选手站在底线只要将球击到对面球场指定区域（共四个区域每个区域分值不同），10个球累计得分最高的一队获胜。

思考题

1. 简述网球运动的起源与发展。
2. 网球的基本技、战术有哪些？
3. 简述网球的竞赛规则。

第十四章　武术与搏击运动

第一节　武术运动概述

一、武术运动的起源与发展

武术萌芽于原始社会时期，起源于我国远古祖先的生产劳动。人们在狩猎的生产活动中，创制了石刀、石锤、木棍等武器，逐渐学会了躲闪、跳远、滚翻，以及运用石器、木棒进行劈、砍、刺等技能。氏族公社时代，部落战争经常发生，因此在战场上搏斗的经验也不断得到总结，击、刺等进攻技能不断被模仿、传授与习练，促进了武术的萌芽，武术成形于奴隶社会时期。经过连绵不断的战火，武术为了适应实战需要进一步向实用化、规范化发展，主要体现在军队的武术活动和以武术为主的学校教育。商周时期，出现了武术训练的重要手段——田猎，并利用“武舞”来训练士兵、鼓舞士气，周代设的“序”等学校也把射御、习舞等列为教育的内容之一。进入春秋战国以后，诸侯争霸，都很重视技击在战场中的运用，秦汉以来，盛行角力、击剑等武术活动。随着“宴乐兴舞”的习俗，手持器械的舞练时常在乐饮酒酣时出现。此外，还有“刀舞”“力舞”等，虽具娱乐性，但从技术上更近似于今天的套路形式的运动。唐朝以来开始实行武举制，并对有一技之长的士兵授予荣誉称号，对武术的发展起到了促进作用。宋元时期，以民间结社的武艺组织为主体的民间练武活动蓬勃兴起，有习枪弄棒的“英略社”、习射练习的“弓箭社”等。由于商业经济活跃，出现了以浪迹江湖、习武卖艺为生的“路歧人”，不仅有单练，而且有对练。明清时期是武术的大发展时期，流派林立，拳种纷显。拳术有长拳、猴拳、少林拳、内家拳等几十家之多，同时形成了太极拳、形意拳、八卦拳等主要的拳种体系。

民国时期民间出现了许多拳社、武士会等武术组织。1927年，在南京成立了中央国术馆。1936年中国武术队赴柏林奥运会参加表演。中华人民共和国成立后，武术得到了蓬勃的发展。1956年中国武术协会建立了武术协会、武术队等，形成了空前广泛的群众性武术活动，为武术的发展开拓了广阔的道路。1985年，在西安举行了首届国际武术邀请赛，并成立了国际武术联合会筹委会，这是武术发展历史性的突破。1987年在日本横滨举行了第1届亚洲武术锦标赛。

1990年武术首次被列入第11届亚运会竞赛项目，标志着武术开始走进亚运会。1999年，国际武联被吸收为国际奥委会的正式国际体育单项联合会成员，这是武术发展中的又一历史性突破，这意味着在不久的将来，武术可能成为奥运会项目，预示着“把武术推向世界”的雄伟目标进一步实现。由此可见，中华武术起源于远古，源远流长，是世界古老文化之一，是中华民族所独有的文化艺术瑰宝。

二、武术运动的锻炼价值

（一）提高素质，健体防身

武术套路运动其动作包含着屈伸、回环、平衡、跳跃、翻腾、跌扑等，人体各部位几乎都要参与运动。系统地进行武术训练，可提高人体速度、力量、灵巧、耐力、柔韧等身体素质，调动人体各部位都参加运动，使人的身心得到全面锻炼。实践证明，参加武术运动对外能利关节、强筋骨、壮体魄；对内能理脏腑、通经脉、调精神。武术运动讲究调息行气和意念活动，对调节体内环境的平衡，调养气血，改善人体机能，强身健体十分有益。

（二）锻炼意志，培养品德

练武对意志品质的考验是多面的。练习基本功，要不断克服疼痛关，冬练三九，夏练三伏，常年有恒，坚持不懈。套路练习，要克服枯燥关，培养刻苦耐劳、砥砺精进、永不自满的品质。遇到强手，克服消极逃避关，锻炼勇敢无畏、坚韧不屈的战斗意志。经过长期锻炼，可以培养人们勤奋、刻苦、果敢、顽强、虚心好学、勇于进取的良好习性和意志品德。

（三）竞技观赏，丰富生活

武术具有很高的观赏价值，无论是套路表演，还是散手比赛，历来为人们喜闻乐见。无论是显现武术功力与技巧的竞赛表演套路，还是斗智较勇的对抗性散手比赛，都会引人入胜，给人以美的享受，都具有很高的观赏价值。通过观赏，给人以教育和乐趣。

（四）交流技艺，增进友谊

武术运动蕴涵丰富，技理相通，入门之后会有“艺无止境”之感。群众性的武术活动，是人们切磋技艺、交流思想、增进友谊的良好手段。随着武术在世界的广泛传播，还可促进国内外武术爱好者的交流，在与世界各国人民友好交往中发挥着越来越大的作用。

第二节　武术基本功和基本动作

基本手型

一、基本手型

（一）掌

动作说明：四指伸直并拢向后伸张，拇指弯曲紧扣于虎口处。（图14–2–1）

动作要领：掌面直立后翘，四指并紧。

（二）拳

动作说明：四指并拢握紧，拇指紧扣食指和中指的第二指节。（图14–2–2）

动作要领：拳握紧，拳面平，腕平直。

（三）勾　手

动作说明：屈腕，五指的第一指节捏拢在一起。（图14–2–3）

动作要领：五指捏紧，腕关节用力回屈。

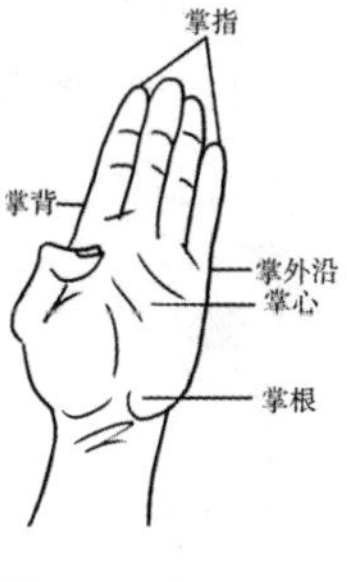

图 14–2–1

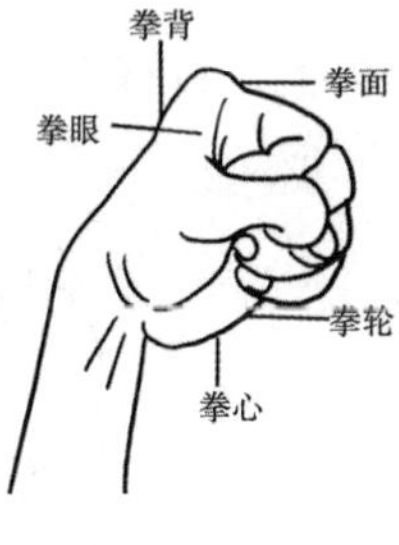

图 14–2–2

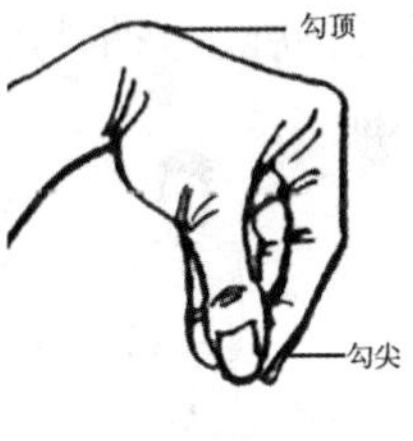

图 14–2–3

基本手法

二、基本手法

（一）冲　拳

预备姿势：双脚左右开立，两拳收抱于腰间，拳心朝上。

动作说明：右拳从腰间旋臂向前猛力冲出，力达拳面，目视前方。两拳交替练习。拳心向下称为平冲拳，拳眼向上称为立冲拳。（图14–2–4）

动作要领：挺胸、收腹、直腰，出拳快速有力，做好拧腰、顺肩和前臂内旋的动作。

（二）架　拳

预备姿势：同冲拳。

动作说明：右拳经体前向右上方架起，拳眼向下，目视左方。两拳交替进行。（图14-2-5）

动作要领：松肩，肘微屈，前臂内旋，力达前臂外侧。

图 14-2-4

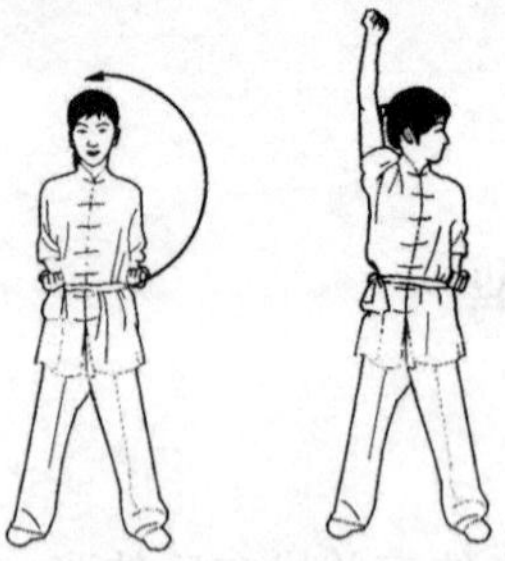

图 14-2-5

（三）推　掌

预备姿势：同冲拳。

动作说明：右拳变掌，以掌外沿为力点向前猛力推出，目视前方。两掌交替进行。（图14-2-6）

动作要领：同冲拳，注意沉腕、翘掌，力达掌外沿。

（四）亮　掌

预备姿势：同冲拳。

动作说明：抖腕亮掌，臂成弧形举于头上，目视左方。两掌交替进行。（图14-2-7）

动作要领：抖腕、亮掌与转头要同时完成。

图 14-2-6

图 14-2-7

三、基本步型

基本步型

（一）弓　步

动作说明：前脚微内扣，全脚掌着地，屈膝半蹲，大腿呈水平，膝部约与脚面垂直；另一腿挺膝伸直，脚尖内扣斜向前方，全脚掌着地，上体正对前方，两手抱拳于腰间。（图14-2-8）

动作要领：挺胸，立腰；前腿弓、后腿绷。

（二）马　步

动作说明：两脚左右开立约为脚长三四倍，脚尖正对前方，屈膝半蹲，大腿呈水平，眼看前方，两手抱拳于腰间。（图14–2–9）

动作要领：头正、挺胸、立腰、扣足。

（三）虚　步

动作说明：后脚尖斜向前，屈膝半蹲，大腿接近水平，全脚掌着地；前腿微屈，脚面绷紧，脚尖虚点地面。（图14–2–10）

动作要领：挺胸、立腰、虚实分明。

（四）仆　步

动作说明：一腿全蹲，大腿和小腿靠紧，臀部接近小腿，全脚掌着地，膝与脚尖稍外展；另一腿平铺接近地面，全脚掌着地，脚尖内扣。（图14–2–11）

动作要领：挺胸、立腰、开髋，全脚掌着地。

（五）歇　步

动作说明：两腿交叉屈膝全蹲，前脚全脚掌着地，脚尖外展；后脚脚跟离地，臀部外侧紧贴后小腿。（图14–2–12）

动作要领：挺胸、立腰、两腿贴紧。

图 14–2–8

图 14–2–9

图 14–2–10

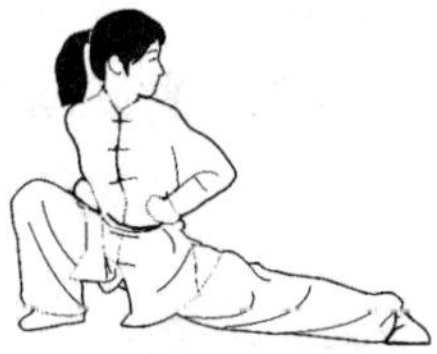

图 14–2–11

图 14–2–12

四、基本步法

基本步法

（一）插　步

预备姿势：开步站立，两手叉腰。

动作说明：右脚向左脚后横插一步，两腿交叉。（图14–2–13）

（二）击　步

预备姿势：同插步，唯两脚前后开立。

动作说明：在前脚蹬离地面的同时，后脚向前以脚弓碰击前脚跟，经短暂的腾空后，后脚、前脚依次落地；目向前平视。（图14–2–14）

动作要领：跳起腾空时，保持上体正直并侧对前方。

（三）垫　步

预备姿势：同击步预备姿势。

动作说明：后脚提起向前脚处落步，前脚蹬地前跳落步，目向前平视。（图14-2-15）

动作要领：同击步。

图 14-2-13

图 14-2-14

图 14-2-15

五、肩臂练习

肩臂练习

（一）压　肩

预备姿势：开步站立。

动作说明：两手抓握肋木，上体前俯并做下振压肩动作；也可以两人面对面站立，互相扶按肩部，做体前屈的振动压肩动作；也可由助手协助做搬压肩部的练习。（图14-2-16）

动作要领：挺胸、塌腰，臂、腿要伸直，振幅逐步加大，压点集中于肩部，增加外力时由小到大。

图 14-2-16

（二）臂绕环

1. 单臂绕环

预备姿势：呈左弓步站立，左手按于左大腿上，右臂上举。

动作说明：右臂由后向前绕环一周为后绕环，由前向后绕环一周为前绕环。（图14-2-17）

动作要领：臂伸直、肩放松、划立圆，逐渐加速。

图 14–2–17

2. 双臂绕环

（1）前后绕环。

预备姿势：开步站立，右臂上举。

动作说明：左臂前绕环，右臂后绕环。

动作要领：同单臂绕环。

（2）左右绕环。

预备姿势：开步站立。

动作说明：左右两臂同时向右、向上、向左、向下划立圆绕环，然后再反方向划立圆绕环。

动作要领：同单臂绕环。

（3）交叉绕环。

预备姿势：开步站立，两臂上举。

动作说明：两臂分别向前、后绕环。

动作要领：同单臂绕环。

六、腿部练习

腿部练习主要发展腿部的柔韧性、灵活性和力量等素质，练习方法有压腿、劈腿和踢腿等。

（一）压　腿

压腿主要是拉长腿部的肌肉和韧带，加大关节的活动范围。压腿的方法主要有正压腿、侧压腿、后压腿和仆步压腿四种。

正压腿

侧压腿

1. 正压腿

预备姿势：并步站立。

动作说明：左脚脚跟放在肋木上，脚尖勾紧，上体向前下做振压动作。左右腿交替进行练习。（图14–2–18）

动作要领：直体向下振压，压至疼痛时，进行换腿练习。

2. 侧压腿

预备姿势：同正压腿，但侧对肋木。

动作说明：左脚跟放在肋木上，脚尖勾紧，右臂上举，左掌附于右胸前，上体向左侧振压。左右腿交替进行练习。（图14–2–19）

动作要领：立腰，展髋，直体向侧下振压。

3. 后压腿

预备姿势：同正压腿，但背对肋木。

动作说明：左脚背放在肋木上，脚面绷直。上体后屈并做振压动作。左右腿交替练习。（图14-2-20）

动作要领：挺胸，展髋，腰后屈。

后压腿

4. 仆步压腿

预备姿势：开步站立。

动作说明：右腿全蹲，左腿挺膝伸直，脚尖内扣。两脚全脚掌着地，两手分别抓握两脚外侧，成左仆步。接着，右脚蹬地，右腿伸膝，重心左移，左膝弯曲，转成右仆步。左右交替进行练习。（图14-2-21）

动作要领：挺胸，立腰，沉髋，臀部尽量贴近地面。

仆步压腿

图 14-2-18

图 14-2-19

图 14-2-20

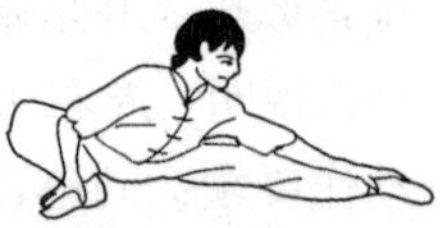

图 14-2-21

（二）劈　腿

劈腿主要是加大髋关节的活动幅度，增进腿部的柔韧性，劈腿练习可结合压腿和踢腿进行，劈腿的方法有竖叉和横叉两种。

1. 竖　叉

预备姿势：并步站立。

动作说明：两手左右扶地或两臂侧平举，两腿前后分开呈直线。前腿后侧着地，脚尖勾起，后腿内侧或前侧着地。左右腿交替练习。

动作要领：挺胸，立腰，沉髋，挺膝。

竖　叉

2. 横　叉

预备姿势：并步站立。

动作说明：两手在体前扶地或侧平举，两腿左右分开成直线，脚内侧着地。

动作要领：同竖叉。

（三）踢　腿

踢腿是腿部练习中的重要内容，也是表现基本功训练的主要方面之一，可以较集中地反映出腿部的柔韧性、灵敏性和控制力量的训练水平。

正踢腿

1. 正踢腿

预备姿势：并步站立，两臂侧平举。

动作说明：左脚上步直立，右腿挺膝，脚尖勾起向前额处猛踢；目向前平视。两腿交替练习。（图14-2-22）

动作要领：挺胸，收腹，立腰。踢腿时，迅速收髋、收腹，脚尖勾起绷落，过腰后动作加快，要有寸劲。

2. 侧踢腿

预备姿势：同正踢腿。

动作说明：右脚上步，脚尖外展；左脚跟稍提起，身体略右转，两臂后举。随后，左腿勾脚向左耳际踢起，右臂上举亮掌，左臂立于右肩前；目向前平视。两腿交替练习。（图14-2-23）

侧踢腿

动作要领：开髋，侧身，猛收腹。

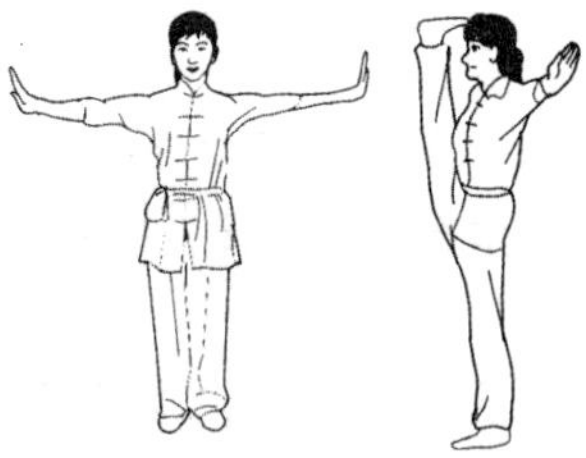

图 14-2-22

图 14-2-23

3. 外摆腿

外摆腿

预备姿势：同正踢腿。

动作说明：右脚上步；左脚脚尖勾紧，向右侧上方踢起，经面前向左侧上方摆动，直腿落在右脚旁；目向前平视，可用掌在面前依次迎击脚面并击响。两腿交替练习。（图14-2-24）

动作要领：展髋，腿呈扇形外摆，幅度要大。

4. 里合腿

预备姿势：同正踢腿。

动作说明：同外摆腿，但由外向内合。（图14-2-25）

里合腿

动作要领：合髋，腿摆动呈扇形，幅度要大。

图 14-2-24

图 14-2-25

七、组合练习（五步拳）

五步拳是基本手型、手法以及五种步型的组合练习，共包括弓步冲拳、弹腿冲拳、马步架打、歇步盖冲拳、提膝仆步穿掌、虚步挑掌和并步抱拳七个动作。（图14-2-26）

五步拳

（一）预备姿势

并步抱拳。（图14–2–26 ①）

（二）动作说明

（1）弓步冲拳。呈左弓步，左手向左平搂收回腰间抱拳；冲右拳。目视前方。（图14–2–26 ②）

（2）弹腿冲拳。重心前移，右腿向前弹踢，同时冲左拳，收右拳。目视前方。（图14–2–26 ③）

（3）马步架打。右脚落地，向左转体90°，下蹲呈马步，同时左拳变掌，屈臂上架，冲右拳；目视右方。（图14–2–26 ④）

（4）歇步盖冲拳。左脚向右脚后插一步，同时右拳变掌向左下盖，掌外沿向前，身体左转90°，收左拳；目视右掌上动不停，两腿屈膝下蹲呈歇步，同时冲左拳，收右拳；目视左拳。（图14–2–26 ⑤、⑥）

（5）提膝仆步穿掌。两腿起立，身体左转。随即左拳变掌，顺势收至右腋下；右拳变掌，由左手背上穿出，手心向上。同时左腿屈膝提起，目视右手。上动不停，左脚落地呈仆步；左手掌指朝前，沿左腿内侧穿至左脚面。目视左掌。（图14–2–26 ⑦、⑧）

（6）虚步挑掌。左腿屈膝前弓，右脚前上呈右虚步。同时左手向后划弧呈勾手，右手顺右腿外侧向上挑掌。目视前方。（图14–2–26 ⑨）

（7）并步抱拳。左脚向右脚靠拢并步。同时左钩手和右掌变拳，收抱于腰间。目视前方。（图14–2–26 ⑩）

图 14–2–26

（三）动作要领

与基本手型、手法及步型的要求相同。

（四）教法提示

（1）先掌握单个动作，然后再练习两个动作以上的组合动作，并逐步过渡到整套组合动作的练习。

（2）组合动作的练习，主要是巩固和提高武术的基本动作，教学中先以步型、手型、手法的训练为主，而后再逐渐做到“手、眼、身法、步”的协调一致。

（3）待动作熟练后，可左右势互换，重复练习。

第三节　初级长拳（第三路）

初级长拳

初级长拳适合于武术的基础训练，尤其适合于青少年、儿童锻炼。它具有动作舒展大方、快速有力、迅速静定、节奏鲜明的运动特点。

一、预备动作

预备姿势（图14-3-1）：两脚并步站立，两臂垂于身体两侧，五指并拢贴靠腿外侧，眼向前平视。

动作要领：头要端正，下颌微收，挺胸，塌腰，收腹。

（一）虚步亮掌

虚步亮掌如图14-3-2所示。

（1）右脚向右后方撤步呈左弓步。右掌外旋向右、向上、向前划弧，掌心向上；左臂屈肘，左掌提至腰侧，掌心向上。目视右掌。

（2）右腿微屈，重心后移。左掌经胸前从右臂上向前穿出伸直；右臂屈肘，右掌收至腰侧，掌心向上。目视左掌。

（3）重心继续后移，左脚稍向右移，脚尖点地，呈左虚步。左臂内旋向左、向后划弧呈勾手，勾尖向上；右手继续向后、向右、向前上划弧，屈肘抖腕，在头前上方呈亮掌（即横掌），掌心向前，掌指向左。目视左方。

动作要领：三个动作必须连贯。呈虚步时，重心落于右腿上，右大腿与地面平行。左腿微屈，脚尖点地。

图 14-3-1

图 14-3-2

（二）并步对拳

并步对拳如图14–3–3所示。

（1）右腿蹬直，左腿提膝，脚尖里扣，上肢姿势不变。

（2）左脚向前落步，重心前移。左臂屈肘，左勾手变掌经左肋前伸；右臂外旋向前下落于左掌右侧，两掌同高，掌心均向上。

（3）右脚向前上一步，两臂下垂后摆。

（4）左脚向右脚并步，两臂向外向上经胸前屈肘下按，两掌变拳，拳心向下，停于小腹前。目视左侧。

动作要领：并步后挺胸、塌腰。对拳、并步、转头要同时完成。

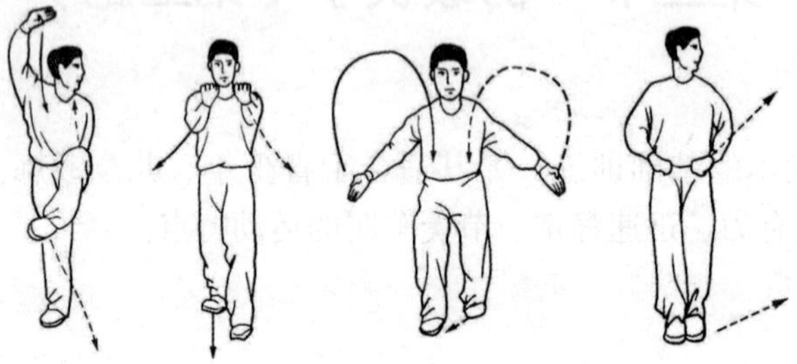

图 14–3–3

二、第一段

（一）弓步冲拳

弓步冲拳如图14–3–4所示。

（1）左脚向左上一步，脚尖向斜前方；右腿微屈，呈半马步。左臂向上向左格打，拳眼向后，拳与肩同高；右拳收至腰侧，拳心向上。目视左拳。

（2）右腿蹬直呈左弓步。左拳收至腰侧，拳心向上，右拳向前冲出，高与肩平，拳眼向上。目视右拳。

动作要领：呈弓步时，右腿充分蹬直，脚跟不要离地。冲拳时，尽量转腰顺肩。

① ②

图 14–3–4

（二）弹腿冲拳

弹腿冲拳如图14–3–5所示。

重心前移至左腿，右腿屈膝提起，脚面绷直，猛力向前弹出伸直，高与腰平。右拳收至腰侧；左拳向前冲出。目视前方。

动作要领：支撑腿可微屈，弹出的腿要有爆发力，力点达于脚尖。

（三）马步冲拳

马步冲拳如图14–3–6所示。

右脚向前落步，脚尖里扣，上体左转。左拳收至腰侧，两腿下蹲呈马步；右拳向前冲出。目视右拳。

动作要领：呈马步时，大腿要平，两脚平行，脚跟外蹬，挺胸，塌腰。

（四）弓步冲拳

弓步冲拳如图14–3–7所示。

（1）上体右转90°，右脚外撇向斜前方呈半马步。右臂屈肘向右格打，拳眼向后。目视右拳。

（2）左腿蹬直呈右弓步。右拳收至腰侧；左拳向前冲出。目视左拳。

动作要领：与本节的弓步冲拳相同，但左右相反。

（五）弹腿冲拳

弹腿冲拳如图14–3–8所示。

重心前移至右腿，左腿屈膝提起，脚面绷直，猛力向前弹出伸直，高与腰平。左拳收至腰侧，右拳向前冲出。目视前方。

动作要领：与本节的弹腿冲拳相同。

图 14–3–5

图 14–3–6

图 14–3–7

①　②

图 14–3–8

（六）大跃步前穿

大跃步前穿如图14–3–9所示。

（1）左腿屈膝。右拳变掌内旋，以手背向下挂至左膝外侧，上体前倾。目视右手。

（2）左脚向前落步，两腿微屈。右掌继续向后挂，左拳变掌，向后向下伸直。目视右掌。

（3）右腿屈膝向前提起，左腿立即猛力蹬地向前跃出。两掌向前向上划弧摆起。目视左掌。

（4）右腿落地全蹲，左腿随即落地向前铲出成仆步。右掌变拳抱于腰侧，左掌由上向右向下划弧成立掌，停于右胸前。目视左脚。

动作要领：跃步要远，落地要轻，落地后立即接做下一个动作。

①　②　③　④

图 14–3–9

（七）弓步击掌

弓步击掌如图14–3–10所示。

右腿猛力蹬直呈左弓步。左掌经左脚面向后划弧至身后呈勾手，左臂伸直，勾尖向上，右拳由腰侧变掌向前推出，掌指向上，掌外侧向前，目视右掌。

动作要领：左腿猛力蹬直呈弓步，勾手、推掌动作要协调一致。

（八）马步架掌

马步架掌如图14–3–11所示。

（1）重心移至两腿中间，左脚脚尖里扣呈马步，上体右转。右臂向左侧平摆，稍屈肘；同时左勾手变掌由后经左腰侧从右臂内向前上穿出，掌心均朝上。目视左手。

（2）右掌立于左胸前；左臂向左上屈肘抖腕亮掌于头部左上方，掌心向前。目右转视。

动作要领：马步同前。

图 14–3–10

① ②

图 14–3–11

三、第二段

（一）虚步栽拳

虚步栽拳如图14–3–12所示。

（1）右脚蹬地，屈膝提起；左腿伸直，以前脚掌为轴向右后转体180°。右掌由左胸前向下经右腿外侧向后划弧呈勾手；左臂随身体转动并外旋，使掌心朝右。目视右手。

（2）右脚向右落地，重心移至右腿上，下蹲呈左虚步。左掌变拳下落于左膝上，拳眼向里，拳心向后；右勾手变拳，屈肘向上架于头右上方，拳心向前。目视左方。

动作要领：虚步要挺胸、立腰，右脚实、左脚虚，虚实要分明。

（二）提膝穿掌

提膝穿掌如图14–3–13所示。

（1）右腿稍伸直。右拳变掌收至腰侧、掌心向上，左拳变掌由下向左向上划弧盖压于头上方，掌心向前。

（2）右腿蹬直，左腿屈膝提起，脚尖内扣。右掌从腰侧经左臂内向右前上方穿出，掌心向上，左掌收至右胸前呈立掌。目视右掌。

动作要领：支撑腿与右臂充分伸直。

①　②

图 14-3-12

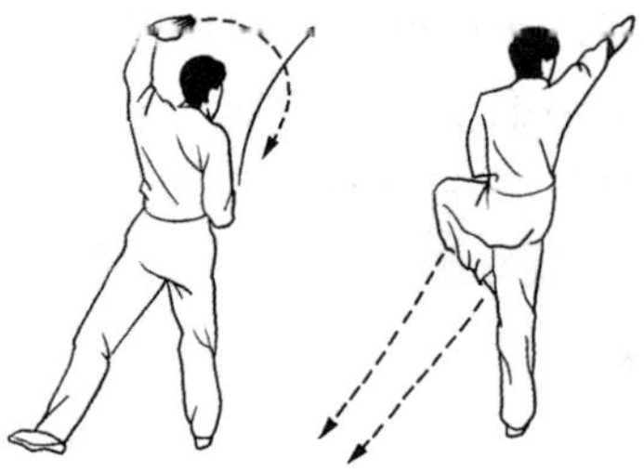

①　②

图 14-3-13

（三）仆步穿掌

仆步穿掌如图14-3-14所示。

右腿全蹲，左腿向左后方铲出呈左仆步。右臂不动，左掌由右胸前向下经左腿内侧，向左脚面穿出。目随左掌转视。

动作要领：前手低、后手高，两臂伸直，上体向左侧前倾。

（四）虚步挑掌

虚步挑掌如图14-3-15所示。

（1）右腿蹬直，重心前移至左腿，呈左弓步。右掌稍下降，左掌随重心前移向前挑起。

（2）右脚向左前方上步，左腿半蹲，呈右虚步。身体随上步左转180°。在右脚上步的同时，左掌由前向上向后划弧呈立掌，右掌由后向下向前上挑起呈立掌，指尖与眼平。目视右掌。

动作要领：上步要快，虚步要稳。

（五）马步击掌

马步击掌如图14-3-16所示。

（1）右脚落实，脚尖外撇，重心稍升高并右移，左掌变拳收至腰侧；右掌俯掌向外掳手。

（2）左脚向前上一步，以右脚为轴向右后转180°，两腿下蹲呈马步。左掌从右臂上呈立掌向左侧击出；右掌变拳收至腰侧。目视左掌。

动作要领：右手做掳手时，先使臂稍内旋、腕伸直，手掌向下向外转，接着臂外旋，掌心经下向上翻转，同时抓握成拳。收拳和击掌动作要同时进行。

图 14-3-14

①　②

图 14-3-15

①　②

图 14-3-16

（六）叉步双摆掌

叉步双摆掌如图14-3-17所示。

（1）重心稍右移，同时两掌向下向右摆，掌指均向上。目视右掌。

（2）右脚向左腿后插步，前脚掌着地。两臂继续由右向上向左摆，停于身体左侧，均呈立掌，右掌停于左肘窝处。目随双掌转视。

动作要领：两臂要划立圆，幅度要大，摆掌与后插步配合一致。

（七）弓步击掌

弓步击掌如图14-3-18所示。

（1）两腿不动。左掌收至腰侧，掌心向上；右掌向上向右划弧，掌心向下。

（2）左腿后撤一步，呈右弓步。右掌向下向后伸直摆动，呈勾手，勾尖向上；左掌呈立掌向前推出。目视左掌。

动作要领：撤步呈弓步与勾手、推掌要同时完成。

① ②

图 14-3-17

① ②

图 14-3-18

（八）转身踢腿马步盘肘

转身踢腿马步盘肘如图14-3-19所示。

（1）两脚以前脚掌为轴向左后转体180°。在转体的同时，左臂向上向前划半立圆，右臂向下向后划半圆。

（2）上动不停，两脚不动，右臂由后向上向前划半立圆，左臂由前向下向后划半立圆。

（3）上动不停，右劈向下成反臂勾手，勾尖向上；左臂向上成亮掌，掌心向前上方。右腿伸直，脚尖勾起，向额前踢。

（4）右脚向前落地，脚尖里扣。右手不动，左臂屈肘下落至胸前，左掌心向下。目视左掌。

（5）上体左转90°，两腿下蹲呈马步。同时左掌向前向左平掳变拳收至腰侧，右勾手变拳，右臂伸直，由体后向右向前平摆，至体前时屈肘，肘尖向前，高与肩平，拳心向下。目视肘尖。

动作要领：两臂抡动时要划立圆，动作连贯。盘肘时要快速有力，右肩前顺。

① ② ③ ④ ⑤

图 14-3-19

四、第三段

（一）歇步抡砸拳

歇步抡砸拳如图14-3-20所示。

（1）重心稍升高，右脚外撇。右臂由胸前向上向右抡直；左拳向下向左，使臂抡直。目视右拳。

（2）上动不停，两脚以前脚掌为轴，向右后转体180° 。右臂向下向后抡摆，左臂向上向前随身体转动。

（3）紧接上动，两腿全蹲呈歇步。左臂随身体下蹲向下平砸，拳心向上，臂部微屈；右臂伸直向上举起。目视左拳。

动作要领：抡臂动作要连贯完成，划立圆。歇步要两腿交叉全蹲，左腿大、小腿靠紧，臀部贴于左小腿外侧，膝关节在右小腿外侧，脚跟提起，右脚尖外撇，全脚着地。

①　②　③

图 14-3-20

（二）仆步亮掌

仆步亮掌如图14-3-21所示。

（1）左脚由右腿后抽出前上一步，左腿蹬直，右腿半蹲，呈右弓步。上体微向右转。左拳收至腰侧，右拳变掌向下经胸前向右横击掌。目视右掌。

（2）右脚蹬地屈膝提起，上体右转。左拳变掌从右掌上向前穿出，掌心向上，右掌收至左肘下。

（3）右脚向右落步，屈膝全蹲，左腿伸直，呈仆步。左掌向下向后划弧呈勾手，勾尖向上，右掌向右向上划弧微屈，抖腕成亮掌，掌心向前。头随右手转动，至亮掌时，目视左方。

①　②　③

图 14-3-21

动作要领：仆步时，左腿充分伸直，脚尖里扣，右腿全蹲，两脚脚掌全部着地。上体挺胸塌腰，稍左转。

（三）弓步劈拳

弓步劈拳如图14–3–22所示。

（1）右腿蹬地立起；左腿收回并向左前方上步。右掌变拳收至腰侧，左勾手变掌由下向前上经胸前向左做掳手。

（2）右腿经左腿前方向左绕上一步，左腿蹬直呈右弓步。左手向左平掳后再向前挥摆，虎口朝前。

（3）在左手平掳的同时，右拳向后平摆，然后再向前向上做抡劈拳，拳高与耳平，拳心向上，左掌外旋接扶右前臂。目视右拳。

动作要领：左右脚上步稍带弧形。

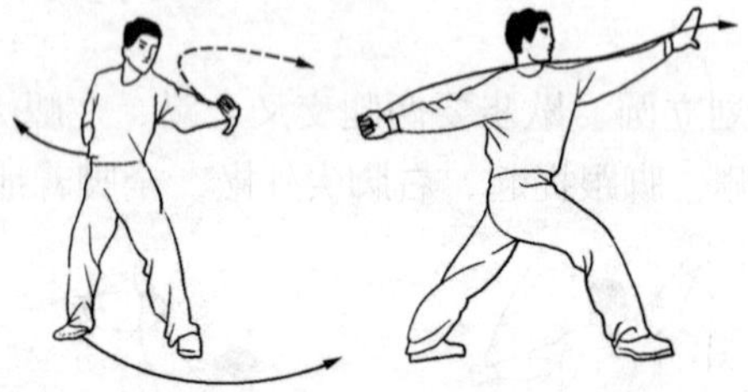

①　②　③

图 14–3–22

（四）跳换步弓步冲拳

跳换步弓步冲拳如图14–3–23所示。

（1）重心后移，右脚稍向后移动。右拳变掌臂内旋，以掌背向下画弧挂至右膝内侧；左掌背贴靠右肘外侧，掌指向前。目视右掌。

（2）右腿自然上抬，上体稍向左扭转。右掌挂至体左侧，左掌伸向右腋下。目随右掌转视。

（3）右脚以全脚掌用力向下震跺，与此同时，左脚急速离地抬起。右手由左向上向前掳盖而后变拳收至腰侧，左掌伸直向下、向上、向前屈肘下按，掌心向下。上体右转，目视左掌。

（4）左脚向前落步，右腿蹬直呈左弓步。右拳向前冲出，拳高与肩平；左掌藏于右腋下，掌背贴靠腋窝。目视右拳。

动作要领：换跳步动作要连贯、协调。震脚时腿要弯曲，全脚掌着地，左脚离地不要高。

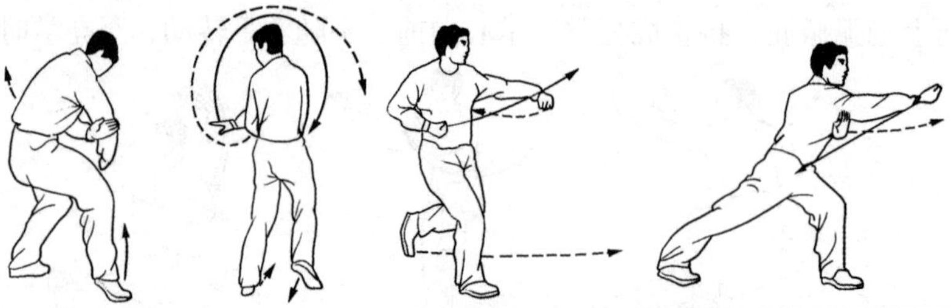

①　②　③　④

图 14–3–23

（五）马步冲拳

马步冲拳如图14–3–24所示。

上体右转90°，重心移至两腿中间，呈马步。右拳收至腰侧，左掌变拳向左冲出，拳眼向上。目视左拳。

（六）弓步下冲拳

弓步下冲拳如图14–3–25所示。

右脚蹬直，左腿弯曲，上体稍向左转，呈左弓步。左拳变掌向下经体前向上架于头左上方，掌心向上，右拳自腰侧向左前斜下方冲出。目视右拳。

（七）叉步亮掌侧踹腿

叉步亮掌侧踹腿如图14–3–26所示。

（1）上体稍右转。左掌由头上下落于右手碗上，右拳变掌，两手交叉呈十字。目视双手。

（2）右脚蹬地并向左腿后插步，以前脚掌着地。左掌由体前向下向后画弧呈勾手，勾尖向上，右掌由前向右向上划弧抖腕亮掌，掌心向前。目视左侧。

（3）重心移至右腿，左腿屈膝提起，向左上方猛力蹬出。上肢姿势不变，目视左侧。

动作要领：插步时上体稍向右倾斜，腿、臂的动作要一致。侧踹高度不能低于腰，大腿内旋，着力点在脚跟。

图 14–3–24

图 14–3–25

①　②　③

图 14–3–26

（八）虚步挑拳

虚步挑拳如图14–3–27所示。

（1）左脚在左侧落地。右掌变拳稍后移，左勾手变拳由体后向左上挑，拳背向上。

（2）上体左转180°，微含胸前俯。左拳继续向前向上划弧上挑，右拳向下向前划弧挂至右膝外侧，同时右膝提起。目视右拳。

（3）右脚向左前方上步，脚尖点地，重心落于左脚，左腿下蹲呈右虚步。左拳向后划弧收至腰侧，拳心向上，右拳向前屈臂挑出，拳眼斜向上，拳与肩同高。目视右拳。

动作要领：虚步与上肢的动作要一致。

①　②　③

图 14–3–27

五、第四段

（一）弓步顶肘

弓步顶肘如图14-3-28所示。

（1）重心升高，右脚踏实。右臂内旋向下直臂划弧以拳背下挂至右膝内侧，左拳不变。目视前下方。

（2）左腿蹬直，右腿屈膝上抬。左拳变掌，右拳不变，两臂向前向上划弧摆起。目随右拳转视。

（3）左脚蹲地起跳，身体腾空，两臂继续划弧至头上方。

（4）右脚先落地，右腿屈膝，左脚向前落步，以前脚掌着地。同时两臂向右向下屈肘停于右胸前，右拳变掌，左掌变拳。右掌心贴靠左拳面。

（5）左脚向左上一步，左腿屈膝，右腿蹬直呈左弓步。右掌推左拳，以左肘尖向左顶出，高与肩平。目视前方。

动作要领：交换步时不要过高，但要快。两臂抡摆时要成圆弧。

① ② ③ ④ ⑤

图 14-3-28

（二）转身左拍脚

转身左拍脚如图14-3-29所示。

（1）以两脚前脚掌为轴向右后转体180° 。随着转体，右臂向上、向右、向下划弧抡摆，同时左拳变掌向下向后向前上抡摆。

（2）左腿伸直向前上踢起，脚面绷平。左掌变拳收至腰侧，右掌由体后向上向前拍击左脚面。

动作要领：右掌拍脚时手掌稍横过来，拍脚要准而响亮。

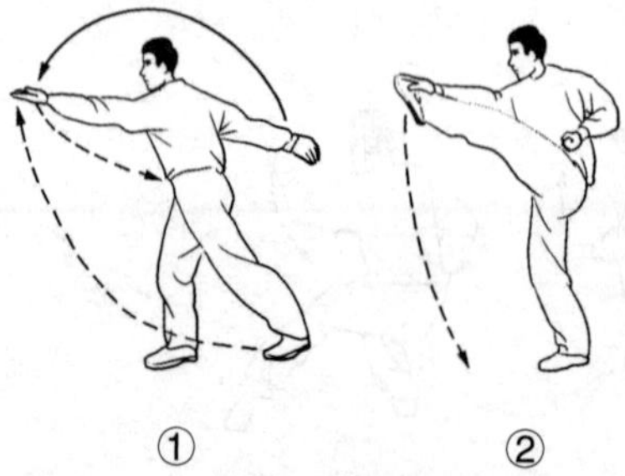

① ②

图 14-3-29

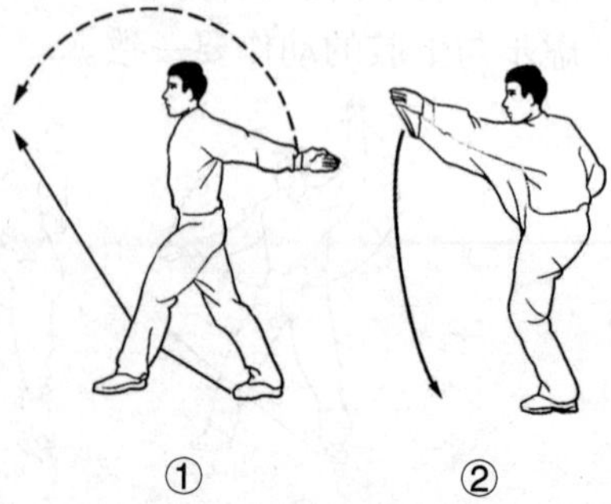

① ②

图 14-3-30

（三）右拍脚

右拍脚如图14–3–30所示。

（1）左脚向前落地，左拳变掌向下向后摆，右掌变拳收至腰侧。

（2）右腿伸直向前上踢起，脚面绷平。左拳变掌由后向上向前拍击右脚面。

动作要领：与本节的转身左拍脚相同。

（四）腾空飞脚

腾空飞脚如图14–3–31所示。

（1）右脚落地。

（2）左脚向前摆起，右脚猛力蹬地跳起，左腿屈膝继续前上摆。同时右拳变掌向前向上摆起，左掌先上摆而后下降拍击右掌背。

（3）右腿继续上摆，脚面绷平。右手拍击右脚面，左掌由体前向后上举。

动作要领：蹬地要向上，不要太向前冲，左膝尽量上提。击响要在腾空时完成，右臂伸直呈水平。

图 14–3–31

（五）歇步下冲拳

歇步下冲拳如图14–3–32所示。

（1）左、右脚先后相继落地。左掌变拳收至腰侧。

（2）身体右转90°，两腿全蹲呈歇步。右掌抓握、外旋变拳收至腰侧；左拳由腰侧向前下方冲出，拳心向下。目视左拳。

动作要领：右拳抓握动作要快速，歇步与冲拳的动作要协调一致。

（六）仆步抡劈拳

仆步抡劈拳如图14–3–33所示。

（1）重心升高，右臂由腰侧向体后伸直，左臂随身体重心升高向上摆起。

（2）以右脚前脚掌为轴，左腿屈膝提起，上体左转270°。左拳由前向后下画立圆一周；右拳由后向下向前上划立圆一周。

（3）左腿向后落一步，屈膝全蹲，右腿伸直，脚尖里扣呈右仆步。右拳由上向下抡劈，拳眼向上；左拳后上举，拳眼向上。目视右拳。

动作要领：抡臂时一定要划立圆。

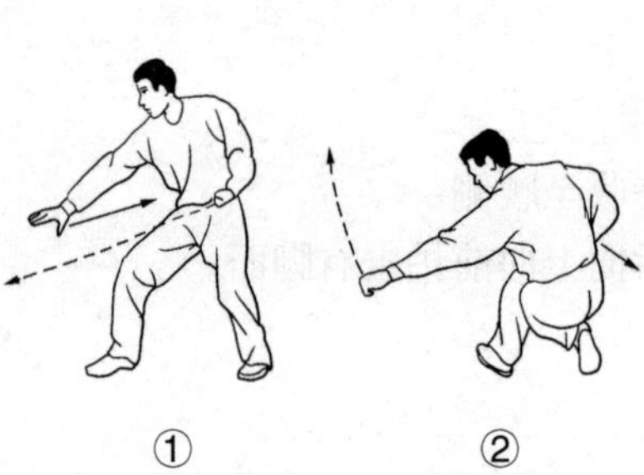

图 14-3-32

图 14-3-33

（七）提膝挑掌

提膝挑掌如图14-3-34所示。

（1）重心前移呈右弓步。同时右拳变掌由下向上抡摆，左拳变掌稍下落，右掌心向左，左掌心向右。

（2）左、右臂在垂直面上由前向后各划立圆一周。右臂伸直停于头上，掌心向左，掌指向上，左臂伸直停于身后呈反勾手。同时右腿屈膝提起，左腿挺膝伸直独立。目视前方。

动作要领：抡臂时要划立圆。

（八）提膝劈掌弓步冲拳

提膝劈掌弓步冲拳如图14-3-35所示。

（1）下肢不动。右掌由上向下猛劈伸直，停于右小腿内侧，用力点在小指一侧；左勾手变掌，屈臂向前停于右上臂内侧，掌心向左。目视右掌。

（2）右脚向右后落地；身体右转90°。同时左掌变拳收至腰侧，右臂内旋向右划弧做劈掌。

（3）上动不停，左腿蹬直呈右弓步。右手抓握变拳收至腰侧，左拳由腰侧向左前方冲出。目视左拳。

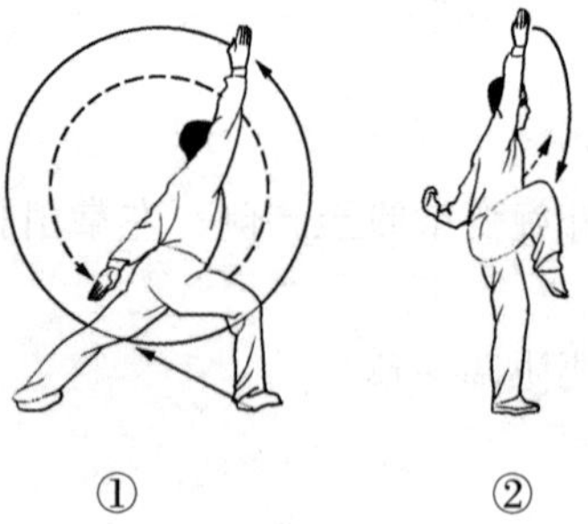

图 14-3-34

图 14-3-35

六、结束动作

（一）虚步亮掌

虚步亮掌如图14-3-36所示。

（1）右脚扣于左膝后，两拳变掌，两臂右上左下屈肘交叉于体左前。目视右掌。

（2）右脚向右后落步，重心后移，右腿半蹲，上体稍右转。同时右掌向上、向右、向下划弧停于左腋下；左掌向左、向上划弧停于右臂上与左胸前，两掌心左下右上。目视左掌。

（3）左脚尖稍向右移，右腿下蹲呈左虚步。左臂伸直向左、向后划弧呈反勾手；右臂伸直向下、向右、向上划弧抖腕亮掌，掌心向前。目视左方。

①　②　③

图 14-3-36

（二）并步对拳

并步对拳如图14-3-37所示。

（1）左腿后撤一步，同时两掌从两腰侧向前穿出伸直，掌心向上。

（2）右腿后撤一步，同时两臂分别向体后下摆。

（3）左脚后退半步向右脚并拢。两臂由后向上经体前屈臂下按，两掌变拳，停于腹前，拳心向下，拳面相对。目视左方。

动作要领：与预备动作相同，松肩，精神饱满。

还原（图14-3-38）：两臂自然下垂成预备姿势，目视正前方。

①　②

图 14-3-37

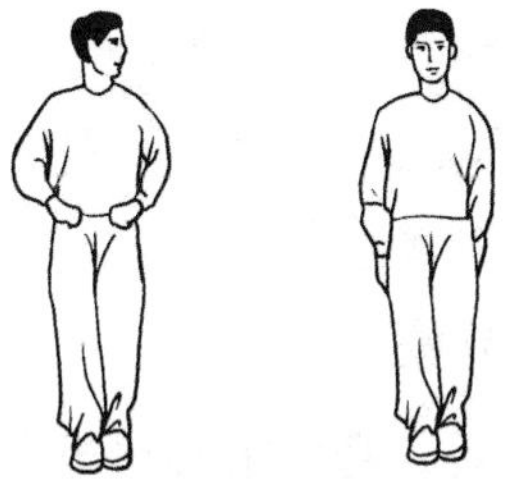

③

图 14-3-38

第四节　24 式简化太极拳

24式简化太极拳分解动作

24简化太极拳是原国家体委对已在群众中流行的太极拳进行改编、整理出来的。集中了原套路的主要结构和技术内容，共分8组，24个姿势动作。练习者可连贯演练，也可以选择单式或分组练习。

一、第一组

（一）起　势

（1）两脚并拢，身体自然直立，头颈正直；两臂自然下垂两手指尖轻贴大腿侧；眼向前平视。（图14–4–1 ①）

（2）左脚向左慢慢开步，与肩同宽，脚尖向前。（图14–4–1 ②）

（3）两臂慢慢向前平举，两手高与肩平，与肩同宽，手心向下。（图14–4–1 ③、④）

（4）上体保持正直，两腿屈膝下蹲；同时两掌轻轻下按至腹前，两肘下垂与膝相对；眼平视前方。（图14–4–1 ⑤）

动作要领：头颈端正，下颏要微向后收，头顶百会穴上领。颈部不要松弛，不可仰头或低头。身体直立或下蹲时，要敛臀收腹，躯干正直，不可挺胸、凸肚、突臀、前俯后仰；左脚开步时，重心先移向右腿，左脚脚跟先离地，随之前脚掌再离地，轻轻提起全脚，高不超过右踝；向左开步落脚时，前脚掌先着地，随之全脚掌逐渐踏实。这种重心转换的做法，体现了太极拳运动“轻起轻落，点起点落”的这一重要步法规律。两手臂向前平举时，手起肘随将臂举起，肘关节微屈，保持沉肩垂肘的要领，不要掀肘耸肩；屈蹲下按掌时，两掌要随屈膝主动下按，协调一致，掌心下按到终点（腹前）定势时，须舒指展掌，不要坐腕向上翅指。

①　②　③　④　⑤

图 14–4–1

（二）左右野马分鬃

（1）上体微向右转，身体重心移至右腿上；同时右臂收在胸前平屈，手心向下，左手经体前向右下划弧放在右手下，手心向上，两手手心相对呈抱球状；左脚随即收到右脚内侧，脚尖点地；眼视右手。（图14–4–2 ①、②）

（2）上体微向左转，左脚向左前方迈出，同时左右手随转体慢慢分别向左上、右下错开；眼视左手。（图14–4–2 ③、④）

（3）上体继续左转，右脚跟后蹬，右腿自然伸直呈左弓步；左右手随转体继续向左上、右下分开，左手高与眼平，手心斜向上，肘微屈；右手落在右胯旁，肘也微屈，手心向下，指尖向前；眼视左手。（图14–4–2 ⑤）

（4）上体慢慢后坐，身体重心移至右腿，左脚脚尖翘起，微向外撇（45°～60°），同时两手准备抱球。（图14–4–2 ⑥）

（5）左脚脚掌慢慢踏实，左腿慢慢前弓，身体左转，身体重心再移至左腿；同时左手翻转向下，左臂收在胸前平屈，右手向左上画弧放在左手下，两手手心相对呈抱球状；右脚随即收到左脚内侧，脚尖点地；眼视左手。（图14–4–2 ⑦、⑧）

（6）上体微右转，右腿向右前方迈出，同时左右于随转休慢慢分别向左下、右上错开；眼视右手。（图14–4–2 ⑨）

（7）左腿自然伸直成右弓步：同时上体继续右转，左右手继续随转体分别慢慢向左下，右上分开，右手高与眼平，手心斜向上，肘微屈；左手落在左胯旁，肘也微屈，手心向下，指尖向前；眼视右手。（图14–4–2 ⑩）

（8）与4解同，唯左右相反。（图14–4–2 ⑪）

（9）与5解同，唯左右相反。（图14–4–2 ⑫、⑬）

（10）与6解同，唯左右相反。（图14–4–2 ⑭）

（11）与7解同，唯左右相反。（图14–4–2 ⑮）

动作要领：上体不可前俯后仰，脚部必须宽松舒展。两臂分开时要保持弧形。身体转动时要以腰为轴。弓步动作与分手的速度要均匀一致。做弓步时，迈出的脚先是脚跟着地，然后脚掌慢慢踏实，脚尖向前。膝盖不要超过脚尖；后腿自然伸直；前后脚夹角呈45°～60°（需要时后脚脚跟可以后蹬调整）；野马分鬃式的弓步，前后脚的脚跟要分在中轴线的两侧，它们之间的横向距离（即以动作行进的中线为纵轴，其两侧的垂直距离为横向）应保持在10～30厘米。

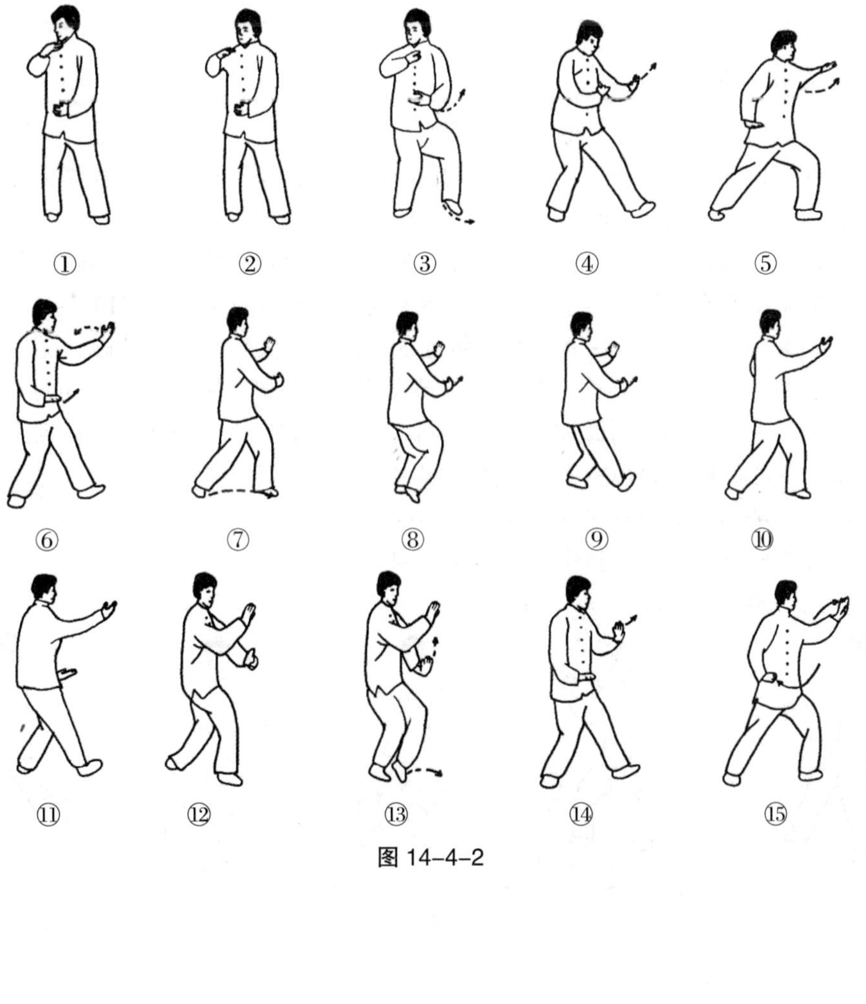

图 14–4–2

（三）白鹤亮翅

（1）上体微向左转，左于翻掌向下，左臂平屈胸前，右手向左上划弧，手心转向上，与左手相对呈抱球状；眼视左手。（图14-4-3①）

（2）右脚跟进半步，上体后坐，身体重心移至右腿；上体先向右转，面向右前方，眼视右手；然后左脚稍向前移，脚尖点地，呈左虚步，同时上体再微向左转，面向前方，两手随转体慢慢向左下、右上分开，右手上提停于右额前，手心向左后方，左手落于左胯前，手心向下，指尖向前；眼平视前方。（图14-4-3②、③）

① ② ③

图 14-4-3

动作要领：完成姿势胸部不要挺出，两臂上下都要保持半圆形，左膝要微屈；身体重心后移和右手上提，左手下按要协调一致。

二、第二组

（四）左右搂膝拗步

（1）右手从体前下落，由下向后上方划弧举至右肩外侧，肘微屈，手与耳同高，手心斜向上；左手由左下向上、向右下方画弧至右胸前，手心斜向下；同时上体先微向左再向右转；左脚收至右脚内侧，脚尖点地；眼视右手。（图14-4-4①、②、③）

（2）上体左转，左脚向前（偏左）迈出呈左弓步；同时右手屈回由耳侧向前推出，高与鼻尖平，左手向下由左膝前搂过落于左胯旁，指尖向前；眼视右手。（图14-4-4④、⑤）

（3）右腿慢慢屈膝，上体后坐，重心移至右腿，左脚尖翘起微向外撇，随后脚掌慢慢踏实，左腿前弓，身体左转。重心移至左腿，右脚收到左脚内侧，脚尖点地；同时左手向外翻掌由左后向上划弧至左肩外侧，肘微屈，手与耳同高，手心斜向上；右手随转体向上、向左下划弧落于左脚前，手心斜向下眼视左手。（图14-4-4⑥、⑦、⑧）

（4）与（2）解同，唯左右相反。（图14-4-4⑨、⑩）

（5）与（3）解同，唯左右相反。（图14-4-4⑪、⑫、⑬）

（6）与（1）解同。（图14-4-4⑭、⑮）

① ② ③ ④ ⑤

图 14-4-4

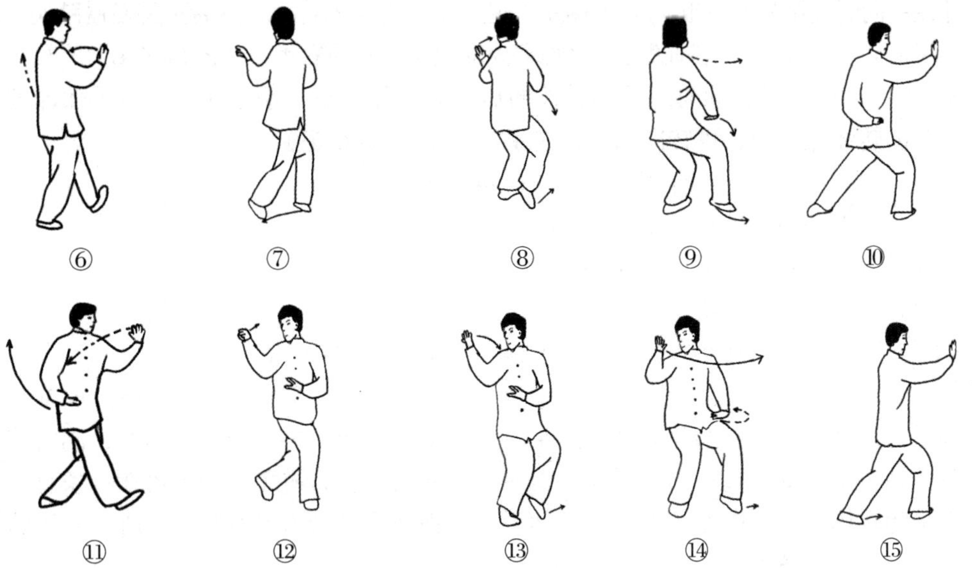

图 14-4-4（续）

动作要领：前手推出时，身体不可前俯后仰，要松腰松胯，推掌时要沉肩垂肘，坐腕舒掌，同时须与松腰、弓腿上下协调一致；搂膝拗步呈弓步时，两脚脚跟的横向距离为30厘米左右。

（五）手挥琵琶

（1）右脚跟进半步，上体后坐，重心移至右腿上，上体微向右转。（图14-4-5 ①）

（2）左脚略提起稍向前移，变成左虚步，脚跟着地，脚尖翘起，膝部微屈；同时左手由左下向上挑，高与鼻尖平，掌心向右，臂微屈；右手收回放在左臂肘部里侧，掌心向左；两手呈侧立掌合于体前；眼视左手食指。（图14-4-5 ②、③）

动作要领：身体要平稳自然，沉肩垂肘，胸部放松。左手上起时不要直向上挑，要由左向上、向前，微带弧形。右脚跟进时，脚掌先着地，再全脚踏实。身体重心后移和左手上起、右手回收要协调一致。

图 14-4-5

（六）左右倒卷肱

（1）上体右转，右手翻掌（手心向上）经腹前由下向后上方划弧平举，臂微屈，左手随即翻掌向上；眼的视线随着向右转体先右视，再转向前方视左手。（图14-4-6 ①、②）

（2）右臂屈肘折向前，右手由耳侧，向前推出，手心向前，左臂屈肘后撤，手心向上，撤至左肋外侧；同时左腿轻轻提起向后（偏左）退一步，脚掌先着地，然后全脚慢慢踏实，身体重心移到左腿上，呈右虚步，右脚随转体以脚掌为轴扭正；眼视右手。（图14–4–6③、④）

（3）上体微向左转，同时左手随转体向后上方划弧平举，手心向上，右手随即翻掌，掌心向上；眼随转体先左视，再转向前方视右手。（图14–4–6⑤）

（4）与（2）解同，唯左有相反。（图14–4–6⑥、⑦）

（5）与（3）解同，唯左右相反。（图14–4–6⑧）

（6）与（1）解同。（图14–4–6⑨、⑩）

（7）与（3）解同。（图14–4–6⑪）

（8）与（2）解同，唯左右相反。（图14–4–6⑫、14–4–6⑬）

动作要领：前推的手不要伸直，后撤手也不可直向回抽，随转体仍走弧线。前推时要转腰松胯，两手的速度要一致，避免僵硬；退步时，脚掌先着地，再慢慢全脚踏实，同时前脚随转体以脚掌为轴扭正，退左脚略向左后斜，退右脚略向右后斜，避免使两脚落在一条直线上：后退时，眼神随转体动作先向左（右）视，然后再转视前手：最后退右脚时，脚尖外撇的角度略大些，便于接做“左揽雀尾”的动作。

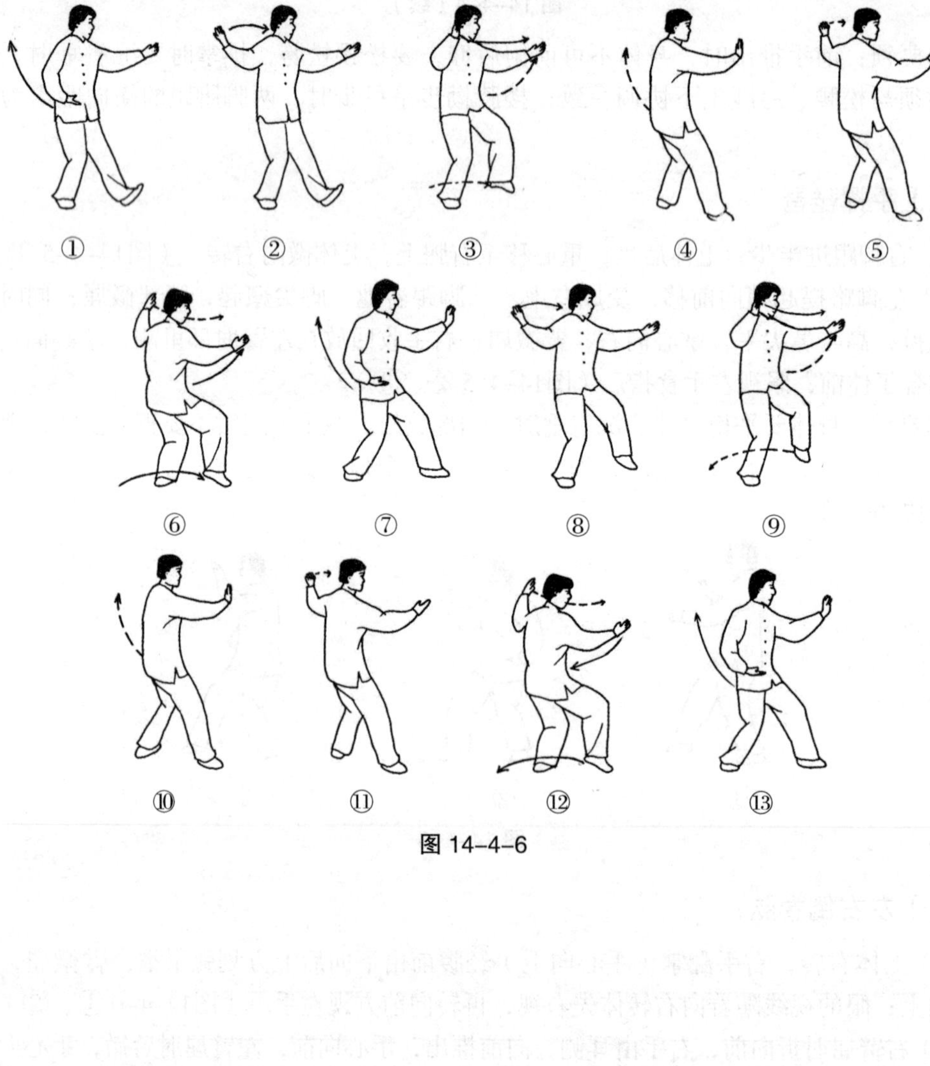

图 14–4–6

三、第三组

（七）左揽雀尾

（1）上体微向右转，同时右手随转体向后上方划弧平举，手心向上，左手放松，手心向下；眼视左手。（图14–4–7 ①）

（2）身体继续向右转，左手自然下落，逐渐翻掌经腹前划弧至右肋前，手心向上；右臂屈肘，手心转向下收至右胸前。两手手心相对呈抱球状；同时身体重心落在右腿上，左脚收至右脚内侧，脚尖点地；眼视右手。（图14–4–7 ②、③）

（3）上体微向左转，左脚向左前方迈出，上体继续向左转，右腿自然蹬直，左腿屈膝呈左弓步；同时左臂向左前方掤出（即左臂平屈呈弓形，用前臂外侧和手背向前方推出），高与肩平，手心向后；右手向右下落放于右胯旁，手心向下，指尖向前；眼视左前臂。（图14–4–7 ④、⑤）

（4）身体微向左转，左手随即前伸翻掌向下，右手翻掌向上，经腹前向上、向前伸至左前臂下方；然后两手下捋，即上体向右转，两手经腹前向右后上方划弧，直至右手手心向上，高与肩平，左臂平屈于胸前，手心向后；同时身体重心移至右腿；眼视右手。（图14–4–7 ⑥、⑦）

（5）上体微向左转，右臂屈肘折回，右手附于左手腕里侧（相距约1厘米），上体继续向左转，双手同时向前慢慢挤出，左手心向后，右手心向前，左前臂要保持半圆；同时身体重心逐渐前移变成左弓步；眼视左手腕部。（图14–4–7 ⑧、⑨）

（6）左手翻掌，手心向下，右手经左腕上方向前，向右伸出，高与左手齐，手心向下，两手左右分开，宽与肩同；然后右腿屈膝，上体慢慢后坐，身体重心移至右腿上，左脚尖翘起；同时两手屈肘回收至腹前，手心均向前下方；眼向前平视。（图14–4–7 ⑩、⑪）

（7）上式不停，身体重心慢慢前移，同时两手向前、向上按出，掌心向前；左腿前弓呈左弓步；眼平视前方。（图14–4–7 ⑫、⑬）

动作要领：掤出时，两臂前后均保持弧形。分掌、松腰、弓腿三者必须协调一致。揽雀尾弓步时，两脚跟横向距离不超过10厘米。下捋时，上体不可前倾，臀部不要凸山，两臂下捋须随腰旋转，左脚全脚掌着地。向前挤时，上体要正直，挤的动作要与松腰、弓腿协调一致。向前按时，两手须走曲线，手腕部高与肩平，两肘微屈。

①　②　③　④　⑤

图 14–4–7

图 14–4–7（续）

（八）右揽雀尾

（1）上体后坐并向右转，身体重心移至右腿，左脚脚尖内扣；右手向右平行划弧至右侧，然后由右下经腹前向左上画弧至左肋前，手心向上；左臂平屈胸前，左手掌向下与右手呈抱球状；同时身体重心再移到左腿上，右脚收到左脚内侧，脚尖点地；眼视左手。（图14–4–8 ①、②、③、④）

（2）同“左揽雀尾”（3）解，唯左右相反。（图14–4–8 ⑤、⑥）

（3）同“左揽雀尾”（4）解，唯左右相反。（图14–4–8 ⑦、⑧）

（4）同“左揽雀尾”（5）解，唯左右相反。（图14–4–8 ⑨、⑩）

（5）同“左揽雀尾”（6）解，唯左右相反。（图14–4–8 ⑪、⑫）

（6）同“左揽雀尾”（7）解，唯左右相反。（图14–4–8 ⑬、⑭）

动作要领：与“左揽雀尾”相同，唯左右相反。

图 14–4–8

⑪ ⑫ ⑬ ⑭

图 14-4-8（续）

四、第四组

（九）单 鞭

（1）上体后坐，重心逐渐移至左腿，右脚脚尖内扣；同时上体左转，两手（左高右低）向左弧形运转，直至右臂平举，伸于身体左侧，手心向左，右手经腹前运至左肋前，手心向后上方；眼视左手。（图14-4-9 ①、②）

（2）重心再渐渐移至右腿上，上体右转，左脚向右脚靠拢，脚尖点地；同时右手向右上方划弧（手心由里转向外），至右侧方时变勾手，臂与肩平；左手向下经腹前向右上划弧停于右肩前，手心向里；眼视左手。（图14-4-9 ③、④）

（3）上体微向左转，左脚向左前方迈出，右脚跟后蹬，呈左弓步；在身体重心移向左腿的同时，左掌随上体的继续左转慢慢翻转向前推出，手心向前，手指与眼齐平，臂微屈；眼视右手。（图14-4-9 ⑤、⑥）

动作要领：上体保持正直，松腰，完成时，右臂肘部稍下垂，左肘与左膝上下相对，两肩下垂；左手向外翻转掌前推时，要随转体边翻边推出，不要翻转过快或最后突然翻掌。全部过程上下要协调一致，如面向南起势，单鞭的方向（左脚尖）应面向东偏北（大约为15°）。

① ② ③

④ ⑤ ⑥

图 14-4-9

（十）云　手

（1）重心移至右腿上，身体渐向右转，左脚脚尖内扣；左手经腹前向右上划弧至右肩前，手心斜向后，同时右手由勾变掌，手心向右前；眼视左手。（图14-4-10①、②、③）

（2）上体慢慢左转，重心随之逐渐左移；左手由脸前向左侧运转，手心渐渐转向左方；右手由右下经腹前向左上划弧，至左肩前，手心斜向后；同时右脚靠近左脚，呈小开立步（两脚距离10～20厘米）；眼视右手。（图14-4-10④、⑤）

（3）上体再向右转，同时左手经腹前向右上划弧至右肩前，手心斜向后；右手向右侧运转，手心翻转向右；随之左腿向左横跨一步；眼视左手。（图14-4-10⑥、⑦、⑧）

（4）同（2）解。（图14-4-10⑨、⑩）

（5）同（3）解。（图14-4-10⑪、⑫、⑬）

（6）同（2）解。（图14-4-10⑭、⑮）

动作要领：身体转动要以腰脊为轴，松腰、松胯，不可忽高忽低。两臂随腰的转动而运转，要自然圆活，速度要缓慢均匀；下肢移动时，身体重心稳定，两脚脚掌先着地再踏实，脚尖向前。

图 14-4-10

（十一）单 鞭

（1）上体向右转，右手随之向右运转，至右侧方时变成勾手；左手经腹前向右划弧至右肩前，手心向内；重心落在右腿上，左脚尖点地；眼视左手。（图14–4–11①、②、③）

（2）上体微向左转，左脚向左前侧方迈出，右脚跟后蹬，呈左弓步；在身体重心移向左腿的同时，上体继续左转，左掌慢慢翻转向前推出，呈“单鞭”式。（图14–4–11④、⑤）

动作要领：与前“单鞭”式相同。

① ② ③ ④ ⑤

图 14–4–11

五、第五组

（十二）高探马

（1）右脚跟进半步，身体重心逐渐后移至右腿上；右勾手变成掌，两手心翻转向上，两肘微屈；同时身体微向右转，左脚跟渐渐离地；眼视左前方。（图14–4–12①）

（2）上体微向左转，面向左前方，右掌经右身旁向前推出，手心向前，手指与眼同高；左手收至左侧腰前，手心向上；同时左脚微向前移，脚尖点地，呈左虚步；眼视右手。（图14–4–12②）

动作要领：上体自然正直，双肩要下沉，右肘微下垂。跟步移换重心时，身体不要有起伏。

① ②

图 14–4–12

（十三）右蹬脚

（1）左手手心向上，前伸至打手腕背面，两手相互交叉，随即向两侧分开并向下划弧，手心斜向下，同时左脚提起向左前侧方进步（脚尖稍外撇）；身体重心前移；右腿自然蹬直，呈左弓步；眼视前方。（图14–4–13①、②、③）

（2）两手由外圈向里圈划弧，两手交叉合抱于胸前，右手在外，手心均向后；同时右脚向左脚靠拢，脚尖点地；眼平视右前方。（图14–4–13④）

（3）两手臂左右画弧分开平举，肘部微屈，手心均向外；同时右腿屈膝提起，右脚向右

前方慢慢蹬出；眼视右手。（图14–4–13⑤、⑥）

动作要领：身体要稳定，不可前俯后仰。两手分开时，腕部与肩齐平；蹬脚时，左腿微屈，右脚尖回勾，力点在脚跟，分手与蹬脚须协调一致，右臂和腿上下相对。如面向南起势，蹬脚方向应为正东偏南约90° 方向。

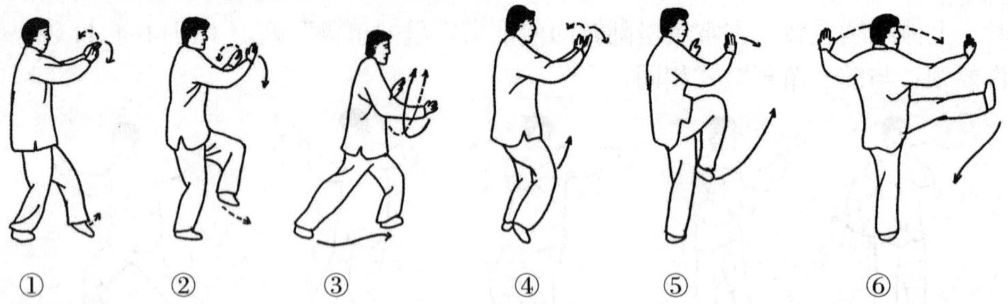

图 14–4–13

（十四）双峰贯耳

（1）右腿收回，屈膝平举；左手由后向上、向前下落至体前，两手心均翻转向上，两手同时向下划弧，分落于右膝盖两侧，眼视前方。（图14–4–14①、②）

（2）右脚向右前方落下，重心渐渐前移，呈右弓步，面向右前方，同时两手下落，慢慢变拳，分别从两侧向上、向前画弧贯拳至面部前方，呈钳形状，两拳相对，高与耳齐，拳跟都斜向内下（两拳中间距离为10 ~ 20厘米）；眼视右拳。（图14–4–14③、④）

要动作点：完成式时，头顶正直，松腰松胯，两拳松握，沉肩垂肘，两臂均保持弧形。双峰贯耳式的弓步和身体方向与右蹬脚方向相同。弓步的两脚跟横向距离为10 ~ 20厘米。

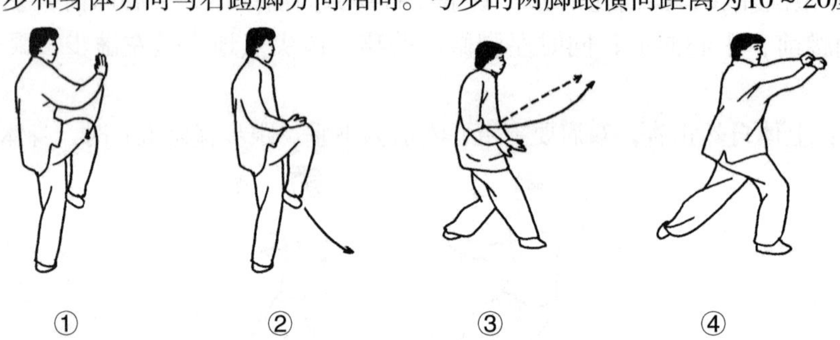

图 14–4–14

（十五）转身左蹬脚

（1）左腿屈膝后坐，身体重心移至左腿，上体左转，右脚脚尖内扣；同时两拳变掌，由上向左右画弧分开平举，手心向前；眼视左手。（图14–4–15①、②）

（2）身体重心再移至右腿，左脚收到右脚内侧，脚尖点地；同时两手由外圈向里圈划弧合抱于胸前，左手在外，手心均向后，眼平视左方。（图14–4–15③、④）

（3）两手臂左右画弧分开平举，肘部微屈，手心均向外；同时左腿屈膝提起，左脚向左前方慢慢蹬出；眼视左手。（图14–4–15⑤、⑥）

动作要领：与“右蹬脚”式相同，唯左右相反。左蹬脚方向与在蹬脚方向呈180° 。（即正西偏北约30° 方向）

①　②　③　④　⑤　⑥

图 14-4-15

六、第六组

（十六）左下势独立

（1）左腿收回平屈，上体右转；右掌变成勾手，左掌向上、向右打弧下落，立于右肩前，掌心斜向后，眼视右手。（图14-4-16 ①、②）

（2）右腿慢慢屈膝下蹲，左腿由内向左侧（偏后）伸出，呈左仆步；左手下落（掌心向外）向左下顺左腿内侧向前穿出；眼视左手。（图14-4-16 ③、④）

（3）身体重心前移，以左脚跟为轴，脚尖尽量向外撇，左腿前弓，右腿后蹬，右脚脚尖内扣，上体微向左转并向前起身；同时左臂继续向前伸出（立掌），掌心向右，右勾手下落，勾尖向后；眼视左手。（图14-4-16 ⑤）

（4）右腿慢慢提起平屈，呈左独立式；同时右勾手变掌，并由后下方顺右腿外侧向前弧形上挑，屈臂立于右腿上方，肘与膝相对，手心向左；左手落于左胯旁，手心向下，指尖向前；眼视右手。（图14-4-16 ⑥、⑦）

动作要领：右腿全蹲时，上体不要过于前倾；左腿伸直，左脚脚尖须向内扣，两脚脚掌全部着地；左脚脚尖与右脚脚跟踏在中轴线上，上体要立直，独立的腿要微屈，右腿提起时脚尖自然下垂。

①　②　③　④

⑤　⑥　⑦

图 14-4-16

（十七）右下势独立

（1）右脚下落在左脚前，脚尖着地，然后以左脚前掌为轴，脚跟转动，身体随之左转，同时左手向后平举变成勾手，右掌随着转体向左侧划弧，立于左肩前，掌心斜向后；眼视左手。（图14–4–17①、②）

（2）同“左下势独立”（2）解，唯左右相反。（图14–4–17③、④）

（3）同“左下势独立”（3）解，唯左右相反。（图14–4–17⑤）

（4）同“左下势独立”（4）解，唯左右相反。（图14–4–17⑥、⑦）

动作要领：右脚触地后必须稍微提起，然后再向下仆腿。其他均与“左下势独立”相同，但左右相反。

①　②　③　④　⑤　⑥　⑦

图 14–4–17

七、第七组

（十八）左右穿梭

（1）身体微向左转，左腿向前落地，脚尖外撇，右脚脚跟离地，两腿屈膝半坐呈半坐盘式；同时两手在左胸前呈抱球状（左上右下）；然后右脚收到左脚内侧，脚尖点地；眼视左前臂。（图14–4–18①、②、③）

（2）身体右转，右脚向右前方迈出，屈膝弓腿呈右弓步；同时右手由脸前向上举并翻掌停架在右额前，手心斜向下；左手先向左下，再经体前向前推出，高与鼻尖子；手心向前；眼视左手。（图14–4–18④、⑤、⑥）

（3）身体重心略向后移，右脚尖稍向外撇，随即身体重心再移到右腿，左脚跟进，停于右脚内侧，脚尖点地；同时两手在胸前呈抱球状（右上左下）；眼视右前臂。（图14–4–18⑦、⑧）

（4）同（2）解，唯左右相反。（图14–4–18⑨、⑩、⑪）

动作要领：完成姿势面向斜前方（面向南起势，左右穿梭方向分别为正西偏北和正西偏南，均约30° ）。手推出后，上体不可前俯，手向上举时，防止引肩上耸。一手上举一手前推要与弓腿松腰上下协调一致。做弓步时，两脚脚跟的横向距离在30厘米左右。

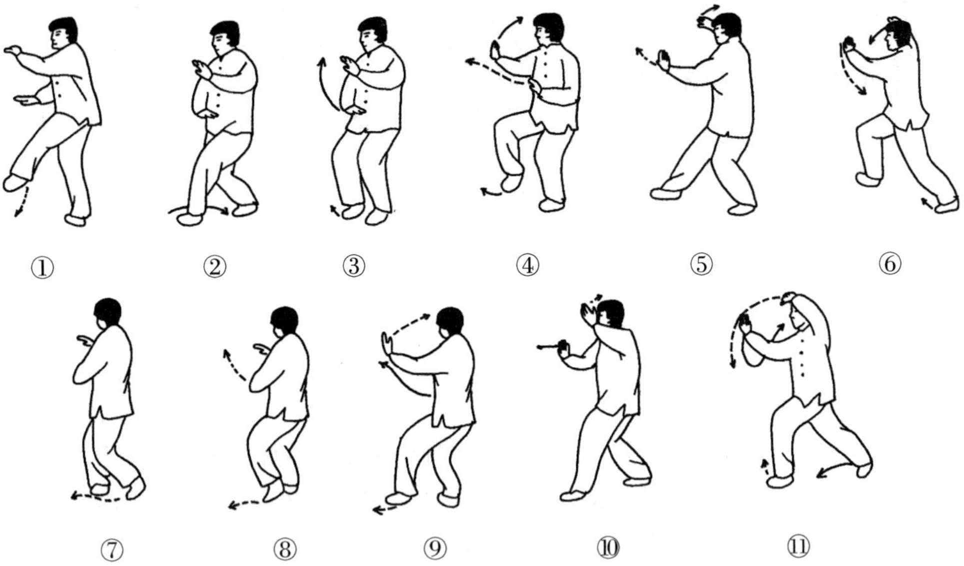

图 14–4–18

（十九）海底针

（1）右脚向前跟进，身体重心移至右腿，左脚稍向前移举步；右手下落经体前向后、向上提抽至肩上耳旁，左手下落至体前侧。（图14–4–19 ①）

（2）左脚尖点地呈左虚点地；同时身体稍向右转；右手再随身体左转，由右耳旁斜向前下方插出，掌心向左，指尖斜向下；与此同时，左手向前、向下划弧落于左胯旁，手心向下，指尖向前；眼视前下方。（图14–4–19 ②）

动作要领：身体要先向右转，再向左转。完成姿势，面向正西。上体不可太前倾。不要低头和臀部凸出。左腿要微屈。

（二十）闪通臂

（1）上体稍向右转，左脚微回收举步。同时两手上提。眼视前方。（图14–4–20 ①）

（2）左脚向前迈出，脚跟着地；左右两手分别向左前、右后分开；左手心向前，右手心向外。眼视前方。（图14–4–20 ②）

（3）重心前移，左腿屈膝弓呈左弓步；同时右手屈臂上举，停于右额前上方，掌心翻转斜向上，拇指朝下；左手由胸前随重心前移慢慢向前推出，高与鼻尖平，手心向前。眼视左手。（图14–4–20 ③）

动作要领：完成姿势上体自然正直，松腰松胯；左臂不要完全伸直，背肌要伸展开；推掌、举手和弓腿的动作要协作一致。弓步时，两脚跟横间距离不超过10厘米。

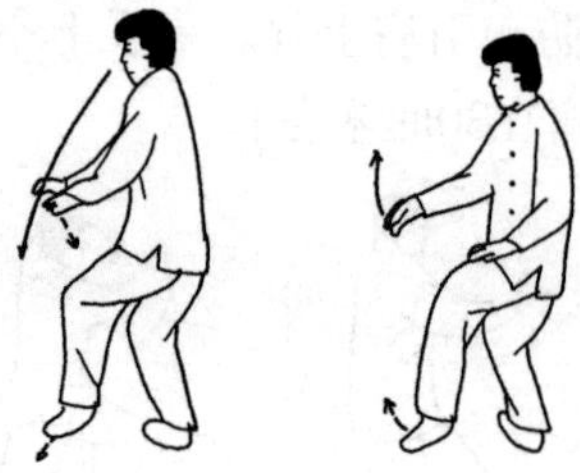

① ②

图 14-4-19

① ② ③

图 14-4-20

八、第八组

（二十一）转身搬拦捶

（1）上体后坐，身体重心移至右腿上，左脚脚尖内扣；身体向右后转，然后身体重心再移至左腿上；与此同时，右手随着转体向右。向下（变拳）经腹前划弧至左肋旁，拳心向下；左掌上举于头前，掌心斜向上。眼视前方。（图14–4–21 ①、②）

① ② ③ ④ ⑤ ⑥ ⑦

图 14-4-21

（2）向右转体，右拳经胸前向前翻转搬出，拳心向上：左手落于左胯旁，掌心向下，指尖向前；同时右脚收回后（不要停顿或脚尖点地）即向前迈出，脚尖外撇。眼视右拳。（图14–4–21 ③、④）

（3）身体重心移至右腿上，左腿向前迈出一步；左手上起经左侧向前上划弧拦出，掌心向前下方；同时右拳向右划弧收到右腰旁，掌心向上。眼视左手。（图14–4–21 ⑤、⑥）

（4）左腿前弓呈左弓步，同时右拳向前打出，拳眼向上，高与胸平，左手附于右前臂里侧。眼视右拳。（图14–4–21 ⑦）

动作要领：右拳不要推得太紧，回收时前臂要慢慢内旋划弧，然后再外旋停于右腰旁，拳心向上。向前打拳时，右胸随拳略向前引伸，沉肩垂肘，右臂要微屈；弓步时，两脚横向距离在10厘米左右。

（二十二）如封似闭

（1）左手由右腕下向前伸出，右拳变掌，两手手心逐渐翻转向上并慢慢分开回收；同时身体后坐，左脚尖翘起，身体重心移至右腿。眼视前方。（图14–4–22 ①、②、③）

（2）两手在胸前翻掌，向下经腹前再向上、向前推出；腕部与肩平，手心向前；同时左腿前弓呈左弓步。眼视前方。（图14–4–22 ④、⑤、⑥）

动作要领：身体后坐时，避免后仰，臀部不可凸出。两臂随身体回收时，肩、肘部略向外松开。不要直接抽回，两手推出宽度不要超过两肩。

图 14–4–22

（二十三）十字手

（1）屈膝后坐，身体重心移向右腿，左脚脚尖内扣，向右转体；右手随着转体动作向右平摆画弧，与左手成两臂侧平举，掌心向前，肘部微屈；同时右脚尖随着转体稍向外撇，呈右侧弓步。眼视右手。（图14–4–23 ①、②）

（2）身体重心慢慢移至左腿，右脚脚尖内扣，随即向左收回，两脚距离与肩同宽，两腿逐渐蹬直，呈开立步；同时两于向下经腹前向上划弧交叉合抱于胸前，两臂撑圆，腕高与肩平，右手在外，呈十字手，掌心均向后，眼视前方。（图14–4–23 ③、④）

动作要领：两手分开和合抱时，上体不要前俯。站起时，身体自然正直，头要微向上顶，下颌稍向后收；两臂环抱时须圆满舒适，沉肩垂肘。

图 14–4–23

（二十四）收　势

（1）两手向外翻掌，手心向下，两臂慢慢下落，停于腹前；眼视前方。（图14–4–24 ①、②）

（2）两腿缓缓蹬直，同时两掌慢慢下落至大腿侧，然后收左脚呈并步直立。眼视前方。

（图14-4-24 ③、④）

动作要领：两手左右分开下落时，要注意全身放松，同时气也徐徐下沉（呼气略加长）。呼吸平稳后，再收左脚做走动休息。

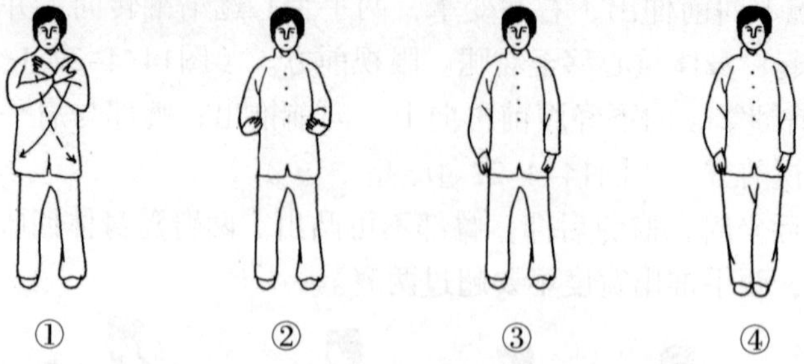

图 14-4-24

第五节　散　打

一、散打运动概述

散打，又称散手。散打是两人在规则的制约下，以踢、打、摔等徒手攻防手段，通过攻、防、进、退、还击和反还击进行格斗的对抗性运动项目。

散打运动在继承传统的基础上，形成了独特的技术风格。它有别于传统的“点到为止”，也不同于“一招制敌”的实用技击技术。比赛双方没有固定的动作顺序，而是互以对方技击动作随机应变，斗智较技、以长制短。它要求运动员熟练地掌握技术，具有敏捷的应变能力。

散打运动是较技、较力、斗智、斗勇，对抗性强的运动项目。它对提高人体的速度、力量、柔韧、耐力等身体素质，提高内脏器官的机能，改善神经系统的灵活性等方面有较大的促进作用；并且能有效地提高人的应变能力，发展思维的敏捷性，增强竞争意识；还能培养顽强果断、勇于进取的意志品质和尊师爱友、讲礼崇德的良好风尚。

二、入门与基本功

散打的基本功练习是为了增强关节、韧带的柔韧性和灵活性，提高控制能力和协调性，提高专项身体素质；规范散打技术动作，以防止和减少伤害事故的发生，可以为学习散打技术、提高技击水平打下良好的基础。

（一）柔韧性练习

1. 肩臂柔韧性练习

肩臂柔韧性练习主要是增进肩关节的柔韧性，加大肩关节的活动范围，提高上肢的敏捷、松长、环转等能力。肩臂练习的方法有压肩、握杆转肩、开肩合肩、单臂绕环、双臂前后绕环、双臂交叉绕环、仆步抡拍等。

2. 腰部柔韧性练习

腰部柔韧练习可提高脊椎和腰部各肌肉群的柔韧性与弹性，加大腰部活动的范围。俗话说：“练拳不活腰，终究艺不高。”腰部柔韧性练习的方法有俯腰、甩腰、晃腰、翻腰、涮腰、下腰等。

3. 腿部柔韧性练习

腿部柔韧性练习主要是拉长腿部的肌肉和韧带，加大髋关节的活动范围。

（1）压腿：压腿的方法主要有正压、侧压、后压、仆步压等。

（2）劈腿：劈腿可结合压腿和搬腿进行练习。劈腿的方法有竖叉、横叉两种。

（3）踢腿：主要是通过腿部的动力性练习，提高腿部的柔韧、灵敏、速度等素质。踢腿的方法有正踢、侧踢、后踢、斜踢、里合、外摆等。

（二）力量性练习

1. 上肢力量练习

（1）俯卧撑：掌式、拳式、指式、单臂式等。

（2）杠铃练习：握杠铃屈伸、站立推举、坐姿推举、仰卧推举、提拉杠铃等。

（3）其他：引体向上、双杠臂屈伸、爬杠、爬绳、靠墙倒立推手、手握哑铃冲拳、推小车等。

2. 下肢力量练习

下肢力量练习主要有负重深蹲、负重登台阶、负重半蹲跳、负重全蹲跳、负重马步跳、负重跳换腿、跳绳、腿绑沙袋的各种练习、蛙跳、矮子步走等。

3. 躯干力量练习

躯干力量练习主要有负重转腰、（负重）仰卧起坐、（负重）俯卧体后屈、两头起、立卧撑、悬垂举腿等。

（三）抗击打练习

抗击打能力，就是人的机体各组织对外界击打的承受能力。

1. 肩、臂、背的靠撞练习

（1）单人练习：可对着沙袋、木桩、墙等物体进行身体各部位的靠撞练习。

（2）双人练习：有臂对臂、肩对肩、胸对胸、背对背等的靠撞练习。

2. 排打练习

排打主要是采用一定的器具对身体各部位进行击打，增强身体各部位抗击打能力的练习。

（四）跌扑滚翻练习

通过跌扑滚翻练习改善身体内脏器官的承受能力，起到自我保护的作用，提高身体的协调、灵敏、力量等素质。其主要内容有前滚翻、后滚翻、栽碑、后倒、扑虎、盘腿跌、抢背、鲤鱼打挺等。

三、散打基本技术与战术

（一）基本技术

基本技术是指在实战中完成进攻与防守动作的方法，是竞技水平的重要体现。其主要内容有基本姿势、步法、拳法、腿法、摔法和防守技术等。

1. 基本姿势

两脚前后开立，距离稍宽于肩；两脚脚尖微内扣，后脚跟稍离地；两膝微屈，身体重心落在两腿之间；两臂弯曲，左臂屈肘约呈90° ，肘尖下垂，左拳置于体前，拳眼斜朝上，高与鼻平；右臂屈肘小于90° ，右拳置于右肋前，略高于下颌部，大臂内侧紧贴右侧肋部，肘自然下垂。胸、背保持自然，下颌微收，两眼平视前方。左脚在前称“正架”，右脚在前称“反架”。（图14–5–1）

2. 基本步法

散打基本步法

（1）前进步：基本姿势站立（以下均同），前脚先向前进半步，后脚紧接着跟进半步。（图14–5–2）

要点：步幅不宜过大，上体姿势不变，跟步要快速、紧凑。

（2）后退步：后脚先向后退半步，前脚紧接着向后回收半步。（图14–5–3）

要点：同前进步。

（3）上步：后脚向前上一步，左右拳前后交换成右脚在前的反架实战姿势，两眼平视前方。（图14–5–4）

要点：身体重心平稳，移动迅速，前、后脚保持适当距离。

图 14–5–1

图 14–5–2

图 14–5–3

图 14–5–4

（4）撤步：左脚向后撤一步，呈右脚在前、左脚在后，左脚跟离地，右脚尖外展，重心偏右脚。（图14–5–5）

要点：与上步同。

（5）垫步：后脚蹬地向前脚内侧并拢，同时前腿屈膝提起。（图14–5–6）

要点：后脚向前脚并拢要迅速，垫步与提膝不可脱节、停顿；身体向前移动时，不能向上腾空。

（6）插步：重心前移，同时后脚经前脚后面前插，两脚呈交叉状，随之前脚向前上步。（图14–5–7）

要点：插步时上体略右转，插步后前脚上步要快，迅速还原成基本姿势。

图 14-5-5

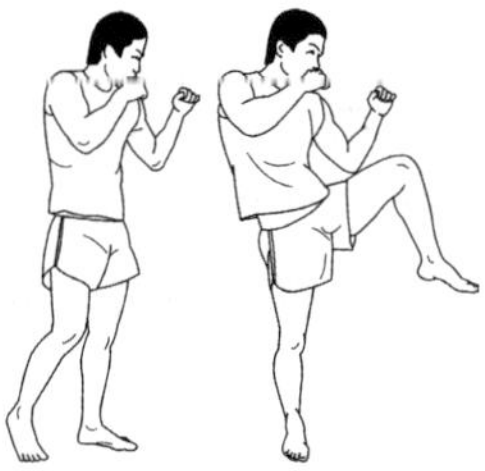

图 14-5-6

图 14-5-7

（7）闪步：左脚向左移半步，右脚随之向左滑步；同时身体向右转约90°（图14-5-8）。右侧与左侧相同，只是方向相反。

要点：步法灵活，躲闪快速、敏捷。

（8）纵步：有单腿纵步和双腿纵步两种。

① 单腿纵步：前腿屈膝上提，后腿连续蹬地向前移动。（图14-5-9）

② 双腿纵步：两脚同时蹬地，使身体向上或向前、后、左、右跳跃移动。（图14-5-10）

要点：腰胯紧收，上体正直，腾空不宜过高。

（9）环绕步：右（左）脚蹬地，左（右）脚向左（右）斜前（后）方滑移，着地后右（左）脚也向左（右）斜前（后）方滑移。（图14-5-11、图14-5-12）

要点：连续滑移，移步时应呈弧形环绕，后脚步幅稍大于前脚，上体和上肢姿势不变。

图 14-5-8

图 14-5-9

图 14-5-10

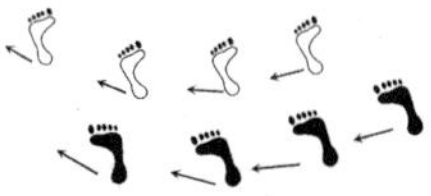

图 14-5-11

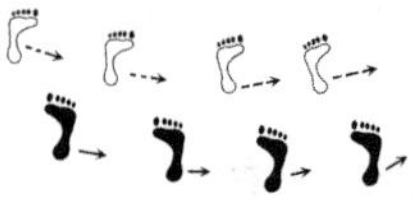

图 14-5-12

3. 基本拳法

（1）冲拳。

① 左冲拳：基本姿势站立，右脚蹬地，上体微右转；同时左拳内旋，直线向前冲出，力达拳面，右拳收至下颌处。（图14-5-13）

② 右冲拳：右脚蹬地，并以前脚掌向内转，转腰送肩，上体左转；同时右拳内旋，直线向前冲出，力达拳面。左拳收至右肩前。（图14-5-14）

散打基本拳法

要点：冲拳时，上体不可前倾，腰要拧转；大臂催动前臂，不可先向后引拳再冲出。

（2）掼拳。

① 左掼拳：上体微右转，同时左臂内旋，抬肘至水平，使拳向外、向前、向内成平面弧形横击，臂微屈，拳心朝下，力达拳面。（图14-5-15）

② 右掼拳：右脚蹬地，上体左转，同时右臂内旋，抬肘至水平，使右拳向外、向前、向内呈平面弧形横击，拳心朝下，力达拳面。（图14-5-16）

要点：击打要借助转体的力量，转腰、发力协调一致；上体保持正直，不可掀肘，拳走弧形。

（3）抄拳。

① 左抄拳：上体先向左转，重心微下沉；随之左膝及上体瞬间挺伸，并向右转体；同时左臂外旋，左拳由下向前上方勾起，拳心朝里，力达拳面。（图14–5–17）

② 右抄拳：右脚蹬地，扣膝合胯，腰稍右转。同时右臂外旋，右拳由下向前上方勾起，拳心朝里，力达拳面。（图14–5–18）

要点：发力时，上体不可后仰、挺腹；重心下沉，脚蹬地拧转，上体跟着拧转，以加大抄拳力量。动作要连贯顺达，用力由下至上，发力短促。

图 14–5–13

图 14–5–14

图 14–5–15

图 14–5–16

图 14–5–17

图 14–5–18

4. 基本腿法

（1）蹬腿。

① 左蹬腿：右腿直立或微屈支撑，左腿屈膝前抬，脚尖勾起，当膝高于髋关节时，膝关节快速蹬伸，力达脚跟；亦可送髋，脚掌下压，力达前脚掌。（图14–5–19）

散打基本腿法

② 右蹬腿：重心前移，左腿直立或微屈支撑，右腿屈膝向前抬起，勾脚，膝关节快速蹬伸，力达脚跟；亦可送髋，脚掌下压，力达前脚掌。（图14–5–20）

要点：上体不可过于后仰，屈膝高抬，爆发用力，快速连贯。

图 14–5–19

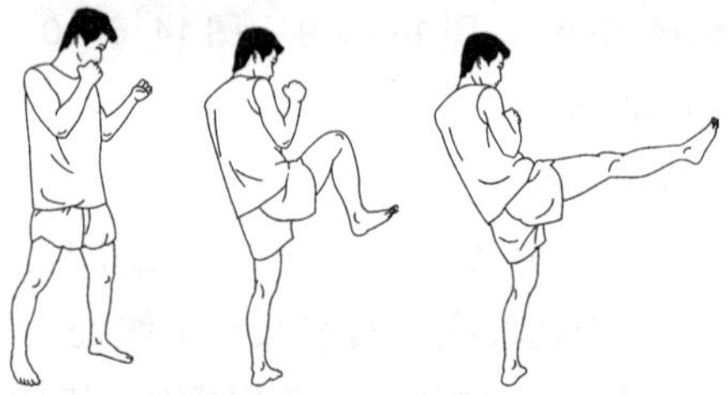
图 14–5–20

（2）侧踹腿。

① 左侧踹腿：重心右移，右腿直立或微屈支撑；同时左腿屈膝抬起与髋同高，小腿外翻，脚尖勾起，展髋、挺膝向前踹出，上体微侧倾，力达脚底。（图14–5–21）

② 右侧踹腿：身体左转180°，重心移至左腿，左腿直立或微屈支撑；同时右腿屈膝抬起与髋同高，小腿外翻，脚尖勾起，展髋、挺膝向前踹出，上体微侧倾，力达脚底。（图14–5–22）

要点：上体、大腿、小腿和脚要呈一条直线，大腿带动小腿直线用力。

图 14–5–21

图 14–5–22

（3）鞭腿。

① 左鞭腿：重心后移，右腿直立或微屈支撑，上体稍右转并侧倾，右脚跟内转；同时，左腿屈膝内扣、绷脚背向左侧提起，随即伸髋、挺膝、向前鞭甩小腿，脚面绷平，小趾外侧朝上，力达脚背。（图14–5–23）

② 右鞭腿：重心移至左腿，上体向左转，左脚跟内转；同时，右腿扣膝、绷脚背向右侧摆起，随即右腿经外向斜上、向里、向前鞭甩小腿，脚面绷平，小趾外侧朝上，力达脚背。（图14–5–24）

要点：扣膝，绷脚背，发力时大腿带动小腿，力点准确。

（4）勾踢腿。

左腿稍屈支撑，上体左转；同时，右脚尖勾紧，大腿带动小腿以踝关节与脚背接合部为力点，向前弧形勾踢，脚底内侧贴地面擦行，右手向右斜下拨搂对方颈部。（图14–5–25）

要点：勾踢腿不可向后预摆；勾踢时接触用力，上下肢协调配合。

图 14–5–23

图 14–5–24

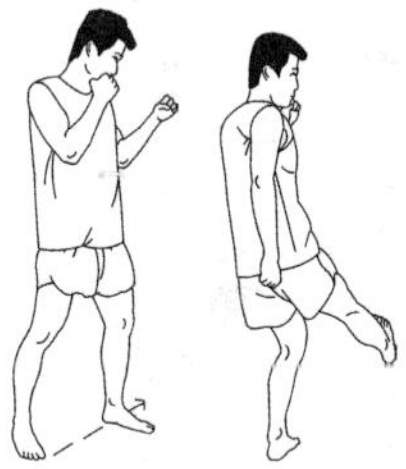

图 14–5–25

5. 基本摔法

（1）抱腿前顶：基本姿势，上左步，身体下潜，双手抱住对手的双腿用力回拉；同时用左肩前顶对手的大腿或腹部，将对手摔倒。（图14–5–26）

要点：抱腿要紧，两臂和肩向相反方向协调用力。

（2）夹颈过背：右臂夹住对手颈部，右侧髋部贴紧对手小腹，两腿屈膝；随即两腿蹬直，向下弓腰、低头，将对手背起后摔倒。（图14–5–27）

散打基本摔法

要点：夹颈牢固，屈膝、蹬伸、弓腰、低头协调连贯。

图 14–5–26

图 14–5–27

（3）夹颈打腿：左手夹住对手颈部，同时右脚变步与左脚平行；随即右转体，用左小腿向后横打对手左小腿外侧，将对手摔倒。（图14–5–28）

要点：夹颈牢固，身体贴对手，打腿与转体协调一致。

（4）抱单别腿摔：抱住对手左腿后，用左腿别住对手右腿膝窝，用胸肩贴住对手左腿向前下靠压。（图14–5–29）

要点：靠压有力，腿要别紧，不能让对手右腿有活动的余地。

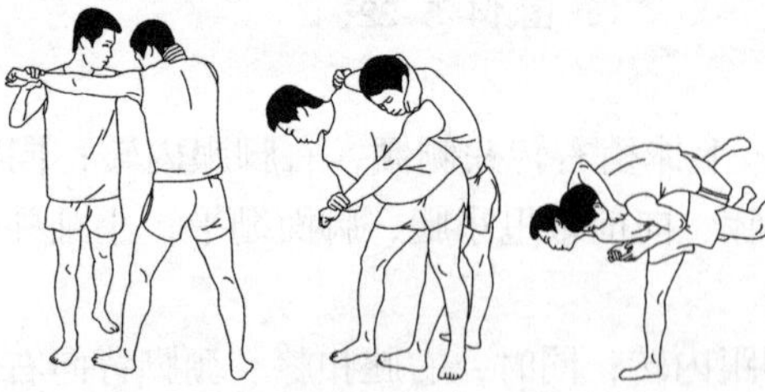

图 14–5–28

图 14–5–29

（5）接腿勾踢：左手抄抱住对手右腿，右手向对手颈部下压，右脚勾踢对手左脚；同时上体右转，右手回拉，将对手摔倒。（图14–5–30）

要点：接抱腿准确；转腰、压颈、勾踢动作要协调有力，快速完整。

（6）接腿上托：两手抓住对手的脚后跟，屈臂上抬，两手迅速上托并向前上方推送，使对手向后倒地。（图14–5–31）

要点：抓脚准而牢，推托动作快速、连贯。

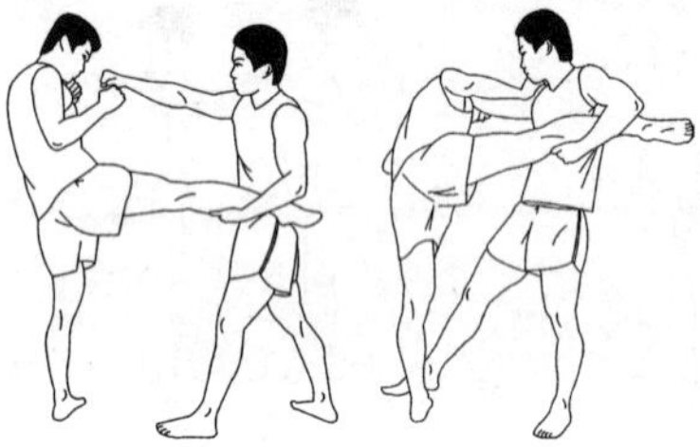

图 14–5–30

图 14–5–31

基本防守技术

6. 基本防守技术

（1）后闪：重心后移，上体略后仰闪躲。（图14–5–32）

（2）侧闪：两膝微屈，俯身，上体向左侧或右侧闪躲。（图14–5–33）

（3）下躲闪：两腿屈膝下蹲，同时缩头、含胸、收下颌，弧形向下躲闪，眼看对手。（图14–5–34）。

（4）拍挡：左手以掌心为力点向里横向拍挡。（图14–5–35）

图 14–5–32

图 14–5–33

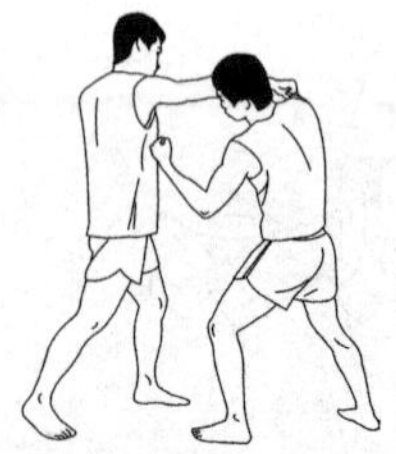

图 14–5–34

图 14–5–35

（5）外格：左前臂边内旋边向左斜举，以内臂部位为力点向外格挡。（图14-5-36）

（6）拍压：左拳变掌以掌心或掌根为力点由上向前下方拍压。（图14-5-37）

（7）勾挂：左臂以肘关节为轴，由上向下、向外伸肘下挂于身体左侧；随即前臂内旋以前臂和勾手勾挂住对手的来腿。（图14-5-38）

图 14-5-36

图 14-5-37

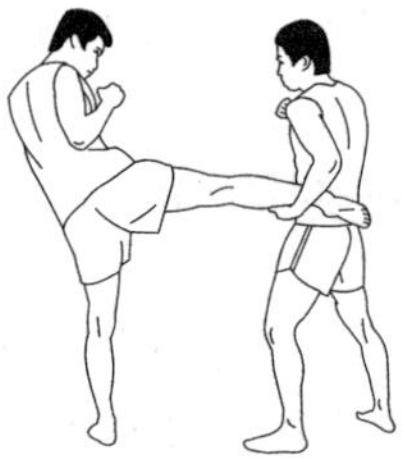
图 14-5-38

（8）前抄抱：左手由上向下、向右上屈肘画弧，掌心向上，以前臂里侧部位为接触点，向上抄抱对手的来腿；同时，右臂贴腹夹紧，以掌心为接触点向前推抱。（图14-5-39）

图 14-5-39

（9）侧抄抱：身体左转，右肩前领；左手由下向左上伸肘，左臂屈肘置于胸前，前臂内旋，手心向外；两肘关节相对靠近，以两前臂和掌心为接触点，同时合抱来腿。（图14-5-40）。

（10）阻挡：两脚蹬地，重心稍前移，以肩部和手心阻挡对手直线形拳法的进攻，以臂部阻挡对手直线形腿法的进攻。（图14-5-41）

图 14-5-40

图 14-5-41

（二）基本战术

散打战术是运动员运用攻守原则和方法的总称。战术的目的就是针对实战双方的各种具体情况，确定运用技术的方法和形式，以便能充分发挥自己的特长，抑制对方技术水平的发挥，减少自身体力的消耗和无效行为。散打战术的作用在于把已经获得的技能、体能、智能等，在实战中实现最优化的运用，取得“制人而不制于人”的效果，造成对自己有利的局势，掌握实战的主动权。

散打的战术形式：

（1）直攻战术；（2）强攻战术；（3）佯攻战术；（4）迂回战术；
（5）制长战术；（6）制短战术；（7）多点战术；（8）重创战术；
（9）突袭战术；（10）反击战术；（11）台战术；（12）边角战术；
（13）体力战术；（14）心理战术。

四、基本规则简介

散打分团体比赛和个人比赛两种，竞赛办法采用循环赛、单败淘汰赛和双败淘汰赛。每场比赛采用三局两胜制。每局净打两分钟，局间休息1分钟。散打比赛时，服装护具分为全护型和点护型两种。全护型运动员则应戴拳套、护头、护齿、护胸、护裆、护腿，赤脚穿护脚背；点护型运动员只戴拳套、护齿和护裆。运动员必须穿与比赛护具颜色相同的背心和短裤，护裆必须穿在短裤内。比赛时，后脑、颈部、裆部为禁击部位。头部、躯干、大腿和小腿为得分部位。禁用头、肘、膝和反关节的动作进攻对方；禁用迫使对方头部先着地的摔法或有意砸压对方；禁用腿法攻击倒地者的头部。

胜负的评判如下。

（一）点数胜

在一场比赛结束时，被多数边裁判员判为胜方的运动员获胜。

（二）优势胜

（1）实力相差悬殊：比赛中，双方实力相差悬殊，台上裁判员征得裁判长的同意，判技术强者为该场胜方。

（2）击倒对方获胜：如果一名运动员受重击倒地，在10秒钟内不能重新比赛，或10秒钟内站起后明显丧失比赛能力，判对方为该场胜方。

（3）因对方被强制读秒获胜：一场比赛中，被重击强制读秒达3次，判对方为该场胜方。

（4）因对方被取消资格而获胜：一方运动员因犯规或诈伤等原因被取消资格，另一方即为该场胜方。

第六节　跆拳道

一、跆拳道概述

（一）跆拳道的起源与发展

跆拳道古称跆跟、花郎道，是起源于古代朝鲜半岛的民间武艺。20世纪四五十年代，逐渐形成了现在的跆拳道体系。

1961年9月韩国成立了唐手道协会，后更名为跆拳道协会，并成为全国运动会正式竞赛项目。1966年第一个国际组织——国际跆拳道联盟成立。

1973年5月在韩国汉城（现首尔）成立了世界跆拳道联合会。1975年“世界跆拳道联合会”（简称世界跆联）被国际体育联合会接纳为正式会员。1980年国际奥委会正式承认世界跆联。

1973年，“世界跆拳道协会”成立。1988年，跆拳道在韩国汉城奥运会首次亮相后，为了适应国际重大比赛，跆拳道的技术在不断地变革和发展。世界跆拳道联盟的总部中有一个特别技术委员会，其主要任务就是改进现今的跆拳道技术。

中国国家跆拳道队，在中国发展跆拳道的初期就开始参加世锦赛，为后续的发展创造了很高的起点。2016年，里约奥运会上，赵帅获得跆拳道男子58公斤级冠军，实现中国男子跆拳道奥运会金牌零的突破；郑姝音获得女子67公斤级冠军。2020年东京奥运会男子跆拳道68公斤级比赛中，中国选手赵帅获得一枚铜牌。

（二）跆拳道的作用

1. 改善和增强体质

跆拳道能很好地促进人体的力量、速度、灵敏、耐力、协调等全面身体素质的发展，具有强身健体的作用。由于练习者在比赛和平时的训练中要经常临场应变战术，或是快速进攻，或是主动后撤再反击，或是腾空劈腿，或是后踢接后旋踢，这对提高神经中枢的灵活性和支配各器官的能力，起着良好的作用。

2. 提高防身和自卫的能力

跆拳道是武技中的一项。通过跆拳道练习，不仅可以掌握各种踢法和拳法，提高身体的灵活能力和反应能力，还可以经过长时间训练后形成一定技能，具备防身和自卫的能力。

3. 磨炼意志，培养高品格的修养

跆拳道推崇“礼始礼终”的尚武精神。其宗旨是礼义廉耻，忍耐克己，百折不挠。使练习者从一开始就养成谦虚、宽容、礼让的高尚品德和尊师重道、讲礼守信、见义勇为的精神。

4. 娱乐观赏

跆拳道是一项具有观赏性的运动项目。在功力测验中，练习者轻松击破木板、砖瓦，使人为之惊叹。而竞技跆拳道则是两人激烈的对抗，双方选手斗智斗勇，比赛中常有凌空飞腿和组合腿法令人眼花缭乱，具有极高的观赏价值。

二、跆拳道基本技术与战术

（一）跆拳道基本技术

跆拳道以腿法的攻击为主，被称为踢的艺术。要想学好跆拳道，必须要学好、练好跆拳道的基本技术。

1. 拳　攻

（1）动作要领。

以左势实战姿势开始。右脚蹬地，向左转腰，右手拳从胸前向前击出；击打目标后，右臂回收至原来位置，仍成左势实战姿势。（图14–6–1）

（2）动作要点。

① 判断准确，出拳果断。

② 出拳时要充分利用蹬地、转髋转腰、顺肩和旋腕的合力，力达拳面。

③ 击打的瞬间，肩、肘、腕、指各关节紧张用力，聚力而发。

④ 击打目标后迅速放松，收拳回到原来位置。

2. 推　踢

（1）动作要领。

以左势实战姿势开始。右脚蹬地屈膝提起，左脚以脚掌为轴向外旋转约90°，重心往前压，同时右脚迅速向前方直线推踢，力点在脚掌；推踢后屈膝收腿呈左势实战姿势。（图14–6–2、图14–6–3）

（2）动作要点。

① 提膝时尽量收紧大、小腿。

② 身体重心往前移，加大前推时的力度。

③ 推踢时右腿往前上方伸展，髋向右上侧送。

④ 推踢时的用力方向是水平向前。

推　踢

图 14–6–1

图 14–6–2

图 14–6–3

3. 前　踢

（1）动作要领。

以右势实战姿势开始。左脚蹬地屈膝提起，右脚以脚掌为轴向外旋转约90°；同时左腿伸膝、送髋、顶髋把小腿快速向前踢出，力达脚背；踢击目标后迅速收回呈右势实战姿势。（图14–6–4、图14–6–5）

前　踢

（2）动作要点。

① 膝关节上提时大、小腿折叠，膝关节夹紧，小腿和踝关节放松。

② 踢击时顺势往前送髋；高踢时往上送髋。

③ 小腿回收要与前踢一样快。

图 14-6-4

图 14-6-5

4. 横　踢

（1）动作要领。

以左势实战姿势开始。右脚蹬地夹紧向前、向上提膝，左脚以脚掌为轴脚跟内旋；右膝关节抬至水平位置，小腿迅速向前踢出；击打目标后迅速收小腿，重心落下呈左势实战姿势。（图14–6–6至图14–6–8）

横　踢

（2）动作要点。

① 膝关节夹紧向前提膝，尽量走直线。

② 支撑脚外展180°，使身体转向另一侧。

③ 髋关节往前上方送，上体与右腿在同一个平面内呈直线。

④ 腰部发力，髋关节展开，大腿带动小腿，踝关节放松。

图 14-6-6

图 14-6-7

图 14-6-8

5. 后　踢

（1）动作要领。

以左势实战姿势开始。左脚以脚掌为轴内旋呈脚跟正对对手，上身旋转，右膝向腹部靠近，大、小腿折叠，右腿用力向攻击目标直线踢出，重心前移落下呈右势实战姿势。（图14–6–9至图14–6–11）

后　踢

图 14-6-9

图 14-6-10

图 14-6-11

（2）动作要点。

① 起腿后上体和大、小腿收紧。

② 脚向后上方踢出后，力量通过脚跟沿出腿方向直线击出。

③ 转身、提腿、出腿、发力等动作连贯、快速，一次性完成，不能停顿。

6. 侧　踢

（1）动作要领。

以左势实战姿势开始。右脚蹬地起腿，屈膝上提，左脚以脚掌为轴向外旋转180°，脚跟正对前方，右腿快速向右前上方直线踢出，力点在脚跟，放松收腿呈左势实战姿势。（图14-6-12、图14-6-13）

侧　踢

（2）动作要点。

① 起腿时，大、小腿夹紧，直线向上提起。

② 提膝、转体、踢击要协调、连贯；踢击时要转体、展髋，上体略侧倾。

③ 踢击目标的瞬间，头、肩、腰、髋、膝、腿、踝在同一平面内。

7. 下　劈

（1）动作要领。

以左势实战姿势开始。右脚蹬地，重心前移，右脚上举至头部上方时，迅速向前下方劈落，用脚后跟或脚掌击打目标后，放松落地呈右势实战姿势。（图14-6-14、图14-6-15）

下　劈

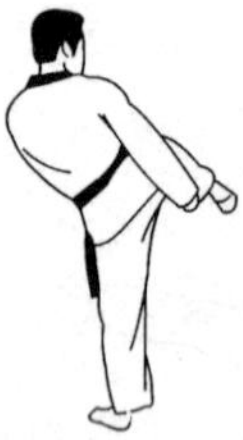
图 14-6-12

图 14-6-13

图 14-6-14

图 14-6-15

（2）动作要点。

① 腿尽量往高、往后举，身体重心抬高。

② 支撑脚脚跟离地，起腿要快速、果断，尽量向前上方送髋。

③ 踝关节放松，脚向前下劈，落地要有控制。

8. 摆　踢

（1）动作要领。

以左势实战姿势开始。右脚蹬地屈膝提起，左脚以脚掌为轴向外旋转约180°，右脚向左前方伸出，用力向右侧水平击打，重心往前落下呈左势实战姿势。（图14-6-16至图14-6-19）

摆　踢

图 14-6-16

图 14-6-17

图 14-6-18

图 14-6-19

（2）动作要点。

① 起腿后右腿屈膝抬过水平位置，然后随转体内扣于右膝关节。

② 右脚要随转体尽量向前上方伸展。

③ 右脚掌向右鞭打时要屈膝扣小腿。

9. 后旋踢

（1）动作要领。

以左势实战姿势开始。左脚以前脚掌为轴向外旋转90°，上身旋转，重心前移，屈膝收腿，右腿向右后方最高点伸出并用力向左屈膝击打，重心在原地旋转，身体继续转动，脚落于原来位置，恢复成左势实战姿势。（图14-6-20至图14-6-22）

（2）动作要点。

① 转身、旋转、踢腿动作连贯。

② 击打点在正前方，腿的运行轨迹呈水平弧线。

③ 屈膝起腿的旋转速度要快。

④ 蹬地、转腰、转上体、摆腿依次发力。

后旋踢

图 14-6-20

图 14-6-21

图 14-6-22

10. 双飞踢

（1）动作要领。

两人从闭势实战姿势开始。攻方居右先用右横踢攻击对方左肋部，随即左脚蹬地起跳，身体腾空右转，用左横踢迅速踢击对方胸部或腹部，左脚横踢目标后迅速前落呈左势实战姿势。（图14-6-23至图14-6-27）

双飞踢

图 14-6-23

图 14-6-24

图 14-6-25

图 14-6-26

图 14-6-27

（2）动作要点。

① 右腿横踢目标的同时左脚蹬地起跳。

② 左脚起跳后迅速随身体右转，并用左脚横踢目标。

③ 两腿在空中完成交换动作后，右脚先落地。

旋风踢

11. 旋风踢

（1）动作要领。

以左势实战姿势开始。以左脚掌为转动轴，脚跟向前转动一周，右脚屈膝上提，随身体转至正对前方时，左脚蹬地跳起向左横踢，右、左脚依次落地。（图14-6-28~图14-6-30）

图 14-6-28

图 14-6-29

图 14-6-30

（2）动作要点。

① 转体动作要迅速果断，左脚外旋时脚跟正对前方。

② 腿随身体右转向右后侧摆起时不要过高，以能带动身体旋转起跳为宜。

③ 左脚蹬地起跳，身体略腾空，不过膝，目的是快速旋转出腿。

④ 左腿横踢时，右腿向下快落站稳，即横踢目标的同时右脚落地。

（二）跆拳道基本战术

1. 假动作或假象战术

用逼真的假动作或假象欺骗对手，引其上当，分散其注意力，使其露出破绽，利用这个机会猛烈攻击而得分。

2. 心理战术

比赛开始前，利用情绪、动作和表情等威慑对手，比赛中用气势压倒对手，或利用规则允许和基本允许的各种手段，干扰对方情绪，给对方造成心理负担，使对手技能战术发挥失常，挫伤对方的锐气，发挥自己的优势，在气势上战胜对方。

3. 防守反击战术

利用防守好的特点，在防守的基础上利用反击技术打击对方。

4. 体力战术

对于耐力好的运动员来说，要充分发挥体力比对方好的优势，让对手和自己一直处于运动之中，与对方比拼体力，耗掉对方的体力而战胜对手。

5. 步法战术

利用自己步法灵活和动作敏捷的优势，围绕对手游斗，引对手上当或扰乱其情绪；待对方反击时又迅速撤退或靠近对手，扰乱对手的情绪和攻防意图，破坏对手的进攻而战胜对手。

6. 优势战术

在比赛平分的情况下，利用规则上允许的技术，靠主动进攻次数或使用高难技术而取胜。规则中规定，在比赛平分的情况下，裁判员根据双方主动进攻的次数和使用高难技术的多少进行判定，进攻次数或使用高难技术多的一方为胜方。

7. 语言战术

教练员和运动员达成默契的配合，用语言引诱对手上当受骗；但要注意语言的隐蔽性和合理性，既能够使对方上当，又不要触犯规则。

竞技跆拳道的各项战术是互相矛盾、互相克制的，正如每个进攻方法都有反攻一样。由于跆拳道比赛过程情况复杂，变化多端，对手多种多样，运动员应根据比赛中随时变化的情况，灵活机动地运用一种或多种战术，从而达到预期的比赛目的。

第七节　武术趣味活动

一、手型变换游戏

【目的】通过游戏练习拳、掌、勾等武术基本手型，巩固动作方法，避免简单、重复的练习，提高学生的练习兴趣。

【方法】两人相距1米左右面对面站立，双手抱拳呈武术预备姿势。齐喊“拳、掌、勾”，当声音结束，同时迅速做出冲拳或推掌、勾手的动作，按照拳胜掌、掌胜勾、勾胜拳的顺序决定胜负。

【游戏规则】手型要正确，动作要迅速，两人同时完成，不能中途更改。

【游戏建议】此游戏可用于初学武术阶段，巩固武术基本手型。拳、掌、勾是武术最常用的基本手型，要从一开始就养成良好的动作习惯，简单的重复练习又比较单调，在游戏中练习增加了趣味性。

以上方法仅举一个例子供参考，当学习的内容丰富了，还可以改用其他手型。

此游戏改编自“石头、剪刀、布”，游戏方法、规则可参考原游戏，可以用于分组，也可以进行多人游戏。

二、隔空对打游戏

【目的】通过游戏中武术攻防动作的运用，使学生更深入地了解武术动作的含义。培养攻防意识及快速反应能力。

【方法】把武术组合、套路中的动作分成攻击动作和防守动作。例如：冲拳、推掌、弹踢等为攻击动作，格挡（防中位攻击）、架掌（防高位攻击）、盖掌（防低位攻击）等为防守动作。两人相距1米左右（以双臂不能接触为准）面对面站立，双手抱拳呈武术预备姿势。游戏开始一方用攻击动作发动攻击，另一方用防守动作防守，如甲用冲拳攻击乙头部，乙用架掌向上架，防守成功两人攻防互换；如果乙用盖掌或格挡，防守不成功为失败，甲继续攻击。

【游戏规则】二人保持距离，不得接触。攻防动作要快速、到位。

【游戏建议】此游戏应用在有一定武术基础时，学生掌握了一些武术动作。游戏中的攻防动作可根据所学内容进行选择、规定。

游戏中可以加入步型，如马步冲拳、弓步推掌、叉步盖掌等；也可以加入防守反击练习，如甲弹踢攻击，乙左手盖掌防守后，右手推掌攻击，甲变进攻为防守格挡冲拳，如此反复，直到一方失败。

思考题

1. 简述武术运动的起源与发展。
2. 武术的基本功和基本动作有哪些？
3. 初级长拳（第三路）的动作方法有哪些？
4. 简化24式太极拳的动作方法有哪些？
5. 散打的基本技术与战术有哪些？
6. 跆拳道的基本技术与战术有哪些？

第十五章　体　操

第一节　体操运动概述

一、体操的起源与发展

公元16世纪末，意大利和德国的一些儿童、青少年学校，为了使学生接受体育和劳动教育，在采用古希腊“体操”项目的同时，出现了像单杠、跳跃器、平衡木、软梯之类的器械体操，这就是现代器械体操的萌芽。由于这一时期各类学校都把这些身体操练作为教育手段，已意识到“体操”这一身体操练的含义已不能全面反映其教育的宗旨。因此，具有“身体教育”含义的“体育”一词便应运而生。这样，“体操”和“体育”这一当时的同义语，在世界各国相互混淆使用了很长的历史时期后才开始逐步区分开来。在“体育”一词代替泛指一切身体操练的“体操”之后，体操便有其专门的现代体操的概念，即体操是以徒手、持轻器械和在特定的器械上通过不同方式完成各种类型动作的身体操练。

二、我国体操运动发展简况

体操在我国有着悠久的历史。在古代，体操有两类：一类是强健筋骨、预防疾病的体操，如“五禽戏”“八段锦”“易筋经”等都是具有强身健体、医疗保健性质的运动；另一类是反映古代歌舞、戏剧、杂技和流传于民间的技巧运动。

现代体操于19世纪传入中国。1840年鸦片战争以后，美、英等国先后在上海、天津、北京等地开办教会学校，设置健身房和体操器械，出现了早期的现代体操内容。清朝末年，在北洋水师学堂和武备学堂有外国教官教授兵式操、徒手操和单杠、双杠、平梯等器械操。1908年在上海成立的第一所体操学校的教学内容主要是徒手体操和兵式操。

中华人民共和国成立后，在党和政府的一贯重视下，不仅群众性的体操活动广泛普及，而且竞技体操在世界大赛中也取得了优异成绩。马燕红在1979年的第20届世界体操锦标赛中获得高低杠并列第一，成为我国第一个女子体操世界冠军；黄玉斌在1980年的第 6 届世界杯体操赛中获吊环并列第一，成为我国第一个男子体操世界冠军；在1982年举行的第 7 届世界杯体操赛中，李宁连夺 6 枚金牌，创世界体操史上又一奇迹；1983年中国男队在第22届世界体操锦标赛中，首次夺得团体冠军。2000年中国体操男团获得悉尼奥运会冠军，2008年第二次夺得该项目的奥运会冠军。李小鹏获15个世界冠军超越李宁，成为中国体操第一人。2008年北京奥运会中国女子体操队力压美国队，也拿到了金牌，这是中国队首次夺得奥运会体操女团的金牌。中国体操队在2012年伦敦奥运会获得4枚金牌，2020年东京奥运会获得3枚金牌。

第二节　竞技体操

竞技体操起源于欧洲。早在19世纪初，就出现了以器械练习和军事游戏为基础的德国体操，以教育体操、医疗体操为主的瑞典体操，以及以发展身体素质为主的丹麦体操这三个不同的流派。1881年欧洲成立了“欧洲体操联合会”。1896年在“欧洲体操联合会”的基础上，又成立了“国际体操联合会”，同年在希腊雅典举行的第1届奥运会上，体操被列入竞技项目之一。

一、技　巧

（一）前滚翻

1. 动作要领

站立开始，下蹲后两手向前撑垫，两脚蹬地，腿伸直，同时提臀、屈臂、低头。用头后部着垫，经肩、背、腰、臀向前滚动。当背部着垫时，迅速屈腿、团身，两手抱小腿起呈蹲立至站立姿势。（图15–2–1）

图 15–2–1

2. 技术要点

蹬地提臂—低头团身—前滚抱腿。

（二）鱼跃前滚翻

1. 动作要领

半蹲，两臂后举，接着两臂前摆，同时两脚蹬地向前上方跃起。腾空时含胸、稍屈髋。当手撑地时，有控制地屈臂缓冲，并及时低头，经团身前滚翻起立。（图15–2–2）

图 15–2–2

2. 技术要点

蹬地跃起—含胸控腿—屈臂缓冲—低头前滚。

（三）头手倒立

1. 动作要领

蹲撑，两手同肩宽与前额约呈等边三角形撑垫，两肘内夹、提臀，一腿上举，另一腿蹬地。当臀部提至稍过垂直面时，伸髋立腰呈头手倒立姿势。（图15–2–3）

图 15–2–3

2. 技术要点

头手撑垫—前额落垫—内夹提臀—伸髋立腰。

（四）前后滚动

1. 动作要领

蹲立，两手抱小腿，低头、团身后倒，经臀、腰、背、后脑依次触垫向后滚动，接着两手压小腿向前滚至蹲撑。（图15–2–4）

2. 技术要点

抱腿低头—团身后滚—压腿前滚。

（五）肩肘倒立

1. 动作要领

两腿伸直并腿坐，上体前屈，胸部靠近大腿，两手触脚面，然后上体后倒滚动，两腿上举，两臂压垫，同时腿上伸，屈肘内收，手撑腰的上部（拇指托腰，四指托背），伸髋、挺腹，脚面绷直向上方蹬，呈肘、肩和头支撑的倒立姿势。（图15-2-5）

图 15-2-4

图 15-2-5

2. 技术要点

后倒举腿—夹肘撑腰—伸髋挺腹。

（六）单肩后滚翻成单膝跪撑平衡

1. 动作要领

蹲撑，两手推垫向后滚，两腿后举屈体，头倒向一侧，经单肩向后滚翻，两手及时在肩后推垫，一腿跪地，一腿后举，两臂撑直成跪撑平衡。（图15-2-6）

2. 技术要点

后倒躯体—单肩后滚—跪地举腿。

（七）跪跳起

1. 动作要领

跪立，上体前倾，臀后坐，两臂后摆，接着向前上方挥摆，同时小腿和脚面用力压垫，并迅速提腰抬上体，提膝收腿呈半蹲姿势。（图15-2-7）

图 15-2-6

图 15-2-7

2. 技术要点

两臂后摆—挥臂压腿—伸髋提膝。

二、低单杠

（一）单脚蹬地翻身上成支撑

1. 动作要领

两手握杠，两腿前后站立。后腿经前向后上方用力摆起，另一腿蹬地后迅速与摆动腿并拢上摆，同时向后倒肩拉杠引体，使腹部贴杠。当两腿摆至杠后水平时，控腿、翻腕、抬头、挺身成支撑。（图15–2–8）

2. 技术要点

前蹬后摆—倒肩拉杠—贴杠翻腕—支撑抬头。

（二）支撑单腿摆越成骑撑

1. 动作要领

（以右腿骑撑为例）正撑，右手推杠，重心左移，同时右腿迅速向右侧摆越过杠。当右腿摆越后，重心右移，右手再握杠成骑撑。（图15–2–9）

图 15–2–8

图 15–2–9

2. 技术要点

推杠移重心—摆腿成骑撑。

（三）骑撑后倒挂膝上

1. 动作要领

右腿骑撑，重心后移，同时上体直臂支撑后倒挂右膝，经挂膝悬垂，接着左腿向前上方伸腿送髋并制动。当身体后摆臀部过杠下垂直部位时，左腿顺势用力后摆划弧，同时两臂用力压杠，右腿压杠前伸，翻腕挺胸成骑撑。（图15–2–10）

2. 技术要点

挂膝后倒—后摆划弧—压杠翻腕。

（四）骑撑前腿后摆转体 90° 挺身下

1. 动作要领

右腿骑撑，左肩稍向前侧倒，右手推杠将重心移至左臂，同时右腿向右后摆越过杠，并以左臂为轴向右转体90° 挺身下。（图15–2–11）

图 15-2-10

图 15-2-11

2. 技术要点

推杠移重心—后摆右转体—并腿挺身下。

（五）跳上成支撑

1. 动作要领

两手正握杠站立，两腿稍屈膝，用力蹬地跳起，同时两臂拉压杠至挺身支撑。（图15-2-12）

2. 技术要点

跳起—拉杠—支撑。

（六）骑撑后腿前摆转体 90° 下

1. 动作要领

右腿骑撑，右手反握杠，上体向右侧倒，身体重心移至右臂，以右臂为轴，左手推杠，左腿向前摆越，右腿压杠，同时向右转体90° 挺身下。（图15-2-13）

图 15-2-12

图 15-2-13

2. 技术要点

推杠侧倒—左摆右转—压杠挺身。

三、双　杠

（一）支撑摆动

1. 动作要领

支撑开始，以肩为轴，举腿送髋向前摆腿。当身体下摆过垂直部位时，两腿用力向后上方摆起，肩稍前倾，紧腰直体。当身体下摆过垂直部位后，迅速向前上方伸髋踢腿，同时直臂向后顶肩。（图15-2-14）

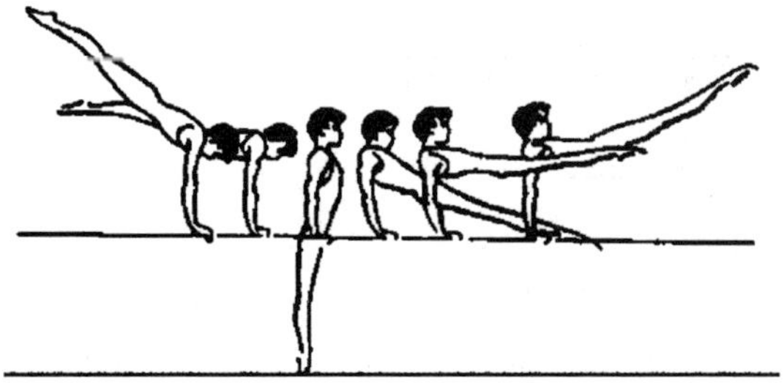

图 15–2–14

2. 技术要点

送髋前摆—后摆远伸—前摆伸髋。

（二）挂臂撑摆动

1. 动作要领

挂臂屈体，两腿用力向前上方伸出，臀部前送展髋，同时两手拉杠，肩稍前移。在身体后摆至杠下垂直部位时，用力向后上方甩腿紧身，同时两臂用力压杠，使身体腾起。后摆至最高点时，身体前摆至杠下垂直部位后，迅速用力向前上方踢腿送髋上摆。（图15–2–15）

图 15–2–15

2. 技术要点

挂臂屈体—展髋前送—后摆甩腿—前摆送髋。

（三）挂臂前摆上成分腿坐

1. 动作要领

挂臂后摆向前回摆，在身体过杠下垂直面后应稍屈髋，两腿向上加速摆动并踢腿。当腿摆至杠面时，迅速伸髋，两腿制动，两臂用力压杠，使身体向上升起成前摆支撑，同时分腿坐杠。（图15–2–16）

图 15–2–16

2. 技术要点

挂臂前摆—前上踢腿—伸髋控腿—压杠分腿。

（四）分腿坐前滚翻成分腿坐

1. 动作要领

杠上分腿坐，两手于体前靠大腿处握杠，上体前倒屈臂，顺势提臀屈体，两肘外展撑杠，低头前滚。当臀部移过杠上垂直面时，两手迅速向前换握杠，两腿及时分开下压，两臂用力压杠成分腿坐。（图15-2-17）

图 15-2-17

2. 技术要点

提臀屈体—两肘外展—低头前滚—分腿压杠。

（五）支撑后摆挺身下

1. 动作要领

（以左侧下为例）支撑摆动，当身体后摆接近最高点时制动腿，右手推杠换至左手后撑杠，同时身体左移，左手侧举，使身体平移出杠挺身下。（图15-2-18）

图 15-2-18

2. 技术要点

后摆控腿—推杠左移—出杠挺身。

（六）杠端跳起成分腿坐

1. 动作要领

两手握杠跳起，用力向下拉压杠。同时向前上方摆腿送髋。当两腿摆出杠面时立即分腿，顺势向后滑杠成分腿坐。（图15-2-19）

2. 技术要点

跳起拉杠—前摆送髋—分腿坐杠。

（七）支撑前摆挺身下

1. 动作要领

（以右下为例）支撑前摆过杠下垂直部位时，加速向前上外摆，身体重心右移。当前摆接近最高点时制动腿，左手推杠，并迅速换撑右杠（于右手前），右手推杠侧上举，同时伸腿展髋，挺身落地。（图15-2-20）

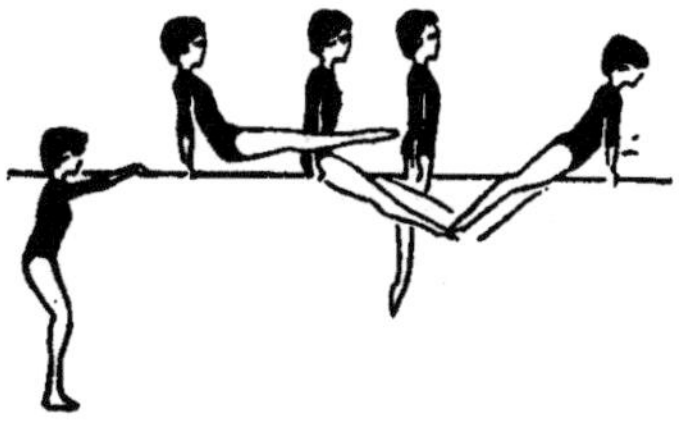
图 15-2-19

图 15-2-20

2. 技术要点

两腿前外摆—左推右移杠—伸腿又展髋。

四、支撑跳跃

（一）分腿腾越（纵箱）

1. 动作要领

起跳后两臂上摆，并迅速前伸、紧腰、伸髋，两手向前下方远撑，顶肩推手（手推离时，肩不过支撑点），两腿左右分开。在两手推离跳箱后，两臂斜上举，并带动身体上振呈挺身姿势落地。（图15-2-21）

图 15-2-21

2. 技术要点

跳起腾空—两臂前伸—远撑顶肩—推手挺身。

（二）斜进直角腾越

1. 动作要领

（向右）短距离助跑，最后一步以左脚上板，上体稍后仰，右手撑箱，右腿向右前上方踢起，左腿蹬离板后迅速与右腿并拢，并向前上方送髋伸腿，同时左手撑箱，随即压腿，挺身落地。（图15-2-22）

图 15-2-22

2. 技术要点

左蹬右踢—并腿送髋—换手撑箱—压腿挺身。

第三节 艺术体操

一、艺术体操的特点、内容及种类

（一）艺术体操的特点

（1）艺术体操是一项以身体的自然性和韵律性动作为基础，以节奏为中心的运动。摆动动作、波浪动作及弹性动作是艺术体操的基本运动形式。

（2）艺术体操必须有音乐伴奏，没有音乐就谈不上艺术体操。但音乐必须与轻器械和运动员的特点有机地结合。音乐节奏和情感必须与运动员所做动作的节奏和情感一致，使动作完成得更富神韵，表现出艺术的魅力，给人以美的享受。

（3）手持轻器械做动作时，器械与身体是统一的整体，必须充分合理地体现出器械的特点与身体动作完美无缺的结合。手持轻器械做动作是艺术体操的主要形式，也是竞赛规定的内容。运动员所持器械可以加大动作的幅度，是身体的延长，不能被当作装饰品，更不能静止不动。

（二）艺术体操的内容

艺术体操内容丰富，根据动作的性质和特点，可分徒手练习和持器械练习两类。

（1）徒手练习：是掌握各类身体动作技术，发展一般及专项素质，培养协调性和节奏感的主要手段。其内容包括手臂与腿的基本动作、基本步法与舞步、摆动与绕环、屈体、波浪、跳跃、转体、平衡和近似技巧动作等。有时也常将芭蕾舞、民族舞及现代舞中的一些有关动作融于艺术体操表演中。

（2）持轻器械练习：艺术体操中的器械除正式比赛的绳、圈、球、棒、带5种器械外，还有用作表演和教学内容的纱巾、扇、手鼓、短棍等。无论使用何种器械，都应体现出该种器械的特点，并与身体动作紧密配合，协调一致。

（三）艺术体操的种类

（1）一般性艺术体操：它是以发展练习者的协调性、柔韧性和力量性为主要目的，以自然动作和协调动作为基础，在音乐伴奏下进行的个人或集体练习。其内容包括徒手练习和手持器械练习的各种基本动作，动作难度和练习强度不大，动作内容、练习形式及所用器械多样，不受场地、人数、时间等限制，便于开展。

（2）竞技性艺术体操：以提高技术水平和参加竞赛为主要目的。正式比赛只采用绳、圈、球、棒、带5种器械，运动员参加比赛的成套动作、时间、难度、场地、人数、器械规格、音乐伴奏等都应符合规则要求。

二、艺术体操基本技术

（一）徒手基本动作

1. 基本姿态

（1）站立的基本姿态。

技术要点：头正直，肩下沉，背部挺直，收腹立腰，臀部和两腿肌肉收紧，目视前方。常见的基本站立位置如图15-3-1所示。站立各脚位时，上体保持正直，使身体重心落在两脚上，做点立时，重心在支撑脚上。

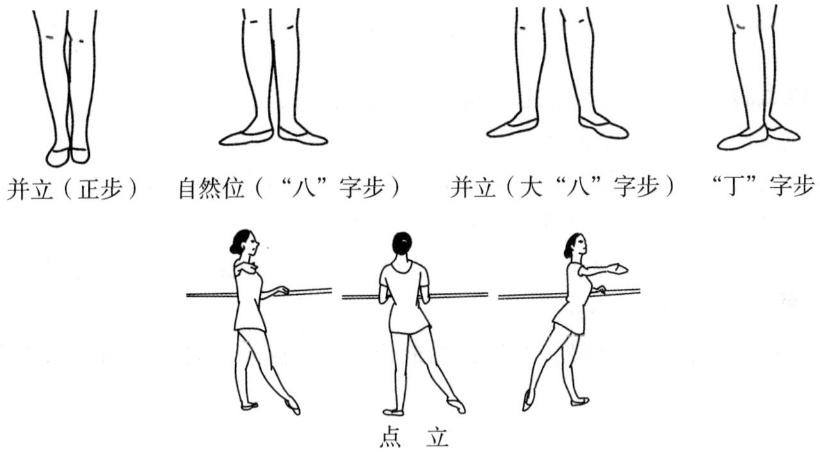

图 15-3-1

（2）手型和手臂的基本姿态。

① 手型的基本姿态。

艺术体操手型采用芭蕾舞的手型。

技术要点：手自然放松伸展开，大拇指和中指向里合。（图15-3-2）

图 15-3-2

② 手臂的基本姿态。

芭蕾舞手臂分7个基本位置。（图15-3-3）

图 15-3-3

一位：两臂体前自然下垂，指尖相对，掌心稍向内。

二位：两臂保持弧形前举（稍低于肩），掌心向内。

三位：两臂保持弧形上举（稍偏前），掌心向内下方。

四位：一臂上举，一臂前举。

五位：一臂上举，一臂侧举（掌心向前下方）。

六位：一臂前举，一臂侧举。

七位：两臂侧举（掌心向前下方）。

技术要点：肩放松，肘腕自然弯曲，手臂呈弧形，手指并拢，自然伸长，保持基本手型。

其他常见的手臂基本位置有以下几种。（图15–3–4）

图 15–3–4

前上举：以大臂带动肘，小臂抬起至前上举，掌心向下。

前下举：做法同上，两臂至前下举。

侧上举：做法同上，两臂位置在侧上举45°，掌心向内或向外均可。

后斜下举：做法同上，两臂位置在后下45°，掌心向上或向内。

此外还有一臂前举，另一臂前上举；一臂前上举，另一臂后下举；一臂侧上举，另一臂侧下举；一臂后上举，另一臂前下举。

技术要点：挺胸、收腹、立腰，两肩自然放松，肘、腕自然伸直，身体重心保持平稳，头部配合协调。

（3）跪立与坐的基本姿态。（图15–3–5）

① 跪立的技术要点：两眼平视，头正直，肩下沉，挺胸，收腹，直背，两臂自然放于体侧，脚面绷直着地，大小腿之间夹角为90°，或者大小腿相叠，臀部坐在脚跟上呈跪坐姿势。

② 坐的技术要点：两眼平视，头正直，肩下沉，挺胸，收腹，直背，两臂自然放于体侧，呈直角坐，膝盖、脚面绷直。

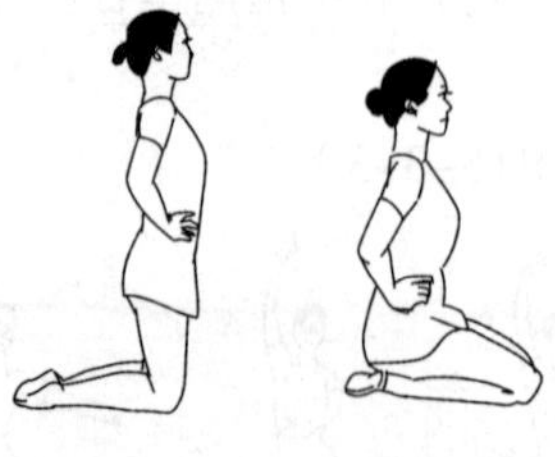

跪　立　　　坐

图 15–3–5

2. 屈伸与绕环

屈伸与绕环如图15–3–6所示。

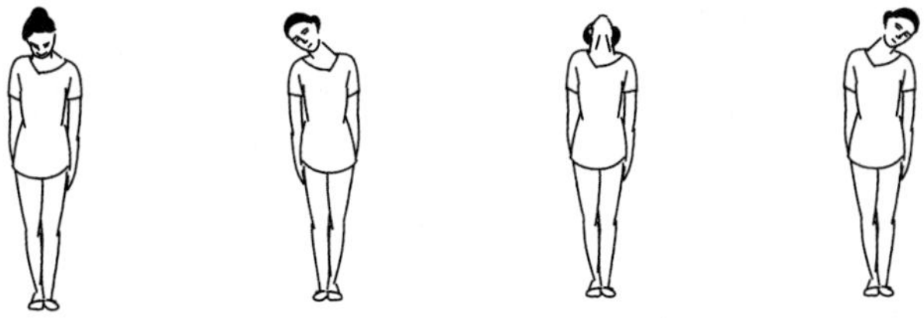

头部的绕环

图 15–3–6

（1）屈伸技术要点：保持基本站姿，以颈部带动头向前、向后做屈伸动作。

（2）环绕技术要点：保持基本站姿，以颈部带动头做顺时针或逆时针绕环。

3. 摆动动作

摆动动作如图15–3–7所示。

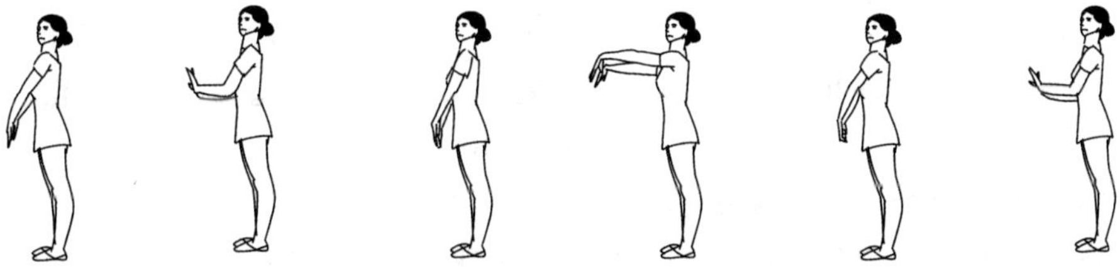

手臂的摆动

图 15–3–7

技术要点：手臂摆动以肩为轴，要求肩下沉，以肘带动腕和手，臂呈弧形摆动。

4. 波浪动作

（1）手臂波浪。（图15–3–8）

手臂波浪是以臂部各关节按顺序做柔和的屈伸动作。

技术要点：由肩部开始发力，使肘、腕、掌、指各关节由屈至伸，形成依次连贯的推移动作。

图 15–3–8

（2）躯干波浪。（图15–3–9）

动作过程：由腰骶部开始经胸、颈各脊柱关节依次向前挺伸，上体可逐渐前屈至90° 角，使背部成凹形；接着由腰开始经胸至颈依次弯曲各关节至含胸低头，使背部呈凸形，接着上体逐渐抬起。

图 15-3-9

（3）身体向前波浪。（图15-3-10）

动作过程：由两踝开始经膝、髋、腰、胸、颈各关节依次向前上方伸展，同时两臂经下向后绕至上举呈抬头挺胸、提踵立姿势。

图 15-3-10

（4）身体向后波浪。（图15-3-11）

技术要点：所有前、后波浪必须是参加运动的身体各关节按顺序依次地进行弯曲和伸展，使波峰由下而上推移。

图 15-3-11

（二）基本步法

1. 柔软步

柔软步如图15-3-12所示。

图 15-3-12

技术要点：摆动腿向前伸出由脚尖过渡到全脚落地，重心前移，收腹立腰，眼平视。

2. 足尖步

足尖步如图15–3–13所示。

图 15–3–13

技术要点：身体正直，收腹立腰，步幅均匀不宜过大。支撑腿使脚踝充分向上立起。

3. 普通变换步

普通变换步如图15–3–14所示。

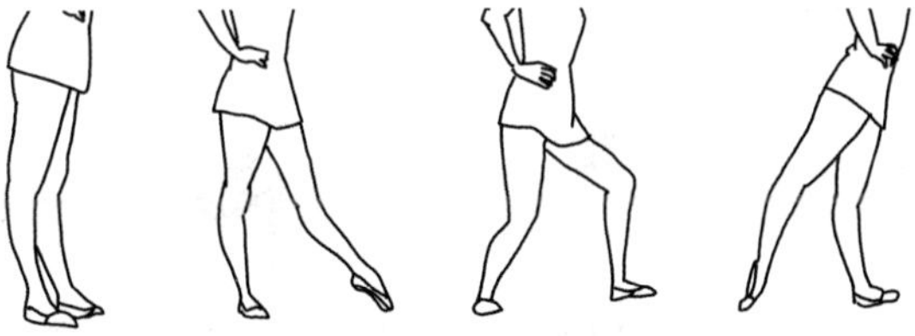

图 15–3–14

技术要点：身体正直，收腹立腰，髋要正，后腿伸直点地，膝与脚外旋。

4. 后举腿变换步

后举腿变换步如图15–3–15所示。

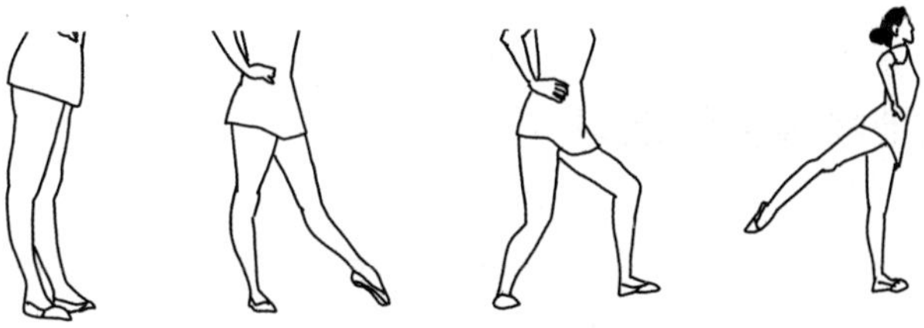

图 15–3–15

技术要点：绷脚伸出，前脚尖点地并迅速过渡到全脚掌，后腿抬起。

5. 前屈膝变换步

前屈膝变换步如图15–3–16所示。

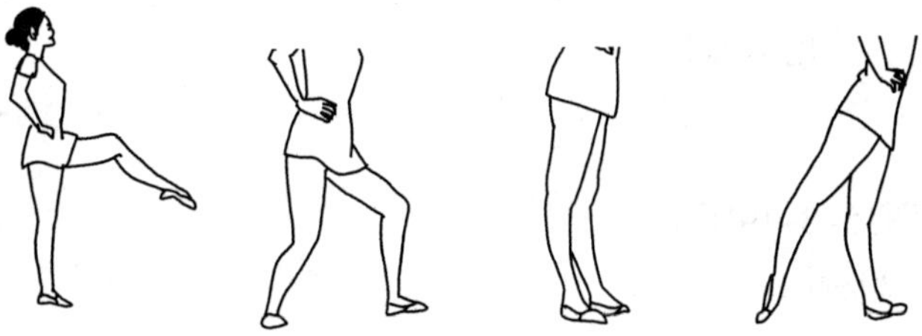

图 15–3–16

技术要点：摆动腿屈膝前伸，步幅适中，后腿略微抬起。

6. 向前华尔兹

向前华尔兹如图15-3-17所示。

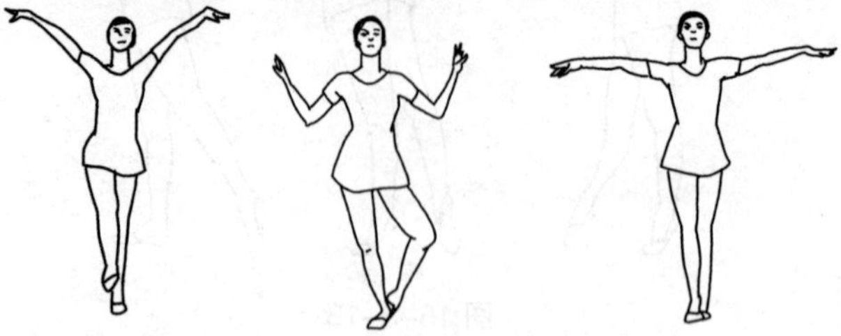

图 15-3-17

技术要点：三步的步幅均等，动作起伏自然，收腹立腰重心随出步而移动。

7. 后退华尔兹

后退华尔兹如图15-3-18所示。

图 15-3-18

技术要点：动作同向前华尔兹，方向向后。第一步可稍大些，身体随之稍转动，同时两臂配合前后平摆。

三、利用环境地物条件的练习

（一）扶把方法

1. 双手扶把

离把杆约一个前臂长的距离，面向把杆站立，屈臂，掌心向下轻扶把杆。

2. 单手扶把

离把杆约一个前臂长的距离，侧对把杆站立，同侧手屈臂外展轻扶把杆。

动作要领：扶把杆做动作时，身体重心在支撑腿上，手轻扶把杆，只有在身体失去平衡或需要借助把杆为支点时，才用力撑扶。

（二）基本动作

（1）压肩、胸如图15-3-19所示。

（2）蹲如图15-3-20所示。

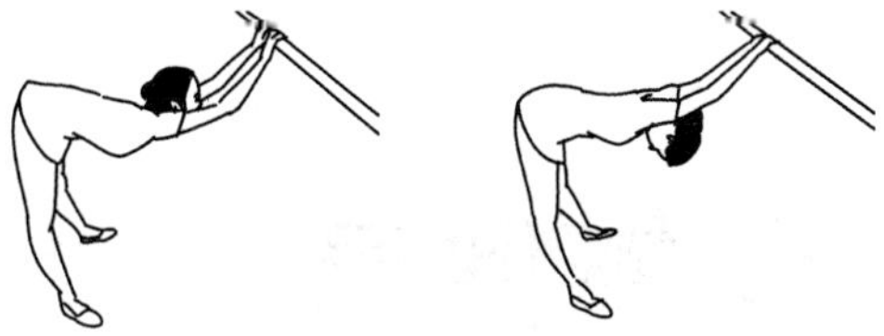

图15-3-19

图15-3-20

（3）压腿如图15-3-21所示。

图 15-3-21

（4）踢腿如图15-3-22所示。

图 15-3-22

（5）大踢腿如图15-3-23所示。

图 15-3-23

思考题

1. 简述体操运动的起源与发展。
2. 体操运动的技巧动作有哪些？
3. 艺术体操的基本技术有哪些？

第十六章　形体健美

第一节　健美操

一、健美操的分类

根据不同的目的和任务，健美操可分为健身性健美操和竞技性健美操两大类。（表16–1–1）

表 16–1–1　健美操的分类

分类			内容
竞技性健美操	自编竞技健美操		男子、女子单人操 混合双人操 三人、六人操
	规定竞技等级健美操		成年组 青少年组
健身性健美操	徒手健美操	一般健美操	传统有氧健美操
		不同风格健美操	搏击操、拉丁操、街舞健身操
	表演性健美操	器械健美操	踏板操、哑铃操、橡皮筋操、健身球操
		特殊场地健美操	水中健美操、固定器械健美操

二、健身健美操项目简介

（一）传统有氧健美操

传统有氧健美操是健身性健美操的核心内容，传统有氧健美操是不同类型健美操的基础，以提高人体的心肺功能和有氧代谢能力为目的。采用单个步法或步法组合配合上肢动作进行练习。

（二）搏击健美操

进行搏击健美操运动时，以传统有氧健美操、搏击健美操、拉丁健美操结合拳击、武术、跆拳道的基本动作，配合音乐节奏挥拳、踢腿。由于瞬间爆发力强，肢体伸展幅度大，运动量比传统健美操更大。

（三）拉丁健美操

拉丁健美操以有氧运动为基础，结合了拉丁舞的基础动作和风格独特的拉丁音乐，舞姿优美、热情奔放，具有强烈的动感。练习拉丁健美操可以达到陶冶情操和减肥瘦身的效果。

（四）街舞健美操

街舞健美操是由黑人街头即兴舞蹈演变而来的街舞，融入了有氧舞蹈。肢体动作夸张，节奏搭配明显，全身上下自由舞动，最吸引人之处是以全身的活力带来热情澎湃的感觉。

（五）踏板健美操

踏板健美操是一种中高强度的运动，通常在一块10～25厘米的踏板及地面上做健美操的动作和步法。它具备了健美操的所有特点，加上板的高度可以调节，健身者可以根据自身情况很容易达到运动减肥的有效强度，更能有效地提高心肺功能水平。

（六）健身球健美操

健身球健美操最早在瑞士只作为康复医疗的设备，后来演变成一个新兴的健身运动项目。健身球健美操不仅有很好的损伤恢复和康复功能（对腰背疾病疗效显著），而且还可以提高人的柔韧度和力量素质，锻炼平衡能力。

（七）皮筋健美操

皮筋健美操主要就是利用皮筋的弹力，在一张一弛的动作过程中，使肌肉得到较好的锻炼。作为一项有氧运动，皮筋健美操能有效地提高人体的心肺功能。

（八）水中健美操

水中健美操种类繁多，练习者可根据自身状况，选择适合于自己的项目进行练习。

（九）哑铃健美操

哑铃健美操是利用小哑铃的重量进行有氧操训练，可以增加有氧运动的强度，能有效地消除身体多余的脂肪，塑形、美体作用明显。

（十）动感自行车

动感自行车是一种室内固定自行车有氧训练，在健身教练的指导下，并配合动感的音乐，选择不同强度的阻力档次，来模仿自行车在平地、上坡、下坡等路面条件下不同方式的运动，达到提高心肺功能、消耗体内多余脂肪的目的。

（十一）表演性健美操

表演性健美操是根据一定的表演目的而进行的徒手或轻器械健美操与音乐的艺术化结合。在固定音乐的伴奏下，通过对动作素材、场地、空间、队形的有机整合，形成一套具有艺术观赏价值的成套动作。

三、竞技健美操项目简介

竞技健美操起源于传统的有氧健美操，比赛项目有男子单人操、女子单人操、混合双人操、3人操（3名运动员性别任选）和集体6人操。比赛时间限制在1分45秒（±5秒）。比赛场地为7米×7米（6人操场地为10米×10米）。比赛服装也有专门的规定，一般为紧身的专业健美操服装，比赛有专门的竞赛规则，对每一个具体细节都做出详细的说明。

四、健美操的基本步法

健美操步法

基本步法是健美操动作中的最小单位，是组成组合动作和成套动作的基础。通过基本步法的练习，可以提高练习者的协调性、节奏感和韵律感。

健美操基本步法分为无冲击、低冲击和高冲击三类动作。

（一）无冲击类动作

动作特点：两腿始终接触地面。（图16-1-1）

弹　动　　半　蹲　　弓　步　　提　踵

图 16-1-1

（二）低冲击类动作

动作特点：有一只脚始终接触地面。

1. 踏步类动作

踏步类动作如图16-1-2所示。

踏　步　　走　步　　“一”字步

图 16-1-2

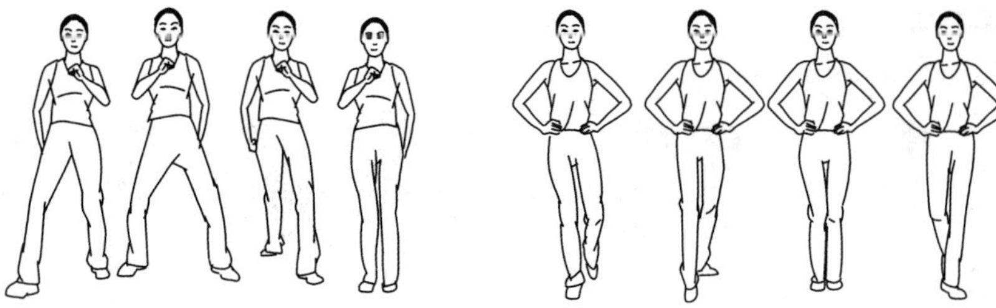

“V”字步　　漫　步

图 16-1-2（续）

2. 点地类动作

点地类动作如图16-1-3所示。

脚尖前点地　脚跟前点地　脚尖侧点地　脚尖后点地

图 16-1-3

3. 迈步类动作

迈步类动作如图16-1-4所示。

并　步　迈步点地　迈步屈腿

迈步吸腿　迈步弹踢

侧交叉步

图 16-1-4

4. 单脚抬起类动作

单脚抬起类动作如图16–1–5所示。

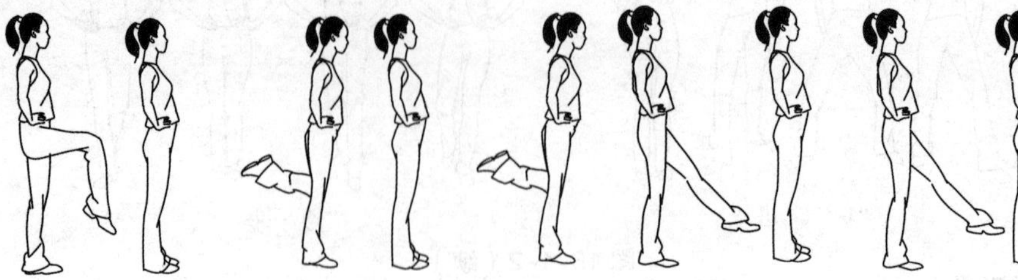

吸　腿　　　后屈腿　　　弹踢腿　　　踢　腿

图 16–1–5

（三）高冲击类动作

动作特点：双脚同时离地，有腾空的动作。

1. 迈步跳动作

迈步跳动作如图16–1–6所示。

并步跳　　　迈步吸腿跳　　　迈步后屈腿跳

图 16–1–6

2. 双脚起跳动作

双脚起跳动作如图16–1–7所示。

并腿纵跳　　　开合跳

并腿滑雪跳　　　分腿半蹲跳　　　弓步跳

图 16–1–7

3. 单脚起跳动作

单脚起跳动作如图16–1–8所示。

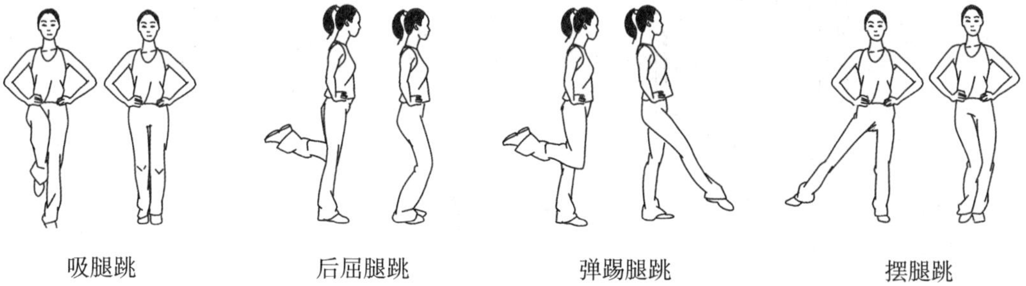

图 16–1–8

4. 后踢腿跑动作

后踢腿跑动作如图16–1–9所示。

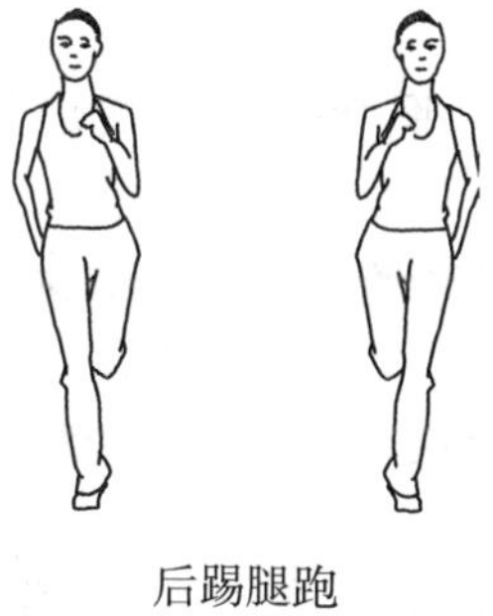

图 16–1–9

五、上肢基本动作

（1）自然摆动：屈肘前后摆动，可以同时或依次摆动。（图16–1–10 ①）

（2）臂屈伸：上臂固定，肘屈伸。臂屈时肱二头肌收缩，臂伸时肱三头肌收缩。（图16–1–10 ②）

（3）直臂上摆：臂由下摆至前平举或侧平举。（图16–1–10 ③）

（4）冲拳：握拳由腰间冲至某位置。（图16–1–10 ④）

（5）屈臂提拉：臂由下举至胸前平屈。（图16–1–10 ⑤）

（6）推：手掌由肩侧推至某位置。（图16–1–10 ⑥）

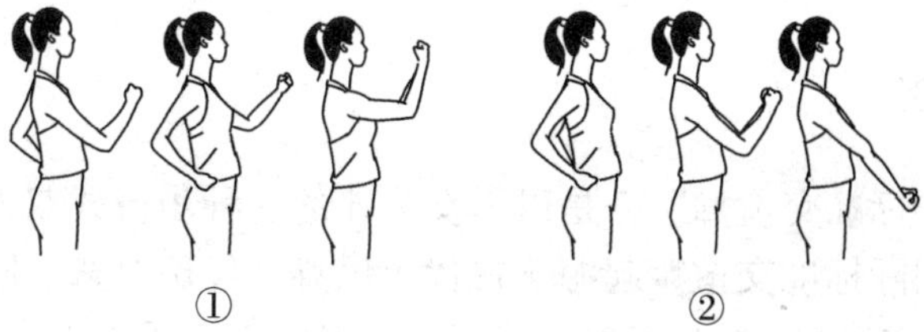

图 16–1–10

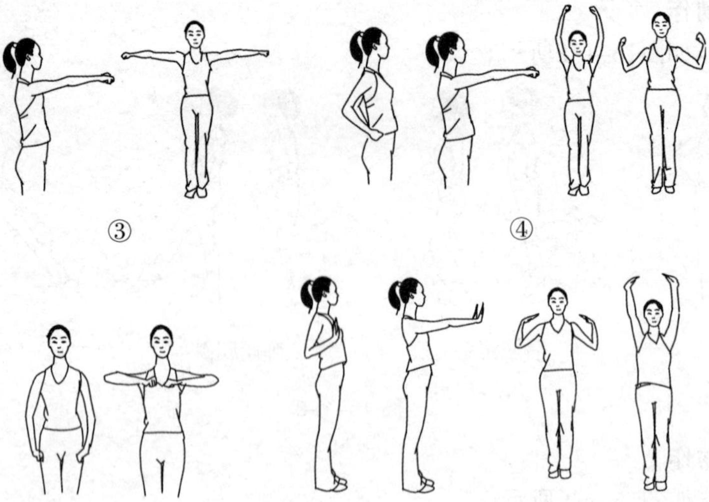

③ ④ ⑤ ⑥

图 16–1–10（续）

六、健美操基本手型

健美操基本手型如图16–1–11所示。

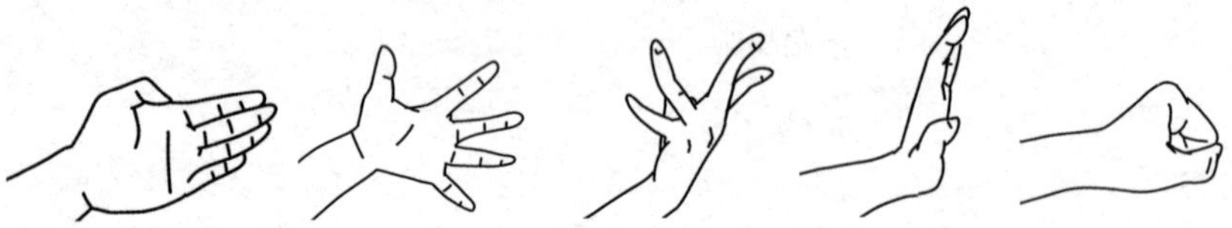

并 掌　开 掌　花 掌　立 掌　拳

健美操手型

图 16–1–11

第二节 体育舞蹈

一、体育舞蹈概述

体育舞蹈也称“国际标准交谊舞”，是以男女为伴的一种步行式双人舞的竞赛项目，分两个项群，10个舞种。国际标准交谊舞起源于古代土风舞，经历对舞、圈舞、集体舞等演变过程，成为流传广泛的社交舞蹈。19世纪20年代后，英国皇家舞蹈教师协会对原舞种、舞步、舞姿等进行规范整理，制定比赛方法，形成国际标准交谊舞，并于1947年在德国柏林举行了第一届世界标准交谊舞锦标赛。目前，国际上存在两个国际体育舞蹈组织。世界舞蹈及体育舞蹈理事会于1950年9月22日在英国苏格兰的爱丁堡成立，现有50多个协会会员，注册地为英国伦敦。国际体育舞蹈联合会1935年成立于布拉格，现有80多个协会会员，注册地为瑞士洛桑，1997年获得国际奥委会的正式承认。现在，国际标准交谊舞已发展成艺术性高、技巧性强的竞技性项目。

国际标准交谊舞20世纪30年代传入中国，20世纪80年代获得较快发展，先后与日、美、英等国家进行交流活动。1990年1月，在北京举办了首届高校体育舞蹈教师培训班，这预示着体育舞蹈将在我国高等院校大面积开展。1992年，北京市高校体育舞蹈协会宣告成立。1994年、1995年北京医科大学连续举办了两届高校体育舞蹈比赛，尽管学生们的舞技不是最高水平，但它预示着体育舞蹈如同刚出土的幼苗，在高等学府的校园里充满了生机和活力。目前，清华大学、北京大学、中国人民大学等高校已先后将体育舞蹈引入课堂。

二、体育舞蹈的身体姿势及持握姿势

（一）站立姿势

男女舞伴双足合并，脚尖并对前方，相对平行而立，双方将自己的右脚脚尖对准对方的双脚中线，间距约为15厘米；女伴偏向男伴左旁1/3，做到肩平、背直、腰挺、膝松弛，胸向后倾弯。

（二）持握姿势（以闭式姿势为例）

持握姿势是体育舞蹈中最主要的舞姿，许多优美的步法都是从该舞姿发展形成的。闭式舞姿要求男女舞伴相对站立，两者正面身体构成封闭状态。女伴身体向男伴右侧约偏1/3，男女腰部右侧轻贴，上身均向后倾。男伴左臂向左侧屈肘举起，高度稍超肩部、轻握女伴右手的拇指与其余四指之间。男伴右手环抱着女伴左胛骨下方，五指并拢，手掌呈空心，轻轻平贴在女伴的左臂上；女伴左手五指并拢，轻放在男伴的右肩上。（图16–2–1）

（三）半外式姿势

在闭式舞姿的基础上，男女舞伴上身均向外闪开大部分，面向前方，目光通过相握的手向同一方向远视，但男方腰部、女方腰部与闭式舞姿一样，仍然轻贴，不宜距离过大。（图16–2–2）

（四）摩登舞手的握式姿势

男伴左臂向左侧举起，左手略高于肩，上前臂约成90°，呈“V”字形；左手与腕部要保持平直，手指要自然并拢，大拇指和食指分开，轻握女伴右手。（图16–2–3）

（五）拉丁舞手的握式姿势

男伴左手握着女伴的右手，大拇指垂直压着女性的手心，食指和中指捏着女伴的手背；在一次“脱步”后，拉女伴回来时，将无名指和小指压着女伴的手腕。（图16–2–4）

图 16-2-1

图 16-2-2

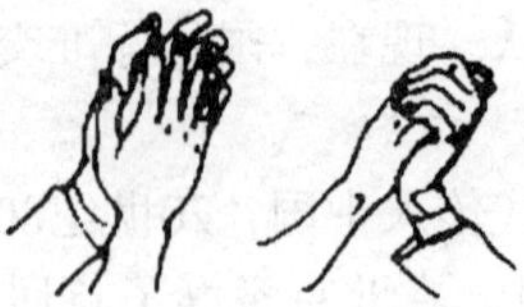
图 16-2-3

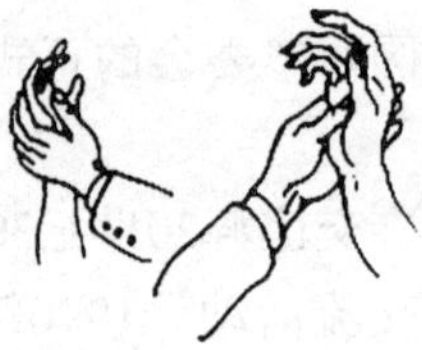
图 16-2-4

三、基本舞步

所有的体育舞蹈都由不同的舞步组成，通过改变舞步的速度、方向、性质，不同的方式和节奏组合，便产生了不同的舞种。为了让初学者便于掌握，以下介绍几种常见的基本舞步。

（一）常　步

常步也称为散步、走步，可分为前进步和后退步两种。前进时先用脚掌触地、过渡到脚跟擦地向前，着地后过渡到脚趾，身体重心随之移到前腿上；后退时动作相反，先用脚掌触地，然后用脚尖擦地、脚趾着地后再过渡到脚跟、重心随之移到后腿。

（二）横　步

横步分左横步和右横步两种。左脚用全脚掌向左旁边一步，距离约同肩宽，右脚用前脚掌向左脚并拢，重心随之移到刚刚并拢的右腿；向右侧横步，动作相反。

（三）并　步

并步可分为向前、向后、向侧三种并步。以前并步为例，左脚向前迈一步，右脚用脚前掌在左脚侧点地，身体重心仍在左腿上。

（四）摇摆步

摇摆步有左右和前后摇摆两种。左脚向前一步，重心前移，然后重心移向后再向前移、再向后移前后摇摆；向左再向右，再左移、再右移是左右摇摆。

四、基本舞步组合

（一）华尔兹舞

华尔兹舞，也称“慢三步”。舞曲旋律优美抒情，节奏为3/4的中慢板，每分钟30～32小节（职业组为27～29小节）。每小节三拍为一组舞步，每拍一步，第一拍为重拍，三步一循环。通过膝、踝、足底与掌趾的动作，结合身体的升降、倾斜、摆荡，带动舞步移动，使舞步起伏连绵，舞姿华丽典雅。

1. 前进后退基本步

前进后退基本步如图16-2-5所示。

男：左脚前进一步；女：右脚后退一步。男：右脚前进；女：左脚后退。男：左脚前并；

女：右脚后并。男：右脚后退一步；女：左脚前进一步。男：左脚后退；女：右脚前进。男：右脚后并；女：左脚前进。

2. 方形步

方形步如图16–2–6所示。

男：左脚向前迈一常步；女：右脚向后退一常步。男：右脚向右旁一步；女：左脚向左旁一步。男：左脚向右并拢；女：右脚向左并拢。男：右脚后退一步；女：左脚向右旁迈一步。男：右脚向左并拢；女：左脚向右脚并拢。

3. 左右边步

左右边步如图16–2–7所示。

男：右脚向左45° 前进；女：左脚向右后退45° 。男：左脚前进，向右转90° ；女：右脚后退，向右转90° 。男：右脚并于左脚；女：左脚并于右脚。男：左脚前进，左肩与女右肩相对；女：左脚后退，右肩与男左肩相对。男：右脚前进，向左转90° ；女：左脚后退，向左转90° 。男：左脚并于右脚；女：右脚并与左脚。

4. 右交叉位180° 转体

右交叉位180° 转体如图16–2–8所示。

男：右脚向左前90° 进一步；女：左脚向右后90° 退一步。男：左脚绕右脚转180° ；女：右脚向后绕过左脚转180° 。男：右脚转90° 与左脚并步；女：左脚转90° 与右脚并步。

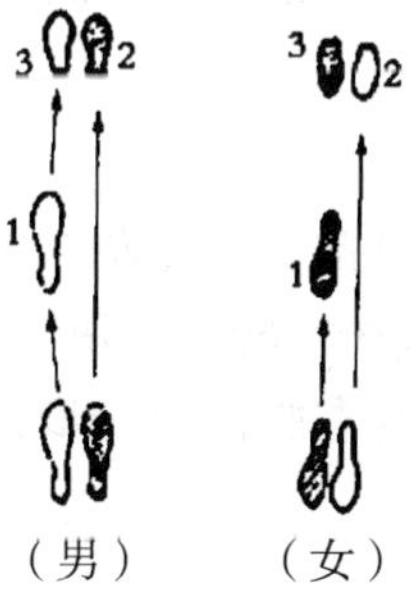

图 16–2–5

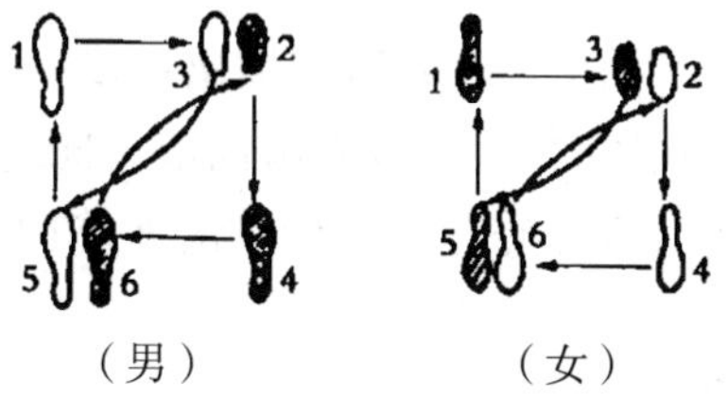

图 16–2–6

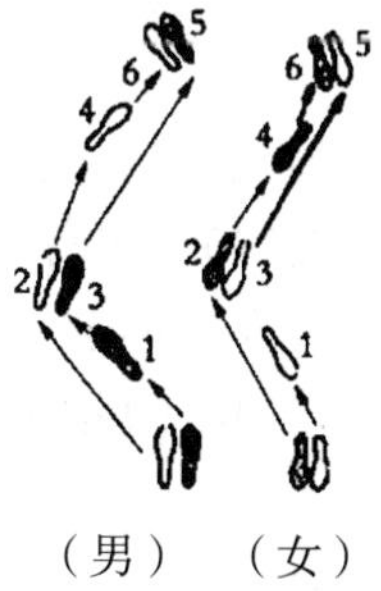

图 16–2–7

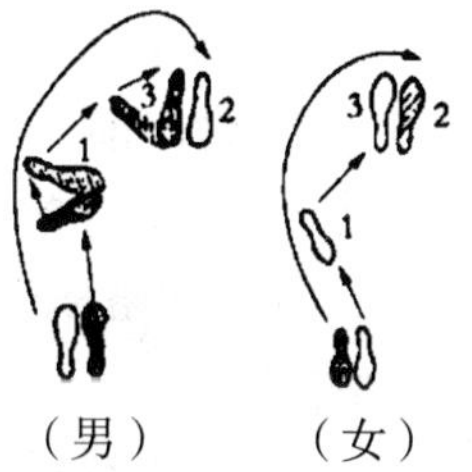

图 16–2–8

（二）恰恰恰

恰恰恰最早由非洲黑人传入拉丁美洲，后来在古巴发展起来，恰恰恰和伦巴一样都是起源于古巴。恰恰恰的音乐节拍是4/4拍，第一拍是重拍。恰恰恰是4拍跳5步，因此它的节奏是第一步占1拍，第二步占1拍，第三步和第四步各占半拍，第五步占1拍。其运步方法与伦巴雷同，要“先出胯，后出步”，呼数为“2、3、4、1”。舞步的力度要在重拍上展现。恰恰恰与伦巴可称为一对姐妹舞种，它们有许多共同之处：舞步的动律有同样的髋部动作；男女舞伴握持姿态及舞姿相向；舞班的名称相同，舞步组合可以互相通用等。

1. 基本步

（1）男子舞步及编号说明。（图16–2–9）

①左脚向前，快（1拍）；②右脚略横步，快（1拍）；③左脚并右脚点步，快（1拍）；④左脚后退，快（1拍）；⑤右脚后退，快（1拍）；⑥左脚略横步，快（1拍）；⑦右脚并左脚点步，快（1拍）；⑧右脚向前，快（1拍）。

（2）女子舞步及编号说明。（图16–2–10）

① 右脚后退，快（1拍）；②左脚略横步，快（1拍）；③右脚并左脚点步，快（1拍）；④右脚向前，快（1拍）；⑤左脚向前，快（1拍）；⑥右脚略横步，快（1拍）；⑦左脚并右脚点步，快（1拍）；⑧左脚后退，快（1拍）。

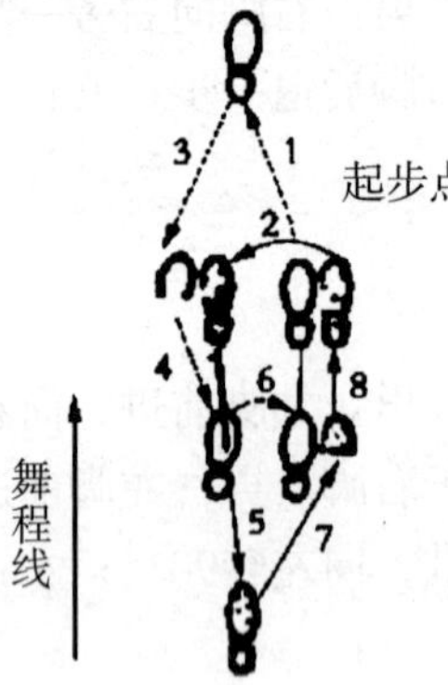

（男）

图 16–2–9

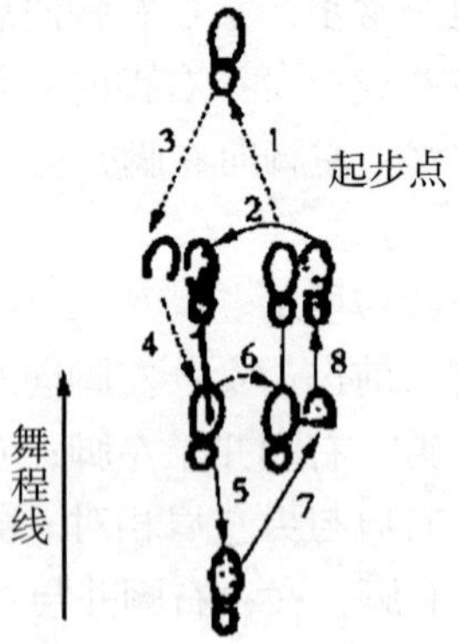

（女）

图 16–2–10

2. 右半转，左半转

（1）准备姿势：男子面对舞程线（跳舞者必须按逆时针方向前进，这个行进线路就叫舞程线）。

（2）男子舞步及编号说明。（图16–2–11）

① 左脚向前、向右做180° 转身，快（1拍）；②右脚略横出一步，快（1拍）；③左脚并右脚点步，快（1拍）；④左脚向前一步，快（1拍）；⑤右脚向前，向左做180° 转身，快（1拍）；⑥左脚略横出一步，快（1拍）；⑦右脚开并左脚点步，快（1拍）；⑧右脚向前一步，快（1拍）。

（3）女子舞步及编号说明。（图16–2–12）

先跳基本舞步中女子舞步的1、2、3、4步法。①左脚向前，向右做180° 转身，快（1拍）；②右脚略横出一步，快（1拍）；③左脚并右脚点步，快（1拍）；④左脚向前一步，快（1拍）；⑤右脚向前，向左作180° 转身，快（1拍）；⑥左脚略横出一步，快（1拍）；⑦右脚并左脚点步，快（1拍）；⑧右脚向前一步，快（1拍）。

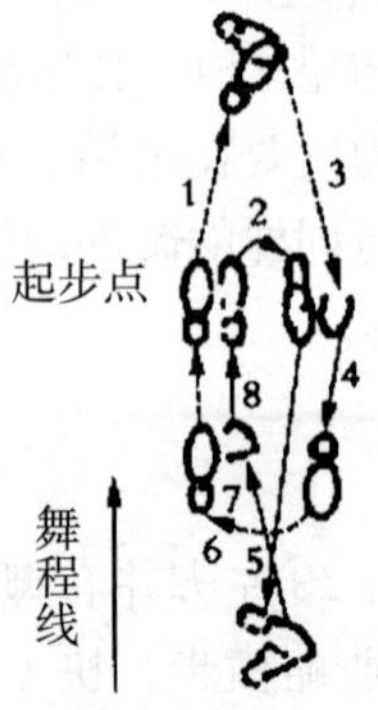

（男）

图 16–2–11

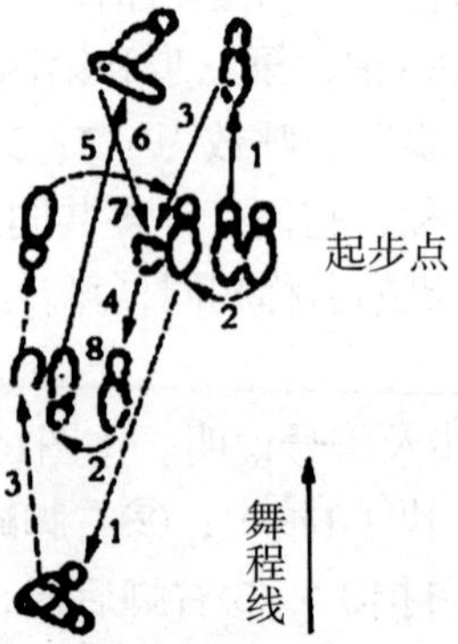

（女）

图 16–2–12

第三节　健美运动

一、健美运动概述

（一）健美运动的起源与发展

2000多年前，古代奥林匹克竞技会上，古希腊人全身涂上橄榄油，进行裸体角逐，以显示其身体的健美。近代健美运动是19世纪末在欧洲兴起的，是由德国的体育家尤金·山道首创，并于1901年9月4日在英国举办了世界上第一次健美比赛。山道对健美运动起到了很大的推动作用，被人称为“健美运动的鼻祖”。1949年，加拿大人本·威德兄弟创建了国际健美协会。国际健美协会是国际体育联合会排名第六位的单项运动协会。国际健美协会每年定期举办洲际、世界业余和职业健美比赛。

（二）健美运动的锻炼价值

健美运动的一个突出作用是可以有效地发展全身肌肉、增长力量。健美训练中要经常使用各种各样的杠铃、哑铃等负重器具，能够使肌肉得到强烈的刺激，从而使肌纤维增粗，肌肉中的毛细血管网增多，肌肉的生理横断面增大，肌肉变得丰满、结实而发达。图16-3-1为人体主要肌肉部位图。

健美运动能对心血管系统、呼吸系统和消化系统等各内脏器官的功能产生良好的影响；能改善体形、体态，使全身各部位的比例匀称、协调，使肌肉具有优美的线条；调节心理活动，陶冶美的情操，培养顽强的意志品质。

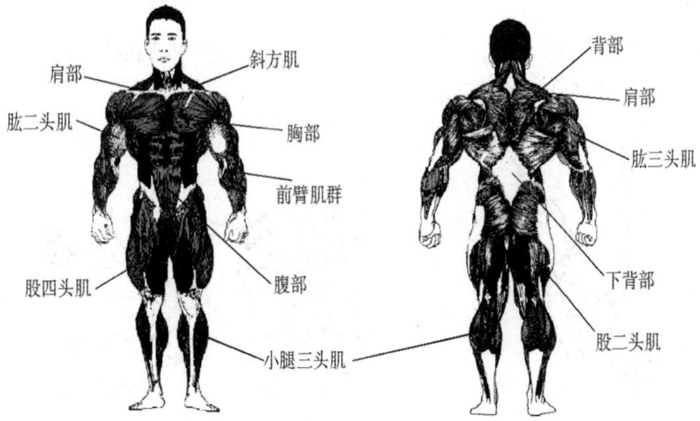

图 16-3-1

二、训练方法

以下将详细介绍各主要肌群的最佳训练方法。

（一）胸部肌群

仰卧推举

1. 仰卧推举

器械：杠铃（哑铃）、长凳。

要领：宽握距（肘关节呈90°），挺胸、沉肩，推至两臂基本伸直即可。（图16-3-2）

仰卧飞鸟

2. 仰卧飞鸟

器械：哑铃、长凳。

要领：下降到极限时，肘间角度呈100°～120°，在整个动作过程中，要保持肩、肘、腕始终在同一垂直面内。（图16-3-3）

图 16-3-2

图 16-3-3

（二）背部肌群

1. 重锤平拉

器械：联合器械。

要领：两臂屈肘贴身向胸腹部拉引，拉到小腹处时，上体与地面的角度略大于90°，同时挺胸收腹。（图16-3-4）

2. 重锤下拉

器械：联合器械。

要领：分为向前拉和向后拉。向前拉至胸前，同时上体稍后仰，尽量抬头挺胸；向后拉至极限，尽量低头。（图16-3-5）

图 16-3-4

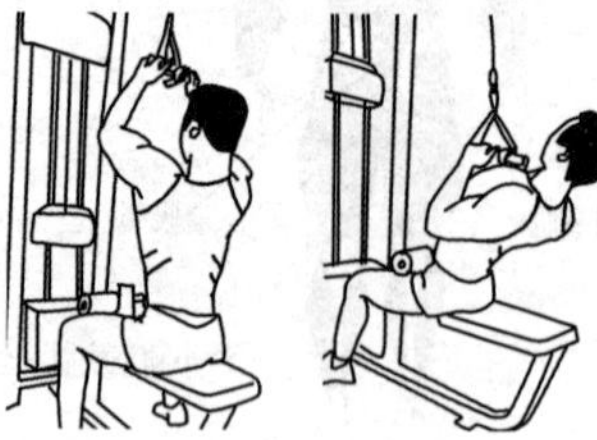

图 16-3-5

（三）肩部肌群

1. 坐姿推举

器械：杠铃、推举架。

要领：垂直向上推至两手臂完全伸直。可分为颈前推举（锻炼三角肌前中束）和颈后推举（锻炼三角肌后束）。（图16–3–6）

2. 立正划船

器械：杠铃。

要领：沿体前上拉，拉至锁骨处时，两臂尽量向耳部靠拢。窄握距锻炼三角肌前束；宽、中握距锻炼三角肌中束。（图16–3–7）

图 16–3–6

图 16–3–7

（四）腹部肌群

1. 上腹部

锻炼上腹部的技术动作主要是采用各种各样的仰卧起坐。（图16–3–8）

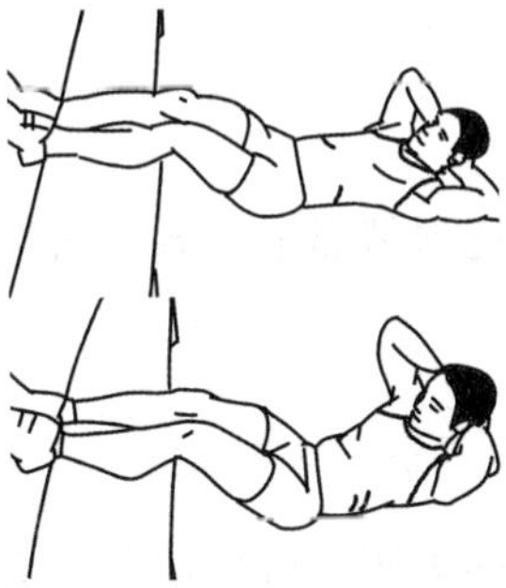

搁凳仰卧起坐

跪姿屈体

踏地仰卧起坐

图 16–3–8

2. 下腹部

锻炼下腹部的技术动作主要是采用各种各样的举腿。（图16–3–9）

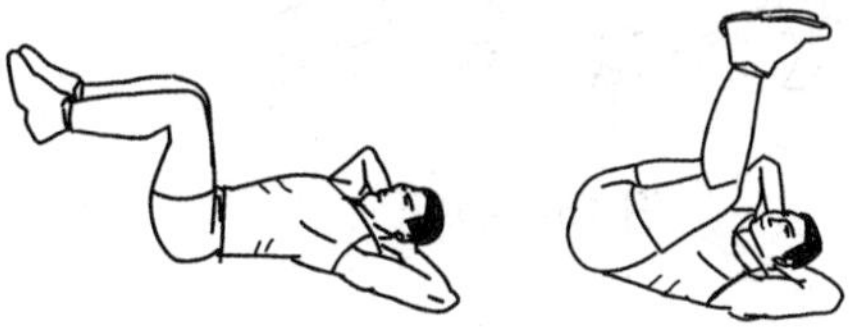

仰卧举腿

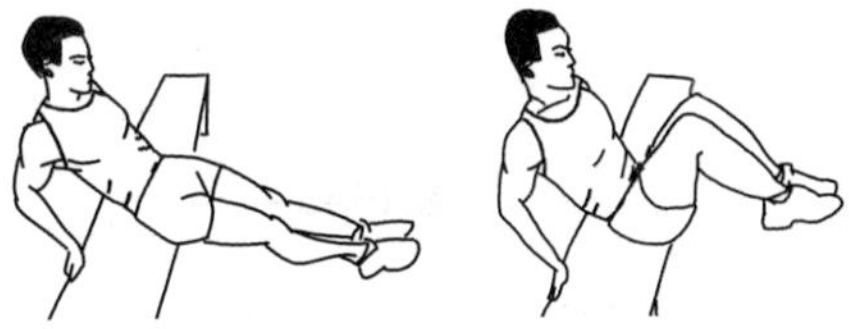

坐姿举腿

图 16–3–9

（五）上臂部肌群

1. 肱二头肌

（1）站立弯举。

器械：哑铃、杠铃。

要领：上臂保持固定不动，以肘关节为轴弯起前臂。（图16–3–10）

（2）俯坐弯举。

器械：哑铃。

要领：上体前俯，持铃手的肘关节顶在同侧大腿内侧上1/3处，前臂与大腿呈45°，以肘关节为轴弯起前臂。（图16–3–11）

图 16–3–10

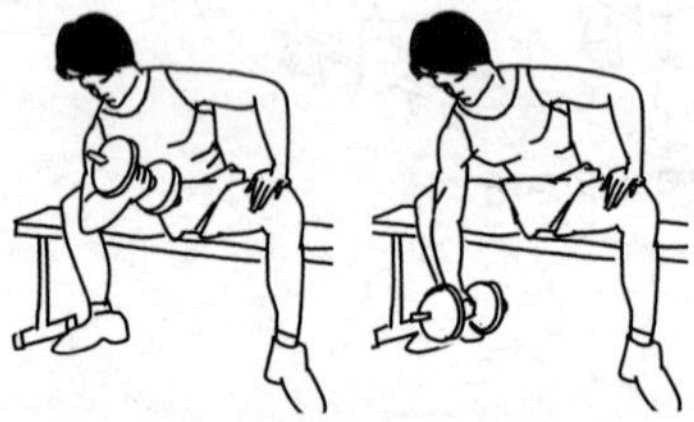

图 16–3–11

2. 肱三头肌

（1）站立臂屈伸。

器械：杠铃、哑铃。

要领：窄握距，两臂伸直上举，上臂与地面垂直，并始终保持靠近耳侧；向颈后弯曲，直至极限后，伸直手臂。（图16–3–12）

（2）俯立臂屈伸。

器械：哑铃。

要领：俯立（或站在凳边一侧，一腿跪凳上，同侧手支撑）屈肘持铃，上臂紧贴体侧，持铃向后上方举起直至手臂完全伸直。（图16–3–13）

图 16–3–12

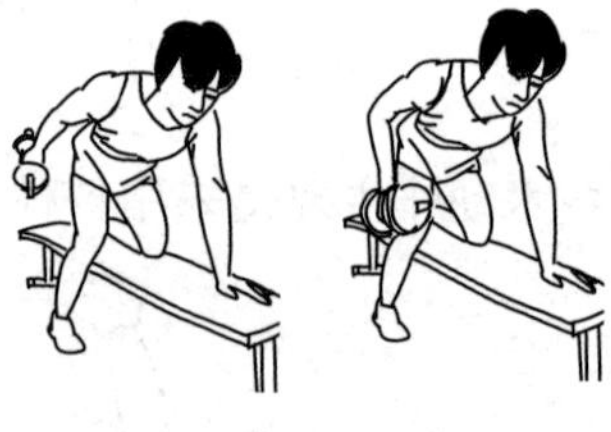

图 16–3–13

（六）大腿肌群

1. 股四头肌

颈后深蹲。

器械：杠铃，应在脚后跟垫3～5厘米高的垫木。

要领：始终保持抬头、挺胸、紧腰的身体姿势，下蹲至大腿与地面平行即可。蹲起时，杠铃要始终保持垂直向上运动。（图16–3–14）

2. 股二头肌

腿弯举。

器械：举腿架。

要领：躯干紧贴凳面，两手抓住固定物，脚后跟钩住脚托，将小腿向上弯起，尽量靠近臀部。（图16–3–15）

图 16–3–14

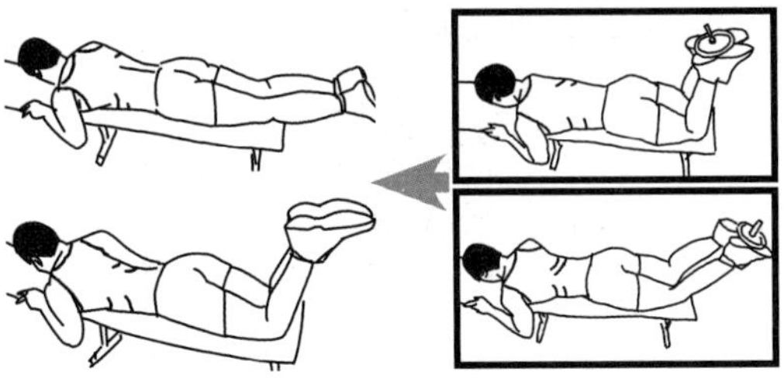

图 16–3–15

（七）小腿肌群

锻炼小腿肌群的技术动作主要是采用各种各样的举踵，可利用联合器械、杠铃、哑铃等。

三、评价与观赏

（一）如何观赏健美比赛

一场健美比赛，是展示运动员完美体形的过程，也是人体艺术美的表演舞台。在比赛中，观众和裁判员不仅要欣赏健美运动员的肌肉、体形、线条，还要对健美运动员展示完美体格的各种艺术造型进行评判。

1. 男子评分标准

男子评分标准依次是：肌肉、平衡、匀称、线条、造型。比赛分为规定动作和自选动作两部分。

男子7个规定动作：要求根据规定的技术动作规格，充分展现重点部位的肌肉，并显示其他各部位的肌肉群。（图16–3–16）

自选动作：能运用控制肌肉的能力，展示肌肉块；整套动作过渡衔接合理，并以艺术造型的表演技能和配合音乐节奏体现出完美的表演水平。

前展肱二头肌　前展背阔肌　侧展胸部　后展肱二头肌　后展背阔肌　侧展肱三头肌　前展腹部和腿部

图 16–3–16

2. 女子评分标准

女子评分标准依次：比男子规定动作少前展背阔肌和后展背阔肌，其他相同。

女子5个规定动作：如图16-3-17所示。

自选动作：能运用肌肉的控制能力，展示各部位肌肉块，并以艺术造型的表演技能，运用体操、芭蕾和舞蹈的手势和步法配合音乐旋律，使整套动作过渡衔接和音乐节奏协调一致，体现出完美的表演技能。

前展肱二头肌　侧展胸部　后展肱二头肌　侧展肱三头肌　前展腹部和腿部

图 16-3-17

（二）自我训练效果评价

经过科学的健美形体训练，则男性应显示出体格魁梧、肌肉壮实的特征；女性则应体现出丰满圆润、曲线美的特征。现在介绍几种常用的自我评价的方法。

1. 拍照法

在自我健美训练前后，分别拍摄自己的全身体形照片数张，包括正面、侧面和背面。男子要求赤膊，穿短裤；女子要求穿比基尼泳装，这样可看清全身肌肉和脂肪的分布情况。之后每隔3个月或半年再拍摄一次，将前后拍摄的照片对照比较，即可直观形象地看出全身肌肉和体形的变化情况。

2. 照镜法

在健美训练过程中，最好能配上一面能照到全身的大镜子。通过照镜子认识自己的体形，随时观察自己体形的发展情况。

3. 测量法

开始从事健美训练的时候，测定身体各部位的围度，记录下来。然后定期（如每隔3个月或5个月）复测，以评价训练效果。

4. 计算法

根据测量所得的数据，结合现代健美运动对人体肌肉发达和均衡发展的要求，通过下列公式进行自我评价。

（1）全身肌肉群发达程度的计算法。

A=[（两上臂围 + 两大腿围 + 两小腿围 + 胸围）÷ 2] ÷ [（两腕围 + 两膝围 + 两踝围）÷ 2]。

A值越大，说明全身各部位肌肉群越发达，体态越健美。

（2）全身肌肉群均衡发展的计算法。

通过对两上臂围差、两大腿围差和两小腿围差的计算，得出的值越小越好。因为围度差值越小，说明身体的各部位比例越趋于协调、匀称，肌肉的发展也越趋于均衡、饱满、健美。

5. 健美体形参数

男性健美爱好者身高、胸围、腰围、体重的理想指数。（表16–3–1）

表 16–3–1 健美体形参数

身高（厘米）	160	165	170	175	180	185	190
胸围（厘米）	107	110	113	117	120	123	127
腰围（厘米）	71	73	75	78	80	82	85
体重（千克）	70	75	80	85	90	95	100

思考题

1. 健美操的基本步法和手型有哪些?
2. 体育舞蹈的基本舞步组合有哪些?
3. 简述健美运动的训练方法。

第十七章　冬季体育运动

第一节　冬季体育锻炼注意事项

北方的冬季寒冷期长，如果冬季各学校不进行室外的体育活动，势必会影响学生的身体素质，因此必须加强北方学校学生的冬季体育锻炼活动。冬季体育锻炼不仅可以提高学生身体的一般健康水平，而且可以提高身体的抗寒能力；冬季体育锻炼还有励志的功效，即培养学生的勇敢精神、磨炼其克服困难的意志、健全其人格；另外，冬季体育锻炼还可改变青少年的不良遗传属性，有效提高学生的心肺功能。

一、冬季体育锻炼的预防措施

冬季在户外进行体育活动能增强机体的御寒能力，提高神经系统对体温的调节能力，使机体在气温变化时能主动适应环境，及时地调动生热机能，维持体温恒定，提高身体对寒冷环境的适应能力。同时，冬季在户外进行锻炼能增强机体的抗病能力，增强体质，亲和自然。

（一）注意保暖

进行户外体育锻炼时应穿着便于运动的服装，服装要求在隔热的同时又能保证汗液的蒸发；应穿多层衣服，以便随时增减。当做好充分的准备活动，身体开始微微出汗后再脱去保暖的衣服。体育锻炼结束后，有条件的要换上干衣服，没有条件可以擦干汗液，迅速穿上保暖衣服。

（二）做好充分的准备活动

随着天气的寒冷，人们的肌肉、肌腱和韧带等组织的弹性和灵活性降低，黏滞性增强，再加上服装厚重，做动作就更不灵活和随意了。体育课的准备活动如不充分，教学效果就不理想，学生也很容易受伤。准备活动可以提高体温，提高体内的代谢水平，为在寒冷的环境中运动做好充分的准备。

（三）预防冻伤

冬季室外锻炼时，身体外露部分要使用御寒用具，如手套、棉帽等；鞋袜要保暖、合适，不要因过紧而影响血液循环，要保持鞋袜干燥，注意保温，避免肢端冻伤。

（四）合理分配体力

在进行长时间体育锻炼时，要维持一定的运动强度，保证身体的正常产热，避免长时间的静止不动。

（五）循序渐进

要充分考虑自己的身体状况和运动能力，切忌过高估计自己的实力，盲目提高运动强度或延长运动时间。

（六）及时补充能量

早上进行体育锻炼前应补充一定的能量（如热果汁、含糖饮料等），在进行长时间的野外活动时应携带充足的食品或高能量的便携食品（如巧克力等），避免在野外活动过程中由于气温过低、能量消耗过大而引起体温下降，危及生命。

（七）结伴而行

不要单独进行长时间户外运动，尤其是进行野外活动（如滑雪、滑冰等）。对于患有疾病的中老年人更应到锻炼人群较多的地点进行体育锻炼，同时携带必要的应急药物。一旦身体感到不适，应及时呼救。

二、冬季体育锻炼的营养

在冬季参加体育锻炼对于促进身体健康，提高心肺功能有非常大的益处。但是冬季气候寒冷，在这样的环境下参加体育锻炼，机体为了抵抗寒冷，需要消耗更多的能量物质。研究表明，冬季低温的环境能使人的基础代谢增加5%～7%。另外，防寒服的重量也增加了人体的负担，使体力消耗增加。如果不注意冬天锻炼的营养补充，就很容易出现营养缺乏，导致疲劳的产生，甚至生病。所以冬季学生体育锻炼时应更加需要重视营养的补充。

（一）蛋白质的补充

蛋白质是机体组织细胞的基本成分，骨骼、肌肉和内脏等组织器官的生长都需要大量的蛋白质。青少年正处于生长发育期，按单位体重计算，对蛋白质的需求量最多。而冬天的体育锻炼可使人体内的蛋白质代谢增加。随着温度的降低，蛋白质代谢产热的量增加，尤其是谷氨酰胺的消耗增加。谷氨酰胺是肌肉和血液中含量最多的氨基酸，它为免疫细胞快速提供能量，同时也是合成核苷的重要原料。一旦体内的谷氨酰胺缺乏，就容易导致免疫机能下降，人也就容易生病；此外，谷氨酰胺也有促进生长激素合成的功能，而生长激素是青少年生长发育的重要调节激素，谷氨酰胺的长期缺乏也会间接影响青少年的生长发育。另外，冬季学生参加体育锻炼还需要注意补充优质的蛋白质，但是补充过量的蛋白质会增加肝脏的负担，所以补充蛋白质不能过量，而主要以优质蛋白为主。同时也可以补充蛋白质复合剂。冬季锻炼，蛋白质的摄入量应占总摄入量的15%～20%，一般要求优质蛋白质至少占摄入蛋白质总量的1/3。

（二）碳水化合物的补充

碳水化合物的主要功能是提供能量。此外，碳水化合物还以糖脂、糖蛋白的形式在体内发挥多种作用。碳水化合物中的膳食纤维，有刺激肠蠕动和排便、预防便秘和结肠癌的作用。人体在抵抗寒冷的过程中，首先利用血糖、肝糖原和肌糖原等碳水化合物氧化产生热能，然后才动员脂肪氧化。所以在冬季参加体育锻炼会消耗大量的碳水化合物。因此要注意多补充主食保证碳水化合物的供应，保证主食的摄入量占总摄入量的60%～65%。建议多食用米饭、面粉制品等谷类食物，土豆、甘薯等薯类食物，香蕉等水果中碳水化合物含量也较高。

（三）水、无机盐和维生素的补充

在寒冷情况下由于代谢加强和出汗、尿液较多等原因，一些矿物质损失增大。较容易丢失的无机盐主要是钠和钙。可适当增加食盐的摄入，注意多补充富含钙的食物，如奶制品、虾皮等。蔬菜和水果也应当适量供给，以补充矿物质。运动中大量出汗，应及时补充水分。补水应遵循少量多次的原则，避免一次性大量饮用。饮料的温度不能太低，25℃～30℃比较理想。饮料中还应该含有一定浓度的糖，对维持血糖稳定起到一定的帮助，建议饮用运动饮料，它含有合适浓度的糖和无机盐，对迅速补充消耗很有帮助。在寒冷的环境中，饮水与摄入食物的量成正比，饮水少，摄入的食物也少，往往导致体重的下降。寒冷的情况下维生素的补充，一般比平时多30%～50%，包括维生素B_1、维生素B_2、烟酸等，还有与抗寒有关的如维生素C、维生素A以及维生素D。必要时，可给予复合维生素制剂。

（四）微量元素

体育锻炼会消耗锌、铁等微量元素，使胃、肠的吸收率下降，机体代谢率加快，从而导致儿童、青少年对微量元素的需要增加。研究显示，冬季人体的吸收和合成能力下降会导致血红蛋白的降低。而调查同样表明，儿童、青少年的贫血率很高。所以，冬季学生参加体育锻炼，必须注意铁的补充，选择含铁量较高的食物（如猪肝、黑木耳、海带等），同时也可以服用铁吸收率高的复合剂，对于补充铁不足，防止缺铁性贫血有很大帮助。

第二节　雪上运动

雪上运动包括滑雪和雪橇等。这里主要介绍大众滑雪的相关内容。

滑雪运动是运动员把滑雪板装在靴底上在雪地上进行速度、跳跃和滑降的竞赛运动。滑雪板用木材、金属材料和塑料混合制成。

滑雪是一项动感强烈、很富于刺激的体育运动。大众滑雪在选择滑雪场地时，坡度不能太陡，6°左右最好，滑雪道要宽，50米左右为宜，要有乘坐式索道来运送滑雪者（牵引式索道不利于滑雪者休息），雪质要好，要有大型雪道机对雪面进行修整和保养。

一、雪质判断

一般来说，由于下雪时和下雪后的气象条件不同，所以雪质会呈现各种各样的形态。有人统计过，大自然中雪有粉状雪、片状雪、雨夹雪、易碎雪、壳状雪、浆状雪、粒状雪、泥状雪、冰状雪等。人工造的雪主要有压实的粉状雪、雪道雪等计60种。每种雪在滑雪板下都会使滑雪者产生不同的感受，当然对每种雪质所使用的滑雪技巧也会不同。

在清晨时，雪质呈现冰状雪形态，表层有一层薄的硬冰壳，这种雪质的表面与滑雪板的摩擦力非常小，滑雪板无须打蜡，滑雪速度很快，滑雪者要有一定的滑行技术。

上午十点以后，随着温度的升高、阳光的照射，雪的表面慢慢融化，呈粉状雪形态，这种雪对滑雪者来说感受最好，不软不硬，滑行舒适。

下午，在阳光的照耀下和雪板的不断翻动下，雪质呈浆状雪形态，雪质发黏，摩擦力增大，初学者在这种雪质上滑雪较容易控制滑雪板。技术好的滑雪者可以在滑雪板的底面打蜡，以减小滑行阻力。

在下了新雪以后，如果不用雪道机搅拌和压实，几天后会在雪的表面形成一层硬壳。在这种雪上滑行，要求滑行者有较大的前冲力，以冲破这层雪滑行。这种雪质一般在雪道机无法到达的较高、较陡的高级滑雪道上，所以要求滑雪者有较高的技术水平才能在这种又高又陡、需要较大前冲力的雪面上滑行。

二、路　程

应仔细了解滑雪的高度、宽度、长度、 坡度以及走向。由于高山滑雪是一项处于高速运动中的体育项目， 看来很远的地方一眨眼就到了眼前，滑雪者不事先了解滑雪道的状况，滑行中一旦出现意外情况，根本就来不及做出反应。

三、滑雪装备

滑雪器材主要有滑雪板、杖、靴、各种固定器、滑雪蜡、滑雪装、 盔形帽、有色镜、防风镜等。通常滑雪场有器材出租，游客不妨租借。

（一）滑雪板

（1）按竞技滑雪项目分有：回转板、大回转板、超级大回转板、滑降板；

（2）按滑雪水平分有初学者板、中级板、高级板、竞赛板、世界杯用板等；

（3）按雪质分有适于滑硬质雪的板、适于滑粉状雪的板、适于特技的滑雪板等；

（4）按年龄、性别分有男性雪板、女性雪板、儿童雪板等。

滑雪板分单板和双板。一般滑雪板有木质、玻璃纤维和金属之分。大部分是选用玻璃纤维滑雪板适合任何雪质的雪地，而且日新月异融入了很多高科技工艺，混合了木质与铝合金材质，最受滑雪者欢迎。

（二）滑雪装

滑雪装首先要考虑其防水防风雪的性能，其次是保温透气功能设计，防风裙设计，填充棉设计等，舒适合身、不妨碍行动及尽量减少风的阻力为原则，滑雪服已经发展为时尚与功能相融合的产物，不仅仅适合滑雪，平时穿也很漂亮。滑雪最重要的就是服装，雪服都是以高韧度防水透气面料工艺设计，不仅美观而且更好地让你体会滑雪的乐趣。

（三）滑雪靴

先确定你是玩单板，还是双板，这两种板子配合的滑雪靴是不一样的。滑雪靴一般是双层设计，也就是外层固定外壳和内层保暖内里。滑雪鞋的选择要使人感到既舒适又很合脚，脚趾在鞋中能活动自如，但脚掌、脚背、脚弓、脚跟应能紧紧地被裹住，外壳上的卡子要卡得恰到好处，使踝关节可以向前屈膝，只有这样才能控制滑雪板和滑雪速度。

（四）固定器

所有的滑雪板上都有将滑雪靴固定在其上的装置，在滑雪者跌倒时，固定器会迅速松脱，因此是避免滑雪伤害的重要防护器具之一。

（五）滑雪杖

滑雪杖（单板不用）用于保持平衡，简称雪杖，其作用是帮助滑行及维持身体的平衡。选择时以质轻、不易断折、平衡感好、适合自己身高为原则。一般由拦雪轮起算，最长不过肩，最短不低于胯下。可将之穿过皮手环，握杖挥动时适手为佳。

除跳台滑雪、空中技巧滑雪、单板滑雪外，其他项目都使用雪杖。雪杖是滑雪者控制重心必不可少的一件工具。在选择时，一般以本人手臂下垂后肘部距地面的高度作为选择滑雪杖的长度。初学者可选择长一点的雪杖，待技术提高后，再选择短一些的雪杖。雪杖上要有配带，它可套在手腕上，防止脱落。雪轮可防止雪杖在雪里插得过深，在高速滑行的瞬间给你一个稳定的支点。

（六）滑雪眼镜

滑雪眼镜不可少。雪地上因阳光反射强烈，容易造成雪盲症，必须戴上雪镜来保护眼睛。镜架以塑胶制品较为安全；镜片颜色以黄色或茶色为佳。初学者可使用TPU材质的镜框和抗冲击的PC镜片，能够起防雾保暖的作用，适合男女成人、儿童使用。

四、滑雪需锻炼的部位

（一）腹　部

腹部是身体的核心肌肉群，是人体上半身和下半身的枢纽部位，做任何事情都需要用腹部的力量，腹部是人体非常重要的核心部位，滑雪也不例外。

（二）大　腿

滑雪对腿部力量要求高，滑行时有80%的力量靠大腿，主要是保持身体的平衡和整个运动的力量。

（三）手　臂

滑雪仗起到在运动中平衡身体的作用，而使雪仗发力的是双臂，用手臂的力量来推动身体前行，所以手臂的力量也非常重要。

（四）臀　部

在滑雪运动中，主要的重心都是在下半身，尤其是臀部，有力量的臀部可保持身体的稳定性。

（五）小　腿

剩下20%的力量来自小腿，主要是用于“刹车”。如果小腿力量不够，碰到需要“刹车”情况，可能会导致小腿抽筋。

五、滑雪的技术方法

（一）缓坡上的滑行

1. 雪上行走

穿上雪鞋、固定好雪板后，首先应该进行雪上行走的练习。这里所说的雪上行走是指如同走路一样。但雪板不离雪而是用板底擦雪面向前滑走，给人的感觉应是边走、边滑、边用雪杖支撑着前进。

动作要领：

雪上行走时上体直立稍前倾，重心适当前移。雪板底不离雪面，边支撑、边滑边走，用雪杖支撑时不是双杖同时推进，而是依次用如同摆臂动作相仿的雪杖支撑推动。杖尖支撑雪面的位置应是在平行于对侧脚的后跟部位，向前迈脚时重心要随之前移。

2. 推进滑行

推进滑行既可在平地也可在缓坡上进行。推进滑行时双板平行稍分开，稍屈膝，用双雪杖同时支撑前进。

动作要领：

（1）保持微屈膝，上体前倾，双雪杖同时向前摆动，雪杖尖在体前方着雪。

（2）膝与上体加大前倾，双臂用力向后用雪杖支撑。

（3）~（4）雪杖充分后撑，肘臂伸直，重心下降，保持滑行姿势滑进。

（5）收雪杖时重心升起，准备第二次撑杖。

3. 蹬冰式滑行

通过前两项的练习，对雪上行动有了一定的了解和感受后，可以学习一种常用的滑雪基础技术，即蹬冰式滑行技术。

动作要领：

（1）上体稍前倾，膝关节微屈，双板平行与肩同宽，两臂自然弯曲，杖尖在身体侧后方。

（2）左侧板与前进方向呈45°角，大腿用力向侧后方蹬出。

（3）左脚蹬伸结束后，雪板抬离雪面，重心落在右侧腿上向前方滑行，同时将左脚收回。

（4）右侧脚蹬伸时，动作与左侧脚相同。

注意练习该技术时，重心一定要落在蹬动脚上，然后随着向侧后方的蹬伸，重心逐渐移动到另一侧腿上。

（二）登 坡

登坡是指滑雪者穿着雪板登上山坡的技术动作，登坡因技术水平、雪质、坡度的大小和滑雪者自身情况的不同而采用不同的登坡方法。

登坡从雪痕上可以分为直登坡、斜登坡和“之”字形登坡。

登坡时从雪板的形状上又可分为双板平行（阶梯式登坡）和雪板呈“八”字形登坡（开脚登坡）。

1. 双板平行登坡（阶梯式登坡）

双板平行登坡可适用于各种坡面，登坡者侧对垂直落下线，一边用雪杖协助一边蹬坡，双板平行登坡可直登坡也可用于斜登坡。

动作要领：

（1）登坡时，向上迈出的板步幅不要太大。迈动时保持双板平行，重心随之向上移动，可用雪杖协助支撑。

（2）用山上侧板外刃刻住雪面后，重心全部移到山上侧腿上。接着山下侧腿向山上侧腿靠拢，并用内刃刻住雪面。

（3）山下侧板内刃刻住雪面后，再进行第二步的登行。

2. “八”字形登坡

“八”字形登坡一般用于缓坡、中坡，登坡者面对登坡方向，垂直向上登行。

动作要领：

面对山坡，用两板内刃刻住雪面，身体前倾，向前上方依次迈出雪板。步子不宜过大，防止板尾交叉。迈出侧雪板时雪杖协助支撑，可用手握住雪杖握把的头，手脚及重心配合一致。在向上登坡时重要的是板内刃刻住雪面和重心的移动。

（三）原地变向

原地变向是指滑雪者在平地或坡面上处于静止状态时改变方向。初学者只有掌握了原地改变方向之后，才能比较自如地进行各种练习。原地改变方向的方法很多，既有板尾、板尖依次移动展开，逐步改变方向的方法，也有一次能完成较大角度的变向，还有原地跳跃变向。在这里主要介绍一下板尾、板尖依次移动改变方向和180° 变向的方法。

1. 板尖、尾展开变向

板尖展开变向和板尾展开变向运用于较平坦的雪面。这两种变向方法很相近，也有把这两种变向方法称为原地踏步变向。

动作要领：

无论板尖展开变向还是板尾展开变向都要注意雪杖的位置，板尖展开变向时雪杖支撑位置应在体后，而板尾展开变向时雪杖支撑位置应在体前。雪板展开距离不易过大，随着对雪板的适应再逐渐加大展开的距离。在展开雪板时，体重要明显地放在支撑腿上，体重的移动要快。

2. 180° 变向

该变向多用于中坡、陡坡，因一次变向可转180° ，所以该技术具有相当的实用价值。180° 变向的特点是变向速度快。

该变向动作还可分为前转180° 变向和后转180° 变向。把前转180° 变向动作由结束部分依次向开始部分相反进行，即为后转180° 变向。下面介绍一下前转180° 变向的动作。

动作要领：

（1）双板平行站立，两杖在体前支撑。

（2）右腿支撑体重，左板向前抬起直立，双杖在体侧支撑。

（3）上体左转的同时，直立的左板以板尾为中心向左侧下方转并着地。

（4）在放左板的同时，左雪杖移至右板外侧支撑。

（5）重心移至左腿，右板和右雪杖抬起移向与左板平行于同一方向。

（6）两雪杖支撑在体前侧。

（四）停止法

初学者在坡上滑下一般都可能是越滑越快，若坡下是平地或是上坡，对初学者都是最理想的场地。即使是较理想的场地，有时也可能会发生突发事件，此时则要求滑雪者必须立即停止滑行。因此，掌握了停止方法无论是对保证自己或是他人的安全，增强对雪板的控制能力，学习其他技术动作都是有益的。

从山上向下滑的关键是保持平衡，停止的方法实际上是通过增大雪板与雪的摩擦力来对速度进行控制，直至停止。减速或停止是使雪板与前进方向呈一定的角度或完全横对前进方向的同时，通过增大立刃的程度来加大摩擦力来完成。

停止的方法有很多，下面介绍一种非常简单的犁式停止法。

动作要领：

（1）在滑降中使雪板呈犁式状态。

（2）重心稍后移，形成稍后坐姿势的同时两板板尾蹬开，加大立刃，两板内刃逐渐加大刮雪力量。

（3）逐渐加大板尾向外侧的立刃和蹬出力量，直至停止。

第三节　冰上运动

冰上运动是借助专用冰刀或其他器材，在天然或人工冰场上进行的体育运动。包括速度滑冰、花样滑冰、短跑道速度滑冰、冰壶、 冰球、冰上举重、冰上三级跳等项。本节主要介绍速度滑冰、冰球和花样滑冰。

一、速度滑冰

（一）速度滑冰基础练习

1. 陆地模仿练习

（1）基本姿势。

两腿并拢，上体前倾，双腿深蹲，双臂自然置于身后，双手身后互握，头微抬起，目视前方，听口令，反复练习。（图17–3–1）

（2）直道模仿。

深蹲姿势，单腿侧出接后引。由深蹲姿势开始，单腿向侧后方，以最短距离侧位向后引，呈单腿后引姿势，然后将腿收回并拢，两腿交叉练习。（图17–3–2）

① ②

图 17–3–1

① ② ③

图 17–3–2

动作要领：由向后伸出右腿的深蹲姿势开始，将右腿收回至两膝靠近时，头、肩、臀同时向右倾，这时用左脚支撑，右脚内侧蹬地，随着身体向右侧倾倒，支撑腿蹬直，浮脚落在支撑脚的前侧方，每做一次蹬冰动作就向前移动一脚的距离。

2. 冰上基础练习

（1）熟悉冰性练习。

① 穿冰鞋做冰上站立或踏步。

站立时用两刀支撑，两脚平行与肩同宽，两腿微屈，上体稍前倾，两臂自然下垂；身体重心左右移动，同时抬脚，反复练习。在这个动作的基础上，可做向前提膝的踏步练习。

② 冰上移动重心和蹲起。

冰上站立姿势，使两刀平行，身体重心交替落在左、右腿上，或用两腿控制冰刀以免前后滑动，做蹲起练习。

③ 两脚呈“八”字站立，做向前的外“八”字走。

在站立姿势的基础上，两刀呈外“八”字，重心放在左腿上，随之右脚向前迈一小步，重心落在右腿上，然后左脚向上迈一小步，体重随之落在左腿上，反复练习上述动作。

（2）滑行练习。

① 单蹬双滑。

右脚用内刃蹬冰，将重心移到向前滑进的左腿上，右脚蹬冰后迅速与左脚并拢，两脚呈正刃滑进。左右脚交替进行练习。

② 单蹬单滑过渡到直道滑行。

由外“八”字站立开始，右脚内刃蹬冰，左脚正刃向前滑出，将重心压在滑行脚上惯性滑进，反复交替练习，逐渐过渡到直道滑行。

③ 单蹬弯道。

在任意半径的圆弧上做用左脚外刃支撑，右脚内刃蹬冰，身体内倾的单蹬单滑弯道练习。

④ 在圆弧上做不连续的弯道交叉步。

在圆弧上直线滑行时，当左脚有稳定的平衡后，右脚冰刀向左脚左侧前迈一小步，只要右脚冰刀有一短暂滑进之后，左脚冰刀迅速从右腿后方收回，同时右脚蹬冰，左刀落冰向前滑进。

重复练习上述动作。最初时，可插入一两次交叉压步练习，逐渐增加，最后过渡到连续不断地交叉压步滑进。

3. 弯道模仿

从基本姿势开始，然后身体向左倾，同时右大腿抬起，右脚离地，此时左腿开始伸展蹬地，伸展的同时将右腿压过左腿，左腿伸直时右脚着地，然后收回左腿呈开始姿势。这个动作可反复多次练习。（图17-3-3）

图 17-3-3

4. 停止法

（1）内“八”字停止法。

停止时，上体稍前倾，两腿微屈，两膝内扣，上体后坐，重心向下降，用两刀内刃压冰刀，脚跟逐渐分开，呈内“八”字。

（2）内外刃停止法。

两脚并拢，两刀平行向左（右）转体90°，同时后坐，上体前倾，身体向左（右）倾倒，用右刀内刃，左刀外刃（或相反），逐渐用力压切冰面。

（3）右脚外刃停止法。

在滑进中，身体逐渐呈直立姿势，用右脚支撑，左腿抬离冰面，重心置于右腿上，此时身体与右脚冰刀同时快速向右转动，重心稍下降，身体向右侧倾，用右脚冰刀外刃压切冰面。

（二）速度滑冰滑行技巧

1. 直道滑跑

直道滑跑基本技术包括七个技术细节，即滑跑姿势、蹬冰动作、收腿动作、下刀动作、惯性滑进动作、全身配合动作和摆臂动作。

（1）滑跑姿势。

正确的滑跑姿势是上体前倾，肩稍高于臀部，上体与冰面呈15°～30°角；膝关节呈90°～110°角；踝关节呈50°～70°角；上体放松，两臂伸直，两手自然背后，头微抬起。在整个滑跑过程中，身体重心既不要前探，也不要后坐。（图17-3-4）

图 17-3-4

（2）蹬冰动作。

蹬冰是推动速滑运动员向前滑跑的动力，是速滑技术的关键，蹬冰动作完成的好坏，直接影响滑跑的速度。

一次有效的蹬冰动作是采用逐渐加大用力的蹬冰方法，蹬冰动作是由开始蹬冰、最大用力蹬冰和结束蹬冰三个阶段构成的。

（3）收腿动作。

蹬冰腿完成蹬冰动作后，抬离冰面处于支撑并使其成放松状态称为浮腿。将浮腿从蹬冰结束后的侧位拉到后位，由后位到冰刀着冰时的前位动作叫作收腿动作。

（4）下刀动作。

下刀动作正确与否，直接影响滑进动作和蹬冰动作的质量。一个完整的下刀动作，是从浮腿收回靠近支撑腿的内侧开始，先用刀尖外刃着冰，滚动过渡到全外刃着冰，最后过渡到全正刃支撑滑进的过程。

（5）惯性滑进动作。

惯性滑进动作是在另一条腿蹬冰结束后，到这条腿蹬冰开始之前，用单腿支撑身体借助惯性向前滑进的动作。

（6）全身配合动作。

全身配合动作是实现正确滑跑技术和创造高速滑跑不可缺少的重要因素，是指臀、上体和两臂的合理协调配合。

（7）摆臂动作。

在滑跑中两臂的摆动是为了增加蹬冰的力量，迅速有效地移动重心，提高滑跑的频率。

摆臂的种类有两种，一种是单摆臂，另一种是双摆臂。单摆臂多用于长距离滑，在短距离和中距离、长距离滑的冲刺阶段多用双摆臂。

2. 弯道滑跑

弯道滑跑技术分为八个部分，即滑跑姿势、蹬冰动作、收腿动作、下刀动作、惯性滑进动作、全身配合动作、摆臂动作以及进、出弯道技术。动作的基本原理、动作的构成和直道滑跑的要求基本相同，其不同点在于以下几个方面。

（1）滑跑姿势。

弯道滑跑中采用身体向左倾斜的姿势，这是由圆周运动的特点所决定的。身体倾斜度与弯道半径和速度有密切关系，如半径小、速度快，身体倾斜度就大。掌握好身体倾斜度与弯道弧度的关系，是提高弯道滑跑速度的重要因素。

（2）蹬冰动作。

弯道蹬冰采用交叉步滑跑，右脚用内刃，左脚用外刃向右侧蹬冰，蹬冰方向要与蹬冰腿滑进的切线相垂直。

（3）收腿动作。

弯道滑跑的收腿动作是在右腿结束蹬冰之后，右腿以大腿带动小腿，膝盖领先，与左支撑腿靠近，继续向左侧移动着冰；在浮脚准备着冰时，要使刀尖向右偏离雪线，收右腿时，要以“压收”的方法完成。“压收”就是采用积极、有力的摆收右腿，并与左腿形成剪刀内压的动作。收左腿时要用“拉收”方法，收右腿应比收左腿要快而积极。

（4）下刀动作。

弯道的下刀动作很重要，出刀角的大小和惯性滑进动作的好坏，以及能否获得侧蹬冰的条件，是由下刀动作的正确与否决定的，是实现弯道侧蹬冰技术的最基本的技术。

右刀收回时，刀跟左内压，刀尖偏离雪线，以刀尖的刃开始着冰，然后滚动到全刃着冰。右腿着冰时，右小腿不要向前摆跨，保持右刀跟左刀尖的最近距离，并注意膝盖前弓，使下刀的右腿与身体呈一个倾斜面；左腿下刀时贴近右腿内侧着冰，开始时左脚外刃着冰，很快滚动至全外刃着冰，刀尖偏离雪线，保持小腿向里倾斜并与整个身体的倾斜相一致。

（5）惯性滑进动作。

弯道惯性滑进动作比直道短得多，因为弯道滑跑是在圆弧上做切线运动，所以每一个滑步都不能太长，一般占一个单步总长的1/3。在弯道滑跑中，左腿支撑惯性滑进动作是以右腿结束蹬冰起，到右腿收到与左腿靠近时为止；右腿惯性滑进动作是从左腿开始收腿起，到左腿冰刀收到右腿的冰刀后方为止。

（6）全身配合动作。

目前，弯道技术发展趋势之一就是尽量挖掘身体各部分的动作潜力，创造更大的向前加速度。这主要表现在摆肩动作、摆动收腿动作、摆臂动作和蹬冰动作的配合上，即随着蹬冰动作的结束，整个身体和肩部沿着新的滑行方向做积极的移动动作，使左腿惯性滑进动作获得更大的冲滑力和稳定的动力平衡。

（7）摆臂动作。

弯道摆臂同直道摆臂的不同点是，臂摆到后高点时，臂位于体侧；摆向前高点时，臂可以超过身体中线。左臂主要起协调作用。（图17-3-5）

图 17-3-5

（8）进、出弯道技术。

入小弯道时，从直道入弯道的最后一步是右腿，从小弯道里侧线2～3米的地方，向弯道里深入；入大弯道时，从直弯道交接处开始，以右腿滑进，从大弯道侧线1～2米的地方向弯道里深入；出弯道时，最后一步以右腿冰刀支撑身体向前滑进，前半步在弯道区，后半步在直道区，头肩向右探，使身体紧压右腿上。出弯道技术应有顺势脱出的特点。

二、冰　球

（一）冰球运动概述

冰球亦称“冰上曲棍球”。冰球运动是多变的滑冰技艺和敏捷娴熟的曲棍球技艺相结合，是对抗性较强的集体冰上运动项目之一，也是冬季奥运会正式比赛项目。运动员穿着冰鞋，手拿冰杆滑行拼抢击球。球一般用硬橡胶制成，厚2.54厘米，直径7.62厘米，球重为156～170克。比赛时每队上场六人，前锋三人，后卫两人，守门员一人。运动员用冰杆将球击入对方球门，以多者为胜。

冰球运动起源于1850年—1860年间的加拿大。加拿大的金斯顿流行一种冰上游戏，参加游戏者足绑冰刀，手持最早的关于冰球的记录见于17世纪荷兰的出版物，绅士们脚穿绑有骨头磨成的刀刃的冰鞋，在结冰的河面上带着一个圆饼滑行。在19世纪初期，开始有记载加拿大的印第安斯在进行一种类似的游戏，使用的是棍棒和木质的圆饼。

还有一种说法是冰球起源于一种古老的美洲运动——长曲棍球。然而，最广为流传，也是被广泛接受的说法是，冰球由地面上的曲棍球演变而来，曲棍球发起于北欧，已有500多年的历史，驻扎在加拿大的英国的士兵把这项运动引入北美。冰球运动起源于加拿大。1855年加拿大金斯顿流行一种冰上游戏，参加者脚上绑着冰刀，手持曲棍，在冰封的湖面上，追逐打击用圆木片制成的圆球，用两根竖起的木杆作为球门，把球击进球门，参加人数不限。这就是现代冰球运动的前身。

（二）冰球运动的装备

冰球运动员的装备包括冰球鞋、冰球刀、护具、冰球杆等。

1. 球　鞋

为高腰型，鞋头、鞋帮、两踝、后跟等外层均为硬质。前面的长鞋舌加上硬实的高腰，可将腿踝箍紧，帮助运动员支持和用力。冰球鞋原为优质牛皮缝制，20世纪60年代～70年代出现全塑料模压鞋。现国际上多用尼龙纤维鞋帮、塑料底的冰球鞋。这种鞋比皮制鞋轻，坚硬、耐湿，适合室内冰场使用。

2. 球　刀

原为铁托钢刃，现多采用全塑刀托，优质合金钢刀刃，具有质量轻、抗击打、不易生锈等优点。冰球刀刀身高而短，弧度大，刀刃较厚。刀身高，在运动员急转弯冰刀倾斜时也不会使鞋触及冰面；刀身弧度大，和冰面接触面积小，可以灵活地滑跑和改变方向；刀刃厚，可抗打击而不弯；刀刃带有浅沟可使其锋利持久。守门员冰鞋在鞋的四周包有特殊加厚的硬皮革，以抗球击打，保护脚部。守门员冰刀与运动员冰刀有较大区别，它全为金属制作，刀身矮而平，刀刃与刀托有多处连接以防漏球。

3. 护　具

为防止在紧张激烈的对抗中受伤，运动员全身穿戴护具。护具包括头盔、面罩、护肩、护胸、护腰、护身、护肘、手套、裤衩、护腿、护踝等。现代冰球护具一般多采用轻体硬质塑料外壳，内衬海绵或泡沫塑料软垫。守门员戴有特制的面罩、手套，加厚的护胸及加厚加宽的护腿。

4. 球　杆

用木质材料制成，从根部至杆柄端不能长于147厘米。杆刃不得长于32厘米，宽为5～7.5厘米。守门员球杆杆柄的加宽部分从根部向上不得长于71厘米，不宽于9厘米，杆刃长不超过39厘米，宽不超过9厘米。为了减轻重量现已有碳素材料所制的球杆，在长宽不变的情况下重量减轻，更容易让选手发挥。

（三）冰球运动基本技术

冰球运动的基本技术包括滑跑技术和与足球运动相近的攻防技术。

滑跑是冰球运动员必须熟练掌握的最基本技术，包括起跑、正滑、倒滑、惯性转弯、压步转弯、急停等技术，还有守门员的特殊滑行技术。冰球运动滑跑的特点主要在于骤然起跑频繁变换方向和频繁急停。冰球攻防技术有控制球、传接球、过人、争球、射门等进攻动作和阻截、抢球、合法冲撞和守门员动作等各种防守技术。

进攻技术中最重要的是射门技术，有挑射、拉射、击射、补射、弹射等射门方法。冰球战术有进攻、防守和以多打少或以少打多等战术。根据战术风格有欧洲型打法和北美型打法。前者强调配合，战术多变；后者偏重个人技术，强调强行突击。

战术是比赛中为了战胜对方而采取的攻防方法。它包括：① 进攻战术，有个人、2～3人和全队的进攻战术，全队进攻战术又可分为快攻和阵地进攻。② 防守战术，分为个人防守、2～3人防守和全队防守战术。③“多打少”和“少打多”战术，冰球规则有罚出场2分钟和5分钟的规定，场上可能形成6打5或6打4以多打少局面，这是得分的最好时机，多打少战术就是针对这一情况采取的一种特殊形式的进攻战术；反之少打多则是因队员被罚出场而被迫采取的特殊形式的防守战术。

（四）冰球运动场地与规则简介

1. 场　地

标准冰球场地最大规格为长61米，宽30米；最小规格为长26米，宽15米；四角圆弧的半径为7～8.5米。国际比赛均采用长61米、宽30米、角圆弧半径为8.5米的场地。冰球场地四周围以高1.15米～1.22米木质或可塑材料制成的牢固界墙。除场地正式标记外，全部冰面和界墙内壁应为白色。在冰场两端，各距端墙4米，横贯冰场并延伸到边线界墙，画出宽5厘米的两条平行红线为球门线。两个球门固定在球门线的中央。两条30厘米宽的蓝线横贯整个冰场并垂直延伸到边线界墙，将两条球门线之间的区域作三等分，自己球门一侧为守区，中间为中区，对方球门一侧为攻区。在冰场中间，有一条30厘米宽的红线平行于蓝线，横贯冰场并垂直延伸到边线界墙，称为中线。中线的中间有一个直径为30厘米的蓝点为开球点。此外，在中区和两端区还有8个直径为60厘米的争球点和5个半径为4.5米的争球圈。在每个球门前有一个1.22米×2.44米，由线宽5厘米的红线连成的长方形，称为球门区。在中线附近靠近一侧边线界墙的冰面上还画有半径为3米的半圆形裁判区。冰球门宽1.83米，高1.22米，球门内最深处不大于1米或小于60厘米。球门支架后面应覆盖门网，门内悬挂垂网，以便把球挡在门内。球门柱、横梁等向外的表面为红色，向内的表面和其余支架、底座的内表面为白色。在冰场一侧的界墙外设有分开的、供比赛队使用的队员席，对面边线界墙外设裁判席和受罚席。

2. 规　则

国际冰球联合会根据比赛成绩，将所有会员国按冰球运动水平高低划分为A、B、C三组，A组6个队，B组8个队，余为C组。A组可参加奥运会冰球比赛和世界冰球锦标赛。3个组间按每年比赛成绩实行升降级制度，即A组、B组的最后两名翌年分别降入B组、C组；B组、C组的最前两名翌年分别升入A组、B组。冰球比赛在同一组别的两个队间进行。每队20人。比赛时每队上场6人，3名前锋、2名后卫、1名守门员。在比赛进行中可随时换人，运动员犯规要受到离场2、5或10分钟以至更重的处罚。全场比赛分为3局，每局20分钟，中间休息15分钟。最终以射门得分多者为胜。

冰球比赛的裁判人员：裁判人员包括两名场上裁判员，两名监门员（球门裁判员）。两名边线裁判员，一名计时员和一名记分员。（两位）场上裁判员共同控制整个比赛，各负责一个半场。边线裁判员主要负责当有人越位时打出信号。

比赛每队有20人，双方上场各6人，有守门员、左后卫、右后卫、左前锋、右前锋和中锋。运动员穿冰鞋，手持冰杆，身穿国际冰联规定的护胸、护肘、护裆、护腿、头盔等护具。比赛每射中1球得1分，每场比赛60分钟，分3局进行，每局实际比赛20分钟，每局中间休息15分钟。比赛进行中可以不通过裁判随时替换队员和守门员。运动员不许用冰球杆打人或用拍刃刺人或用杆柄杵人、钩人，不准抱人、绊人、横杆推人，抛扔球杆和用肘顶人，用脚踢人，不许干扰裁判员和工作人员。违者根据情节给予小罚、大罚、取消比赛资格、罚任意球等。防守队员可以用肩、胸、臀部对控制球的进攻队员进行合理冲撞，也可用身体贴挤和阻挡。同队队员可在一个区域内互相传球，但不能从守区向位于前半场的同队队员传球，违者判为越区传球。攻队队员先于球进入攻区为越位。

三、花样滑冰

（一）起　源

花样滑冰起源于18世纪的英国，后在德国、美国、加拿大等欧美国家迅速开展。1772年，英国皇家炮兵中尉罗伯特·琼斯撰写的《论滑冰》在伦敦出版，这是世界上第一部有关花样滑冰的著作。当时举行的花样滑冰比赛是所谓的“英式风格”，古板又正式，和现代花样滑冰相去甚远。

1863年，被誉为“现代花滑之父”的美国人杰克逊·海因斯将滑冰运动与舞蹈艺术融为一体，在欧洲巡回表演，丰富了花样滑冰的内容和形式。1868年，美国的丹尼尔·梅伊和乔治·梅伊首次表演了双人滑。

1872年，奥地利首次举办了花样滑冰比赛。1896年，首次世界男子单人花样滑冰锦标赛在俄国彼得堡举行。

1906年，首次世界女子单人花样滑冰锦标赛在瑞士达沃斯举行。

1924年被列为首届冬季奥运会的比赛项目，包括男女单人滑（1924年列入）、双人滑（1924年列入）和冰上舞蹈（1976年列入）四个比赛项目。

1952年，首次世界冰上舞蹈锦标赛在法国巴黎举行。花样滑冰的冰场长56～61米，宽26～30米，冰的厚度不少于3～5厘米。

（二）分　类

1. 单人滑

单人滑包括男子单人滑与女子单人滑两项，技术动作要素包括跳跃、旋转、接续步、燕式步等等。三大类项目中，单人滑对跳跃的要求最高，因此单人滑通常代表了选手能达到的最高跳跃难度。

2. 双人滑

双人滑要求一位男选手和一位女选手配合，在冰上表演同步的单人滑动作，及双人滑特有的动作：抛跳（男选手“抛掷”女选手跳跃）、托举（男选手将摆成某种造型的女选手高举过头）、双人旋转（两位选手同时绕一个共同轴心旋转）、螺旋线、捻转等。

3. 冰上舞蹈

与双人滑相同，冰舞也要求一位男选手和一位女选手配合。冰舞与双人滑的主要区别在于：冰舞的技术动作不包括跳跃和旋转，托举亦不能过肩。两名选手在近距离保持国际标准舞造型的同时，要紧扣音乐节拍表演复杂多样的步法。

思考题

1. 简述冬季锻炼的预防措施。
2. 雪上运动的滑雪装备有哪些？
3. 速度滑冰的滑行技巧有哪些？

第十八章　定向越野与野外生存

第一节　定向越野

一、定向越野运动概述

（一）什么是定向越野运动

定向越野运动就是利用一张详细、精确的地图和一个指北针，按顺序造访地图上所标示的各个点标，以在最短的时间内到达所有点标者为胜利者。定向越野运动通常在森林、郊外和城市公园里进行，也可在大学校园里进行。

一个标准的定向路线包括一个起点（用三角表示），一个终点（用双圆圈表示）和一系列的点标（用单圆圈表示）。这些点标已在图上用数字标明。在实际地形中，一个橘黄色和白色相间的点标旗标志着运动员应该寻找的点的位置。为了证实你造访了这些点，运动员必须在到达的每一个点标处使用打卡器在卡上打卡，电子打卡系统能准确证实你的造访，同时记录你造访的时间。

点标与点标之间的路线并不指定或固定，相反，运动员应自己做出选择。这种路线选择的能力以及借助地图和指北针在森林或公园里辨明方向并以最快的速度按顺序到达目的地的能力，便是定向越野运动的精髓所在。

（二）定向越野运动的历史

定向越野运动被作为一种体育项目开始于20世纪的北欧。当时，瑞典一位名叫吉兰特的童子军领袖组织了一项名叫"寻宝游戏"的活动，以训练童子军的野外技能与体质。这次活动引起了参加者的极大兴趣，这便是定向越野运动的雏形。到20 世纪30 年代，它已在芬兰、挪威、瑞典、丹麦立足。1932 年举行了第一次世界定向越野运动比赛。1961年，国际定向联合会（IOF）在丹麦哥本哈根成立。

（三）中国的定向越野运动

定向越野运动传入我国内地的时间是在1983年。在当年3月， 解放军体育学院在广州白云山组织了“定向野外试验比赛”。自此，全国很多地区都组织了类似的比赛。

1998年，世界公园定向组织（PWT）来到了指南针的发明地——中国，受到了各界的热烈欢迎，并在全国掀起了对定向越野运动空前的热情与兴趣；被这份热情所打动，PWT 在全国各大城市举行定向知识讲座，并制作定向地图和组织定向比赛。

（四）定向越野运动的益处

（1）定向越野运动可根据不同性别、年龄编组，赛程可远可近，难度可大可小，因此是一项男女老少皆宜的群众性体育运动项目。

（2）定向越野运动具有浓厚的趣味性、娱乐性。参赛者是根据地图标明的运动方向，进行地图与实地对照，选择运动路线，寻找检查点，比单纯的赛跑更能提高参赛者的兴趣，整个运动具有旅游特点。

（3）这项比赛与其他比赛一样，具有激烈的竞争性。定向越野运动不仅是体力方面的竞争， 而且是智力和技巧方面的竞争。

（4）定向越野运动还具有一定的知识性和军事意义， 对于普及全民识图和用图的知识，加强国防建设大有好处。在青少年中开展这一项目，对于调节他们的学习、工作情绪，增强体质， 丰富地理知识，尤其对培养他们的自我生存能力，启发智力有独特的好处。

二、体能与装备

（一）体能训练

定向越野运动的专项体能特指野外跑的能力。在公路、乡间小道上跑时，采用基本上与中长跑相同的技术，但由于路面比较坚硬，所以着地时要注意做好缓冲动作。

上坡跑时，步幅要小，上体前倾，用前脚掌在距离身体投影较近的地方着地，适当加大后蹬用力和大腿高抬的程度。下坡跑时，上体直立或稍后仰，步幅适当放大，步频减慢，用全脚掌或脚跟先着地。

在树林或灌木丛中跑时，一方面要防止被树枝擦伤、刺伤，另一方面要防止草丛中的杂物绊脚或陷入坑洼。因此，跑速要慢，用全脚掌着地。遇到沟渠、栅栏等障碍物时，不要降低跑速，甚至适当增加跑速，用大步跨越。

1. 专项耐力素质

定向越野运动的专项耐力不同于中长跑运动员在整个跑程中保持始终如一的高速跑。它一般有长、中、短距离的比赛，各种距离的比赛线路检查点的间距也各不相同。在检查点停下打卡后，又得接着迅速跑。训练中可采用在校园内规定路线跑够500 ~ 800米后签名再跑，跑4次为一组，训练强度为80% ~ 90%。

2. 专项速度素质

速度有3种表现形式：绝对速度、基础速度和相对速度。相对速度对定向越野运动员来说很关键，相对速度是建立在基础速度和速度耐力基础上的，基础速度又建立在绝对速度和速度耐力的基础上。因此，绝对速度在某种意义上对定向越野运动员也起着重要的作用。

在中、短距离的定向越野运动竞赛中，各检查点之间的距离一般为300 ~ 500米，所以定向越野运动的速度素质相对于长跑来说要求更高。没有一定的速度，在比赛中就不能取得好的成绩。

3. **有氧训练与无氧训练**

定向越野运动员与长跑运动员一样具有良好的耐乳酸能力。提高有氧与无氧训练能力是定向越野运动员的努力方向。定向越野运动项目的有氧训练与无氧训练的比重因各项赛事的不同而不同：野外定向距离较长，有氧训练的比例就较大，无氧训练则相反；公园定向一般是中短距离，有氧与无氧训练同等重要，忽视无氧训练肯定会影响到比赛成绩。

（二）器材装备

1. **定向地图**

地图是定向越野运动的重要器材，它包括比例尺（通常为1∶15000或1∶20000）、等高距（通常为5米精度，至少要使以正常速度奔跑的运动员没有不准确的感觉）和内容（详细地标示与定向越野直接相关的地物、地貌）。

2. **指北针**

指北针一般由组织者提供，若要求自备，则应对其性能、类型等做出原则上的规定。目前，指北针的类型有简单式、液池式、透明式、照准式和电子式等。

3. **点标旗**

运动员根据定向地图所提供的信息，利用指北针快速定向，在实地中寻找一个橘黄色和白色相间的点标旗，该点标旗的位置准确放置在地图所标示的地点圆圈的中心。

4. **打卡器**

运动员必须在到达每一个检查点时使用打卡器在卡片上打卡。检查卡面的尺寸一般为21厘米×10厘米。

5. **检查卡片**

检查卡片主要用于判定运动员的成绩，用厚纸片制成，分为主卡和副卡两个部分。

6. **运动员的服装**

服装轻便、舒适、易于活动即可。

7. **号码布**

号码布尺寸一般不超过24厘米×20厘米，号码数字高不小于12厘米。比赛中要求将号码布佩戴于前胸及后背两处。

三、技术与方法

（一）标定地图的方法

1. **概略标定**

定向地图上的方位是上北、下南、左西、右东。当在站立地正确地判别了方向之后，只要将定向地图的上方对向站立地的北方，地图即已标定。

2. **利用指北针标定**

先使指北针的红色箭头朝向地图上方，并使箭头与定向地图上的指北线重合，然后转动地图，使指北针的北端对正磁北方向，地图即已标定。

3. 利用直长地物标定

首先应在图上找到这些直长地物，对照两侧地形，使图与现地各地形点的地物方向一致，地图即已标定。

4. 利用明显地形点标定地图

从地图上找到本人明显地形点的位置时，可以利用明显地形点标定地图。先选择一个图上与现地都有的远方明显地形点，然后转动地图，使图上的站立点至目标的连线与现在的站立点至目标的连线相重合，此时地图即已标定。

（二）确定站立点

1. 直接确定

当自己所在的位置是明显地形点时，只要从图上找到该地形点，站立点即可确定。

2. 利用综合分析确定

利用位置关系法确定站立点，主要依照两个要素：一是站立点至明显点的方向；二是站立点至明显点的距离。

3. 利用交会法确定

当站立点附近无明显地形点时，可以利用90° 法、截线法、后方交会法。90° 法是当待测点位于线状地形上时，如果在与运动方向相垂直的方向上能找出一个明显的地形点，线状地形符号与垂直方向线的交点即为站立点。截线法是当测点位于线状地形上，但在其与运动方向相垂直的方向上没有明显的地形点时，可以采用此法。后方交会法是测点上无线状地形，而且地图与现地相应地都有两个以上的明显地形点时可采用此法。

（三）确定前进方向

定向越野运动每次出发时，首先必须判明出发点的图上位置，明确前进方向和目标点，然后标定地图选准前进方向，向目标点进发。

（四）定向越野跑的技术

定向越野跑是一种长距离的间歇式赛跑，要求能够尽可能地减少人体能量的消耗，又要根据比赛情况具有加速能力。定向越野跑的姿势主要采用身体微向前倾或正直的姿势；呼吸最好用鼻子与半张开的嘴共同呼吸；体力分配根据选择的路线状况、比赛的阶段和自身体能状况不同来确定；速度一般来讲不宜过快。

第二节　野外生存

野外生存是人在食宿无着落的山野丛林中求生的活动。人类在自然的怀抱中创造了文明，文明却正在使人类远离自然。也许是人类在远离自然的文明世界生活得太久了，在都市文明所带来的便捷中逐渐陷入身心的疲惫之后，便开始渴望回归自然。按捺不住的都市新潮一族，首先渴望冲出都市文明的封锁去和大自然对话，还原人类作为大自然一员的本色，表现人类最本质的能力。野外生存的兴起，正好满足了人类的这一需求。

参加野外生存训练，可以帮助人们重新认识自我并挖掘自身的潜能，能够唤起人们面对困难时挑战的勇气。同时，通过活动中的环保意识和行为的建立，使人们更深切地体会到爱护大自然和保护大自然的重要性。

一、野外生存的锻炼内容

（一）体能训练（负重登山）

每人一个背包，重10～15千克，徒步进行山地穿越。要求所有参训人员不许掉队，不许弃包，因为每一个人肩上的背包被视为人生的责任。

目的：体验人生的艰辛，不要轻言放弃，树立坚持到底就是胜利的信念。

（二）徒步穿越

行进在山地、林间、峡谷、溪流、小路、陡坡等地方，难度和强度各不相同，全程10～40千米。要求参训人员必须共同协作、互相帮助、团结友爱，不允许有掉队现象和消极言论。

目的：提高参训人员的团队协作意识和互相关爱的精神，同时给参训人员创造成就感和自豪感。

（三）野外露营

要求大家分工合作：修建营地、架设帐篷、寻找干柴、埋锅造饭、点燃篝火，最后拣拾营地附近的垃圾。

目的：使参训人员自力更生，消除惰性，同时在温暖的篝火旁，可增进参训人员的相互了解和情感交流。

（四）攀　岩

要求每位参训人员必须尽最大努力攀爬上去，挑战自身极限，体验达到目标的艰辛及成功的喜悦。同伴的鼓励会增强必胜的信心。

（五）速　降

战胜自身的恐惧，克服心理障碍，挑战自身心理极限。

另外还有其他活动：定向越野、丛林穿越、野外宿营、帐篷篝火、海上飞伞、徒手攀岩、攀爬冰岩、悬崖速降、溯溪探源、紧急避险、孤岛生存、识别野生植物、登山观鸟、地质考查、搜集标本等。

二、野外生存的常识

这部分的内容主要包括野外生存食品的准备、野外定位与判别方向、野外觅食、野外住宿、野外行军、野外危险因素分析、野外自卫与自救和紧急求援等几部分，主要按照山岳、水系、沙漠、森林和高原五种地形进行分析。

（一）基本特点

野外生存由于是短期的、临时性的，因而决定了野外主体装备具有很强的简易性和目的性。这要求野外生存人员在进行装备等准备时，要考虑在完成目标任务的前提下，尽可能少地携带物资，即能不带的就不带，而不能过多地考虑生活的舒适性。由于野外生存都是在露天条件下进行的，因而环境的变化是野外生存人员首先考虑的因素之一。区域所处的位置，如经纬度、地形、地貌、交通、通讯等条件，生存期间所处的季节、气候等因素都必须在工作前进行详细的调查研究。

（二）食品和装备的准备

1. 三个基本因素

三个基本因素即少量、简易和保证。少量是指尽可能地少带。对食品而言，有许多是可以就地解决的，如野菜、野果等。少量还包括物资的一物多用，比如不怕压的听装、袋装食品使用前可当作板凳，用过的听装容器可当水杯等。

简易是指轻便、灵活、携带方便但功能多样的物资。食品要在保证营养、热量、口味的前提下，尽可能地携带方便食品、半成品等。

保证是指需要的物资一定不能少带，如粮食、工具等。野外条件简陋，没有准备的物资，在野外寻找是很困难的。

2. 野外必备物资

食品：按计划计算数量，应略有富余。坚持多品种、多口味。

装备：帐篷、炊具、睡袋、衣物、火种和小刀及其他生存用品，如地形图、绳索、通讯器材等。火种和小刀是野外生存必备的工具，没有这两样东西，在遇到危险时很难应付。火种的用途有驱寒、照明、煮食、联络等；小刀的用途有砍伐、宰杀、削割、自卫等。火种以打火机为好，火柴易受潮而影响使用，小刀以瑞士多用途军刀为好。

急救包有以下四大类。

（1）燃火类：防水火柴、放大镜、火石。

（2）助燃类：棉花、蜡、炉子、酥油。

（3）工具类：针、线、鱼钩、金属丝（铜丝最好）、刀片。

（4）药品类：止痒、止血、消炎、抗过敏、消毒类药物。

（三）野外自卫与自救

野外自卫是指在野外期间受到来自外部的威胁时，自身采取的保卫自己生命的行为。自救是指在自己的生命已经受到来自外部的伤害时，自己采取的救助生命的行为。

应对野外危险因素的基本原则如下。

1. 沉着应付，主要是指心理调整

在毫无准备的情况下，突然面对来自外部的威胁，心情紧张是不可避免的，但为了自卫必须将紧张的心情迅速调整到冷静的状态上。

2. 以己之长，克敌之短

在心理调整后，迅速地想出自卫的办法。

3. 善用工具和装备

在必备工具随身携带的情况下，当遇到威胁时尽可能地利用工具自卫，如绳索、小刀、火种的使用等。一些技能在自卫的过程中也能发挥很好的作用。在被困时食物是非常重要的，而你所带食品是非常有限的，那么你要合理地分配，以坚持到营救人员找到你。

4. 紧急求援

在孤立无援的情况下，要通过各种手段向外界发出求救信号，争取援助，如无线电呼救等。方法可根据当时的情况临时确定，在没有无线电的情况下，利用其他方式如火光（点燃三堆火，白天成三柱烟）、灯光、声音、人为标志等。

知识窗

高校体育"国标"颁布

针对高校体育工作仍存在不少困难和问题，尤其是大学生体质健康水平下降趋势还没有从根本上得到扭转的大形势，2014 年，教育部印发《高等学校体育工作基本标准》，适用于普通本科学校和高等职业学校的体育工作，要求本科学生将开设不少于 144 学时、专科生不少于 108 学时的体育必修课，每周安排体育课不少于 2 学时，每学时不少于 45 分钟，并明确指出，体育测试成绩将是学生评优依据，学生体质不达标的高校将被限期整改。

思考题

1. 简述定向运动的技术与方法。
2. 简述野外生存的锻炼内容及常识。

第十九章　龙　舟

第一节　龙舟运动概述

一、龙舟运动的起源、特点、价值及文化内涵

龙舟运动是一项集众多划手依靠单片桨叶的划桨作为推进方式，运用肌肉力量向船后划水，推动舟船前进的运动。龙舟运动基本属于室外运动。古文献中最早有龙舟记载的是战国中期的《穆天子传》。关于龙舟竞渡的起源，流传最广的是源于纪念楚国爱国诗人屈原。古代中国是一个巨大的、相对发达的农业社会，农民在生产生活中需要解决的有四大问题。一是“风调雨顺”，这是生存的保障；二是“人丁兴旺，子孙繁衍”，这是家族、种族绵延的保障；三是“祈禳消灾，趋吉避凶”，这是身体健康的保障；四是“孝悌忠信，仁义道德”，这是社会稳定、精神健康的保障。

龙舟运动传承至今以其历史悠久，有广泛的群众基础，赛场大、参赛人数多、竞争激烈、运动量和强度可大可小，锻炼形式多种多样，不受年龄、性别限制，而成为增强人民体质的重要手段、也是学校体育的重要组成部分。

“团结拼搏，同舟共济”的龙舟精神，最能代表中华民族的民族精神。龙舟运动不论是远古还是现在，除了是一项良好的健身、竞技项目外，从其本质上看还属于精神文化范畴，而且是我们中华民族独具特色、凝聚人心、打造精神的一种优秀传统文化。这是一种同心协力、激流勇进的精神，这是一吃苦耐劳、奋发向前精神，这是一种遵守纪律、听从指挥的精神，这是一种胜者不骄、败者不馁的精神，归结起来就是一句话：中华民族是具有伟大民族精神的民族，千百年来，中华民族之所以能够经历磨难而不衰，饱尝艰辛而不屈，千锤百炼而愈加坚强，靠的就是这种威力无比的民族精神。

二、龙舟运动的分类和项目

龙舟运动经过两千多年的发展演变，形成了一项风靡世界的竞技运动，有了完善的器材和竞赛规则，从当今龙舟竞赛的角度来划分可分为传统龙舟比赛和标准龙舟比赛两大类。

标准龙舟是当今国际、国内龙舟比赛所规定采用的形式，船只的长、宽、高及重量都有严格的要求，划桨的长度，桨叶的长度、宽度、形状都有明确的规定。使得在竞赛中器材标准得以统一。参加人数根据船只的大小有22人制（20名划手、鼓手、舵手各一名）、12人制（10名划手、鼓手、舵手各一名）、5人制（5名划手）等，参赛组别有公开组、男子组、女子组、混合组、成年组、青年组、少年组和老将组的比赛，项目上有直道竞速赛、环绕赛、超长距离拉力赛等。具体项目设置见表19–1–1。由于船只、水域、季节、风向等多种客观因素影响，所以龙舟赛不设世界纪录。

传统龙舟对船只和划桨的要求不大，其特点是船只和划桨均自带，通常一条龙舟上的参赛人数40 ~ 80人不等，鼓手在中间，比赛中秉承了许多传统习俗，由于参赛人数众多，划起来气势恢宏，更具民族性和历史性，文化气息也更浓厚，颇具感染力。每年的传统龙舟比赛会吸引更多的人前来观看，场面热闹非凡。

除了比赛以外，每年还有围绕弘扬龙舟文化和龙体育举办的相关的书画、摄影、论坛、出版、文化交流等活动，以及与龙舟相关的其他产业等。

表 19–1–1　中国龙舟协会审定的标准龙舟比赛项目

组　别	直道竞速赛				环绕赛			拉力赛
	200米	500米	800米	1000米	5000米	10000米	20000米	10千米以上
男子组	√	√	√	√	√	√	√	√
女子组	√	√	√	√	√	√		√
混合组	√	√	√	√	√	√		√
成年男子组	√	√	√	√	√	√	√	√
成年女子组	√	√	√	√	√	√		√
成年混合组	√	√	√	√	√	√		√
青年男子组	√	√	√	√	√	√	√	√
青年女子组	√	√	√	√	√	√		√
青年混合组	√	√	√	√	√	√		√
少年男子组	√	√	√					
少年女子组	√	√	√					
老将男子组	√	√	√					
老将女子组	√	√	√					
老将混合组	√	√	√					

三、龙舟运动的发展概况

龙舟运动是中国历史上古老的运动项目之一，经过2000多年的发展演变，如今已经遍布世界各地，这对于纯粹源自中国的体育运动项目来说是不多见的，龙舟运动从诞生之日起大部分时间是在民间发展，明朝万历年间朝廷举办过一次龙舟赛在广东南海，盐步的龙舟队夺冠，获封“五旌魁”，清朝慈禧太后知道此事后，亲赐雉鸡翎以示嘉奖，并成为有记载以来的首次官办龙舟赛。旧时的龙舟竞渡，一般是在适合竞渡的河流、港汊、湖泊的村镇附近，以村落、街巷、码头、行帮组织的封闭性的龙舟集会。传统的单位龙舟，只代表某一氏族、部落、宗族、码头、行帮、街道或自然村寨，而到了近现代，龙舟所代表的群体，由部落、宗族转向国家社会性，往往代表的是乡镇、学校、县市、省乃至国家。当代龙舟竞赛盛大集会，内容越来越充实、丰富，有丰富多彩的文体活动，有相关的学术研讨会，有国际国内的经贸活动。中华人民共和国成立后，中国现当代龙舟运动的大事主要有：1983年龙舟被列为我国正式开展体育竞赛项目，开始举办“屈原杯”全国龙舟锦标赛；1985年，中国龙舟协会成立；1991年，国际龙舟联合会在中国香港成立，现有会员80多个；1992年亚洲龙舟联合会在北京成立，现有会员14个；1994年，国家体育总局社会体育指导中心成立，全国性龙舟活动朝着规范、规模大型化的方向发展；自2005年开始，国家体育总局社会体育指导中心、中国龙舟协会与8省市政府联合开展“全国龙舟月”活动，表现了举国上下龙舟竞渡的气势，使现当代龙舟运动展现出无穷的魅力。

大学生龙舟运动蓬勃发展，水平不断提高。2005年成立了中国大学生体育联合会赛艇与龙舟分会，先后多次举办了中国天津国际大学生龙舟邀请赛、大学生全国龙舟锦标赛等重大赛事。2005年教育部批准了10所高校为龙舟高水平运动队试点校，为大学生龙舟运动的发展起到了巨大的推动作用，成为我国龙舟运动发展过程中的一股新生力量，水平不断提高，令世人瞩目。

第二节　龙舟运动技战术

龙舟基本技术

一、鼓手技术

鼓手是全队中最重要的人物，正常情况下担任全队的队长一职，在比赛中，由鼓手调动和实施教练员的战术意图，指挥全队完成比赛。因此，一个好的鼓手，能更好地调动划手的积极性，鼓舞全队的士气，增强取胜的自信心。俗话说：“千金易得，一将难求。”一支优秀的龙舟队，选择一名出色的鼓手是关键，鼓手的选拔应从以下几个方面进行全面的考核。

（一）鼓手的条件

1. 身体形态

鼓手的位置是坐在龙舟的船头，位置比较高，因此在选择鼓手时，首先应考虑体重轻，身材小的队员担当鼓手。鼓手身体形态要求见表19–2–1。

表 19–2–1　鼓手身体形态要求

项　目	男　子	女　子
身高 / 厘米	165 ~ 175	155 ~ 160
体重 / 千克	50 ~ 55	45 ~ 50

2. 素质要求

（1）鼓手要有强烈的责任感和集体荣誉感，威信高，有号召力。

（2）鼓手要善于调动起全队的情绪和鼓舞士气。

（3）鼓手必须要有稳定的情绪，不心浮气躁，遇事不慌。

（4）鼓手必须具备处理突发事件的能力，关键时刻能够稳定军心。

（5）鼓手必须要准确理解教练员意图，与教练员密切配合，处理好日常训练中的各项事宜和比赛中的随时出现的事件。

（6）节奏感、频率感、速度感好，应变能力强，反应快。

（7）熟知全队的实力水平，对每名队员都有全面的了解。

（8）比赛时能根据具体情况合理控制桨频，调动和发挥划手的最大能力，更好地完成比赛。

（二）鼓手的专项技术

1. 敲　鼓

鼓手在敲鼓的过程中可采用单手击鼓或双手击鼓的方式。鼓声也可变化出许多花样，但是，无论怎样击鼓，都是为了使划手们的划桨整齐划一，也就是理想化的“二十把桨就像一把桨一样”。现在通常的配合方法就是鼓手敲划手跟，即划手插桨入水那一瞬间恰好落在鼓声节奏上，俗称“入水鼓”。也有一些其他的配合方法，如划桨结束时的一瞬间落在鼓的节奏上，俗称：“出水鼓”等。但是，无论是“出水鼓”还是“入水鼓”，在训练中都要有事先的约定和要求使划手充分理解鼓的节奏和变化，这样才能使全队划桨动作整齐划一，节奏一致。

2. 鼓声节奏与力度

鼓手击鼓的节奏和力度的大小对划手的影响非常大，有力的击鼓和节奏的加快能有效地刺激划手的中枢神经的兴奋性，以此来调动情绪，使划手们奋力划水，提高船速。反之，如果节奏无变化，击鼓无力，就会显得没有激情，使划手很容易产生厌倦，尤其是在训练中，会使训练的质量大打折扣。因此在训练中适当变换一下击鼓节奏和力度，可以调动划手的积极性，提高训练的质量。而在比赛中如果两只船齐头并进、势均力敌时，鼓手的击鼓力度就显得更重要了，击鼓有力会鼓舞全队士气，而且能够提高划手的兴奋性，一直拼下去不松劲，不然一旦被拉下，很难再追上。因此，在平时的训练中鼓手要熟练掌握击鼓的节奏变化和击鼓力度，认真领会和观察，什么时候应该变换节奏和加大击鼓力度。这样才能更好地率领全队完成训练和比赛。

二、舵手技术

舵手的好坏会直接影响全队的成绩，好的舵手会给全队带来自信心，队员们没有后顾之忧，全身心地投入比赛，反之，如果舵手很差，会给队员造成很大的心理负担，影响队员的比赛情绪。因此舵手的技术在龙舟技术当中显得尤为重要。船是否走得直，船速的快慢都和舵手有直接关系。选择一个好的舵手是一个队伍成绩好坏的一项重要条件。

(一)舵手的条件

1. 身体形态

大家都知道，舵手的位置是在龙舟的船尾，位置比较高，在比赛中要时刻观察赛场情况和周边环境的变化，根据实际情况随时对船进行调整。因此在选择舵手时，首先应考虑体重相对轻、身材适中而且要有力量的队员担当舵手，也可根据具体情况适当放宽条件，这样更能适应当今龙舟比赛的需要。舵手的身体形态要求见表19–2–2。

表 19–2–2　舵手的身体形态要求

项　目	男　子	女　子
身高 / 厘米	170 ~ 175	165 ~ 170
体重 / 千克	55 ~ 65	50 ~ 55

2. 素质要求

（1）心理素质好，能够承担大赛的刺激。

（2）头脑灵活，反应敏锐，能够随机应变，处理突发事件。

（3）观察能力强，熟知水性，对风向辨别能力强，熟知各种风向对龙舟行驶方向的影响。

（4）注意力集中，认真负责，稳重踏实，善于感觉龙舟在行驶过程中的细微变化并及时进行调整。

（5）了解每名队员的技术及体能情况，随时对行进中的龙舟进行调整。

（6）善于积累经验。

(二)舵手的专项技术

当今龙舟比赛舵手掌舵的基本姿态最常见的有坐姿、跪姿及站姿三种。

（1）坐姿：身体正对或侧对前方，坐在舵手位置，两脚置于左右舱，稳定支撑身体；右手握住舵柄，左手扶住舵杆，使舵叶平面垂直水面，两眼注视前方。这种姿态是现在最普遍采用的技术。

（2）跪姿：身体对侧前方，左小腿横在龙舟尾部舵手位置，以左膝关节和左脚掌顶住两侧船舷，右脚踏在船舱内，稳定支撑住身体；右手握住舵柄，左手扶住舵杆，使舵叶平面垂直水面，两眼注视前方。这种姿态多用于玻璃钢船比赛时采用。

（3）站姿：

身体侧对前进方向，右脚在前左脚在后，头右转目视前方；右手握住舵柄，左手扶住舵杆，使舵叶平面垂直水面，时刻观察周围情况。这种方式的最大优点是视野宽阔，便于舵手的观察，多在顺风时所采用。

另外，还有一种是单手站立式，即舵手身体面对正前方，两脚开立，稳定支撑身体，左手握住舵杆顶部（紧靠舵柄），使舵叶与水面垂直，两眼注视前方。这种方法适用于顺风而且浪小的情况下采用，这种方法对舵手的要求比较高，舵手必须能及时观察船方向的变化，适时做出调整。一旦出现紧急情况，需马上改变掌舵的姿态。

（三）舵手技术

1. 点式技术

舵入水后很快就提出水面称为“点式”。这种技术适用于龙舟在行驶过程中无明显的侧风和左右划手力量均衡的情况下船的行驶方向改变小时，可采用此种方法。具体操作方法为：舵手坐在船尾，右手握紧舵柄，左手握住舵杆，将桨叶压离水面，且全神贯注，要非常敏锐的感觉得到船体方向细微的变化，当船稍有偏航时，马上采用点式将船修正。例如：船在行驶的过程中，当舵手感觉到船在向左侧偏出，此时，舵手应马上将舵叶压入水中并向外推出后压起，反复几次后将船的方向修正，然后将舵压离水面。这种技术在船稍有偏航时采用效果较好，而且产生的阻力小，对船速的影响不大。如果船继续向左偏航，可采用有节奏的点式打舵技术，即舵叶连续入水推起，舵叶入水的角度应根据偏航的大小及舵手的力量大小灵活掌握。这样可以在保持船速的情况下不偏航。

如果舵手注意力不集中，或者技术较差，船体偏航很大时再修正航向，会产生很大的阻力，而且由于船速产生的惯性，船偏航时离心力较大，舵手有必要将舵叶压入水中用力外推，这样会给船一个横向的力，而且舵叶在水中的时间变长了，产生的阻力就加大了，这样势必对船速有很大的影响。因此舵手在行驶的过程中，要注意力集中，观察和感觉行驶方向的变化并及时进行修正。

2. 拨式技术

当船偏离航向较大时，选中水中的一个点，迅速将舵叶下压并横向推（拉）舵杆的打舵方式称为拨式。具体操作方法如图19-2-1所示。如果船在行驶过程中偏向左侧，此时舵手右手握紧舵柄，左手握住舵杆先内收舵柄后上抬，将舵叶压入水中后向外推出，以此来修正船的方向。此项技术一般应用于风平浪静情况下的龙舟掉头、靠岸，以及龙舟进入航道时摆正航向等，效果较好。在有风浪的情况下采用此技术掉头和靠岸很难保持船的平稳，在船行驶过程中一般也不宜采用，因为阻力比点式技术大许多，同时也很难保持船的平稳。

3. 拖式技术

船在行驶过程中，舵叶始终在水中控制方向，称为拖式技术。

当船体方向改变很大时采用此项技术，此项技术为初学者所采用。

这项技术可有效控制方向，比较稳定，在有风浪的情况下采用此技术掉头靠岸比较平稳。但是因舵长时间拖在水中，故此项技术产生的摩擦阻力最大。船偏航越大，舵与前进方向的角度也就越大。因此在比赛中少采用此项技术。“宁驮一个佬，不拖一棵草”说的就是这个道理。

龙舟的掉头和靠岸，或者需要大幅度的、急速的改变方向时，可先采用拨式技术，当船的运行状况快要达到要求时，就应采用拖式技术，来保持船的平稳。

原则上，在训练和比赛中，不论舵手采用何种技术，都要尽可能地减少船的阻力，保持船速。因此舵手要熟练掌握这些技能，根据赛场的实际情况灵活运用这些技术，使划手的力量尽可能多地用在提高船速上。

（四）风向对龙舟行进时的影响

俗话说：“风打船艄”，船艄指的就是船尾。也就是说，船在行进过程中风总是推动船尾。

1. 前侧风

在船行进过程中如遇前侧风，舵手就应及时调整船的方向，根据风力的大小，采用点式或者拖式技术将船的航向摆正。例如左前侧风，船是必会向左侧偏离，因此舵手就应该采用连续的点式或者拖式，使船始终保持航向不变。如果是右前侧风，则舵手的动作应相反。当遇到不同的情况时，舵手也可采用“混合式”，即这几种技术的交替使用，目的就是尽量减少阻力，保持船速。（图19-2-1）

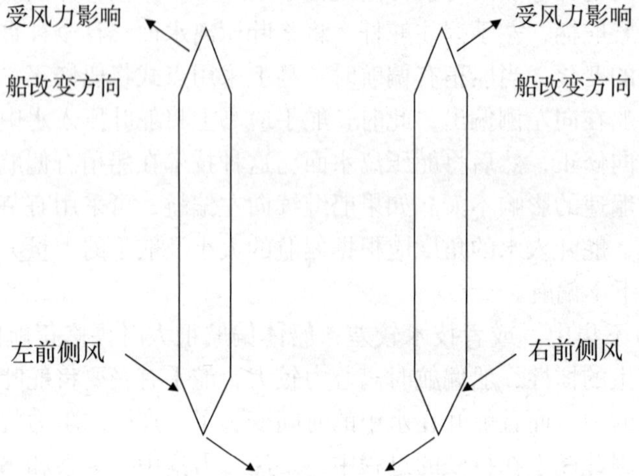

图 19-2-1

2. 后侧风

在船行进过程中如遇后侧风，舵手就应根据风的方向，借助风力来进行操作。如左后侧风，舵手就应将舵拖在水中向外推，推的力量大小，应根据风力大小来决定。或者采用断断续续的点式，将舵叶点入水中向外推压起，且舵手此时亦可站立掌舵，借助风力提高船速。（图19-2-2）

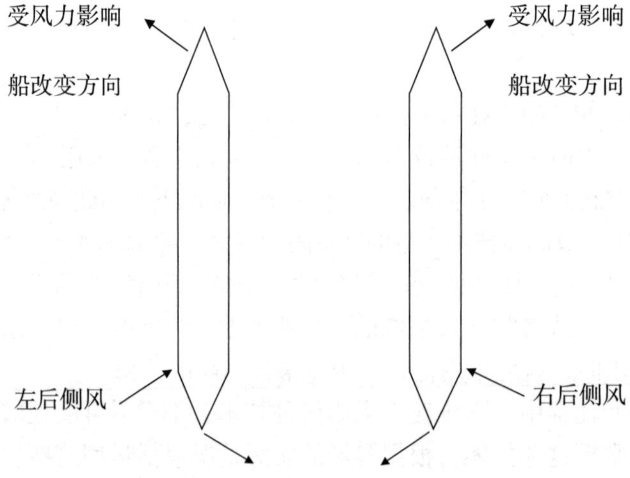

图 19-2-2

（五）舵手应注意的事项

（1）起航前应将龙舟对直航道，如遇风浪不能对直时，应及时与划手联络帮舵，起航时不要将舵拖在水里。应将舵压起，减少阻力，提高船的初速度。

（2）比赛时，认真观察，避免串道。

（3）熟知训练场和赛场水域情况。如暗礁、暗桩、水草、绳索、钢丝、水流、暗流、起终点及赛道情况等，

（4）比赛中，观察风向，要有良好的辨别风向和风力的能力，熟知不同风向对船的影响，以便在比赛中利用风力来提高和保持船速。顺风时可采用站立掌舵，借助风力提高船速；逆风时要坐着掌舵，以减少阻力。

（5）注意左右手队员的划桨不齐、体重不等及风浪对船造成的影响，使船左右晃动。此时舵手在掌好舵的同时，要利用自身的重量和舵在最短时间内将船调整好，使之平稳行驶。

（6）在比赛冲刺阶段要把船提前摆正，尽量少打舵，以免影响船速，但要以保持方向不变不串道为原则。

（7）舵手在比赛中如果没有看到航道标，应选择远处一明显参照物，使眼睛、船头、参照物呈一直线，随时进行调整，以减少无谓的划行，保持最短距离划行。

三、划手技术

（一）划手的形态与素质要求

（1）领桨手：好的领桨手是全队战术配合的关键，领桨手会直接影响全队的划距、桨频及节奏的变化，因此，领桨手必须是力量强，耐力突出，而且节奏感和速度感强，水感要好，能够跟鼓手密切配合得很好的控制桨频的队员来担任。由于龙舟有两头窄中间宽的结构特点，领桨手除了有上述条件要求外，还应注意身材和体重的要求，领桨手身体形态要求见表19-2-3。

表 19-2-3　领桨手身体形态要求

项　目	男　子	女　子
身高 / 厘米	170 ~ 175	165 ~ 170
身高 / 厘米	70 ~ 80	60 ~ 70

（2）划手：从形态上看，好的划手必须具备身高臂长，肩宽背厚等特点，这样不但能使队员有更大的力量储备，还可以在比赛中保持更大的划距。划手身体形态要求见表19-2-4。

表 19-2-4　划手身体形态要求

项　目	男　子	女　子
身高 / 厘米	170 ~ 185	165 ~ 180
身高 / 厘米	70 ~ 80	60 ~ 70

（二）桨位的安排

任何一支龙舟队在刚刚下水时都面临着桨位安排的问题，桨位安排的好坏会直接影响全队的比赛成绩，因此，合理安排桨位就显得非常关键，安排桨位总的原则就是力量大，素质好，

将能力强的队员安排到前面，能力稍差一些的队员安排到后面。

具体的应注意以下几点。

（1）充分了解队员的能力，对队员做全面的形态、素质测试，这样可对每一名队员的基本情况有一个了解，为桨位的安排做好准备。

（2）把握人尽其才的原则，熟知每个桨位需要什么样的队员。

（3）左右手队员的安排首先根据队员的习惯，来进行左右的分配，然后再根据队员的平均身高、平均体重、臂长等进行分配，左右手队员的平均身高、平均重量及左右手队员坐着的高度的差距越小越好，左右手队员总的力量也要基本一致，这样能够尽量减少偏航因素。前五对桨位的体重与后五对桨位的体重基本一致，这样能够保证船的平衡，后五对的体重也可稍高于前五对的体重，使船头稍抬起。

（4）第一和第二桨位是非常重要的位置，因为是处于领桨的位置，而且面前是静水，需要领桨手将静水破开，后面的划手才能很容易地跟桨划水，因此在安排桨位时，应该把全队技术好、水感和速度感好、节奏感强，而且身材不是很高但身体素质和机能好的队员安排到这些位置上。

（5）第一桨位要安排力量大，耐力好，节奏感强、频率感和水感好，能够很好地与鼓手配合控制好桨频，且身材稍矮小的队员。第二和第三桨位可安排跟桨能力强的队员。

（6）第四桨位可安排拉桨速度快，插桨深、抓水稳的队员。

（7）第五和第六桨位比较宽，可安排身材高大的队员，这样更有利于队员能力的发挥。

（8）第七和第八桨位应安排力量和身材稍大一些的队员，这样便于力量的前送。

（9）第九和第十桨位是非常重要的桨位，这两个桨位被称为“帮舵”，在舵手需要帮助的时候或者在舵意外损坏的情况下起到舵手的作用。因此这个位置应安排手臂长、坐着的高度较低、力量较大，但头脑灵活，反应快，能够善于帮助舵手控制船行驶方向的队员。

总之，在安排桨位时，教练员还要根据本队的具体情况进行合理的安排和调整，但是总的安排方式不能变，即尽量安排力量大、节奏感和跟桨能力强的队员在前舱；身材矮小的队员在两头；身材高大的队员在中间。

（三）坐姿技术

1. 基本姿态

髋关节靠紧船舷，外侧腿紧紧蹬住前舱隔板底部，内侧腿弯曲收于坐板下隔舱板，这样使两脚和臀部，三点形成一个稳固的支撑，外侧腿的大肌肉群可以充分发挥它的力量，而且在拉桨过程中可以靠大力的蹬转和稳定的支撑将力送上去，避免动力的损耗。

2. 桨的持握

两手握桨，（以右侧划手为例）左手握住桨柄，右手握住桨杆（桨叶上一拳远），将桨横握于体前，桨叶平贴水面，目光平视，注视鼓手，调整好呼吸。

（四）预备姿态

当听到预备口令时（以右侧划手为例），上体保持放松姿态，桨从前方队员的腋下伸出，右手（低位手即下手）尽量前伸，肘关节微屈，以便发力，身体向左转体将右肩探出，身体略向外倾斜。左手（高位手即上手）屈肘握桨柄于额头前右上方，外侧腿弯曲蹬紧，此时背阔肌已经充分拉开。从侧面看，桨杆紧靠船舷与水平面呈45° 角入水；从前面向后看，桨杆略微向里倾斜，此时划手的眼睛要向前看，头在船舱外；从上面看桨叶与船舷呈90° 角，这样桨叶形成了最大的对水面积，保证提供给船最大的力。（图19-2-3）

图 19-2-3

另一种预备姿势是，听到预备口令后，将划桨直接置于水中，此时身体姿态与前面所讲相同，只是此时桨叶完全置于水中，入水点在外侧腿膝前10～15厘米处，下手置于水中，上手屈肘握杆柄置于头前，外侧腿弯曲蹬紧，此时的身体姿态最适合最大用力拉桨，下手肘关节微屈，随时准备发力拉桨。

（五）插 桨

以右侧划桨为例，插桨时，左手（上手）作为支点应稳定在额前，以保证入水点的准确，右手（下手）前伸，右肩前探，肘关节微屈，入水时靠桨的自身重量、上手的下压及上体的力将划桨插入水中。

易犯错误：

（1）上手太直太僵，使桨入水时角度太大严重影响桨叶入水的最佳角度，抓水效果不佳。

（2）插桨时下手弯曲，上手伸直使得划距缩短，拉桨无力，形成漂桨。

（3）桨拍水，溅起的水花大，带入的气泡多，结果产生一个向上的分力。

（4）上手压不住桨，抓不住水

（5）桨插水浅，没有抓到深层水。

（6）桨叶于船舷的角度没有形成90° 角，桨杆朝船舱内倾斜太多。

纠正方法：

按照正确的技术动作，反复练习桨入水的动作要领，注意上手的控制，做到入水点准确，插桨快而有力。

（六）拉 桨

以右手拉桨为例，拉桨时，外侧腿用力蹬紧前隔板，使下身的三点形成稳固的支撑，上手（支点）保持稳定，用适度的力做前顶下压动作，使桨稳稳地抓住水，同时上体也配合上手动作用力下压，以保证深插桨。下手开始握紧桨杆直臂拉桨，用力的方向是向下向后拉桨，此时外侧腿要配合发力，将下肢和腰部蹬转的力传递到肩及手臂，使得腿、腰、背、肩及两臂的力量能够最大限度地释放出来，通过蹬腿的力将动力送上去，拉桨时，下手肘关节靠近身体，拉水方向与前进方向在一条直线上，弯曲的上手（支点）随身体的后转向后移动并继续做前顶的动作至下手肩的前下方，而不是向前下方推，下手以最快速度拉过髋关节，在拉水过程中应始终保持桨叶的最大对水面积和越拉越快。分力越少，有效距离越长，速度就越快。桨叶在水下的运动轨迹呈小弧形。（图19-2-4）

图 19-2-4

技术要求：

（1）插桨和拉水要衔接紧密，即入水就发力，而且插水是靠上手和上体及桨的自身重量插桨，向下向后猛力拉桨。

（2）上手作为支点一定要稳定，而且要抓住桨柄，保证桨叶入水点的准确。

（3）拉桨速度要快。

（4）拉桨要能抓住水，不能划漂桨。

（5）在入水和拉桨的过程中，每个划手的水感都要好。要能感觉得到是否抓住水，拉桨的速度的快慢，是否给船提供了动力，这些都要感觉得到。

（6）插桨要深，抓住深层水，拉桨要到位，不能拉一半就回桨。

易犯错误：

（1）屈臂拉水，这样只是用了小肌肉群的力量，大肌肉群的力量没有用上，很容易疲劳，造成划桨无力。

（2）插桨和拉桨衔接不紧造成脱节，使得拉水无力抓不住水。

（3）上手（支点）不稳定，使得桨叶对水方向改变，形成分力。

（4）上手前推过大，使得桨叶对水的方向朝向后上方，产生向下的分力，加重了船的重量。

（5）拉桨时，上手离身体远，形成撮水。

（6）拉桨方向与船行驶方向不一致，向船里用力。

纠正方法：

（1）进行陆地模仿，认真体会划桨技术及用力顺序。

（2）船静止时的划桨练习，认真体会桨入水和拉水的衔接。

（3）船行驶中的划桨练习，提高划桨时的拉水速度。

（4）在练习过程中，认真领会上手和下手的运行轨迹。

（5）提高上手的稳定性。

（七）回　桨

以右侧划桨为例，在下手（右手）以最快速度拉过髋关节的瞬间，上手（左手）从右肩前下方主动向前上方提桨，同时下手（右手）屈肘上提，上提的方向与桨杆的方向一致；当桨叶出水后，上手（左手）向左后侧稍内收，止于额前，同时身体左转，右肩前探，右手握桨前伸，回到预备姿势。桨叶出水后向前呈小外弧形。（图19-2-5）

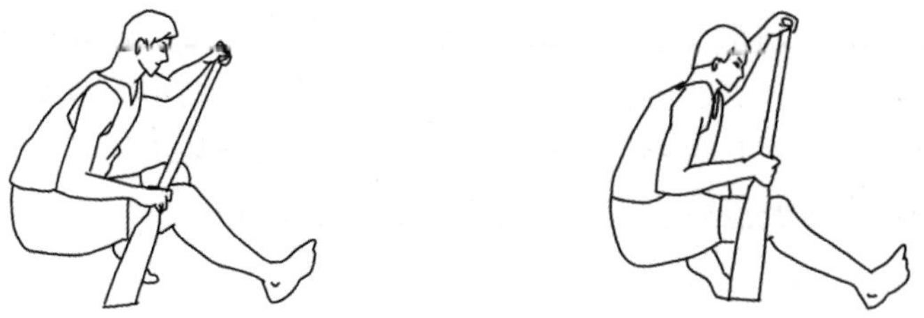

图 19-2-5

技术要求：

（1）拉水结束瞬间与双手上提要衔接紧密，不能脱节。

（2）上提的方向应顺着桨杆方向。而且自然协调。

（3）桨出水和回桨时，上下手的动作要配合身体的转动进行。

易犯错误：

（1）拉水结束动作与上提桨动作脱节，形成阻力。

（2）上提不明显，上手直接内收，造成向外翻桨

（3）上下手的配合不好，桨控制不稳，使得下一环节受影响。

纠正方法：

（1）陆地模仿，反复体会动作，认真领会上下手及桨叶的运行轨迹。

（2）反复练习拉水结束和桨出水的衔接。

（3）上下手及身体的配合练习，关键是上手的控制。

四、配合技术

龙舟运动是一项集体运动的项目，没有好的配合，即使个人能力再强，也很难完成比赛，必须靠相互间默契的配合才能很好地完成比赛。龙舟的配合技术有鼓手与划手的配合技术，划手与划手的配合技术，舵手与划手的配合技术等。

（一）鼓手与划手的配合技术

教练员的意图要通过鼓手传达给每一名队员，因此鼓手与划手的配合就变得非常重要，在比赛中能否很好的发挥自己的水平，就要看鼓手和划手配合的默契程度了。鼓手和划手的配合，应在平时的训练中事先进行约定和反复练习，不是单纯的划手下桨恰好落在鼓点上那样简单，而是连续的击鼓配合节奏和力度及划距的变化等。鼓手的每一个动作、每一次的击鼓，甚至是一个眼神，划手们都能知道应该去做什么。例如：鼓手连续的敲击鼓边，就是提醒划手注意，准备开始划行了；再比如，鼓手单手轻轻击鼓，另一手挥动鼓棒示意向前或向后划等，另外，在训练或比赛中，鼓手击鼓的轻重和节奏的变化，都是在向队员发布指令。有些时候是不需要用语言来指挥的，但必须事先与划手约定好。在比赛中，全体划手要根据鼓的节奏进行划行，因此除了用耳朵听鼓的节奏外，还要抬头看鼓手的动作和其他划手，使得动作整齐划一。但是最主要的还是鼓手与领桨手的配合，领桨手与鼓手配合得好，才能发挥出最大的实力。如果鼓手的节奏和领桨手的节奏不一致，其他划手有的跟领桨手划，有的听鼓的节奏划，这样势必会导致乱桨。所以在配合上鼓手与领桨手要默契。领桨手在比赛中对体能的情况、船的速度快慢、桨频的快慢及划距的大小等感觉非常敏锐，因此领桨手要将这些信息反馈给鼓手，提醒

鼓手此时是否加快桨频缩小划距还是保持桨频提醒队员加大用力，因此鼓手和划手应密切保持信息的沟通和传递，鼓手要根据实际情况用鼓声和喊声控制好划手的节奏，同时又不受划手的影响而越敲越快。鼓手与划手是否能配合好，划手是否能跟齐桨决定着一个队的成绩。每名划手心中都要对鼓手的指令（鼓点声、喊声、动作）做到了如指掌。

（二）划手与划手的配合

在比赛中，一支出色的龙舟队能够做到“二十把桨就像一把桨一样，二十颗心就像一颗心一样”，那么这支队伍就会无往而不胜。如果相互之间配合得差，那么即使个个划手都很出色，仍然是一支没有希望的队伍。划手与划手间的配合应注意以下几方面。

（1）左右领桨手之间应配合默契，在与鼓手配合的基础上，二人还要在节奏、划距、拉水速度以及二人插桨入水的时间上都应完全一致，这是全体划手在划桨过程中整齐划一的基础。如果这二人的动作不一致，会直接导致船的左右摇晃，影响船速。

（2）在划进过程中，其余划手要注意力集中，眼睛要向前看，盯住前方同伴队员，用余光兼顾边上的同伴，随时互相提醒。插桨时要恰好落在鼓点上，跟齐桨，做到前后呼应，左右照应，互相鼓励，士气旺盛，不划“哑巴船”。

（3）无论在训练和比赛中，最忌讳的就是划行中停桨，停桨会直接影响全队的整齐度和划水效率，更会影响其他队员的情绪。因此在平时的训练中，要努力提高划手的能力，熟练掌握技术动作，即使在最累的时候也要保持技术不变形、动作整齐。

（4）在进入航道、靠岸、转弯、停船等情况下，划手之间要有默契的配合，分工要明确。例如，船在行进过程中需要向左转弯，这时就需要第一、二桨位的左侧划手向里划，右侧划手向外划，其他划手向前划，此时第九、十桨位的左侧划手向外划水，右侧划手向里划水。

（5）从整体上看，所有划手的技术动作要规范。从预备姿势到插桨、拉桨、出桨、回桨这几个环节看，左右划手的上手之间和下手之间都应在一条直线上，而且身体的姿态及桨与水面的角度、插桨时机、拉桨速度、桨出水和回桨都应该保持一致。

（6）桨与人应合为一个整体，贯穿与整个技术动作；人、船、水合为一个整体，贯穿于整个训练和比赛之中。

（三）舵手与划手的配合

龙舟在行驶过程中有时会出现舵的损坏；转弯掉头或者靠岸时；比赛中遇有大的风浪等，这些情况的出现，仅凭舵手一人把船摆正、保持正确的行驶方向是很难的。这就需要舵手与划手的协调配合，才能在复杂的条件下完成训练和比赛。下面介绍几种配合方法。

（1）在训练和比赛中，由于舵的意外折断而不能正常使用时，此时舵手发布指令给第九、十号桨位划手（帮舵），帮舵就起到舵手的作用，在行进过程中，根据船的方向的改变利用划桨向外扳或者向里拉，使船保持正确的行驶方向后再正常划行。例如：在舵损坏的情况下，向前行驶的船有向左偏航的趋势时，此时左桨位的第九、十划手应及时向外扳桨，将船摆正。具体方法是，左手将桨杆压在船舷上作为支点，右手握桨柄，将桨叶垂直水面，在船偏向左侧时，右手上抬将桨叶压入水中，同时向里拉桨压起，反复几次后将船头调整至正确的行驶方向。其余划手正常划行。另一种方法是右侧桨位第九、十划手，由外向里划来调整船的方向。具体方法是，将上体横向探出，划桨横向外伸下桨，向里拉桨，将船调整好后正常划行。

（2）当鼓手发出手势使行驶中的船向右行进时，如舵手发布指令帮舵时，第一、二号桨位右桨手和第九、十号桨位左桨手应同时由外向里拉桨，或者第一、二号桨位左桨手和第九、十号桨位右桨手同时向外扳桨，舵手可同时采用拨式技术调整船的航向。

（3）当鼓手发出手势使行驶中的船向左行进时，如舵手发布指令帮舵时，第一、二号桨位左桨手和第九、十号桨位右桨手应同时由外向里拉桨，或者第一、二号桨位右桨手和第九、十号桨位左桨手同时向外扳桨，舵手可同时采用拨式技术调整船的航向。

（4）再进入航道后，如遇有大的侧风，使船不能稳定在本航道时，此时舵手发布指令后，划手可根据风的方向进行调整。如风的方向是由左至右的，则左桨手由外向里拉，右桨手由里向外扳，此时舵手用拨式来进行调整，把船摆正。如果风向由右至左，则相反。

五、起航技术

好的起航是取得好成绩的关键，每次比赛，起点是出现问题最多的地方，因此起航技术尤为重要，特别是短距离的起航。起航若能获得优势，就能增加全队获胜的信念，提高士气，心理上要占很大优势，队员越划越有劲。若是出发不好，很容易造成心理上的失利，影响士气，队员越划越没劲。起航成功与否，取决于全队配合技术和比赛经验。

除了陆上的准备活动外，起航前还应做好充分的水上准备活动，通过活动使各内脏器官克服生理惰性，消除紧张情绪，减轻心理压力，为比赛做好准备。这无论是从生理上还是心理上都有必要。

船上准备活动可握桨做操、也可做徒手操。如摇动手臂放松肌肉，体前屈压前面的队员，做体转运动、体侧运动和振臂运动等，还可以抖动双肩放松躯干肌肉，或自行编排一些热身操，做几次深呼吸，目的就是为了提高运动系统的兴奋性，更好地完成比赛。

（一）无风浪时起航技术及注意事项

（1）鼓手应指挥与控制龙舟进入航道的速度和方向。由第一、二桨位划手控制进入航道的速度，因他们是离起点最近的人，第一、二桨位和第九、十桨位的划手与舵手控制好方向，使龙舟置于航道正中。

（2）鼓手应注意和指挥与相邻的龙舟保持适当的距离。由鼓手指挥第一、二、三号桨位划手向前或向后，最后停在起点线后。

（3）起航前全体队员要全神贯注，注意力集中，统一听从鼓手的指挥，决不可东张西望看热闹。鼓手距离发令员近时可听枪声，远时看信号。当听到“预备”口令时，全体划手应整齐划一举桨到预备姿势准备划桨。

（4）当听到枪响后，充分运用腰、躯干、背、肩等大肌肉群的力量，配合蹬腿，直臂拉桨，要求插桨深、拉水锰，第一桨插水位置应在最适合发力的点上（外侧膝前10～15厘米处），要求插深拉猛拉快，划距不宜过大，使船克服静止状态，有一个向前的势能；第二桨跟进要及时，回桨插水要快，要在第一桨给船向前的势能的基础上再给船一个力，这一桨要求划距比第一桨长一些，插桨快而深，拉水猛，使船由静止状态进入到运动状态；第三桨在第二桨的基础上进一步加大划距，保持插水深度和拉猛拉快，而拉水的节奏逐渐加快，动作幅度也逐渐加大，十桨内使船达到一定速度然后进入快桨或直接进入途中桨。

（二）易犯错误

（1）第一桨只用手臂的力量，没有充分利用大肌肉群的力，使船向前的势能小。

（2）第二桨跟的不及时，回桨插水发力的动作慢，增加了提高船速的时间；另外拉水不猛，插桨不深，桨匆忙出水，给船提供的动力小。

（3）划桨与呼吸配合不好，使身体过早出现氧债。

（4）桨频变化不明显，船速提高得慢。

（5）起航时的桨频过快，距离过长，影响了划水效率，使得划手肌肉僵硬，后程很难坚持下来。起航时一定要在最短时间内达到最高速度并保持，争取第一个冲出去。这样能增强队员必胜的信心，而且不受其他船只干扰，有利于队员的发挥。如果起航时落后，会增加队员的心理压力，影响划手的正常发挥，如果是相邻船只率先冲出，形成的水浪对本队也是一个很大的干扰，而且在途中或冲刺时超过对手也是很困难的。

（三）有风浪时起航技术及注意事项

比赛的天气变化莫测，不可能总是晴空万里，如果遇上有风有浪的天气仍然要继续比赛。一支优秀的龙舟队不仅要掌握在正常情况下的起航技术，还应掌握在有风浪情况下的起航技术。这样才能在比赛中更胜一筹，因此在有风浪情况下的起航要全体队员通力协作共同完成。

1. 顺　风

起航时如果是顺风顺水，船会越过起点线。因此要让船漂到起点，并向后划停住船，如果后面有裁判船，舵手可抓住裁判船，其余划手间断性地向后划，以减轻舵手的压力，如果风浪对泊船影响大，则第一、二、三号桨位划手可协助舵手稳船。如果是活动起航，裁判员会利用口令来使各个龙舟都排到起点线后的一定距离，让船自由漂至起点后，在各船差距最小时发令，在这种情况下，所有队员要注意裁判员的发令信号。

在顺风情况下，划手可利用船向前的速度，前几桨身体的前倾角度可小一些，桨频稍高，舵手可站立掌舵，借助风力给船提供动力。

2. 逆　风

起航时如果遇到逆风逆水，船会退回到起点线以后，如果在后退时起航，会形成更大的阻力，船很难起动。因此在逆风逆水情况下裁判员取齐时，在不越过起点线的同时，由第一、二、三号桨位划手控制船，使船不向后移动，且时刻注意裁判员的信号，当裁判员发出“各队注意”时，要向前紧划几桨，当喊“预备”时，全体举桨时，船会恰好停在起点线后不后移，然后出发。这需要划手的经验，掌握好力度。既不犯规，也不吃亏。在这种条件下起航，要求舵手坐姿掌舵，以减少风的阻力。

3. 侧　风

比赛时，裁判员要求参赛龙舟在起点线后取齐方可发令。而在遇有侧风的情况下使船对直航道泊船最为困难。出发后，船的起航速度很快，由于受侧风的影响船很快就会变向。如果舵手此时下桨打舵会增加阻力，使起航速度受到影响。所以在遇有侧风情况下的起航，与其他情况下的起航和泊船技术是不同的。例如在遇有左前侧风和右侧后风的情况下，泊船应把船向右摆。由左侧第八、九、十号桨手严格控制泊船角度和方向，一旦出发后，船在风力的作用下就会恢复正确航向。起航时舵手应尽量少下桨打舵，否则将影响船速。泊船的倾斜角度应视风力太小决定，如遇到右前侧风和左后侧风情况下，泊船应把船向左摆，由右侧第八、九、十号桨手严格控制泊船角度和方向。

第三节　龙舟运动的教学与训练

一、龙舟运动教学的任务、要求和内容

（一）教学任务

（1）进行爱国主义传统教育，培养优良的思想情操和道德品质以及坚忍不拔、勇猛顽强的意志品质和牢固的集体主义精神。

（2）初步掌握龙舟运动的历史、文化、技术、器材、规则和裁判法等理论知识

（3）初步掌握龙舟运动的划桨技术、掌舵技术、鼓手技术及技能。

（4）初步掌握龙舟运动的教学方法。

（5）通过龙舟运动的教学，改善学生的身体机能，增强体质，发展身体素质，提高运动成绩。

（二）教学要求

（1）加强爱国主义、集体主义思想教育，培养吃苦耐劳、勇猛顽强的意志品质。人们的一切行动都是在思想意识的支配下完成的。如果思想问题不能解决的话，教学任务是不能完成的。因此学生在学习的过程中要有高度的自觉性，严肃认真的态度和刻苦钻研的精神，必须在教学中注意结合学生的实际思想和龙舟运动的特点，深入细致地进行思想教育，不断提高学生的思想觉悟。培养学生刻苦训练、勇猛顽强的意志品质，养成严格训练、严格要求自觉遵守纪律的作风，培养团结互助的集体主义思想，增强爱护国家财产的观念等。

（2）必须贯彻理论与实际相结合的原则，从培养目标和龙舟课的实际需要出发合理安排理论部分、实践部分和技能培养的教学内容和学时分配。理论部分主要采用系统讲授、专题讲座、电化教学、自学、作业与讨论等方式进行；实践部分主要采用教学、训练、比赛相结合，以练为主的方式进行；根据认识由感性到理性的发展规律，教学中应首先进行技术的教学，使学生在运动实践中更好地掌握动作要领，然后在实践的基础上再学习技术分析、教学与训练方法等理论。

（三）必须不断提高教师的教学能力，在教学过程中教师始终起着主导作用。

教学内容、练习方法、运动负荷、组织教法等安排是否合理，主要取决于教师的能力。教师在教学中应不断丰富教学内容，改进教学方法，古为今用，洋为中用，努力备好课，不断提高教学质量。

（四）教学内容

龙舟运动的教学内容主要包括龙舟运动的基本知识、技术和技能三个方面。

（1）理论部分：主要讲授龙舟运动概述、龙舟运动技术原理、龙舟运动教学法、龙舟竞赛方法以及发展身体素质的一般方法。

（2）实践部分：

① 重点内容：划桨技术、整体配合技术。

② 一般内容：舵手技术、鼓手技术。

（3）技能培养：

① 带准备活动。

② 进行某个技术环节的教学。

③ 制订课或周的一般身体素质练习计划。

④ 组织教学比赛与裁判实习。

二、龙舟运动技术的教学方法

龙舟运动的技术教学必须符合运动技能的形成规律，必须符合体育教学的基本原则和方法，这样才能保证运动技术、技能的迅速形成和巩固，促进学生身体健康的全面发展，提高身体的训练水平及运动成绩。

（一）龙舟运动教学的顺序

（1）划桨技术：桨的持握、预备姿势、插桨入水动作、拉水动作、提桨出水动作、回桨动作、完整技术及协同配合等。

（2）舵手技术：舵的持握、身体姿势、拖式技术、拨式技术、点式技术及其应用。

（3）鼓手技术：鼓槌的持握及身体姿势、击鼓技术、节奏控制等。

（二）龙舟运动教学的方法

根据不同的教学内容分别采用完整教学法和分解教学法。对于动作相对简单且不宜分解的技术动作，我们通常采用完整教学法进行教学，即开始就通过做完整的技术练习来掌握技术动作；对于技术动作相对复杂的内容，通常采用分解教学法，即把一个完整的技术动作分解为若干部分，先分别练习单个动作，然后再把各部分衔接起来，最后使学生掌握完整的技术动作。

（1）划桨技术：划桨技术是龙舟教学的重点内容。学习划桨技术时宜采用分解教学法，以桨的持握、预备姿势为一个部分，插桨入水动作、拉水动作、提桨出水动作为一个部分，回桨动作为一个部分。待各部分动作准确、熟练后，再把它们连接起来，形成划桨的完整技术。同时进行反复练习。

（2）舵手技术：学习舵手技术时宜采用完整教学法。通过示范使学生初步掌握舵的使用方法及舵与船、舵与水的关系，让学生直接进行拖式技术、拨式技术、点式技术的练习，熟练掌握这三种技术动作及运用规律，同时进行反复练习。

（3）鼓手技术：学习鼓手技术时宜采用完整教学法。掌握“插水鼓”和“出水鼓”的节奏。击鼓很容易，关键是节奏感的培养。通过练习能敲出精准的桨频，同时进行组织能力和感召力的培养。

（4）龙舟运动技术教学中纠正错误的方法：在龙舟运动技术教学过程中及时发现、纠正错误动作是十分重要的，错误动作在学习初期如果得不到及时纠正，形成动力定型以后将会比学习新动作困难得多，因为新的、正确的动力定型必须是在消除了错误的动力定型之后才能建立的。

纠正错误动作首先要分析其产生的原因，对症下药才能收到良好效果。根据龙舟运动的特点，产生错误动作的原因有以下三点。

① 对动作的概念不清、要领不明确。这与教师的讲解、示范及学生的接受、理解能力有关。纠正时，教师首先要用精练的语言，突出重点，形象生动地讲解动作要领，同时配以正确、慢速的或分解的示范动作。也可以用正、误对比的方法进行分析对比，启发学生进行思考，使之明确概念及动作过程。

② 学生的身体素质差。从事龙舟运动需要具备力量耐力和一般有氧耐力，因此对学生的体质要求较高，由于力量差而不能很好地完成技术的现象很普遍。这种由于身体素质差而产生的错误动作不是一、两次就能纠正的，因为提高素质需要时间，因此教师在教学过程中要安排一定量的身体素质练习，还可以降低难度或动作节奏，使之建立正确的肌肉感觉，再逐渐增加动作难度和要求。

③ 思想过分紧张或受其他客观条件的影响。在龙舟运动技术教学过程中，由于学生对水的不适应及恐惧心理，也是造成错误动作的一个重要原因。由于教师的讲解不当或示范失败，或场地器材选择、准备不当，是学生在学习时产生保护性抑制而形成错误动作。针对这种情况，教师应改变教学方法和教学条件并积极解除学生思想上的顾虑，以提高教学效果。

三、龙舟运动的训练

（一）身体训练的概念、意义、任务和要求

（1）身体训练的概念：在运动训练过程中，运用各种有效的手段和方法，以增进运动员的健康、提高机体的机能、提高运动员承受运动量的能力、发展各种身体素质为目的的训练。

（2）身体训练的意义：良好的身体素质是掌握运动技术、提高运动成绩的基础。随着运动技术水平的高度发展，如果没有人体各种机能能力的提高和身体素质的发展，那是不可想象的。另外，身体素质好，还可以减少运动创伤，延长运动寿命。

（3）身体训练的任务：身体训练的主要任务就是发展专项身体素质和一般身体素质，提高人体运动的各种机能能力，为掌握完善的运动技术、提高运动成绩打下良好的基础。同时也能增进运动员的健康，提高肌体各器官系统的机能，提高承担运动量的能力。

（4）身体训练的要求：专项素质训练和一般素质训练相结合。人体是个有机的整体，从事任何运动活动，除了比较突出地需要某种身体素质外，对其他身体素质也都提出了相应的要求。因为各种机能能力、各种身体素质，他们都是相互联系、相互制约的。龙舟运动身体训练应该把主要精力放在专项身体素质力量耐力的训练上，但也不能忽视或取消其他身体素质的训练，在不同的时期合理地安排，使两者很好地结合起来，同时身体素质训练也要和技术训练相结合，身体素质是掌握完善技术的基础，而身体素质又必须通过技术才能充分发挥出来，二者相辅相成。因此在素质训练中，必须结合技术要求进行。即使进行一般身体训练，也应注意各自的技术要求。

（二）专项身体训练

1. 龙舟专项身体训练的概念

对龙舟运动起主要影响的身体素质是力量素质、耐力素质，因此，力量耐力是龙舟运动的专项素质，龙舟运动的专项身体训练也就是力量训练。

力量是肌肉收缩或紧张时表现出来的一种能力。由于肌肉收缩时的不同情况，肌肉的工作可以分为克制工作、退让工作和静力工作，所以，肌肉的力量也可以分为克制性力量（通常所说的动力性力量）、退让性力量和静力性力量。而动力性力量又分为重量性、速度性和持续性等。肌肉力量的这些特点和分类，是我们进行力量训练时所必须考虑的因素。

2. 龙舟专项身体训练的特点

龙舟比赛主要是比谁划得快，而决定船速的基本因素是划桨的整齐度、划桨的力量、划桨的速度、划桨距离和连续划桨的能力所决定，因此，龙舟运动基本属于有氧耐力运动，因而其专项素质训练必须承受很大的负荷，其力量特点主要是动力性的有氧力量耐力。

（三）力量素质增长的基础

力量是肌肉收缩或紧张时表现出来的一种能力，这种机能能力的改善是有着一定的生理基础的，它主要表现在三个方面，既肌肉本身结构和机能的改善、肌肉工作时供能情况的改善和神经调节机能的改善。因此，经常从事龙舟运动训练，体内会产生一系列生理、生化和形态结构的变化。

经常进行力量训练，会使肌肉的生理横断面增大。而生理横断面越大，肌肉收缩时产生的力量也越大。通过训练可使肌纤维增粗，可增加肌肉中蛋白质的含量，主要指肌肉收缩时的肌凝蛋白。

经常进行力量训练，能够改善神经系统的调节机能。首先可以使支配肌肉的神经中枢的机能得到改善，提高神经过程的强度。经过多年训练以后，龙舟运动员的体重变化不大，肌肉也没有增大多少，然而成绩却提高了很多，其重要原因就是由于神经系统调节机能得到了改善。

经常进行力量训练，还能够使肌肉工作时的供能情况得到改善。例如，力量训练可使肌肉中毛细血管网增加，从而增加肌肉组织所需的氧气和养料供应。力量训练还可导致肌肉中肌红蛋白含量增加，从而提高肌肉中贮氧能力。这一系列生理、生化和形态结构的变化，导致了人体力量素质的提高。

（四）龙舟运动力量训练的内容

应根据划桨的动作结构和主要用力肌群来确定训练内容。

（1）腰、背伸肌力量练习：主要有俯卧抬体、负重转体等。

（2）上臂屈肌：俯卧下拉、高翻等。

（3）大腿伸肌：负重深蹲、半蹲跳等。

（五）龙舟运动力量训练的方法

龙舟运动的力量练习，以动力性练习为主，是以发展力量耐力为目的而进行的。

（1）大重量、少次数的训练方法。也叫作强度训练法。主要是通过加大阻力来发展力量的方法。一般是用85%以上大强度来重复练习，甚至可达到极限强度。这是发展绝对力的方法。在龙舟运动训练中可适当采用。

（2）中等重量、少次数、快速度的训练方法。这种方法的突出要求是加快单个动作速度。要加快动作速度，重量就不能太重。是发展爆发力的良好手段，在龙舟训练中经常采用。

（3）小重量、多次数的训练方法。大重量训练对神经系统的刺激比较强烈，但由于次数较少，因而对肌肉的刺激深度不够，而重量较小，可尽量增加练习次数，可以给肌肉较深的刺激。因为肌肉的活动次数多了，可以使肌肉的代谢过程加强。这是一种发展肌肉耐力的良好方法，在龙舟训练中广泛采用。

（4）超等长练习法：这是一种把退让和克制结合在一起的训练方法。在这类练习中，肌肉先做退让工作，并使肌肉极度拉长，然后尽快转入克制工作，是发展爆发力的良好方法，其生理机制是牵张反射，也是龙舟训练的有效手段之一。

（六）水上专项身体训练

通常水上专项身体训练是以有氧耐力为主的超长距离的耐力划，各种形式的分船练习，单人、多人的分组划等。

（七）技术训练

龙舟技术是指符合人体运动科学原理，能充分发挥运动员的潜在能力，有效地完成动作的合理方法。

龙舟技术训练是指运用各种方法和手段，学习、掌握、完善专项动作而专门组织的一种教育过程。其主要任务是形成动作技能，提高运动员在各种条件下运用与掌握技术的能力。龙舟技术训练的目的在于学习、掌握、完善龙舟技术，提高动作技能，使运动员在比赛中发挥出最大的能力。通过龙舟技术训练，使运动员在完成动作时能够达到高度准确和熟练，达到自动化程度。

龙舟的技术训练包括陆地技术训练和水上技术训练两种。

1. 陆地技术训练

（1）鼓手的技术训练。

鼓手在全队是一个至关重要的人物，在训练中和比赛中，将教练员的意图传递给每一名队员，训练效果和比赛成绩的好坏，鼓手是关键。因此在形态和素质等方面都具备的前提下，要对鼓手的技术加以训练，使之能很好地指挥全队完成比赛。

① 初学鼓手，可做一些有节奏的默念、击掌，或轻击桌面等练习，掌握击奏。

② 可听节拍器的节奏。将其节奏变化牢记于心。如60次／分、70次／分、80次／分、90次／分、100次／分等，都要通过节拍器来熟练掌握，最后只要节奏出来就应知道是什么样的节奏。

③ 配合击鼓的节奏练习。

（2）鼓手的击鼓训练。

鼓点的节奏快慢和鼓声的大小，实际上就是龙舟的语言，鼓手用鼓声来调动划手奋力划行，练好击鼓也不是一件容易的事情，既要控制好节奏还要击鼓响亮、姿态优美，更要在击鼓的同时，注意观察划手的情况和周围的动态，这需要长时间的练习，才能够运用自如。

① 练习中可采用先单手后双手的练习，主要练习击鼓的连续性和击鼓的力度。

② 节奏变化练习，在掌握击鼓方法后，可进行节奏的变化练习，如开始70次／分桨频30次后逐渐过渡到80次／分桨频30次后，再过渡到70次／分的桨频。这样反复练习，控制好节奏。

（3）划手的技术训练。

划手在下水前的陆地训练非常重要，在陆地技术训练中，划手可在学习中认真观察和领会划桨的动作要领，以及上下手及划桨的运行轨迹。这样在心中就有了一个基本的动作轨迹，为下水训练创造条件。具体练习方法如下。

① 按照教师口令，从握桨方法到预备姿势，反复练习，注意上手的控制和上体的姿态。

② 拉桨时用力顺序要正确，上下手的运行轨迹要清晰到位。

③ 提桨出水动作与回桨动作衔接得要好，上手要控制好。

④ 提桨回桨动作要与上体配合好，不要脱节。

2. 水上技术训练

（1）水上练习。

陆地训练同水上训练不同，陆地训练只是使队员熟悉动作要领和上下手的运行轨迹，以及拉桨的用力顺序，但是，陆地训练只是一个辅助练习，最后在船上才能真正地掌握和领会动作要领，完成划桨的技术动作。一般水上训练应从以下顺序开始。

① 初学者在上船前，应向其介绍龙舟的结构特点及在船上的注意事项，尤其强调安全。上船后再开始划船的教学。

② 准备姿势。初学者在上船后首先要讲解坐姿的动作方法和要领，尤其强调身体紧靠船舷，外侧脚蹬紧前舱隔板，内侧脚收回到自己的坐板下，保持下体的稳定，这是给船提供动力的先决条件。同时两手握桨横于体前，桨叶平行于水面。

易犯错误：上体靠不住船舷，两脚蹬不紧，形成不了稳固的下盘。

纠正方法：重复之前的动作要领并认真练习。

③ 身体预备姿态。这是桨是否能够一致入水的关键，当听到鼓手预备的口令后，全体划手同时出桨，上手控制在头前，下手前伸，肘关节微屈，外侧肩前探，身体稍向外侧倾斜。保持身体姿态和出桨一致。

④ 桨入水。

桨入水效果的好坏会直接影响拉水的效率。因此在练习桨入水时一定要注意，当桨入水时，要靠桨的自身重量和上手的下压，同时配合身体和下手向下的压力入水，而且上手要稳定地控制好，保证桨叶入水时的位置。

⑤ 拉桨。

拉桨是给船提供动力的关键，拉桨效率高，船速就快，反之，则船速就慢。拉桨的用力不仅仅是手臂的力量，而是全身的协调用力。因此在训练中要按照练习的步骤练习拉桨。

（2）水上的完整动作练习。

在进行了分解动作的练习后，就要进入到完整动作的练习，在练习过程中可采取以下练习方法。

① 一桨的练习。

方法：从预备姿势开始，到预备姿势结束。即当鼓手喊“预备”时，全体划手出桨成预备姿势，当鼓手喊“划”时，全力划一桨后回到预备姿势。这一练习，主要适应初学者，使全队的动作能够整齐划一。

② 三桨的练习。

方法：同一桨的练习相同，只是连续的划三桨后回到预备姿势。这一练习，是在一桨练习的基础上，练习全队拉桨的一致性，控制好节奏。

③ 多桨的练习。

多桨的练习可以是五桨，也可是七桨、九桨，甚至更多桨，它是在三桨的基础上，练习全队在多桨数的情况下，做到拉桨用力一致，动作整齐，节奏感好。是完成战术训练的前提和关键。

④ 在练习过程中，可分组练习，也可全队一起进行练习，运动的量和强度可根据实际情况自行安排。

⑤ 在练习过程中，可根据划手的能力，安排训练内容。例如，在训练中，桨频在80次／分，连续完成300桨，共计5组。内容的安排主要是根据本队划手实际情况进行的。

（八）龙舟运动的水上训练

1. 龙舟运动水上训练概述

龙舟运动水上训练手段与方法的正确掌握对于提高水上专项运动成绩具有实质性的意义。

龙舟水上训练的基本操作手段主要包括：越野划、超长距离划、长距离划、持续划、变速划、间歇划等构成水上有氧耐力与技术训练手段；分段划、负分段划、起航划、重复划、冲刺划、负重加阻力划等构成水上无氧耐力训练手段。

龙舟水上训练的基本操作方法主要包括：分解训练法、完整训练法、持续训练法、间歇训练法、重复训练法、变速训练法、组合训练法、比赛训练法等8种具体的操作方法。

训练负荷的距离、时间、次数、组数、强度、密度、间歇时间等构成水上训练课负荷量度大小指标的变化组合因素。

月周水上训练公里数总量、月周水上训练总课次、月周陆上跑步总量、力量训练总吨数反映一个队的训练水平。

训练负荷节奏大、中、小相结合；有氧训练与无氧训练相结合；技术训练与体能训练相结合。

龙舟训练周期都不长，多者3个月，少者半个月，在这段时间内要想在体能方面有较大提高不现实，而通过技术训练则可以达到一定水平。因此龙舟技术训练甚至比体能训练更为重要。

龙舟技术所包含的内容较多，如划手技术、划手间的配合技术；鼓手技术、鼓手与划手的配合技术；舵手技术、舵手与划手的配合技术；起航技术、无风浪时的起航技术、有风浪时的起航技术等。尤其是鼓手与划手间的配合技术、划手间的配合技术与有风浪时的起航技术，更需要时间来磨炼。很多龙舟教练员比较重视划手技术、划手间的配合技术和鼓手与划手的配合技术训练，而忽视其他技术的训练，因而在比赛中常常失利。

2. 龙舟水上专项耐力素质训练

对于龙舟运动项目来说，水上专项耐力素质是重要的运动素质之一，其发展水平对运动员的专项竞技水平起着重要作用。良好的耐力素质有助于运动员更好地克服在训练和比赛中出现的疲劳，承受更大的训练负荷，提高训练效果，并在比赛中取得更好的成绩，良好的耐力素质也是大负荷训练后加速恢复的一个重要前提。

对于龙舟运动项目来说，不同的比赛距离有着不同的供能比例和表现特点，对运动员的专项耐力就有着不同的要求。当然，也就必须采用不同的训练方法手段去发展不同的专项耐力。

发展水上有氧耐力的训练方法首先要解决提高最大吸氧量问题，主要的训练手段和方法为长时间持续性练习，练习的强度必须控制在以有氧代谢供能为主的范围之内，心率指标为28次／10秒以下，特别是在训练初期和中期的一部分时间里，它们是发展有氧耐力的主要训练方法。持续性练习的主要特点是不间断地进行匀速或变速训练。负荷的时间不应短于30分钟。

3. 水上发展专项耐力素质的训练方法及其应用

水上有氧代谢能力是运动员长时间持续工作能力的重要基础。最大摄氧量是反映运动员有氧能力的主要标志。

发展水上专项耐力素质训练方法主要有持续训练法与间歇训练法。

持续训练法又可分为不间断匀速训练法和变速训练法。在整个训练周期中的第一阶段和第二阶段的一部分时间里，它们是发展水上有氧耐力训练的主要方法。持续训练法的主要特点是运动员以匀速或变速连续训练较长一段时间。发展水上有氧耐力的具体手段如下：

龙舟发展水上专项耐力素质通常采用的训练手段有越野划、超长距离划、长距离划、变速划、持续划与定时划。通常采用的方法是定距离的计时划。如500米、1000米、2000米、4000米、10000米划等，或10分、15分、20分、30分、60分的定时划。

4. 水上发展专项无氧耐力的训练方法与手段及其应用

间歇训练是提高水上非乳酸盐无氧耐力的主要训练方法。以起航、短冲为例。采用的训练段落，10～30桨，或30～100米、时间是5秒～15秒，强度要求95%～100%，以1～2组为宜，每组4～5次，次间间歇采用慢划，组间间歇5～7分。如1～2组×［10桨慢划＋（20～30桨快划＋20桨慢划）］，这种训练方法可提高飞乳酸盐无氧耐力，适合发展龙舟运动员的速度耐力。

次间间歇和组间间歇都应很短，使之不带有任何有氧性质，间歇元则是段落短，间歇时间也短。

（九）龙舟水上专项速度训练

龙舟水上专项，速度素质是龙舟运动员最重要的素质，在专项素质训练中占有主导地位。龙舟竞赛的实质就是比快速移动的能力，水上专项素质训练是龙舟运动训练的重要内容之一，它直接影响或决定着运动员竞技水平的高低，竞争能力的强弱与比赛的胜负。它既是龙舟运动的表现形式，又是综合实力的体现。因而应十分重视和加强水上专项速度素质的培养与训练。

龙舟水上专项速度素质训练在整个训练周期中主要安排在准备期的后期和比赛期，在一周中最好安排在小强度训练或调整期训练后的第一天进行，在一天或一次训练课中，最好安排在运动员精力充沛的时刻进行。在人体疲劳和神经过程灵活性下降的情况下不宜进行速度素质训练。

水上专项速度素质训练应紧密结合龙舟专项运动的特点进行，应在运动员兴奋性高、情绪饱满、运动欲望强的情况下进行，一般应安排在训练课的前半部。

1. 反应速度的训练

反应速度，主要是指运动员对出发信号的反应快慢的能力。

龙舟竞赛的起航，鼓手尤为重要。划手的第一桨是在听到鼓手第一锤的声音之后方可动桨，而鼓手的第一锤则是由其本人视听觉得反应速度所决定的。在龙舟竞赛中鼓手与发令员的距离远，可看信号；与发令员近，可听信号。这二者的反应速度，在训练中均应练到。

龙舟的起航训练，应把听觉与视觉的反应与起动发力结合起来，对每一个运动员都要求全神贯注，不能允许有一个队员反应迟钝、跟桨不齐。否则第一桨船起不动。

（1）发展反应速度训练常用的方法手段。

以下水上发展龙舟起航能力的练习方法，可供龙舟教练员选择。

① 无风时的起航练习。

② 顺逆风时的起航练习。

③ 左右前后侧风的起航练习。

④ 负重起动，如船上增加重物。

⑤ 加阻力起动，如船后牵挂负重物练习起动。

⑥ 1、3、5、7、9号桨位划，2、4、6、8、10号桨位休息，通常起航练习为（4～6组）×［（30～35桨）＋20桨放松］。每组完后交换。

起航练习的重复次数不宜过多，应以保持运动员的兴奋性为原则，如果运动员的兴奋性降低了，就应停止训练。

（2）反应速度训练应注意的问题。

要求运动员注意力集中，在训练中运动员注意力是否集中，其训练效果大不一样，运动员注意力集中，可使神经系统处于适宜的兴奋状态，使肌肉处于紧张待发状态，此时，肌肉的反应速度比处于松弛状态时可提高60%左右。但这种紧张待发状态必须有时间的限制，一般来说，紧张待发的适宜时间为1.5秒左右，最多不能超过8秒。把注意力集中在完成的动作上效果为好。

2. 动作速度的训练

动作速度是技术动作中不可缺少的要素，表现为人体完成某一个技术动作时的速度。桨频一词表达的就是这一概念。

桨频与技术动作的熟练程度、协调性、最大力量、快速力量、肌肉质量以及速度耐力水平等有关。

（1）发展动作速度训练常用的方法手段。

① 利用外界助力来提高桨频。如在龙舟前面可用一艘摩托艇牵引，可有效地发展运动员的动作速度。在使用牵引助力手段时，必须掌握好摩托艇牵引速度。

② 减少阻力。如在船底进行技术处理，降低船底表面的摩擦阻力系数，从而提高运动员的桨频。提高桨频的最终目的是为了提高速度。

③ 利用器械重量和面积变化发展动作速度。如为了提高桨频，可将龙舟划桨刨窄，使其面积变小，减少用力程度而提高桨频。

④ 借助信号刺激提高动作速度。如利用节拍器发出的有节奏的声音，使运动员跟随有节奏的声音划进，协调一致的快速动作。节拍器可按需要调到准确的桨频数进行训练，运动员跟随节拍器的节奏划，长期训练，可培养运动员的桨频感，使运动员在比赛中能较好地分配体力。

再没有节拍器的情况下，教练员可利用电子秒表上的频率动能来控制训练的桨频。

⑤ 动作速度受遗传因素的强烈影响，选材时要特别注意选择高频率人才。但同时还要看到，动作速度素质在后天也是有可能发展的。

（2）动作速度的评定。

通过训练场与比赛场上的桨频测定来评定该队的动作速度。

（3）动作速度训练应注意的问题。

① 提高桨频应与掌握和保持正确的技术动作紧密地结合在一起。

② 提高桨频训练与专项比赛动作要求相一致，应对桨频提出严格的要求。

③ 在提高运动员的桨频练习时，应合理地变换练习的速度。将最高速度与变换速度的练习结合起来，把相对固定（有要求的）的速度练习与变化（无要求的）的速度练习结合起来，并且要避免桨频稳定在同一个水平上，力争让运动员超过平时的最高桨频。

④ 在提高桨频的练习中，练习的持续时间一般不宜过长。这是因为高桨频训练强度较大，对运动员的兴奋性要求较高，一般不宜超过20秒。

⑤ 练习与练习之间的间歇是由练习的强度所决定的，练习强度大，需要的间歇时间就应长些。但间歇时间过长会使运动员神经兴奋性下降，不利于用“剩余兴奋”来完成后面的练习，因此间歇练习也不宜过长，如持续时间10～20秒，强度达到95%以上的练习，间歇时间以30～90秒为宜。

3. 位移速度的训练

桨频与划距是决定位移速度的两个主要因素。因此，提高船速要围绕着提高桨频和拉大划距，以及使两者之间形成适宜的比例关系来进行。首先，要把提高桨频与增大划距的练习有机地结合起来，使划距与桨频都得到增长，避免偏废和畸形发展。然后，要根据本队的特点进行安排，对桨频快而划距小的队，就应在保持快桨频的前提下去着重拉大划距；对划距大而桨频慢的队，则要在保持划距的前提下去着重提高桨频。发展桨频和拉大划距应根据本队形态、素质、机能水平与训练水平来选择适宜的桨频和划距。

（1）发展位移速度训练的常用方法手段。

① 重复法、间歇法、比赛法。

通常采用50～100米的重复划、间歇划和比赛法。例如（4～6组）×［（50～100米）快划＋50米放松划］。或采用（4～6组）×［10桨慢划＋40桨快划＋20桨放松划］。

10桨慢划的作用是使船速提上来并跟齐桨，是训练速度，不然就变成练起航了。40桨快划的作用是为了提高速度，要求达到本队的极限，能量代谢为非乳酸盐供能。20桨慢划的作用使心率、神经系统的兴奋性、紧张的肌肉从高峰上走下来，得到舒缓和积极性的恢复。

② 发展桨频为主的练习。

利用外界自然条件发展高桨频。发展高桨频的各种训练方法如下，供参考使用。

a. 顺风：采用窄桨叶（4～6组）×［10桨慢划＋40～60桨快划＋20桨慢划］，桨频要求达到120～140桨／分。

b. 无风：采用窄桨叶（4～6组）×［10桨慢划＋40～60桨快划＋20桨慢划］，桨频要求达到120～140桨／分。

c. 顺风：采用正规桨（4～6组）×［10桨慢划＋40～60桨快划＋20桨慢划］，桨频要求达到120～140桨／分。

d. 摩托艇牵引，速度要求达到6米／秒，采用正规桨，（4～6组）×［40～60桨快＋20米慢］，桨频要求达到120～140桨／分。

e. 无风：采用正规桨，（4～6组）×［10桨慢划＋40～60桨快划＋20桨慢划］，桨频要求达到120～140桨／分。

f. 逆风：采用正规桨，（4～6组）×［10桨慢划＋30～50桨快划＋30桨慢划］，桨频要求达到120～130桨／分。在训练中采用测验或比赛法，在水上练习中比速度、比成绩。比赛是最容易激励情绪和鼓舞斗志的，能促使运动员发挥最快的速度，划出更好的成绩，提高运动员自信心。

③ 发展划距为主的练习。

划距的大小取决于形态、器材、技术与素质等因素。

a. 形态因素：主要是指运动员的身高、坐肩高、肩宽、上肢长。

b. 器材因素：划桨的长短。

c. 技术因素：下桨时转体前伸的幅度。

d. 素质因素：柔韧素质，力量素质。

形态因素与器材因素为拉大划距奠定了基础，而技术因素在很大程度上取决于人们的主观认识和努力。在训练中可采用大划距、低桨频（60～70桨／分）、6～8次×（1000～2000米），或者（6～8次）×10～20分定时划。专门练习拉大划距。

（2）位移速度的评定。

测定龙舟位移速度的手段通常采用短于主项距离或主项距离。要求为：

① 在运动员体力充沛、神经兴奋性高的状态下测验。

② 可测定1～2次，取最佳成绩。

③ 认真记录起航、途中、冲刺的桨频，以及全程的总桨数然后计算并评定。

（3）位移速度训练负荷量度的确定。

提高位移速度与其负荷的每个组成部分即练习强度，持续时间与间歇，以及重复次数密切相关。

① 负荷强度。

是运动负荷的主导因素，也是提高运动员位移速度的主要刺激因素。采用大的和接近最大强度完成速度练习时，运动员要高度集中注意力，最大限度地动员起来，使动作的频率快、幅度大，达到最高的速度水平。也可采用摩托艇牵引的办法，以超过自己最高速度5%～10%的速度进行练习，使运动员适应新的、更高的速度。

速度训练不能只局限于采用最大强度和接近最大强度的练习，交替使用85%～90%的强度进行练习，有助于提高快速能力。过多或单一安排极限与接近极限强度的练习，又限制完成练习的数量。

② 持续时间与间歇。

位移速度的训练持续时间通常很短，提高绝对速度的训练时间通常不超过30秒。在完成持续20秒以内的短时间训练时，人体的无氧代谢主要靠ATP与CP直接分解及时供能，因而不会出现工作能力过分降低的现象。

确定速度练习的间歇时间，应以运动员的工作能力得到相对完全恢复为准则，即在下一个练习开始时，中枢神经系统再度兴奋，既体内化学的变化在很大程度上已经得到中和。如果休息时间过短，运动员机体中的分解物质较快地积累起来，会降低继续完成高强度的训练质量。

根据速度练习的目的，工作的持续时间、强度和间歇有所不同。

周期性练习的间歇时间相对较长，持续时间相对较长，持续时间为10～15秒，次间休息3～5分钟，组间休息5～7分钟，在休息时可采用一些消除疲劳、按摩、放松划与伸展练习，心理调节，其目的是为完成后续练习创造适宜的条件，最大限度地提高位移速度，使运动员达到新的、更高的绝对速度水平。

③ 重复次数。

应根据运动员的训练水平，以及所采用的速度练习的性质和持续时间，训练课的特点来确定重复次数。

（4）位移速度训练应注意的问题。

① 发展最高位移速度每次练习的持续时间不宜过长，应使每次练习均以高能磷酸原代谢为主要供能途径，一般地讲，持续时间应保持在20秒以内。

② 多采用85%～95%的负荷强度，练习的重复次数不宜过多，以免训练强度下降。

③ 确定间歇时间的长短，应能使运动员得到相对充分的恢复，以保证下一次（组）练习的质量。

④ 由于位移速度具有多素质综合的特点，因而位移速度的发展与力量、耐力等其他身体素质的发展有着密切的关系。

⑤ 要求运动员把每一个练习都认真做好，一次训练课至少安排一项在困难的条件下完成的练习，定期采用“达极限”的方法做练习，在与即将到来的重大比赛十分接近的情况下进行练习与测验等，培养运动员竭尽全力、顽强拼搏的精神。

提高位移速度有两个基本途径：一是力量训练，使运动员力量得到增长，进而提高速度；另一个是反复进行专项练习。

无论通过哪个途径提高位移速度，都应确定适宜的训练负荷。

（十）龙舟水上专项力量素质训练

水上专项力量练习既发展了力量，又解决了技术问题，还可培养运动员的水感，效果显著。因此，发展力量时要考虑一般力量训练和专项训练相结合，水上与陆上相结合，陆为水用的原则，这样训练才能取得显著效果。

1. 水上发展专项力量素质训练的方法手段

（1）无风：1、3、5、7、9号桨位划，2、4、6、8、10桨位休息，划2×［4×（20～30桨）+1000米放松划］，每组完成后交换。

（2）逆风：1、3、5、7、9号桨位划，2、4、6、8、10桨位休息，划2×［4×（20～30桨）+1000米放松划］，每组完成后交换。

（3）无风：1、3、5、7、9号桨位划，2、4、6、8、10桨位挡水，划2×［4×（20～30桨）+1000米放松划］，每组完成后交换。

（4）逆风：1、3、5、7、9号桨位划，2、4、6、8、10桨位挡水，划2×［4×（20～30桨）+1000米放松划］，每组完成后交换。

2. 水上专项力量素质训练应注意的问题

水上专项最大力量训练手段仅限于在训练的初、中期使用，临近比赛时不宜再用，因为这种训练方法容易导致肌肉僵硬，协调性差、技术动作变形、跟桨不齐、桨频提不高。

（十一）龙舟运动水上训练的安全常识

在江河湖海水库训练时，首先应了解训练水域的有关情况。水下是否有水草、暗礁、暗桩、渔网、沉船等障碍物，在有暗礁、暗桩、沉船的地方应用醒目标志标出；训练水域是否会出现暗流、激流、漩涡；水深应在2.5米以上，水太浅阻力大，训练费劲。水质状况良好；水上训练不宜选择在工厂、医院、附近有废水污染的水域和船只来往较多的水域，更不宜在泄洪闸口处训练。

下水前应首先教会队员如何平桨，保持船的平衡稳定；上传时，首先船外侧的1、3、5、7、9号桨位队员上船，并平桨保持船的稳定；接着船内侧的1、3、5、7、9号桨位的队员上船，并平桨保持船的稳定；再接着船外侧的2、4、6、8、10号桨位的队员上船，并保持船的稳定；最后船内侧的2、4、6、8、10号桨位的队员上船。

上岸时同样也要注意安全，首先船内侧的1、3、5、7、9号桨位队员上岸，接着穿外侧的1、3、5、7、9号桨位队员上岸，再接着船内侧的2、4、6、8、10号桨位队员上岸，最后船外侧的2、4、6、8、10号桨位队员上岸。

如左右桨手交换位置、掉头转弯或靠岸时，如何保持船的稳定，教练员应有要求。

每节水上训练课教练员必须跟船训练，在水上训练时如果遇有4~5级风浪时（即出现白色浪花），或出现闪电暴雨时，应停止水上训练。新组建的龙舟队在有3~4级风浪时不宜下水训练，避免出现安全事故。女子龙舟队如有大部分队员不会游泳时，下水时应配备救生衣。

水上训练应避免出现横浪。遇有横浪时，船很难保持平衡。应将船改变方向，使横浪变成前后侧横浪，这样容易保持船的平衡稳定。

水上训练过程中，如在船上间歇时，队员最好不要在船上站立，尤其是有风浪的天气，以免落入水中。如果需要整理装备等，也要尽量保持低重心，尽快整理好后坐回自己位置。

水上训练烈日当头，运动员应佩戴太阳帽，并应带上饮用水，以防止水面强烈的日晒或中暑。

四、龙舟船桨等器材的保养

水上训练时应千万注意船底切勿被石头、暗桩、暗礁等其他硬物顶坏或划伤。在离岸与靠岸时，不要用桨叶撑，而应用桨柄撑，否则桨叶易损坏。训练完毕，桨不要堆放在一起，应将每一只桨井然有序地放好，保持通风，并注意不要曝晒。

鼓在训练时注意不要被雨淋，更要注意不要用尖锐物敲打，存放时不要将重物压在鼓上。

每年龙舟比赛完毕后，应将龙舟放进船库，并将船翻过来放在船架上。桨应码放好，要注意防止变形，并注意放在阴凉通风干燥处。

思考题

1. 简述龙舟运动的分类及项目。
2. 龙舟运动的技、战术有哪些?
3. 简述龙舟运动的教学方法。

第二十章　休闲体育

第一节　轮　滑

一、轮滑运动概述

（一）轮滑运动的锻炼价值和特点

轮滑运动是一项集健身、竞技、趣味、娱乐、技巧、休闲、惊险于一体的全身性运动。从20世纪80年代开始风靡世界，尤其在欧美国家更加流行。轮滑运动中要求练习者灵活变换重心，维持动态平衡。轮滑在腿部用力上有侧蹬用力的特点，在学习过程中必须克服陆地上走或跑时后蹬用力的习惯，建立向侧用力的概念，掌握正确的用力方法。轮滑运动的锻炼价值：促进心肺功能，改善和加强代谢系统，对增强臂、腿、腰、腹等肌肉力量和各关节灵活性效果显著；能够表现自我，挑战自我，增强自信心；培养审美情趣和艺术美感。

（二）轮滑运动的装备

1. 轮滑鞋

轮滑鞋根据形式的不同，分为双排轮滑鞋和直排轮滑鞋两种。双排轮滑鞋主要应用在花式表演和轮滑球运动；直排轮滑鞋主要应用于速度比赛、平地花式、轮滑球和室内外休闲，是目前轮滑鞋的主流。（图20–1–1）

2. 护　具

护具是最容易被忽视但又很重要的一项装备，包括头盔、护肘、护腕和护膝。带护具不仅能保护自己，还能保持良好的练习心态。（图20–1–2）

图 20–1–1

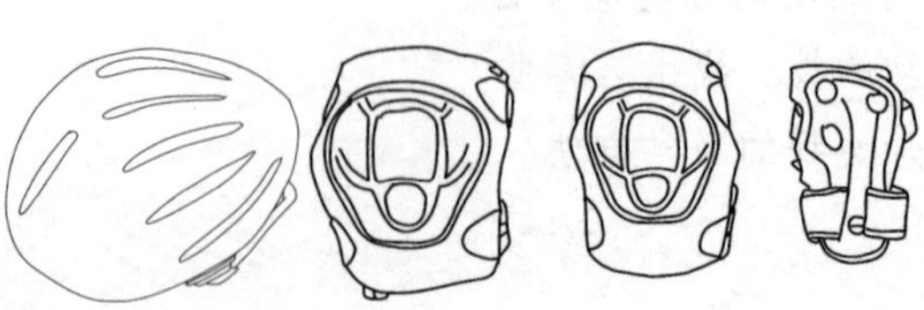

图 20–1–2

二、轮滑的基本技术

（一）站立、平衡和移动

1. 站立姿势

（1）“丁”字形站立（图20–1–3）：将左脚脚跟紧靠在右脚的内侧（或将右脚脚跟紧靠在左脚的内侧），使双脚形成“丁”字形。双膝微屈，重心稍偏于位置居后的脚上，上体略前倾，抬头，目光平视前方，两臂在体侧自然打开，以控制身体平衡。

（2）“八”字形站立（图20–1–4）：双脚成“八”字形自然分开，双脚脚跟靠近，双膝微屈。上体微屈，身体重心放在两脚之间，保持身体平衡。

（3）平行站立（图20–1–5）：双脚分开，与肩同宽。两脚脚尖稍内扣，上体微前倾，双膝微屈。身体放在两腿之间，保持身体平衡。

2. 原地移动重心

在双脚平行站立的基础上，上体向一侧移动，并逐步将身体重心完全移至一支撑腿上，待平稳后，上体再向另一侧腿上移动，并将身体重心完全移到该腿上。反复练习。

3. 原地踏步

在“八”字站立的基础上，重心移到一脚上，另一腿微屈上抬，使脚离地面5～10厘米再落下，重心移至另一脚，交替练习。

4. 原地蹲起

在双脚平行站立或“八”字站立的基础上，做下蹲、起立动作，身体重心放在两腿之间，两臂自然打开。（图20–1–6）

5. 两脚原地前后滑动

在平行站立的基础上，做一脚向前一脚向后的来回滑动练习，两臂前后摆动，像走路一样配合双腿运动。

6. 向前“八”字走

在“丁”字步或“八”字步的基础上，一脚向前迈出一小步，脚尖向外侧，呈“八”字形落地，同时身体重心迅速跟上，当重心完全落到前脚时，后脚再抬起向前迈，两脚交替进行，移动身体重心。（图20–1–7）

7. 横向迈步移动

在平行站立的基础上，一腿向侧迈出一步，随之身体重心迅速跟上，另一腿收回，在内侧靠拢着地，并承接重心，然后换腿练习。

图 20–1–3

图 20–1–4

图 20–1–5

图 20–1–6

图 20–1–7

丁字形站立

八字形站立

平行站立

原地移动重心

原地踏步

原地蹲起

两脚原地前后滑动

（二）滑　行

1. 双滑行练习

在学会“八”字走的基础上，连续走几步，然后双脚迅速并拢，两脚由“八”字形变为平行，借助惯性向前滑行。动作的关键是重心保持在两脚之间。

2. 低姿交替蹬地滑行

膝踝微屈，呈半蹲状态两脚同时向外侧蹬地，使双脚同时开始向前滑行，重心随之偏向左脚，左腿变成支撑腿。右脚在稍加蹬地后迅速回收，向左脚靠拢，脚尖向外侧，落地自然呈“八”字步，同时重心向右腿上移，左脚开始蹬地，如此交替进行。（图20-1-8）

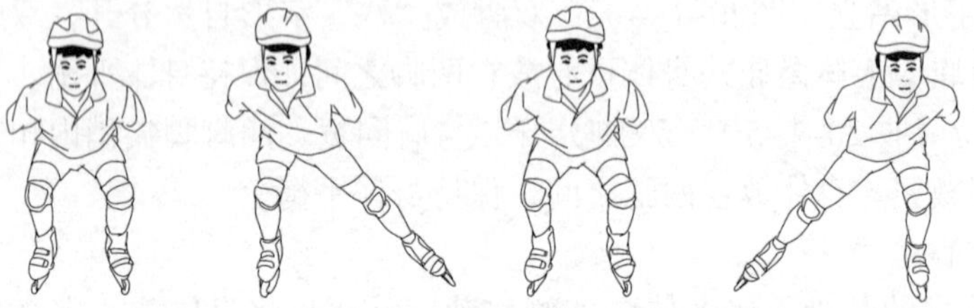

图 20-1-8

3. 高姿交替蹬地滑行

在低姿势交替蹬地的基础上，右脚侧蹬地，重心随之移向左脚，变成左脚支撑滑行。右脚蹬地结束后放松收腿，当右脚靠近左脚时，重心开始回移，左脚开始蹬地。右脚落地后变成右腿支撑滑行，然后收左腿，两脚交替蹬，交替滑行。

4. 向前直线滑行

原地两脚呈“T”字形站立，左脚在前，右脚在后，两腿稍弯曲，用右脚内侧蹬地，重心慢慢移至左脚；右脚蹬直后右腿蹬离地面；变成左脚向前滑行，然后右脚在左脚的侧面落地后，左脚重复上述动作，成右脚向前滑行。两脚交替向前直线滑行，整个滑行过程中，两手自然向侧分开，帮助维持身体平衡。

5. 蛇形向后滑行

平行站立开始，两脚分开（约一脚距离），两腿弯曲。用右脚内侧蹬地，身体重心移向左侧，变成左脚向后滑行；右腿在体前伸直，随即右脚放在左脚侧面，恢复成开始姿势，然后用左脚蹬地，重复上面动作。做蛇形向后滑行时，要注意在滑行中上体始终保持前倾姿势，两膝保持弯曲，两手在体侧分开侧举。

（三）滑行停止法

1. “八”字形停止法

在获得一定向前滑行速度后，两脚平行分开站立，随后脚尖内转，两脚以内侧轮柔和压紧地面。两腿弯曲，上体稍前倾，臀部下蹲，两臂前伸维持身体平衡。

八字形停止法　　T 形停止法

2. “T”形停止法

左脚向前滑行开始，右脚在左脚后跟处呈“T”形放好后，将右脚慢慢放在地面上，以内侧轮柔和压紧地面，减缓向前滑行速度，直到停下来为止。

3. 双脚急停

在向前滑行时，两脚同时做顺时针（或逆时针）方向急转，左脚以内侧轮、右脚以外侧轮滑行方向成90° 角压紧地面，同时身体向右急转，重心移到右腿上，两膝弯曲，两臂前侧伸，滑行即可停止。

（四）弯道滑行

弯道滑行技术与直道滑行技术有很大的区别，弯道滑行技术特点在于练习者用交叉步滑行，由于向心力的作用，上体不仅前倾，而且还要向后侧倾。

1. 走步转弯

在向前做“八”字走或半走半滑时，如果向左转弯，在每一次脚落地时脚尖都向左转动一点，身体也随之向左转动一点，逐渐呈弧形的走滑路线，如果向右转，动作方向相反。

2. 惯性转弯

在滑行获得了一定的速度后，两脚平行稍靠近些，如果向左转，则左脚略靠前，右脚靠后，重心落在两脚之间1/3处，前腿略弓，后腿直，身体重心压在左脚和右脚的左侧，利用惯性向左侧滑一较大的弧线，如果向右转，动作相反。

3. 短步转弯

在学会慢的转弯技术的基础上，身体姿势较低，重心完全落在左腿上，甚至超出左腿的支点，右脚向右侧蹬后迅速收回，靠近左脚落地做非常短暂的支撑；此时左脚迅速向左稍转脚尖，右脚再迅速向侧蹬出，连续做此动作就可以加速转弯，如果向右转动作相反。（图20–1–9）

图 20–1–9

4. 左脚支撑，右脚连续蹬地滑行

从站立姿势开始，左脚用外侧蹬地后迅速与右脚并拢，接着右脚再做一次蹬地动作，左脚继续做前外曲线滑行。

5. 在圆弧不连贯的交叉步滑行

在圆弧上用直线滑行方法，中间插入弯道交叉步，当左脚有稳定的平衡时，右脚向左脚左侧前方迈一小步。只要右脚有短暂的滑行之后，左脚就迅速从右腿后方收回，同时右脚蹬左脚直线滑行，反复练习。

第二节 瑜 伽

一、练习瑜伽的准备

（一）练习前的准备

（1）环境应安静幽雅，温度应适宜怡人。如果是在室内练习，灯光应偏向自然、柔和；通风换气，保证空气清新，以便静心和集中注意力。

（2）练习前，排尽体内废物，换上宽松、柔软、舒展、撑拉的服装，严禁穿紧身内衣练习；在允许的环境中，赤脚练习较好；不戴任何饰物，保持脸部洁净。

（3）为让紧张的大脑和神经系统更快地放松，可以点上香熏炉，让空气中弥漫着自己喜欢的、沁人心脾的芬芳香味。

（4）配上宁静、舒缓、悠扬的瑜伽音乐，使人联想到纯净、美好的大自然，易于消除杂念。

（5）对于初学者和柔韧性不好的人来说，准备一条毛巾做辅助是必不可少的。为防止做地面动作时受伤，应准备一块薄地毯或健身垫。

（二）练习的心理提示

（1）将瑜伽当作娱乐、当作令人快乐的事来做。放松心情，愉快地练习，不要一味地追求高难度的动作，不要强迫自己在短时间内达到演示者的水平。

（2）瑜伽的练习需要大家抱着对自己身心健康高度负责的态度来进行。对于较高难度的动作，在还没完全明白前，不要擅自进行。务必在教练指导下逐步完成，以确保身体不受到任何损伤。

（3）瑜伽的奥妙要亲自体会才能有所领悟。参考书中的内容最适合业余瑜伽爱好者，但请勿期望立即生效。至少需要三个月持续的练习，方能有效果，持续时间越长，效果越显著。

（三）饮食提示

瑜伽练习要达到健身、美体、养颜的效果，饮食是不可忽视的要素。

（1）练习前三小时不进正餐，半小时前不大量饮水（除特殊要求外）；练习结束15分钟至半小时后，饮富含维生素的果汁或纯净水一杯，帮助补充水分，排除毒素。

（2）平常饮食适时、适量，以绿色植物为主。饮食是血液质量、纯度的根源，摄入果蔬类植物性食物与肉类动物性食物的比例应为3∶1。

（3）少食或不食用刺激性强的食物，如过冷、过热、辛辣、油炸、腌制、含防腐剂或甜食类食品。

（4）饮食过程情绪平和，速度适中。

（四）准备姿势

任何一个准备姿势，必须保证动作和内心稳定，气息调顺。

1. 站　姿

60%的重心置于前脚掌，双腿夹紧并拢；向上提臀，使臀线上提；脊柱向上挺拔；收紧腹部和胃部；展开胸腔，肩胛骨微微后夹；向上伸展颈项，感觉头部被向上牵引；正视前方。（图20–2–1）

2. 简易坐姿

坐于地上，双腿自然弯曲，盘起；双手轻放于膝盖上。（图20–2–2）

3. 直角坐姿

双腿伸直、并拢；背部直立，头部端正；双臂自然支撑于体侧。（图20–2–3）

图 20-2-1　　图 20-2-2　　图 20-2-3

（五）放松姿势

在每个姿势练习完之后，都必须彻底放松全身，不要将疲劳带到下一个姿势。任何一个放松姿势都要求：全身脏器完全地放松，意识要尤其针对疲劳、酸痛的部位。

1. 折叠式放松

直立下蹲，含胸低头；两臂自然下垂，半握拳，用大拇指和其余四指支撑着地。（图20-2-4）

2. 仰卧式完全放松

仰躺于地面，双臂分别于体侧打开30°，手心向上，双腿自然分开30°。（图20-2-5）

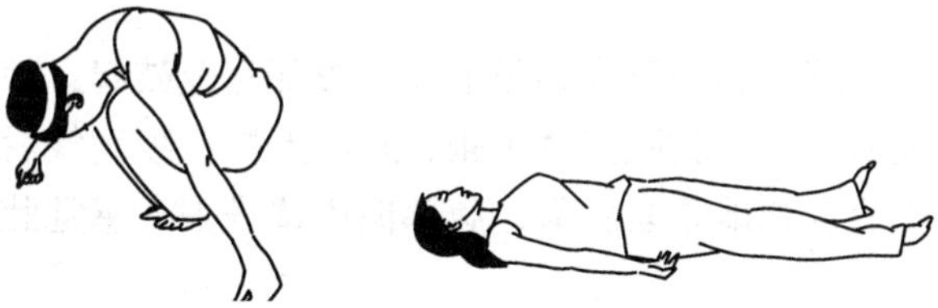

图 20-2-4　　图 20-2-5

3. 俯卧式完全放松

俯卧于地面，头转向一侧；双臂分别于体侧打开30°，手心向上，双腿自然分开30°。（图20-2-6）

4. 英雄式放松

双膝并拢，两脚分开，臀坐落于两脚之间的地面上；手肘支撑，慢慢地将上体和头部有控制地放落到地面上；双手自然打开于体侧，手心向上。初次练习时，可将双膝稍稍分开练习；深呼吸，长久地保持这个姿势，对腿部有疼痛毛病的人有益。（图20-2-7）

图 20-2-6　　图 20-2-7

二、呼吸和悬息

（一）呼　吸

瑜伽的呼吸又称为调息。完全的瑜伽式呼吸能使肺部更加强健，增加对身体的氧气供应量，规律性地按摩内脏器官。

最基本的呼吸方法有三种：胸式呼吸、腹式呼吸和胸腹式完全呼吸。

1. 胸式呼吸

气息的吸入，局限于胸腔的区域，气息较浅，这种呼吸适宜做针对性较强的动作（例如，上背部和胸部的动作）。

动作要领：意识集中于肺部，缓缓吸气，感觉自己的肋骨向外扩张，气息充满胸腔，保持腹部的平坦；缓缓呼气放松胸腔，将气呼尽。

2. 腹式呼吸

气息的吸入，局限于腹部的区域，气息较深，横膈膜下降得较为充分。

动作要领：更多地关注腹部，缓缓吸气，感觉腹部被气息充分膨胀，向前推出，胸腔保持不动；缓缓呼气，横膈膜上升，腹部慢慢向内瘪进。

腹式呼吸

3. 自然完全的呼吸（胸腹式呼吸）

自然完全的呼吸提供给身体最充足的氧气，将体内的浊气、废气充分地排出体外。

动作要领：缓缓吸气，感觉到由于横膈膜下降，腹部完全鼓起；随后，肋骨处向外扩张到最开的状态，肺部继续吸入氧气，胸腔完全扩张，胸部上提；吸满气后，缓缓地呼出，放松胸腔，将胸部的气呼出，随后温和地收紧腹部，腹部向内瘪进去，感觉肚脐去贴后背，将气完全呼尽为止。

呼吸时的注意事项如下。

（1）意识力集中到一呼一吸上。

（2）瑜伽呼吸只有在特殊情况和要求下，才由口腔参与呼吸，一般只由鼻腔参与活动，因为鼻腔对灰尘和细菌的防御措施较为完备。

（3）每一次吸气时，犹如在品尝空气一般，缓缓而深长地吸入。

（4）每一次呼气时，犹如蚕吐丝一般，细而悠长。意识中要将体内的浊气通通排除。

（二）悬　息

悬息是指在调息过程中屏住呼吸的这段时间内的状态，是在调息练习已有一段时间，并能够毫不费劲、从容自如地控制并调节吸气和呼气的完整过程后，开始进行练习。

悬息分为内悬息和外悬息两种。内悬息是指吸气后蕴气而不呼；外悬息是指呼气后闭而不吸。

1. 内悬息的练习

状态：吸气—内悬息—呼气。

时值：吸气、内悬息、呼气三者的时间相等。

时间：吸气、内悬息、呼气的第一个阶段1～4秒钟、第二阶段1～ 7秒钟、第三阶段1～9秒钟。

2. 外悬息的练习

状态：呼气—外悬息—吸气。

时值：呼气、外悬息、吸气三者的时间相等。

时间：呼气、外悬息、吸气的第一个阶段1～4秒钟、第二阶段1～7秒钟、第三阶段1～9秒钟。

3. 悬息的效果

正确而有规律的悬息练习，给身体健康带来极大的益处，可帮助清除肺部的浑浊气体，清除血液系统中的毒素，加大对人体的氧气供给量，使人精神焕发，头脑清晰，内心平静稳定。

三、瑜伽坐姿

瑜伽所有坐姿都具有减少下肢的血流量，减缓血液流速；消除下肢的僵硬和疲劳；给予脊柱下半部分补养的作用，对腹脏器官有益。

（一）简易坐

简易坐

坐于地面，双腿自然弯曲盘起；双手轻放于膝盖上。（图20-2-8）

特点：可以减轻风湿疼痛，消除关节炎。

（二）雷电坐

跪立，双膝并拢，大脚趾交叠，脚跟、脚踝像括号一样，向左右两边分开；背部垂直于地面，臀部坐于两脚内侧。（图20-2-9）

特点：适合于患有坐骨神经疼、尾骨感染及胃病的人练习。

图 20-2-8

图 20-2-9

（三）达仁坐

直角坐姿准备，背部自然伸直，将右脚跟顶住会阴部，右脚脚底紧贴大腿；将左脚置于右脚上，左脚脚跟靠近耻骨，前脚掌和脚趾插进大腿和小腿之间。（图20-2-10）

特点：患有坐骨神经痛、尾骨感染的人避免做这个姿势。

（四）莲花坐

莲花坐

直角坐姿准备，将右脚脚背置于左大腿根上；再将左脚脚背置于右大腿根上，两只脚的脚心朝上；两膝向下，贴近地面；伸直背部，端正头部。（图20-2-11）

图 20-2-10

图 20-2-11

特点：有益于呼吸系统和消化系统的健康，使神经系统也充满活力，消除紧张情绪；使下肢的肌肉富有弹性，各个关节柔韧、年轻，虽然久坐，也不会出现充血。

坐姿重点提示：

（1）双手帮助将脚盘放到准确的位置上。

（2）每一种坐姿都要左右换腿练习。

（3）一旦有不适感觉，一定要放松、按摩腿部，或交换腿来练习。

（4）坐姿的时间一长，有人会驼背、低头，请时时注意保持腰部、背部、颈部、头部成一条向上的直线。

（5）刚开始练习，尤其是练习难度较大的坐姿时，时间长了脚背、脚踝、膝盖、髋部，甚至是腰部都会容易出现不适的现象，对于初学者来说这是很正常的现象，只要及时地按摩放松，不会有任何负面影响，坚持一两个月就会剩下舒适的感觉了。

四、瑜伽休息术

（一）休息术

瑜伽休息术，是一帖简单而有效的放松身心的良方，任何人都可以做。

休息术包括：放松身体各部位、精力充沛后起身等。

我们在日间进行休息术时，最好保持清醒状态，注意力集中，以达到放松的最佳效果。瑜伽休息术在夜间进行时，目的在于帮助人身心尽快放松，消除失眠的痛苦。临睡前躺在床上，进行全套的瑜伽休息术，不必从头至尾保持警醒状态，自然而然地做着休息术直到睡着。如果能做到放松全身各部位后再睡着就更好了，这样次日早晨醒来会感觉轻松、舒畅、神采奕奕。

准备好瑜伽垫，开始瑜伽休息术。仰躺于垫子上，端正全身，使脊柱伸直、放平。伸直双臂，置于体侧15°的位置，双手手心向上，两脚分开约33厘米的距离，全身以最舒适的状态保持不动，闭上眼睛。

（二）休息术结束起身

动一动脚趾、手指，捏一捏拳，感觉到身体慢慢地变暖了。

用力搓热双手，掌心轻轻覆盖在面颊、前额、太阳穴上轻轻地按摩，按摩鼻子的两侧。

用手掌向上推送下颚，用手指尖轻轻敲击眼眶四周，搓揉耳廓、耳垂。

将身体向右侧卧，右手支撑头部，左手轻轻按摩并敲打百汇穴，使头脑警醒。

闭着眼睛，盘腿坐起，调息三次后，睁开眼睛，感觉到明亮的视线。

缓缓起身，直立，完成整套瑜伽休息术。

第三节　台　球

一、项目概况

台球运动至今已有五六百年的历史，它起源于西欧。公元14世纪，在英国，台球活动非常受人们的重视，而且还有严格的台球活动礼节，如在打球时，有客人来，必须轻轻开门入室，不得高声谈话和喧叫，以免影响打球人的沉静思考。现在台球厅、台球室，也都有类似的不许高声喧哗和吸烟等明文规定。

到了19世纪初，台球运动的发展开始走向成熟阶段，在技术提高的同时，设备用具也随之发展，许多大大小小的改进和发明创造不断涌现，如在1827年左右采用石板做球台台面，到1831年用橡胶取代毛屑或棉花来包裹球台的台边；19世纪初在木制球杆的秃头加一块皮头。

20世纪80年代，台球在我国逐步普及和发展起来。1980年举办了第一次全国台球赛。1986年，我国成立了中国台球协会，各省市也相继成立地方台球协会。1987年3月，中国国际台球大赛在北京举行，有8位来自美国的世界台球高手和8位中国选手参加比赛。通过电视转播，全国约有1亿观众欣赏了这次高水平转播，在我国掀起了一股台球热。在许多体育场馆、俱乐部、娱乐中心、大宾馆、饭店都设有台球厅、台球室，许多村镇、大街小巷常可见到台球桌。2005年，中国台球选手丁俊晖取得了中国公开赛冠军和英国斯诺克台球锦标赛的冠军。2007年，潘晓婷在世界台球锦标赛决赛中击败对手，成功登上世界冠军宝座，成了中国首位台球世界冠军。2014年12月3日，世界台联宣布中国斯诺克球手丁俊晖已确定在新的世界排名榜上跃居世界第一，他也成为台联有史以来第11位世界第一，同时也是首位登上世界第一的亚洲球员。

二、台球运动的特点

台球是一种高雅的活动。早期的台球都是由上好的象牙制成，而现在使用的多是优质的塑料。塑料球弹性和韧性都较好，而且质地均匀，重心位置准确，不受气候环境影响。

台球打法和其他球类打法不同，比如，足球、篮球、网球和排球等，都是直接把球踢进球门、投入篮筐、打过球网等。而台球则是先打白色主球，再由主球把目标球撞进球袋或连续碰撞两个目标球方可得分。不但要把球打进球袋得分，还要考虑打进一个球后，主球能停留在理想位置，为打下一个球做准备。

学打台球必须了解用球杆怎样打，打主球的哪个部位，球会产生怎样的旋转变化等。一定要弄明白球的运动状态与球性。

三、基本技术

（一）身体姿势

身体要面向所击的主球与目标球。如果是右手持杆，则左脚稍靠前，右脚稍后，两脚之间形成50° 左右的夹角，站成“八”字步。也可站成“丁”字步，侧身向球台，左脚前，右脚后，两脚之间自然形成一个80° 左右的夹角。第一种较普遍，初学者往往喜欢“丁”字步，其实“八”字步更有利于瞄准，站“丁”字步只是在击某些特殊的球时使用。

击球时要全身放松，只在击球一瞬间才用力，两脚站的宽度与肩齐宽。身体要正面面向球台，击球时弯腰，身体向前俯，全身的重量要压在脚上，而绝不能压在手上，不然会影响击球。

（二）正确的握杆方法

握杆时要握牢球杆，不使球杆滑动，但又要使手处于松弛状态，这样击球才有力量，才有弹性。

最佳的握杆位置由球杆的重心位置、击球的力量和被击主球的位置这三个因素所决定。

一般球杆的重心位置在杆尾1/3～1/4处，凭手感大约可以估计出来。重心的测量方法：伸直左手或右手的食指，将球杆摆在食指上，然后慢慢调整球杆位置，能使球杆平衡的那一点即是球杆的重心位置。

找到重心后，握杆的位置就可以确定了，一般是离重心向杆尾一端的6～9厘米。击打不同位置的球时，握杆位置也要适当变化。

（三）瞄准方法

1. 基本的瞄准方法

眼睛、主球、目标球三点成一线是最基本的瞄准方法。当然，球杆是随着眼睛转的，因此，实际击球时，球杆、主球、目标球三点在同一直线上。

瞄准点就在进袋直线上，距目标球后一个球半径长度的点位上，形象地看上去，就好像是目标球长了个小尾巴，所以直接找点法又被称为“看尾巴”。要想练出高超的弹无虚发的瞄准击球水平，必须达到“角正、点准、杆直”的基本功标准要求。

2. 不同位置球的瞄准

（1）击边缘球的动作。

要注意击球时的手架，以球台边框为球杆的支架，食指轻轻按住球杆；下巴贴在球杆上，两眼与球杆呈一条垂直线。

（2）击球台中央球的动作。

可以爬上球台击球，但爬上球台时身体不可触动其他球，且必须有一条腿着地，否则算犯规。

（3）主球在边沿时的击球动作。

要注意击球时左手的手架，四指按在球台边框上，以平背式手架架起球杆，击边沿球只能轻击，重击则达不到效果，因为球台的边框挡住主球，只能击中主球的上部，击球过于使劲可能会产生滑杆。

（4）使用杆架的击球动作。

击球者双手都支撑在球台上，右手持住球杆的尾部，球杆对正鼻梁以便瞄准，注意击球的瞄准动作以及持杆手势。使用架杆击球一般都是轻击球，击球时注意将球杆直线平稳地向前推进，切不可晃动。

（四）击球技术

1. 基本要求

击球时要注意有弹性，使用瞬时爆发力，这些都在于腕力的使用。击好球还要做好手架，击球动作完成后才撤掉手架。在瞄准击球时，要把注意力集中在目标球上。轻击主球时，手臂用力应以手肘关节为轴心，手肘推进球杆击主球；重击主球时，要用上整个手臂的力量，这时是以肩关节为轴心，整个手臂平稳地将球杆向前推进。

2. 常用杆法

（1）推进球。

水平持杆，击打主球中心点、中左点、中右点，即在击球时采用中杆击球。击球时，主要靠前臂前后运动并带动腕部，将球杆推出。当主球与目标球相撞后，目标球前进，主球也同时跟在目标球后面，缓缓向同一方向前进，行进一段路程后，才慢慢地停住，这就是推进球的打法。这种击球方法，用在当主球跟进距离不大而能为下一击创造条件或给对方制造障碍球时使用。注意用力要适中，不宜过重或过猛，否则会变成跟进或定位球。

（2）跟进球。

跟进球又称“高杆”，水平持杆。击打主球中上点、左上点或右上点，即采用中高杆、左高杆或右高杆，主球分别向正前方、左前方、右前方跟着目标球前进。在击球时，要运用前臂的力量，同时摇动腕部，使主球与目标球相撞的瞬间，主球将前进的力传递给目标球，目标球开始向前运动，而主球则较为明显地在原地稍停一下，然后靠自身保存的上旋转力量，迅速向前跟进，并且前进的距离较长。为了准确地掌握不同的跟进距离，可在前进路线的一侧不同距离处，摆上四五个球做标志，由近及远、循序渐进地练习，当做到跟进的距离能按自己的意愿实现，此练习就算合格了。

3. 球的击点

用球杆击打主球上的点叫击点，也称撞点。面对主球平视，是个圆形面，这个圆形面上到处都是可以打的击点。球和球杆上的撞头都是圆球面形的，如果球杆上的撞头在圆球的边缘部位时，由于角度过斜，便要发生打滑现象（称滑杆），说明主球的球面上，不是都可以用球杆击打的点位，而是有一定范围限制的。

多数情况下，都是击打白球的正中点。正中点球准确度高，易掌握，是最主要的打法。通过变化白球的击打点所产生的上旋球、侧旋球、回旋球、定点球等不同效果，以及无法直接进球时，求借于台面四周边垫的帮助和台面上其他球的帮助，将球击入袋的反弹球和借助球等等。

（1）上旋球。

上旋球又称跟进球，击打球的正上方，白球在向前运动时，会有一股很强的上旋力，使白球在撞击目标球后，还会跟进很长一段距离。白球在将红球送入袋后，跟着红球走了很长一段距离才停下，这样就为接着打黑球创造了有利条件。

（2）侧旋球。

侧旋球是对准白球的左侧或右侧击球。当打白球的右侧时，白球走向左边，然后再右转回来，当撞到顶边后，向左边反弹，而且反弹角度比正常反弹角度加大了许多。反方向朝底边打右侧的效果，在击白球左侧时，白球先偏右再回左，碰到底边后，向右反弹，但是反弹角度缩小。所以，运用侧击打旋转球，不但使白球以弧线运行，而且可以扩大或缩小白球反弹角度。打侧旋球最重要的一点是直接瞄准白球左侧或者右侧。侧旋球虽然很有魔力，但很难掌握白球的去向，风险较大。

（3）回旋球。

用普通的击球方法，打白球的低位中点，就可以成功地打出白球碰到目标球后迂回走的回旋球来。打回旋球时，架桥整个要降低，以使球杆同台面基本保持平行，然后瞄准白球底部中点，以正常方式送杆击球。如果白球同目标球之间的距离超过20厘米以上，打回旋球应付已很困难。

（4）定点球。

当白球和目标球距离很近的时候，快速轻击白球的低位中点，白球在撞击到目标球后，就会即刻停在目标球原先所在的位置。这种打法便称之为定点球。如果两球相距较远的话，要打出定点球，击打的部位就应再低一点。

（5）反弹球。

反弹球是先将目标球击向台面任何一边垫上，利用边垫反弹进球。反弹点是目标球同进球袋口所形成的夹角的中点。击球力度大小和不同球桌橡皮垫软硬程度会影响反弹角度。

（6）借助球。

借助球大致上可以分为两类：一种是以第一个目标球去撞击第二个目标球，结果将第二个目标球撞入袋；另一种是以第一个目标球去碰撞第二个目标球，结果将第一个目标球碰入袋。

四、礼　仪

（1）双方通过抛硬币决定谁先开球，但是注意不要在台球桌面上旋转硬币，以免损坏台布。

（2）当双方在打球时，尽量保持肃静，注意不要站在对方瞄准的袋口后面，或者其他容易影响到打球方的位置。

（3）在友谊赛和平对阵时，场上无裁判。这时，在对方进了彩球后，应该帮忙将彩球摆回台面，并且主动报分数。

（4）当自己打了失误球时，即使裁判没有看出，都应主动声明。

（5）要有端正的态度和良好的举止。

第四节　游　泳

一、概　述

（一）游泳简介

游泳的起源和发展经历了人类社会的各个历史阶段，是与人类社会的生产劳动、生活娱乐以及战争等活动紧密联系的，是人类在征服自然、改造自然的生产劳动中产生的，是在满足人们的娱乐、竞争的需要中发展起来的。

近代游泳是19世纪中期和20世纪初期在英国和澳大利亚等国出现并逐渐发展起来的。1912年，我国参加的由菲律宾、中国、日本3国参加的远东运动会游泳比赛，是我国第一次参加在国外举行的国际游泳比赛。中华人民共和国成立后，游泳运动得到了很好的发展，1993年12月，在首届世界短池游泳锦标赛上，我国夺得包括接力在内的10个项目的金牌，刷新9项世界纪录，成绩辉煌，震动了世界泳坛。2012年伦敦奥运会上，叶诗文赢得了400米混合泳的冠军。中国男子游泳选手崛起，势头良好，2012年伦敦奥运会上，孙扬夺得了400米自由泳金牌。在2021年第32届奥运会上，中国游泳队获得3枚金牌、2枚银牌、1枚铜牌。截至2022年6月，中国运动员手握两项世界纪录，分别是刘湘的女子50米仰泳（27秒35）和女子4×200米接力（7分40秒33）。

（二）游泳的锻炼价值

1. 健美体形

近年来一些研究人体形体和形态的专家指出，游泳能帮助人矫正某些不正常的体形。因为游泳时，人总是要尽量伸展脊椎，加长划水动作路线，这对矫正驼背、脊椎侧弯和预防驼背和脊椎弯曲都大有好处。同时，游泳时人体靠水的浮力托起，身体各部位特别放松，非常舒展。在这种情况下活动，可以使身体各部分机能得到均匀和全面的发展。所以，经常参加游泳锻炼能够塑造一个健美的体型。

2. 滋润皮肤

经常游泳的人，由于身体在水中受到水流轻轻地摩擦，再加上水中含有一些矿物质和游泳池水的漂白作用，促进了皮肤毛细血管中的血液循环和表皮细胞的代谢，如果游泳后抹上一些防晒霜或护肤霜等化妆品，还可以使皮肤洁白柔嫩、光滑圆润，并富有一定的弹性。

3. 增强心肺功能

经常参加游泳的人，能使心脏得到很好的锻炼，使心肌发达，收缩能力增强，促进机体的新陈代谢。

二、常用泳式

（一）蛙泳学练方法

蛙 泳

1. 腿部动作

（1）动作要求。

两腿自然并拢，大腿带动小腿向前收，边收边分。当大腿与躯干呈130° ～140° 角时，两膝与肩同宽。两脚紧靠臀部时，两脚勾脚外翻，脚和小腿内侧对准后方，大腿发力，小腿和脚向后做弧形蹬夹水，蹬夹动作同时结束，两脚并拢伸直成流线型向前滑行。

（2）练习方法。

① 陆上模仿。

仰坐模仿：坐在地上，上体稍后仰，两臂在身体侧后方撑地，双腿伸直并拢，先做收、翻、蹬夹的分解练习，然后再做连贯完整的练习。（图20-4-1）

② 水中练习。

固定支撑蹬腿：手扶支撑物（池边或池槽），身体俯卧浮于水中，髋关节展开，两腿放松伸直并拢，做收腿、翻掌、蹬夹腿的动作，先分解再连贯起来做。（图20-4-2）

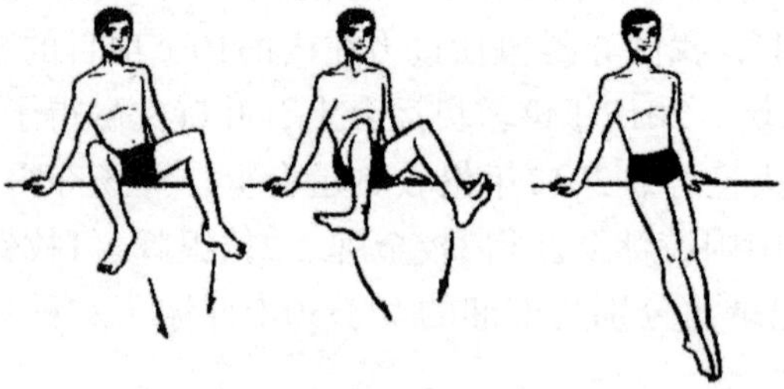

图 20-4-1

图 20-4-2

扶板蹬腿：俯卧水中，两臂前伸，两手扶在板的两侧，做蛙泳腿的动作向前游进。

2. 手臂动作

（1）动作要求。

两臂从并拢前伸开始，两臂内旋，掌心向斜下后方，两手向外划，至约与肩宽后，边划边屈肘，保持高肘向外、后、下、内、上做加速划水，划至颌下，两手靠拢向前伸，掌心转向下方。

（2）练习方法。

① 陆上模仿。

原地模仿：两脚开立，上体前屈，两臂前伸并拢，做手臂动作的模仿练习。先做分解练习，然后做完整练习。

② 水中练习。

夹板划臂：以双腿夹板助浮，进行手臂划水动作练习。（图20-4-3）

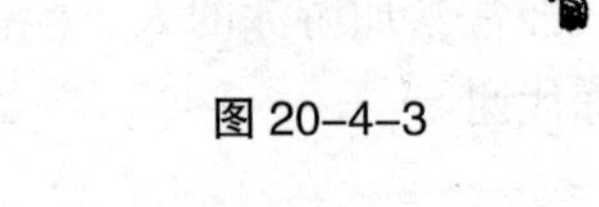

图 20-4-3

3. 手臂与呼吸配合

（1）动作要求。

早吸气：手臂划水时，开始抬头准备吸气，外划时口露出水面并张口吸气，内划时闭气，前伸滑行时头还原呼气。

晚呼气：臂外划时吸气，内划时口露出水面并吸气，前伸滑行时闭气。

（2）练习方法。

夹板练习臂与呼吸配合：在夹板助浮情况下，做划水和呼吸的配合动作。

4. 臂、腿配合动作

（1）动作要求。

臂外划时腿不动，内划时收腿，手臂向前将伸直时蹬腿，蹬腿结束后手臂和腿伸直并拢，呈流线型姿势滑行。

（2）练习方法。

① 陆上模仿。

原地双腿配合模仿：两脚左右开立，两手臂伸直并拢上举，做外划、内划下蹲（表示收腿）、向上伸臂站起（表示蹬腿）的练习。

② 水中练习。

蹬边滑行分解动作：在水中蹬边滑行后，闭气做臂腿分解动作练习。（图20–4–4）

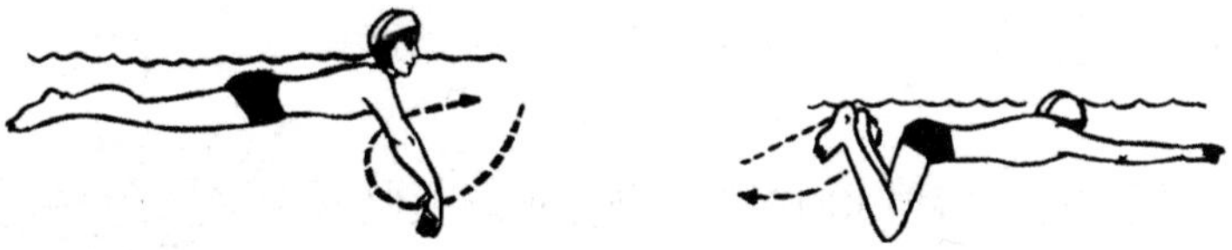

图 20–4–4

5. 完整配合动作教学

（1）动作要求。

一般采用划臂1次、蹬腿1次、呼吸1次的配合，即两臂外划时腿不动，抬头吸气（早吸气），内划时收腿、闭气；臂向前将伸直时蹬夹腿，臂腿伸直滑行时呼气。

（2）练习方法。

① 陆上模仿。

原地模仿配合：原地站立，两臂上举并拢，掌心向前。先按4拍做两臂和单腿配合的蛙泳模仿动作。

1拍：两臂向侧下分开划动，腿不动。

2拍：两臂向内划至胸前，一腿屈膝上提做收腿和翻脚动作。

3拍：两臂向上伸直。

4拍：腿向下弧形蹬夹，还原成预备姿势。逐步过渡到连贯进行。

② 水中练习。

完整配合：在臂、腿连贯配合蛙泳的基础上，加上抬头吸气的动作，形成完整配合技术。划水动作不能太快，抬头动作不能太猛。先练臂、腿配合2次，呼吸1次的动作，然后过渡到臂、腿配合1次，呼吸1次的正常蛙泳。在动作基本正确的基础上，逐渐增长游距。

（二）爬泳学练方法

爬 泳

1. 腿部动作教学

（1）动作要求。

以髋关节为轴，大腿发力，膝和踝关节放松，大腿带动小腿做上下鞭状动作，腿向上时膝关节伸直，两脚上下活动幅度约35厘米。

（2）练习方法。

① 陆上模仿。

仰坐模仿：仰坐池边、地上或凳上，两手后撑模仿打水动作，由直腿过渡到鞭状打水。

② 水中练习。

固定支撑打腿：俯卧水中，两臂伸直扶池边，做鞭状打水。

扶板打腿：俯卧水中，两臂前伸，两手扶在浮板两侧，做打腿动作。（图20–4–5）

图 20–4–5

2. 手臂动作和手臂与呼吸配合教学

（1）动作要求。

高肘、屈臂沿身体中线向后做“S”形划水，两臂交替做中交叉配合，同侧臂划水时呼气，推水时转头吸气。

（2）练习方法。

① 陆上模仿。

臂与呼吸配合：同侧臂开始划水时呼气，推手时转头吸气，吸气后头迅速转回，手再入水。

② 水中练习。

扶板单臂划臂呼吸配合：在浮板助浮的情况下，做呼吸与臂的配合动作。（图20–4–6）

图 20–4–6

3. 完整配合动作

（1）动作要求。

强调配合的节奏，动作协调自然，以臂腿配合为基础，2∶1配合模式为主。

（2）练习方法。

① 陆上模仿。

小踏步配合模仿：原地站立，上体略前倾，两腿原地小踏步，两臂做连贯交替的划水动作，模仿爬泳的臂、腿配合技术。

② 水中练习。

蹬边滑行臂、腿配合：蹬边滑行减速后，憋气打腿划臂。

腿、臂、呼吸完整配合。

三、水中救护与安全

（一）水中救护

水中救护是指采取各种有效措施将溺水者救上岸的过程，可分为直接救护和间接救护。

直接救护是救护者下水对溺水者进行施救的方法。当发现溺水者时，救护者要沉着、冷静，入水前应观察周围环境，辨别水流方向、水面宽窄，选择入水地点。对熟悉的水域可起跳入水，但对不熟悉的水域应脚先入水，以最快速度接近溺水者。救护者不论采用爬泳还是蛙泳，头必须露出水面，以便观察溺水者的情况。当救护者游到距溺水者 2~3米时，要深吸气潜入水中游近溺水者，两手扶住其髋部，将其移至背向自己，然后抬高。另一种办法是正面接近溺水者后，救护者用左（右）手握住其右（左）手，迅速用力向左（右）拉，借助惯性使溺水者的身体转至背向自己，然后进行拖运。如溺水者背向自己，可直接游近溺水者，用手拖其腋下，使其口鼻露出水面后再进行拖运。拖运采用侧泳或仰泳进行。

1. 侧泳拖运法

一臂伸直拖住溺水者的后脑，一手在体侧划水，两腿用侧泳蹬剪水进行。

2. 仰泳拖运法

仰泳拖运法是指救护者仰卧水中，一手或两手扶住溺水者，用蛙泳腿的动作使身体前进。

（1）救护者仰卧水面，两臂伸直，两手扶住溺水者的两颊，用反蛙泳腿的动作使身体前进。

（2）救护者仰卧水面，两臂伸直，用两手的四指扶在溺水者的两腋窝下，拇指放在溺水者的肩胛骨上，用反蛙泳动作使身体前进。

（二）抢　救

将溺水者救上岸以后，立即检查溺水者的心跳和呼吸是否停止。如心跳停止或极微跳动，首先按压心脏。救护者立或跪在溺水者胸侧，两手重叠，用手掌根部置于溺水者胸前的 1/3 处（偏下）心窝的上方，手指放松，手臂伸直，上体前倾，用力下压，使胸前下端下陷3~4厘米，两手松压（掌根不离位），使胸前下端恢复原位。下压时要慢，放松时要快，一压一松反复进行，节律为每分钟 60~80 次。呼吸停止或微弱者，胸外心脏按压与口对口的人工呼吸同时进行。在进行人工呼吸前，先要清除溺水者口鼻中的淤泥、杂草或呕吐物等，使上呼吸道通畅。有活动的假牙，应取出，以免坠入气管内。在迅速完成上述处理后，可进行控水。控水的方法是救护者一腿跪着，另一腿屈膝，将溺水者腹部放在屈膝的大腿上，一手扶着溺水者的头，使溺水者嘴向下，另一手压在背上把水排出，然后再进行人工呼吸。人工呼吸主要采用口对口吹气法，操作方法是使溺水者仰卧，救护者在其身旁，一手捏住溺水者的鼻子，另一手托住其下颌，深吸一口气，用嘴对准溺水者的嘴将气吹入，吹完一口气后，离开溺水者的嘴。同时松开捏鼻子的手，并用手压一下溺水者的胸部，帮助其呼气。如此有规律地反复进行，每分钟做14~20次，开始可稍慢，以后可适当增加次数。施救已经停止呼吸的溺水者时需要很长时间，因而最好由两人轮流进行抢救。

（三）自我救护

在游泳时经常发生痉挛的部位是小腿和大腿，但手指、脚趾甚至胃部也可能发生痉挛。其原因是准备活动不充分，身体过于疲劳或突然遇到寒冷的刺激或过分紧张、动作不协调等。

发生痉挛时应保持镇静，可呼救也可自救。自救的办法有以下几种。

1. 手指痉挛

将痉挛手握拳，然后用力张开。这样迅速地反复做几次，直到痉挛清除为止。

2. 小腿或脚趾痉挛

先吸一口气仰浮于水上，用痉挛肢体对侧的手握住痉挛肢体的脚趾，并用力向身体方向拉。同时用同侧的手掌压在痉挛肢体的膝盖上，帮助痉挛腿伸直。

3. 大腿痉挛

仰浮于水面，弯曲痉挛的大腿，两手用力抱小腿，贴近大腿，反复振压以解脱痉挛。

（四）安全知识

（1）游泳前，首先了解水域的情况，选择水底平坦，无淤泥、碎石、水草、桩柱、急流漩涡、水质污染的水域，并应结伴进行，防止意外事故发生。

（2）空腹或饭后1小时不宜游泳，以免给身体健康带来不良影响，如可能发生呕吐、食物呛进呼吸道内，甚至溺水等。

（3）下水前应做好充分的准备活动。

（4）游泳时遇到雷雨，应迅速上岸进入室内，切不可在大树底下躲避或更衣。

（5）出现抽筋现象，切不可慌张，应设法自救和向他人求救。

思考题

1. 轮滑的基本技术有哪些？
2. 台球的基本技术有哪些？
3. 简述游泳的学练方法。

附　录

附录一　学生体质健康测试

一、《国家学生体质健康标准（2014 年修订）》实施说明*

（一）说　明

《国家学生体质健康标准》（以下简称《标准》）是国家学校教育工作的基础性指导文件和教育质量基本标准，是评价学生综合素质、评估学校工作和衡量各地教育发展的重要依据，是《国家体育锻炼标准》在学校的具体实施，适用于全日制普通小学、初中、普通高中、中等职业学校、普通高等学校的学生。

本标准的修订坚持健康第一，落实《国家中长期教育改革和发展规划纲要（2010—2020年）》《国务院办公厅转发教育部等部门关于进一步加强学校体育工作若干意见的通知》《教育部关于印发〈学生体质健康监测评价办法〉等三个文件的通知》有关要求，着重提高《标准》应用的信度、效度和区分度，着重强化其教育激励、反馈调整和引导锻炼的功能，着重提高其教育监测和绩效评价的支撑能力。

本标准从身体形态、身体机能、身体素质等方面综合评定学生的体质健康水平，是促进学生体质健康发展、激励学生积极进行身体锻炼的教育手段，是国家学生发展核心素养体系和学业质量标准的重要组成部分，是学生体质健康的个体评价标准。

在本标准的适用对象中，大学一、二年级为一组，大学三、四年级为一组。

大学各组别的测试指标均为必测指标。其中，身体形态类中的身高、体重，身体机能类中的肺活量，以及身体素质类中的50米跑、坐位体前屈为各年级学生共性指标。

本标准的学年总分由标准分与附加分之和构成，满分为120分。标准分由各单项指标得分与权重乘积之和组成，满分为100分。附加分根据实测成绩确定，即对成绩超过100分的加分指标进行加分，满分为20分；大学的加分指标测试项目为男生引体向上和1000米跑，女生1分钟仰卧起坐和800米跑，各指标加分幅度均为10分。

---

* 节选自教育部印发的《国家学生体质健康标准（2014 年修订）》。

根据学生学年总分评定等级：90.0分及以上为优秀，80.0～89.9分为良好，60.0～79.9分为及格，59.9分及以下为不及格。

每个学生每学年评定一次，记入《〈国家学生体质健康标准〉登记卡》。特殊学制的学校，在填写登记卡时可以按规定和需求相应地增减栏目。学生毕业时的成绩和等级，按毕业当年学年总分的50%与其他学年总分平均得分的50%之和进行评定。

学生测试成绩评定达到良好及以上者，方可参加评优与评奖；成绩达到优秀者，方可获体育奖学分。测试成绩评定不及格者，在本学年度准予补测一次，补测仍不及格，则学年成绩评定为不及格。普通高等学校学生毕业时，《标准》测试的成绩达不到50分者按结业或肄业处理。

学生因病或残疾可向学校提交暂缓或免予执行《标准》的申请，经医疗单位证明，体育教学部门核准，可暂缓或免予执行《标准》，并填写《免予执行〈国家学生体质健康标准〉申请表》，存入学生档案。确实丧失运动能力、被免予执行《标准》的残疾学生，仍可参加评优与评奖，毕业时《标准》成绩需注明免测。

各学校每学年开展覆盖本校各年级学生的《标准》测试工作，《标准》测试数据经当地教育行政部门按要求审核后，通过中国学生体质健康网上传至国家学生体质健康标准数据管理系统。测试和数据上传时间由教育行政部门确定。

（二）单项指标与权重

单项指标与权重见附表1–1。

附表 1–1　单项指标与权重

测试对象	单项指标	权　重
大学各年级	体重指数（BMI）	15%
	肺活量	15%
	50米跑	20%
	坐位体前屈	10%
	立定跳远	10%
	引体向上（男）/1分钟仰卧起坐（女）	10%
	1000米跑（男）/800米跑（女）	20%

注：体重指数（BMI）=体重（千克）/身高^2（米^2）。

二、学生体质健康测试方法

（一）身 高

受试者赤足，以立正姿势站在身高计的底板上（上肢自然下垂，两脚脚跟并拢，脚尖分开约 60°）。脚跟、骶骨部及两肩胛区与立柱相接触，躯干自然挺直，头部正直，耳屏上缘与眼眶下缘成水平位。测试人员站在受试者右侧，使水平压板轻轻沿立柱下滑，轻压于受试者头顶。测试人员读数时，两眼应与压板水平面等高；记录员复诵后进行记录。以厘米为单位记录测试成绩，保留 1 位小数。测试误差不得超过 0.5 厘米。（附图 1–1）

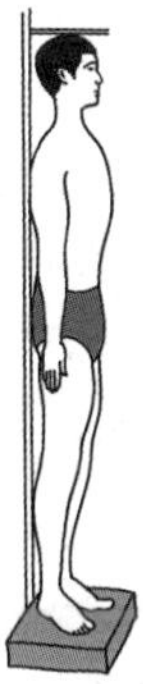

附图 1–1　身高测试示意

（二）体 重

测试时，体重秤应放在平坦地面上。受试者赤足，男性受试者身着短裤；女性受试者身着短裤、短袖衫，站在秤台中央。读数以千克为单位，保留 1 位小数。记录员复诵后进行记录。测试误差不超过 0.1 千克。（附图 1–2）

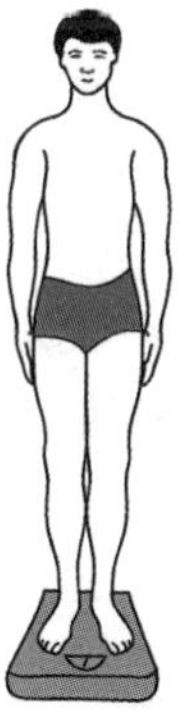

附图 1–2　体重测试示意

（三）肺活量

测试人员告知受试者不必紧张，以中等速度和力度尽全力吹气效果最好。令受试者手持吹气口嘴，面对肺活量计站立试吹 1 次或 2 次，首先看仪表有无反应，还要试口嘴或鼻处是否漏气，调整口嘴和用鼻夹（或自己捏鼻孔）；学会深吸气（避免耸肩提气，应该像闻花似的慢吸气）。测试时，受试者进行一两次较平日深一些的呼吸动作后，更深地吸一口气，屏住气向口嘴处慢慢呼出至不

肺活量

能再呼为止，防止此时从口嘴处吸气，测试中不得中途二次吸气。吹气完毕后，液晶屏上最终显示的数字即肺活量值。每位受试者测 3 次，每次间隔 15 秒，记录 3 次数值，选取最大值作为测试结果。以毫升为单位记录测试成绩，不计小数。

（四）50 米跑

受试者至少两人一组进行测试，站立式起跑。受试者听到跑的口令后开始起跑。发令员在发出口令的同时要摆动发令旗。计时员视旗动开表计时，在受试者躯干部位到达终点线的垂直面时停表。以秒为单位记录测试成绩，精确到小数点后 1 位，小数点后第二位数按非 0 进 1 原则进位，如 10.11 秒读成 10.2 秒并记录。

50 米跑

（五）坐位体前屈

受试者两腿伸直，两脚平蹬测试纵板坐在平地上，两脚分开 10 ～ 15 厘米，上体前屈，两臂伸直前，用两手中指指尖逐渐向前推动游标，直到不能前推为止。测试计的脚蹬纵板内沿平面为 0 点，向内为负值，向前为正值。以厘米为单位记录测试成绩，保留 1 位小数。测试两次，取最好成绩。（附图 1–3）

坐位体前屈

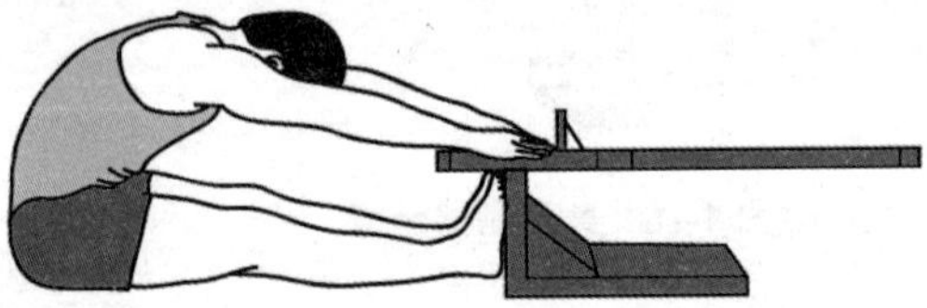

附图 1–3　坐位体前屈测试示意

（六）立定跳远

受试者两脚自然分开站在起跳线后，脚尖不得踩线（最好用线绳做起跳线）。两脚原地同时起跳，不得有垫步或连跳动作。丈量起跳线后缘至最近着地点后垂直距离。每人试跳 3 次，记录其中成绩最好一次。以米为单位，保留 2 位小数。

立定跳远

（七）引体向上（男）

受试者跳起两手正握杠，两手与肩同宽，成直臂悬垂。静止后，两臂同时用力向上引体（身体不能有附加动作），上拉到下颌超过横杠上缘为完成 1 次。记录引体次数。

引体向上（男）

（八）1 分钟仰卧起坐（女）

受试者仰卧于垫上，两腿稍分开，屈膝约成 90°，两手手指交叉抱于脑后。受试者坐起时，两肘触及或超过两膝为完成 1 次。仰卧时，两肩胛必须触垫。测试人员发出“开始”口令的同时开表计时，记录 1 分钟内完成次数。1 分钟到时，受试者虽已坐起，但肘关节未达到两膝者不计该次数，精确到个位。（附图 1–4）

1 分钟仰卧起坐（女）

附图 1-4　1 分钟仰卧起坐（女）测试示意

（九）1000 米跑（男）/ 800 米跑（女）

受试者至少两人一组进行测试，站立式起跑。受试者听到“跑”的口令后开始起跑。发令员在发出口令的同时摆动发令旗，计时员看到旗动开表计时，当受试者的躯干部位到达终点线垂直面时停表。以分、秒为单位记录测试成绩，不计小数。

1000 米跑（男）/800 米跑（女）

三、《国家学生体质健康标准（2014 年修订）》测试评分表

《国家学生体质健康标准（2014年修订）》测试评分表见附表1-2至附表1-8。

附表 1-2　体重指数（BMI）单项评分表　（单位：千克 / 米²）

等　级	单项得分	大学男生	大学女生
正　常	100	17.9 ~ 23.9	17.2 ~ 23.9
低体重	80	≤17.8	≤17.1
超　重		24.0 ~ 27.9	24.0 ~ 27.9
肥　胖	60	≥28.0	≥28.0

附表 1-3　大学男生各测试项目评分表　（大一、大二适用）

等　级	单项得分/ 分	肺活量/ 毫升	50米跑/ 秒	坐位体前屈/厘米	立定跳远/厘米	引体向上/ 次	耐力跑1000米/（分·秒）
优　秀	100	5040	6.7	24.9	273	19	3:17
	95	4920	6.8	23.1	268	18	3:22
	90	4800	6.9	21.3	263	17	3:27
良　好	85	4550	7.0	19.5	256	16	3:34
	80	4300	7.1	17.7	248	15	3:42

续 表

等 级	单项得分/分	肺活量/毫升	50米跑/秒	坐位体前屈/厘米	立定跳远/厘米	引体向上/次	耐力跑1000米/（分·秒）
及 格	78	4180	7.3	16.3	244		3:47
	76	4060	7.5	14.9	240	14	3:52
	74	3940	7.7	13.5	236		3:57
	72	3820	7.9	12.1	232	13	4:02
	70	3700	8.1	10.7	228		4:07
	68	3580	8.3	9.3	224	12	4:12
	66	3460	8.5	7.9	220		4:17
	64	3340	8.7	6.5	216	11	4:22
	62	3220	8.9	5.1	212		4:27
	60	3100	9.1	3.7	208	10	4:32
不及格	50	2940	9.3	2.7	203	9	4:52
	40	2780	9.5	1.7	198	8	5:12
	30	2620	9.7	0.7	193	7	5:32
	20	2460	9.9	-0.3	188	6	5:52
	10	2300	10.1	-1.3	183	5	6:12

附表 1-4　大学男生各测试项目评分表　　（大三、大四适用）

等 级	单项得分/分	肺活量/毫升	50米跑/秒	坐位体前屈/厘米	立定跳远/厘米	引体向上/次	耐力跑1000米/（分·秒）
优 秀	100	5140	6.6	25.1	275	20	3:15
	95	5020	6.7	23.3	270	19	3:20
	90	4900	6.8	21.5	265	18	3:25
良 好	85	4650	6.9	19.9	258	17	3:32
	80	4400	7.0	18.2	250	16	3:40

续　表

等　级	单项得分/ 分	肺活量/ 毫升	50米跑/ 秒	坐位体前屈/厘米	立定跳远/厘米	引体向上/ 次	耐力跑1000米/（分·秒）
及　格	78	4280	7.2	16.8	246		3:45
	76	4160	7.4	15.4	242	15	3:50
	74	4040	7.6	14.0	238		3:55
	72	3920	7.8	12.6	234	14	4:00
	70	3800	8.0	11.2	230		4:05
	68	3680	8.2	9.8	226	13	4:10
	66	3560	8.4	8.4	222		4:15
	64	3440	8.6	7.0	218	12	4:20
	62	3320	8.8	5.6	214		4:25
	60	3200	9.0	4.2	210	11	4:30
不及格	50	3030	9.2	3.2	205	10	4:50
	40	2860	9.4	2.2	200	9	5:10
	30	2690	9.6	1.2	195	8	5:30
	20	2520	9.8	0.2	190	7	5:50
	10	2350	10.0	-0.8	185	6	6:10

附表 1–5　大学女生各测试项目评分表　（大一、大二适用）

等　级	单项得分 / 分	肺活量 / 毫升	50米跑 / 秒	坐位体前屈 / 厘米	立定跳远 / 厘米	1分钟仰卧起坐 / 次	耐力跑800米/（分·秒）
优　秀	100	3400	7.5	25.8	207	56	3:18
	95	3350	7.6	24.0	201	54	3:24
	90	3300	7.7	22.2	195	52	3:30
良　好	85	3150	8.0	20.6	188	49	3:37
	80	3000	8.3	19.0	181	46	3:44

续 表

等 级	单项得分/分	肺活量/毫升	50米跑/秒	坐位体前屈/厘米	立定跳远/厘米	1分钟仰卧起坐/次	耐力跑800米/（分·秒）
及 格	78	2900	8.5	17.7	178	44	3:49
	76	2800	8.7	16.4	175	42	3:54
	74	2700	8.9	15.1	172	40	3:59
	72	2600	9.1	13.8	169	38	4:04
	70	2500	9.3	12.5	166	36	4:09
	68	2400	9.5	11.2	163	34	4:14
	66	2300	9.7	9.9	160	32	4:19
	64	2200	9.9	8.6	157	30	4:24
	62	2100	10.1	7.3	154	28	4:29
	60	2000	10.3	6.0	151	26	4:34
不及格	50	1960	10.5	5.2	146	24	4:44
	40	1920	10.7	4.4	141	22	4:54
	30	1880	10.9	3.6	136	20	5:04
	20	1840	11.1	2.8	131	18	5:14
	10	1800	11.3	2.0	126	16	5:24

附表 1–6　大学女生各测试项目评分表　（大三、大四适用）

等 级	单项得分/分	肺活量/毫升	50米跑/秒	坐位体前屈/厘米	立定跳远/厘米	1分钟仰卧起坐/次	耐力跑800米/（分·秒）
优 秀	100	3450	7.4	26.3	208	57	3:16
	95	3400	7.5	24.4	202	55	3:22
	90	3350	7.6	22.4	196	53	3:28
良 好	85	3200	7.9	21.0	189	50	3:35
	80	3050	8.2	19.5	182	47	3:42
及 格	78	2950	8.4	18.2	179	45	3:47
	76	2850	8.6	16.9	176	43	3:52
	74	2750	8.8	15.6	173	41	3:57

续 表

等 级	单项得分/分	肺活量/毫升	50米跑/秒	坐位体前屈/厘米	立定跳远/厘米	1分钟仰卧起坐/次	耐力跑800米/(分·秒)
及 格	72	2650	9.0	14.3	170	39	4:02
	70	2550	9.2	13.0	167	37	4:07
	68	2450	9.4	11.7	164	35	4:12
	66	2350	9.6	10.4	161	33	4:17
	64	2250	9.8	9.1	158	31	4:22
	62	2150	10.0	7.8	155	29	4:27
	60	2050	10.2	6.5	152	27	4:32
不及格	50	2010	10.4	5.7	147	25	4:42
	40	1970	10.6	4.9	142	23	4:52
	30	1930	10.8	4.1	137	21	5:02
	20	1890	11.0	3.3	132	19	5:12
	10	1850	11.2	2.5	127	17	5:22

附表 1-7 大学生加分指标测试项目评分表一 （单位：次）

加 分	引体向上（男）		1分钟仰卧起坐（女）	
	大一、大二	大三、大四	大一、大二	大三、大四
10	10	10	13	13
9	9	9	12	12
8	8	8	11	11
7	7	7	10	10
6	6	6	9	9
5	5	5	8	8
4	4	4	7	7
3	3	3	6	6
2	2	2	4	4
1	1	1	2	2

注：引体向上（男）、1分钟仰卧起坐（女）均为高优指标，学生成绩超过单项评分100分后，以超过的次数所对应的分数进行加分。

附表 1-8 大学生加分指标测试项目评分表二 （单位：秒）

加 分	1000米跑（男）		800米跑（女）	
	大一、大二	大三、大四	大一、大二	大三、大四
10	−35	−35	−50	−50
9	−32	−32	−45	−45
8	−29	−29	−40	−40
7	−26	−26	−35	−35
6	−23	−23	−30	−30
5	−20	−20	−25	−25
4	−16	−16	−20	−20
3	−12	−12	−15	−15
2	−8	−8	−10	−10
1	−4	−4	−5	−5

注：1000米跑（男）、800米跑（女）均为低优指标，学生成绩低于单项评分100分后，以减少的秒数所对应的分数进行加分。

附录二 《高等学校体育工作基本标准》*

为落实立德树人根本任务，加强高等学校体育工作，切实提高高校学生体质健康水平，促进学生全面发展，根据国家有关规定，制定本标准。本标准适用于普通本科学校和高等职业学校的体育工作。

一、体育工作规划与发展

（1）全面贯彻党的教育方针，服务立德树人的根本任务，将学校体育纳入学校全面实施素质教育的各项工作，认真执行国家教育发展规划、规章制度及各项要求。创新人才培养模式，使学生掌握科学锻炼的基础知识、基本技能和有效方法，学会至少两项终身受益的体育锻炼项目，养成良好锻炼习惯。挖掘学校体育在学生道德教育、智力发展、身心健康、审美素养和健康生活方式形成中的多元育人功能，有计划、有制度、有保障地促进学校体育与德育、智育、美育有机融合，提高学生综合素质。

（2）统筹规划学校体育发展，把增强学生体质和促进学生健康作为学校教育的基本目标之一和重要工作内容，纳入学校总体发展规划，全面发挥体育在学校人才培养、科学研究、社

* 引用自教育部印发的《高等学校体育工作基本标准》。

会服务和文化传承中不可替代的作用。制订阳光体育运动工作方案，明确工作目标、具体任务、保障措施和责任分工，并落实各项工作。

（3）设置体育工作机构，配备专职干部、教师和工作人员，并赋予其统筹开展学校体育工作的各项管理职能。实行学校领导分管负责制（或体育工作委员会制），每年至少召开一次体育工作专题会议，有针对性地解决实际问题。学校各有关部门积极协同配合，合理分工，明确人员，落实责任。

（4）加强学校体育工作管理，在学校体育改革发展、教育教学、教研科研、竞赛活动、社会服务等各项工作领域制订规范文件、健全管理制度、加强过程监测。建立科学规范的学校体育工作评价机制，并纳入综合办学水平和教育教学质量评价体系。

二、体育课程设置与实施

（5）严格执行《全国普通高等学校体育课程教学指导纲要》，必须为一、二年级本科学生开设不少于144学时（专科生不少于108学时）的体育必修课，每周安排体育课不少于2学时，每学时不少于45分钟。为其他年级学生和研究生开设体育选修课，选修课成绩计入学生学分。每节体育课学生人数原则上不超过30人。

（6）深入推进课程改革，合理安排教学内容，开设不少于15门的体育项目。每节体育课须保证一定的运动强度，其中提高学生心肺功能的锻炼内容不得少于30%；要将反映学生心肺功能的素质锻炼项目作为考试内容，考试分数的权重不得少于30%。

（7）创新教育教学方式，指导学生科学锻炼，增强体育教学的吸引力、特色性和实效性。建立体育教研、科研制度，形成高水平研究团队，多渠道开展以提高学生体质健康、教学质量、课余训练、体育文化水平等为目标的战略性、前瞻性、应用性项目研究，带动学校体育工作整体水平提高。

三、课外体育活动与竞赛

（8）将课外体育活动纳入学校教学计划，健全制度、完善机制、加强保障。面向全体学生设置多样化、可选择、有实效的锻炼项目，组织学生每周至少参加三次课外体育锻炼，切实保证学生每天一小时体育活动时间。

（9）学校每年组织春、秋季综合性学生运动会（或体育文化节），设置学生喜闻乐见、易于参与的竞技性、健身性和民族性体育项目，参与运动会的学生达到50%以上。经常组织校内体育比赛，支持院系、专业或班级学生开展体育竞赛和交流等活动。

（10）注重培养学生体育特长，有效发挥体育特长生和学生体育骨干的示范作用，组建学生体育运动队，科学开展课余训练，组织学生参加教育和体育部门举办的体育竞赛。

（11）加强校园体育文化建设，促进中华优秀体育文化传承创新。学校成立不少于20个学生体育社团，采取鼓励和支持措施定期开展活动，形成良好的校园体育传统和特色。开展对外体育交流与合作。通过校报、公告栏和校园网等形式，定期通报学生体育活动情况，传播健康理念。

（12）因地制宜开展社会服务。支持体育教师适度参与国内外重大体育比赛的组织、裁判等社会实践工作。鼓励体育教师指导中小学体育教学、训练和参与社区健身辅导等公益活动。支持学校师生为政府及社会举办的体育活动提供志愿服务。

四、学生体质监测与评价

（13）全面实施《国家学生体质健康标准》，建立学生体质健康测试中心，安排专门人员负责，完善工作条件，每年对所有学生进行体质健康测试，测试成绩向学生反馈，并将测试结果经教育部门审核后上报国家学生体质健康标准数据管理系统，形成本校学生体质健康年度报告。及时在校内公布学生体质健康测试总体结果。

（14）建立健全《国家学生体质健康标准》管理制度，学生测试成绩列入学生档案，作为对学生评优、评先的重要依据。毕业时，学生测试成绩达不到50分者按结业处理（因病或残疾学生，凭医院证明向学校提出申请并经审核通过后可准予毕业）。毕业年级学生测试成绩及格率须达95%以上。

（15）将学生体质健康状况作为衡量学校办学水平的重要指标。将体质健康状况、体育课成绩、参与体育活动等情况作为学生综合素质评价的重要内容。

（16）建立学生体质健康状况分析和研判机制，根据学生体质健康状况制定干预措施，视情况采取分类教学、个别辅导等必要措施，指导学生有针对性地进行体育锻炼，切实改进体育工作，提高全体学生体质健康水平。

五、基础能力建设与保障

（17）健全学校体育保障机制，学校体育工作经费纳入学校经费预算，并与学校教育事业经费同步增长。加强学校体育活动的安全教育、伤害预防和风险管理，建立健全校园体育活动意外伤害保险制度，妥善处置伤害事件。

（18）根据体育课教学、课外体育活动、课余训练竞赛和实施《国家学生体质健康标准》等工作需要，合理配备体育教师。体育教师年龄、专业、学历和职称结构合理，健全体育教师职称评定、学术评价、岗位聘任和学习进修等制度。

（19）将体育教学、课外体育活动、课余训练竞赛和实施《国家学生体质健康标准》等工作纳入教师工作量，保证体育教师与其他学科（专业）教师工作量的计算标准一致，实行同工同酬。

（20）体育场馆、设施和器材等符合国家配备、安全和质量标准，完善配备、管理、使用等规章制度，基本满足学生参加体育锻炼的需求。定时维护体育场馆、设施，及时更新、添置易耗、易损体育器材。体育场馆、设施在课余和节假日向学生免费或优惠开放。

附录三　《学生伤害事故处理办法》*

《学生伤害事故处理办法》已于2002年3月26日经部务会议讨论通过，现予发布，自2002年9月1日起施行。

总　则

第一条

为积极预防、妥善处理在校学生伤害事故，保护学生、学校的合法权益，根据《中华人民共和国教育法》《中华人民共和国未成年人保护法》和其他相关法律、行政法规及有关规定，制定本办法。

第二条

在学校实施的教育教学活动或者学校组织的校外活动中，以及在学校负有管理责任的校舍、场地、其他教育教学设施、生活设施内发生的，造成在校学生人身损害后果的事故的处理，适用本办法。

第三条

学生伤害事故应当遵循依法、客观公正、合理适当的原则，及时、妥善地处理。

第四条

学校的举办者应当提供符合安全标准的校舍、场地、其他教育教学设施和生活设施。

教育行政部门应当加强学校安全工作，指导学校落实预防学生伤害事故的措施，指导、协助学校妥善处理学生伤害事故，维护学校正常的教育教学秩序。

第五条

学校应当对在校学生进行必要的安全教育和自护自救教育；应当按照规定，建立健全安全制度，采取相应的管理措施，预防和消除教育教学环境中存在的安全隐患；当发生伤害事故时，应当及时采取措施救助受伤害学生。

学校对学生进行安全教育、管理和保护，应当针对学生年龄、认知能力和法律行为能力的不同，采用相应的内容和预防措施。

第六条

学生应当遵守学校的规章制度和纪律；在不同的受教育阶段，应当根据自身的年龄、认知能力和法律行为能力，避免和消除相应的危险。

第七条

未成年学生的父母或者其他监护人（以下称为监护人）应当依法履行监护职责，配合学校对学生进行安全教育、管理和保护工作。

学校对未成年学生不承担监护职责，但法律有规定的或者学校依法接受委托承担相应监护职责的情形除外。

* 引用自教育部印发的《学生伤害事故处理办法》。

事故与责任

第八条

发生学生伤害事故，造成学生人身损害的，学校应当按照《中华人民共和国侵权责任法》及相关法律、法规的规定，承担相应的事故责任。

第九条

因下列情形之一造成的学生伤害事故，学校应当依法承担相应的责任。

（一）学校的校舍、场地、其他公共设施，以及学校提供给学生使用的学具、教育教学和生活设施、设备不符合国家规定的标准，或者有明显不安全因素的。

（二）学校的安全保卫、消防、设施设备管理等安全管理制度有明显疏漏，或者管理混乱，存在重大安全隐患，而未及时采取措施的。

（三）学校向学生提供的药品、食品、饮用水等不符合国家或者行业的有关标准、要求的。

（四）学校组织学生参加教育教学活动或者校外活动，未对学生进行相应的安全教育，并未在可预见的范围内采取必要的安全措施的。

（五）学校知道教师或者其他工作人员患有不适宜担任教育教学工作的疾病，但未采取必要措施的。

（六）学校违反有关规定，组织或者安排未成年学生从事不宜未成年人参加的劳动、体育运动或者其他活动的。

（七）学生有特异体质或者特定疾病，不宜参加某种教育教学活动，学校知道或者应当知道，但未予以必要的注意的。

（八）学生在校期间突发疾病或者受到伤害，学校发现，但未根据实际情况及时采取相应措施，导致不良后果加重的。

（九）学校教师或者其他工作人员体罚或者变相体罚学生，或者在履行职责过程中违反工作要求、操作规程、职业道德或者其他有关规定的。

（十）学校教师或者其他工作人员在负有组织、管理未成年学生的职责期间，发现学生行为具有危险性，但未进行必要的管理、告诫或者制止的。

（十一）对未成年学生擅自离校等与学生人身安全直接相关的信息，学校发现或者知道，但未及时告知未成年学生的监护人，导致未成年学生因脱离监护人的保护而发生伤害的。

（十二）学校有未依法履行职责的其他情形的。

第十条

学生或者未成年学生监护人由于过错，有下列情形之一，造成学生伤害事故，应当依法承担相应的责任。

（一）学生违反法律法规的规定，违反社会公共行为准则、学校的规章制度或者纪律，实施按其年龄和认知能力应当知道具有危险或者可能危及他人的行为的。

（二）学生行为具有危险性，学校、教师已经告诫、纠正，但学生不听劝阻、拒不改正的。

（三）学生或者其监护人知道学生有特异体质，或者患有特定疾病，但未告知学校的。

（四）未成年学生的身体状况、行为、情绪等有异常情况，监护人知道或者已被学校告知，但未履行相应监护职责的。

（五）学生或者未成年学生监护人有其他过错的。

第十一条

学校安排学生参加活动，因提供场地、设备、交通工具、食品及其他消费与服务的经营者，或者学校以外的活动组织者的过错造成的学生伤害事故，有过错的当事人应当依法承担相应的责任。

第十二条

因下列情形之一造成的学生伤害事故，学校已履行了相应职责，行为并无不当的，无法律责任。

（一）地震、雷击、台风、洪水等不可抗的自然因素造成的。

（二）来自学校外部的突发性、偶发性侵害造成的。

（三）学生有特异体质、特定疾病或者异常心理状态，学校不知道或者难于知道的。

（四）学生自杀、自伤的。

（五）在对抗性或者具有风险性的体育竞赛活动中发生意外伤害的。

（六）其他意外因素造成的。

第十三条

下列情形下发生的造成学生人身损害后果的事故，学校行为并无不当的，不承担事故责任；事故责任应当按有关法律法规或者其他有关规定认定。

（一）在学生自行上学、放学、返校、离校途中发生的。

（二）在学生自行外出或者擅自离校期间发生的。

（三）在放学后、节假日或者假期等学校工作时间以外，学生自行滞留学校或者自行到校发生的。

（四）其他在学校管理职责范围外发生的。

第十四条

因学校教师或者其他工作人员与其职务无关的个人行为，或者因学生、教师及其他个人故意实施的违法犯罪行为，造成学生人身损害的，由致害人依法承担相应的责任。

事故处理程序

第十五条

发生学生伤害事故，学校应当及时救助受伤害的学生，并应当及时告知未成年学生的监护人；有条件的，应当采取紧急救援等方式救助。

第十六条

发生学生伤害事故，情形严重的，学校应当及时向主管教育行政部门及有关部门报告；属于重大伤亡事故的，教育行政部门应当按照有关规定及时向同级人民政府和上一级教育行政部门报告。

第十七条

学校的主管教育行政部门应学校要求或者认为必要，可以指导、协助学校进行事故的处理工作，尽快恢复学校正常的教育教学秩序。

第十八条

发生学生伤害事故，学校与受伤害学生或者学生家长可以通过协商方式解决；双方自愿，可以书面请求主管教育行政部门进行调解。成年学生或者未成年学生的监护人也可以依法直接提起诉讼。

第十九条

教育行政部门收到调解申请，认为必要的，可以指定专门人员进行调解，并应当在受理申请之日起60日内完成调解。

第二十条

经教育行政部门调解，双方就事故处理达成一致意见的，应当在调解人员的见证下签订调解协议，结束调解；在调解期限内，双方不能达成一致意见，或者调解过程中一方提起诉讼，人民法院已经受理的，应当终止调解。调解结束或者终止，教育行政部门应当书面通知当事人。

第二十一条

对经调解达成的协议，一方当事人不履行或者反悔的，双方可以依法提起诉讼。

第二十二条

事故处理结束，学校应当将事故处理结果书面报告主管的教育行政部门；重大伤亡事故的处理结果，学校主管的教育行政部门应当向同级人民政府和上一级教育行政部门报告。

事故损害的赔偿

第二十三条

对发生学生伤害事故负有责任的组织或者个人，应当按照法律法规的有关规定，承担相应的损害赔偿责任。

第二十四条

学生伤害事故赔偿的范围与标准，按照有关行政法规、地方性法规或者最高人民法院司法解释中的有关规定确定。

教育行政部门进行调解时，认为学校有责任的，可以依照有关法律法规及国家有关规定，提出相应的调解方案。

第二十五条

对受伤害学生的伤残程度存在争议的，可以委托当地具有相应鉴定资格的医院或者有关机构，依据国家规定的人体伤残标准进行鉴定。

第二十六条

学校对学生伤害事故负有责任的，根据责任大小，适当予以经济赔偿，但不承担解决户口、住房、就业等与救助受伤害学生、赔偿相应经济损失无直接关系的其他事项。

学校无责任的，如果有条件，可以根据实际情况，本着自愿和可能的原则，对受伤害学生给予适当的帮助。

第二十七条

因学校教师或者其他工作人员在履行职务中的故意或者重大过失造成的学生伤害事故，学校予以赔偿后，可以向有关责任人员追偿。

第二十八条

未成年学生对学生伤害事故负有责任的，由其监护人依法承担相应的赔偿责任。

学生的行为侵害学校教师及其他工作人员以及其他组织、个人的合法权益，造成损失的，成年学生或者未成年学生的监护人应当依法予以赔偿。

第二十九条

根据双方达成的协议、经调解形成的协议或者人民法院的生效判决，应当由学校负担的赔偿金，学校应当负责筹措；学校无力完全筹措的，由学校的主管部门或者举办者协助筹措。

第三十条

县级以上人民政府教育行政部门或者学校举办者有条件的，可以通过设立学生伤害赔偿准备金等多种形式，依法筹措伤害赔偿金。

第三十一条

学校有条件的，应当依据保险法的有关规定，参加学校责任保险。

教育行政部门可以根据实际情况，鼓励中小学参加学校责任保险。

提倡学生自愿参加意外伤害保险。在尊重学生意愿的前提下，学校可以为学生参加意外伤害保险创造便利条件，但不得从中收取任何费用。

事故责任者的处理

第三十二条

发生学生伤害事故，学校负有责任且情节严重的，教育行政部门应当根据有关规定，对学校的直接负责的主管人员和其他直接责任人员，分别给予相应的行政处分；有关责任人的行为触犯刑律的，应当移送司法机关依法追究刑事责任。

第三十三条

学校管理混乱，存在重大安全隐患的，主管的教育行政部门或者其他有关部门应当责令其限期整顿；对情节严重或者拒不改正的，应当依据法律法规的有关规定，给予相应的行政处罚。

第三十四条

部门未履行相应职责，对学生伤害事故的发生负有责任的，由有关部门对直接负责的主管人员和其他直接责任人员分别给予相应的行政处分；有关责任人的行为触犯刑律的，应当移送司法机关依法追究刑事责任。

第三十五条

违反学校纪律，对造成学生伤害事故负有责任的学生，学校可以给予相应的处分；触犯刑律的，由司法机关依法追究刑事责任。

第三十六条

受伤害学生的监护人、亲属或者其他有关人员，在事故处理过程中无理取闹，扰乱学校正常教育教学秩序，或者侵犯学校、学校教师或者其他工作人员的合法权益的，学校应当报告公安机关依法处理；造成损失的，可以依法要求赔偿。

附　则

第三十七条

本办法所称学校，是指国家或者社会力量举办的全日制的中小学（含特殊教育学校）、各类中等职业学校、高等学校。本办法所称学生是指在上述学校中全日制就读的受教育者。

第三十八条

幼儿园发生的幼儿伤害事故，应当根据幼儿为完全无行为能力人的特点，参照本办法处理。

第三十九条

其他教育机构发生的学生伤害事故，参照本办法处理。

在学校注册的其他受教育者在学校管理范围内发生的伤害事故，参照本办法处理。

第四十条

本办法自2002年9月1日起实施，原国家教委、教育部颁布的与学生人身安全事故处理有关的规定，与本办法不符的，以本办法为准。

在本办法实施之前已处理完毕的学生伤害事故不再重新处理。